Der Persönlichkeitsschutz im Internet im europäischen, deutschen und rumänischen Recht — Bestandsaufnahme, Kritik und Zukunftsperspektiven in rechtsvergleichender Sicht

Saarbrücker Studien
zum Privat- und Wirtschaftsrecht

Herausgegeben von Hannes Ludyga,
Michael Martinek (geschäftsführender Herausgeber),
Helmut Rüßmann und Markus Würdinger

Band 106

PETER LANG

Denisa-Lavinia Sammel

Der Persönlichkeitsschutz im Internet im europäischen, deutschen und rumänischen Recht — Bestandsaufnahme, Kritik und Zukunftsperspektiven in rechtsvergleichender Sicht

PETER LANG

Bibliografische Information der Deutschen Nationalbibliothek
Die Deutsche Nationalbibliothek verzeichnet diese Publikation in der Deutschen Nationalbibliografie; detaillierte bibliografische Daten sind im Internet über http://dnb.d-nb.de abrufbar.

Zugl.: Saarbrücken, Univ., Diss., 2022

Die Promotionsforschung wurde dankenswerterweise von der Friedrich-Naumann-Stiftung für die Freiheit durch ein Stipendium finanziert.

D 291
ISSN 1433-8866
ISBN 978-3-631-87976-4 (Print)
E-ISBN 978-3-631-89692-1 (E-PDF)
E-ISBN 978-3-631-89693-8 (EPUB)
DOI 10.3726/b20550

Peter Lang – Berlin · Bern · Bruxelles · New York · Oxford · Warszawa · Wien

Diese Publikation wurde begutachtet.

www.peterlang.com

Danksagung

Für die wertvolle und bereichernde Betreuung während meiner Forschung sowie für die Erstellung des Erstgutachtens bedanke ich mich ganz herzlich bei Herrn Professor Dr. Dr. Dr. h.c.mult. Michael Martinek. Frau Professorin Dr. Dr. h.c. Tiziana Chiusi danke ich für die Anfertigung des Zweitgutachtens. Sehr hilfreich für meine Forschung waren mein Traineeship bei der Abteilung „Data Policy & Innovation" der Generaldirektion Kommunikationsnetze, Inhalte und Technologien (DG CONNECT), das Praktikum bei dem Vorsitzenden des Ausschusses des Deutschen Bundestages für die Angelegenheiten der Europäischen Union, Gunther Krichbaum, MdB, im Rahmen meiner Teilnahme am Internationalen Parlaments-Stipendium, das Praktikum bei SAP in Walldorf in der Abteilung „Data Protection & Privacy" sowie meine Tätigkeiten an der Universität des Saarlandes. Mein Dank gilt all jenen, die an meiner Ausbildung mitgewirkt haben, den Professoren der juristischen Fakultät der Universität des Saarlandes sowie den Professoren der juristischen Fakultät der Universität Craiova, insbesondere Frau Professorin Dr. Bianca Maria Carmen Predescu. Weiterhin danke ich für die Unterstützung während der Abschlussphase meiner Promotion Jörg Scherer, Managing Director der European Research and Project Office GmbH. Die Promotionsforschung wurde dankenswerterweise von der Friedrich-Naumann-Stiftung für die Freiheit durch ein Stipendium finanziert.

Für die stete Förderung und Unterstützung danke ich von Herzen meinen Eltern Dumitru und Florica sowie meiner Schwester Ana-Maria, die immer an mich geglaubt haben. Meinem Ehemann Philipp gilt ein besonderer Dank für liebevolles Verständnis, Ermunterung und Geduld in jeder Phase dieses Projektes und darüber hinaus.

D. Lavinia Sammel
Saarbrücken, Oktober 2022

Inhaltsverzeichnis

Abkürzungsverzeichnis

a.A.	andere Ansicht
ABl.	Amtsblatt der Europäischen Union
Abs.	Absatz
AEUV	Vertrag über die Arbeitsweise der Europäischen Union
a.F.	alte Fassung
AGB	Allgemeine Geschäftsbedingungen
AG	Amtsgericht
Alt.	Alternative
ANAF	Agenţia Naţională de Administrare Fiscală (Die rumänische Nationale Agentur für Finanzverwaltung)
Anm.	Anmerkung
ANSPCDP	Autoritatea Naţională de Supraveghere a Prelucrării Datelor cu Caracter Personal (Die rumänische Datenschutzbehörde)
Art.	Artikel
BITKOM	Bundesverband Informationswirtschaft, Telekommunikation und neue Medien
BGB	(deutsches) Bürgerliches Gesetzbuch
BGH	Bundesgerichtshof
BGHZ	Sammlung der Entscheidungen des Bundesgerichtshofs in Zivilsachen
BVerfG	Bundesverfassungsgericht
BVerfGE	Entscheidungen des Bundesverfassungsgerichts
CNA	Consiliului Naţional al Audiovizualului (Nationaler Audiovisueller Rat)
D.C.C.	Decizia Curţii Constituţionale (Entscheidung des rumänischen Verfassungsgerichts)
DS-GVO	Datenschutz-Grundverordnung
EDSB	Europäischer Datenschutzbeauftragte
EG	Europäische Gemeinschaft
EGMR	Europäischer Gerichtshof für Menschenrechte
EMRK	Europäische Menschenrechtskonvention

ErwG.	Erwägungsgrund
EU	Europäische Union
EuGH	Gerichtshof der Europäischen Union
EUV	Vertrag über die Europäische Union
Fn.	Fußnote
GG	Grundgesetz für die Bundesrepublik Deutschland
GmbH	Gesellschaft mit beschränkter Haftung
ICCJ	Înalta Curte de Casaţie şi Justiţie (Oberster Verfassungsgericht Rumäniens)
i.S.d.	im Sinne der/der
iVm	in Verbindung mit
lit.	litera (Buchstabe)
m.w.N	mit weiteren Nachweisen
M.Of.	Monitorul Oficial (rumänisches Amtsblatt)
NetzDG	Netzwerkdurchsetzungsgesetz
RG	Reichsgericht
RGZ	Sammlung der Entscheidungen des Reichsgerichts in Zivilsachen
RL	Richtlinie
RStV	Rundfunkstaatsvertrag
TKG	Telekommunikationsgesetz
TMG	Telemediengesetz
u.a.	unter anderem
vgl.	vergleiche
VO	Verordnung
z.B.	zum Beispiel

Einleitung

A. Gegenstand und Problematik

In den letzten Jahren erfuhr das Internet einen Boom in der technischen Entwicklung und in den Möglichkeiten der Kommunikation. Die Digitalisierung treibt Änderungen in allen Facetten des Lebens – Gesellschaft, Recht, Politik und Wirtschaft – voran.[1]

Diese Fortschritte müssen sich in Politik, Gesetzgebung, Verwaltung und Rechtsprechung wiederfinden lassen. Nur so hält man mit der Weiterentwicklung der Technologie Schritt. Die digitale Welt erschafft neue Herausforderungen auch für Juristen, die die sich ergebenden Problemen und Fragen rechtlich beurteilen müssen.

Das Internet durchläuft interessante Entwicklungsprozesse in Deutschland und in Rumänien. Diese Besonderheiten und Auswirkungen de lege lata werden in den folgenden Seiten ausführlicher dargestellt. Für den Persönlichkeitsschutz wurden schon seit 1957 durch die Rechtsprechung passende Maßnahmen im deutschen Recht ergriffen, um einen effektiven Schutz zu gewährleisten. Im rumänischen Recht merkt man die Inspiration durch ausländische Rechtssysteme, da im rumänischen zivilrechtlichen Gesetzbuch – Cod Civil – aus dem Jahr 2011 der Persönlichkeitsschutz ausdrücklich verankert ist.[2]

Die Persönlichkeitsverletzungen im Internet bekommen viel Aufmerksamkeit in der internationalen Presse, aber auch von Seiten der Bürger. Viele Fragen bleiben noch offen, obwohl die Rechtsprechung, die Gesetzgebung und die Literatur sich seit einigen Jahren mit den aktuellen Themen im Internet auseinandersetzen. Diese Dissertation beschränkt sich nur auf einige Aspekte der umfassenden Problematik des Persönlichkeitsschutzes im Internet.

B. Ziele der Arbeit

Die Doktorarbeit befasst sich mit den folgenden Fragen:

- Welches Rechtssystem – das deutsche oder das rumänische – enthält bessere Schutzmaßnahmen für die Persönlichkeit des Betroffenen im Internet und wie können sie verbessert werden?

---

1 Ausführlich in *Schulz,* in: Hill/Schliesky (Hrsg.), Die Vermessung des virtuellen Raums, S. 265.

2 Das rumänische Zivilgesetzbuch (Cod Civil): I. Buch „Über die Personen“, II. Titel „Natürliche Person“, II. Kapitel „Der Respekt für den Menschen und seine Rechte“, Artikel 58–81.

- Respektieren Deutschland und Rumänien die europäische Gesetzgebung, die zum Schutz der Persönlichkeit einer betroffenen Person dient? Welche Anpassungsänderungen sollten vorgenommen werden?
- Wie können die Persönlichkeitsverletzungen im Internet verhindert werden und welche Mittel hat man, um diese zu beseitigen?
- Welche legislativen Änderungen sind notwendig, um ein angemessenes und effektives Persönlichkeitsschutz- und Datenschutzniveau zu gewährleisten?

Zur Beantwortung dieser Fragen und zum Verständnis der aktuellen rechtlichen Standards, die das Internet normieren, tragen die Kenntnisse zur Entstehung des Internets und dessen Auswirkungen auf die geschichtlichen, sozialen, politischen, rechtlichen und wirtschaftlichen Zusammenhänge bei.

Es wird untersucht, wie Persönlichkeitsrechte allgemein und im Internet im deutschen, rumänischen und europäischen Recht geschützt und durchgesetzt werden. Verschiedene Facetten der Persönlichkeit werden in dieser Doktorarbeit präsentiert im Hinblick auf den zivilrechtlichen Schutz in Deutschland, Rumänien und Europa. Jedes Thema wird rechtsvergleichend diskutiert, um die Besonderheiten jedes Rechtssystems zu beleuchten. Das abschließende Kapitel wird die Lösungen und Rechtsbehelfe zum Schutz der Persönlichkeit im Internet darstellen.

Allgemeiner Teil

Kapitel I Rahmen und Grundlagen des Persönlichkeitsschutzes

A. Technik und Kommunikationsformen des Internets

I. Technik

Um dem Potential der aktuellen Rechtslage und Rechtsprechung zu den Persönlichkeitsrechten im Internet auf die Spur zu kommen, wird ein kurzer Einblick in die Entstehung des Internets und die Ausprägungen und Anpassung des Rechts zu der Entwicklung der Technik gegeben. Was als ein sogenanntes militärisches Experiment[3] angefangen hat, hat sich in eine Plattform für Kommunikation[4], Wirtschaft[5], Politik, Gerechtigkeit und Demokratie verwandelt, um den Interessen der Gesellschaft gerecht zu werden.

Die Ubiquität des Internets ermöglicht heutzutage jedem Nutzer unabhängig vom kulturellen, geographischen oder finanziellen Hintergrund Zugang zu Informationen aus aller Welt und zwar einfach, schnell, immer und für wenig Geld.[6] Wenn die Welt klein ist, scheint das Internet noch kleiner zu sein, wenn man sich überlegt, wie schnell, einfach und komfortabel, meistens auch von zu Hause,

---

3 Das Internet wird als ein militärisches Experiment betrachtet, das in Reaktion auf den russischen Sputnik-Start im Oktober 1957 geschaffen wurde. Vgl. *Abbate*, Inventing the Internet, S. 36; In den 60er Jahren wurde das Internet vom Pentagon entwickelt. Zweck dieses Projekts war der Schutz der militärischen Kommunikation zwischen den amerikanischen Stützpunkten auf der ganzen Welt, so dass die Amerikaner gut technisch ausgerüstet waren und nicht mehr überrascht werden konnten. Vgl. *Hafner/Lyon*, Arpa Kadabra, S. 14. Siehe ausführlich über die Entstehung des Internets *Abbate*, Inventing the Internet; und über die sozialen Auswirkungen der Entwicklung des Internets in *Friesen, Feenberg* (Hrsg.), (Re)Inventing the Internet.

4 Kommunikation wird nicht nur über die sozialen oder beruflichen Netzwerke (Twitter, Facebook, Xing, Linkedin) geschaffen, sondern auch durch Foren, Blogs oder E-Mail-Anbieter.

5 In der 2. Auflage der Studie „Wirtschaft digitalisiert" des Instituts der deutschen Wirtschaft Köln, Consult GmbH und BITKOM v. 2013 wurden u.a. die Wachstumserwartungen der deutschen Unternehmen beleuchtet, wo IT und Internet eine entscheidende Rolle spielen. Dort werden die Notwendigkeit und die Bedeutung des Internets für die Industrie 4.0 betont. Studie abrufbar unter: https://www.bitkom.org/Publikationen/2013/Studien/Wirtschaft-digitalisiert-II/wirtschaft_digitalisiert_ii.pdf.

6 Vgl. *Márton*, Violations of Personality Rights through the Internet, S. 28.

Nutzer aus der ganzen Welt miteinander kommunizieren, Kontakt miteinander aufnehmen können, Zeitungen aus verschiedenen Ländern oder Zeitzonen lesen können.[7] Das Internet hat in den letzten Jahren große Sprünge gemacht, um an vielen Orten zugänglich zu sein und zum Internet der Dinge zu werden.

Die Entstehung des Internets[8] fängt 1950 an. Zwischen 1960 und 1980 wurden die ersten wichtigsten Schritten in der Computing-Technologie gemacht.[9] Das Internet und sein Nachfolger – das Kommunikationsnetz „Advanced Research Projects Agency Network" (ARPANET)[10] – sind die Ergebnisse der intensiven Arbeit von Wissenschaftlern und Technikern der amerikanischen Advanced Research Projects Agency (ARPA), einer Abteilung des amerikanischen Verteidigungsministeriums.[11]

In den 70er Jahren wurden auch Wissenschaftler in das auf dem Control Protocol basierenden Netzwerk aufgenommen.[12] Die Väter des Internets – Vinton Cerf und Robert Kahn[13] – haben durch das Verbindungsprotokoll Transmission Control

---

7 Vgl. *Siry/Schmitz*, EJLT 2012, S. 1.

8 Das Internet wurde erst 1980 unter diesem Begriff verwendet, bis dahin wurden für die Zusammenstellung der verbundenen Netzwerke die Bezeichnungen „virtual network, multinetwork environment, catenet (Verkürzung für concatenated network)" benutzt. Die Väter des Internets haben 1974 begonnen, an der Anfertigung eines „netzwerkübergreifendes inter-nets" auf Hardwarelösungen zu arbeiten. In ihrem Paper haben sie den Begriff „internetwork" verwendet. Siehe *Cerf/Kahn*, A Protocol for Packet Network Intercommunication, in IEEE Transactions on Communications COM 22, no. 5, (5.5.1974), S. 638, Aufsatz abrufbar unter: http://signallake.com/innovation/CerfKahnMay74.pdf.

9 *Abbate*, Inventing the Internet, S. 1.

10 Die Behörde für fortschrittliche Forschungsprojekte war mit den Universitäten der USA verbunden und vergab staatliches Geld für die Entwicklung der Wissenschaft. Der militärische Informationsaustausch wurde durch dieses komplexe und dezentralisierte Computernetzwerk abgesichert und vereinfacht. Siehe hierzu *Ryan*, A History of the Internet and the Digital Future, S. 24 ff..

11 *Abbate*, Inventing the Internet, S. 2, näher dazu im 2. Kapitel „Building the ARPANET: Challenges and Strategies" - S. 43 ff.; siehe ausführlich über die Väter des Internets, über die Entstehung bis zur Stilllegung des ARPANET 1989 in *Hafner/Lyon*, Arpa Kadabra.

12 *Bunz*, Vom Speicher zum Verteiler, S. 77, in dem betont wurde, dass die Universitäten dieses Netzwerk nur in einem eigenen geschlossenen Kreis behalten wollten; das gleiche in *Abbate*, Inventing the Internet, S. 50.

13 Die zwei Wissenschaftler sind die Erfinder des Internets und haben 1974 den Aufsatz über die Architektur des Internets, TCP, veröffentlicht. Der Fokus liegt darauf, dass „bei der Einführung von Gateways, die Netzwerke (...) aus einzelnen Rechnern zeigen". *Bunz*, Vom Speicher zum Verteiler, S. 98; Der Aufsatz hat ein revolutionäres Konzept vorgestellt: TCP-Nachrichten (wie ein Brief im Umschlag beschrieben) und das Gateway Konzept. *Hafner/Lyon*, Arpa Kadabra, S. 268; siehe ausführlich *Cerf/*

Protocol die Verbindung der verschiedenen Netzwerke ermöglicht.[14] In den 70er Jahren wurde auch der Bedarf zum Schutz personenbezogener Daten durch den Sprung der Informationstechnologie sowie die Erfindung und Entwicklung des Computers im heutigen Sinne geboren.[15]

Die Umstellung von ARPANET auf TCP/IP[16] bis zum Januar 1983 hat die Auflösung des Internets[17] determiniert und sie wurde noch mit dem Netz der National Science Foundation (NSFNET) verbunden.[18] Durch NSFNET hat Deutschland 1989 Zugang zum Internet erhalten.[19] Kurz darauf, im Jahr 1990, wurde das World Wide Web von Tim Berners-Lee beim CERN in Genf erfunden.[20] Dies sollte der Moment sein, als das Interesse der Nicht-Spezialisten geweckt wurde, das Internet zu benutzen.

Seit 2001 haben die Nutzer des Internets angefangen, das Netz nicht nur als eine Plattform zu verwenden, um Informationen zu beziehen, sondern auch, um Informationen an Peers weiterzuleiten und vorzubringen. Dadurch ist das Web 2.0[21] entstanden. Ein passender Aphorismus für den Verlauf der Welt, den Heraklit schon vor 500 Jahren vorgedacht hat, ist das griechische „panta rhei" („alles fließt").[22] Es bleibt uns dann nur, das Tempo anzuhalten und unsere Kenntnisse

---

Kahn, A Protocol for Packet Network Intercommunication, in IEEE Transactions on Communications COM 22, no. 5, (5.5.1974), S. 638, Paper abrufbar unter: http://signallake.com/innovation/CerfKahnMay74.pdf.

14 *Weber*, in: Hoeren/Sieber/Holznagel, Multimedia-Recht, Teil 2 Rn. 7.

15 *Schmale/Tinnefeld*, Privatheit im digitalen Zeitalter, S. 10.

16 1978 wurden offiziell die Voraussetzungen für das Konzept für TCP/IP geschaffen. Ausführlicher in *Hafner/Lyon*, Arpa Kadabra, S. 281.

17 *Hafner/Lyon*, Arpa Kadabra, S. 289. Mitte der 80er Jahre wurde im amerikanischen Sprachraum zwischen „internet" (in Verbindung mit jedem privaten Netzwerk, das TCP/IP verwendet) und „Internet" („das öffentliche, staatlich finanzierte Netzwerk") unterschieden.

18 *Bunz*, Vom Speicher zum Verteiler, S. 105.

19 Andere europäische Länder, die vor Deutschland Zugang zum Internet bekommen haben, sind Frankreich, Dänemark, Finnland, Norwegen, Schweden. *Abbate*, Inventing the Internet, S. 210.

20 Das World Wide Web wurde von seinem Erfinder als Anwendung betrachtet. *Abbate*, Inventing the Internet, S. 3; WWW wird als „multimedialer Zweig des Internets" bezeichnet. *Hafner/Lyon*, Arpa Kadabra, S. 305.

21 Die Geschichte des Begriffes fängt bei einem Brainstorming zwischen dem amerikanischen Verleger und den Mitarbeitern von der MediaLive International, Inc. für die erste Web 2.0 Konferenz an. *O'Reilly*, What is Web 2.0., abrufbar unter: http://www.oreilly.com/pub/a/web2/archive/what-is-web-20.html.

22 *Ball*, Die pausenlose Gesellschaft, S. 3.

zu den technischen Entwicklungen und den Schutzmöglichkeiten beim Surfen im Internet regelmäßig aufzufrischen.

Die politischen Agenden kommen auch der Digitalisierung entgegen und es wird versucht, auch in den öffentlichen Institutionen digitale Standardisierung und Normierung der personenbezogenen Daten einzuführen.

II. Exkurs: Internet in Rumänien – ein Paradox?

Rumänien war bis 2016 das Land mit der schnellsten Internetgeschwindigkeit Europas, obwohl das Internet hier später als in anderen Ländern eingeführt wurde.[23] 2017 wurde Rumänien von Schweden überholt.[24]

Warum hat Rumänien eine so schnelle Internetverbindung? Die Hochgeschwindigkeitsdatenübertragung in Rumänien ist das Ergebnis einer hohen Qualität der Internetinfrastruktur. Zudem ermöglichte der historische Umstand mangelnder Kommunikationsinfrastruktur während der kommunistischen Zeit vor 1989 einerseits den Ausbau der Kommunikationsnetze zu vergleichsweise niedrigen Kosten und andererseits eine schnelle Expansion für Internetanbieter nach deren Markteintritt.[25] Die großzügigen Rechtsvorschriften, die vor dem Inkrafttreten des Regierungsbeschlusses Nr. 490[26] vom Mai 2011 die oberirdische Verkabelung ermöglicht

---

23 Laut dem Bericht vom 16.12.2015 der Akamai Technologies, Inc. - der weltweit führende Anbieter im Bereich Content Delivery Networks - zum Internetzustand vom Q3 2015 war Rumänien auf dem 1. Platz bei der Internetgeschwindigkeit in Europa und auf dem 8. Platz in der Welt mit 72,9 Mbit/s (S. 38). Deutschland befand sich erst auf dem 32. Platz mit 49,2 Mbit/s bei dem Durchschnittshöhepunkt der globalen Verbindungsgeschwindigkeit nach EMEA Land - Average Peak Connection Speed by EMEA Country. State of the Internet Report, abrufbar unter: https://www.stateoftheinternet.com/downloads/pdfs/2015-q3-state-of-the-internet-report.pdf.

24 Näher dazu im Bericht „State of the Internet - Connectivity Report" der amerikanischen Gruppe Akamai, S. 34, abrufbar unter: https://www.akamai.com/fr/fr/multimedia/documents/state-of-the-internet/q1-2017-state-of-the-internet-connectivity-report.pdf.

25 Diese Argumente wurden vom Präsidenten der nationalen rumänischen Behörde für Management und Regulierung der Kommunikation (ANCOM) in einem Interview präsentiert. Artikel abrufbar unter: http://www.ziare.com/internet-si-tehnologie/internet/peste-sua-si-germania-de-ce-este-romania-in-fruntea-topurilor-la-viteza-de-internet-1280796.

26 Der Regierungsbeschluss Nr. 490 hat die allgemeine Verordnung zum Urbanismus geändert, die durch den Regierungsbeschluss Nr. 525/1996 bestätigt wurde. Der neue Absatz 2^1) des Artikels 18 des Regierungsbeschlusses Nr. 490/2011 sieht vor, dass in einer öffentlichen Straße in Siedlungen die Bauarbeiten für Entwicklung oder Ausbau der Versorgungsnetze (im Art. 1c des Beschlusses 525/1996 werden auch die Telekommunikationsnetze aufgelistet) ausschließlich unterirdisch erfolgen. Im

haben, haben auch zum Aufbau der modernen Internetinfrastruktur beigetragen. Hinzu kommt, dass Ausnahmeregelungen zu Vorschriften, die dem Schutz der Umwelt und der Sicherheit und Gesundheit der Bewohner dienen, sehr einfach durch Änderungen des Regierungsbeschlusses verabschiedet werden.[27]

Technik aber braucht sehr gute Spezialisten, um gut zu funktionieren. Seit der kommunistischen Zeit enthält der Stundenplan in der rumänischen Schule immer noch viele Stunden zu Mathematik und Informatik.[28] Deswegen gibt es viele junge Menschen, die gefördert werden und so ihre technischen Fähigkeiten entwickeln können. Zudem liegt Rumänien beim Frauenanteil der Spezialisten im Bereich des Software-Engineering mit 27,2% auf dem zweiten Platz in Europa. Der niedrigste Frauenanteil in der EU in diesem Bereich liegt bei ungefähr 12% in Tschechien, der Slowakei und Ungarn.[29]

In Rumänien wurden am Anfang lokale Netzwerke angelegt – LAN (local area network)[30]. LANs wurden in den USA Mitte der 80er Jahre in Universitäten eingeführt,[31] aber in Rumänien waren LANs für die Kommunikation im Internet (Mirc) oder für Spiele (Counterstrike) sehr beliebt.

Wegen der geringeren Kosten bezüglich der Raumvermietung, der Gehälter, aber auch der optimalen Internetinfrastruktur könnte Rumänien das nächste Silicon Valley werden, in dem sich die Server der Internetanbieter in einem europäischen Mitgliedstaat befinden würden.[32] Damit könnten die Internetanbieter auch

---

ersten Teil des Absatzes 2[1]) des Artikels 18 wird begründet, warum diese Maßnahme ergriffen wurde, nämlich um die Qualität des öffentlichen Bereichs, um den Schutz der Umwelt und die Sicherheit und Gesundheit der Bewohner zu gewährleisten.

27 Siehe Artikel 18 Abs. 2[2] der Entscheidung zur Änderung des Anhangs Nr. 1 zum Regierungsbeschluss zur Genehmigung der allgemeinen Verordnung zum Urbanismus vom 12.12.2014, abrufbar unter: http://media.hotnews.ro/media_server1/document-2014-12-12-18814703-0-proiect.pdf.

28 Überblick des Mathematikunterrichtes bis zur 8. Klasse, nationaler Bericht der UNESCO über das Bildungssystem Rumäniens, Bukarest, März 2001, S. 72, Bericht abrufbar unter: http://www.ibe.unesco.org/International/ICE/natrap/Romania.pdf.

29 Laut Eurostat ist der Frauenanteil in den EU-Mitgliedstaaten, außer in Bulgarien, Rumänien und Lettland, wo ein Viertel aller Spezialisten weiblich ist, immer noch zu niedrig. Näheres dazu im Eurostat Bericht "Employed ICT specialists by sex" für das Jahr 2015, v. 25.4.2017.

30 Bob Metcalfe hat 1973 hat die technische Fundamente für dieses räumlich begrenzte Netzwerk gebaut. *Hafner/Lyon*, Arpa Kadabra, S. 281.

31 Die Universitäten wollten vermeiden das ARPANET Netzwerk zu belasten, aber sie wollten trotzdem lokale Netzwerke entwickeln. *Hafner/Lyon*, Arpa Kadabra, S. 297.

32 EuGH, Urt. v. 6.9.2015 - C-362/14 - Maximilian Schrems/Data Protection Commissioner, Digital Rights Ireland Ltd. Die Entscheidung 2000/520 der Kommission zur Safe-Harbor-Regelung hat die USA stark kritisiert, da kein angemessenes Schutzniveau der Privatsphäre, der Grundrechte und Grundfreiheiten gewährleistet wird.

das Vertrauen der Kunden gewinnen oder behalten und den europäischen Datenschutzanforderungen entsprechen.

III. Internetdienst

„Das Internet ohne Dienste ist in etwa vergleichbar wie ein Eisenbahnsystem ohne Züge. Viele sprechen von einer *Internet Seite,* aber sie meinen genau genommen eine Web-Seite, denn das Web ist nicht das Internet, sondern ein Dienst innerhalb des Internets.''[33] Die E-Mail und das World Wide Web (WWW) gehören mittlerweile zum Alltag.

1. Kommunikation im Internet

Der Computer wurde von 1960 bis 1980 technisch und äußerlich stark verändert, als er von einer einfachen Rechenmaschine zu einem Kommunikationsmittel entwickelt wurde.[34]

a) Kommunikation zwischen zwei Personen (Individualkommunikation)

Der E-Mail-Dienst oder die elektronische Post wurde 1971 von Ray Tomlinson entwickelt, als er seine Transfer-Protokoll-Datei (CPYNET) bearbeitete, um Nachrichten über das Netz zu versenden.[35] In Deutschland hat Werner Zorn von der Universität Karlsruhe die erste E-Mail am 2. August 1984 bekommen.[36]

Seitdem ist dieser Dienst zu einem alltäglichen Kommunikationsmittel geworden und es hat in vielen Fällen die klassische Briefpost ersetzt, weil es praktischer ist, Zeit und Energie spart und viele interessante Möglichkeiten bietet. Textmitteilungen, Bilder, Ton- und Videodateien können an andere E-Mail-Nutzer verschickt werden. Überdies ermöglicht es die E-Mail-Kommunikation mithilfe von Carbon Copy (CC)[37] oder Blind Carbon Copy

---

Das Recht und die Praxis der USA bieten kein angemessenes Schutzniveau im Vergleich zu den europäischen Datenschutzanforderungen. (Rn. 63).

33 Siehe dazu: www.netplanet.org/dienste.

34 Vgl. *Abbate,* Inventing the Internet, S. 1.

35 *Ryan,* A History of the Internet and the Digital Future, S. 77. Tomlinson hat die erste E-Mail an seine Arbeitsgruppe geschickt, um seine Entdeckung mitzuteilen.

36 *Ohrmann,* Der Schutz der Persönlichkeit in Online-Medien, S. 8.

37 Die E-Mails sind das Gegenstück zu Briefen; Carbon Copy Paper ermöglicht, dieselben elektronischen Briefe an mehrere Empfänger zu schicken. Der Nachteil ist, dass vielleicht nicht jeder Adressat seine E-Mail-Adresse bekannt machen möchte, deswegen kann man BCC verwenden.

(BCC)[38] gleichzeitig Kopien an mehrere E-Mail-Adressen zu versenden sowie sogenannte Spams[39].

Die Internet-Telefonie ermöglicht die unbegrenzte digitalisierte Sprachkommunikation. Sie erweitert durch Anwendungen wie Skype oder Facebook Messenger[40] das Spektrum an Möglichkeiten und geht über die Kommunikation in einem herkömmlichen Telefongespräch weit hinaus.

b) Kommunikation zwischen einer begrenzten bzw. begrenzbaren Anzahl von Personen

Die Mailinglisten, die mittels E-Mail erstellt werden, bieten einer geschlossenen Gruppe einen Informationsaustausch und nicht nur private Nachrichten an. Der List-Server verwaltet die Informationen, die den angemeldeten Listenmitgliedern geschickt werden. Eine Anmeldung in der Liste ist erforderlich, wenn man die verbreiteten Nachrichten empfangen möchte oder selbst Nachrichten an andere Mitglieder der Liste verschicken will. Bei manchen Content Providers muss man sich nicht nur anmelden, sondern auch manchmal die Daten der Kreditkarten eingeben, um Zugang zu den Angeboten und Daten zu bekommen. Viele bekannte Tageszeitungen und Zeitschriften, die online verfügbar sind, können nur gegen Entgelt gelesen werden.

c) Offene Kommunikation einer Vielzahl von Nutzern (Massenkommunikation)

World Wide Web ist der bekannteste und am meisten verwendete Internetdienst, der zahlreiche und komplexe Webseiten[41] hat, auf denen Informationen, Bilder, Animationen, Musik und Videos erfasst sind. Man sollte das Internet nicht mit dem World Wide Web verwechseln. Diese Begriffe sind nicht synonym.[42]

---

38 BCC verhindert, dass die Empfänger der gleichen E-Mails die anderen Adressen zu sehen bekommen. Die einzigen sichtbaren Adressen werden diejenigen vom TO oder CC Feld sein.

39 *Olaru*, Spamul: Aspecte Legislative şi jurisprudenţiale, abrufbar unter: http://www.legi-internet.ro/articole-drept-it/spamul-aspecte-legislative-si-jurisprudentiale.html. SPAM ist die Verkürzung für Non-Solicited Pornography and Marketing Acted. Der Begriff„ Spamming" wurde erstmals in den USA benutzt und bezeichnet„ die massive, wiederholte und unerwünschte Zusendung von E-Mails mit werbendem Inhalt zu Personen, mit denen der Absender vielleicht nie Kontakt gehabt hat".

40 Facebook Messenger wurde im Januar 2013 in Kanada und den USA zugelassen.

41 Die Webseiten sind im Format Hypertext Markup Language (HTML) geschrieben.

42 *Wien*, Internetrecht, S. 3.

Die Browser[43] machen es möglich, dass Webseiten sichtbar und aktiviert werden können. Zudem ermöglichen sie die Nutzung anderer Internetdienste, wie beispielsweise das Versenden von E-Mails oder die Gründung von Newsgroups[44] oder Chats[45]. Ein Hyperlink, also eine Verknüpfung, Verbindung oder ein Verweis, ist ein wichtiges und elementares Instrument für eine funktionierende Internet-Architektur. Wenn man sich das Internet als ein komplexes Netz mit Inhalt und Informationen für die Nutzer vorstellen kann, dann sind die Hyperlinks die Kabel für das Netz.[46] So entsteht ein weltweit verzweigtes Netz, das die Basis für viele miteinander verbundene Dokumente bildet.

Die Entwicklung des Internets und die aktive Teilnahme seiner Nutzer bauen eine neue Kommunikationsplattform auf. Durch das Web 2.0 ändern sich die Grenzen zwischen der Individual- und der Massenkommunikation, weil die Privatpersonen auch Akteure der Massenkommunikation werden.[47]

2. Teilnehmer an der Kommunikation im Internet

a) Provider

Die Kommunikation im Internet benötigt eine Plattform für die Nutzer und diese wird durch Internetdienstleister oder Internetdienstanbieter (engl. „Internet Service Provider", abgekürzt „ISP") ermöglicht. Die Provider, das Gegenstück zum Nutzer, sind Anbieter von Diensten, Inhalten oder technischen Leistungen, die für die Nutzung oder den Betrieb von Inhalten und Diensten im Internet erforderlich sind. Laut der Richtlinie 2000/31/EG über den elektronischen Geschäftsverkehr, die

---

43 Die bekanntesten Browser sind Microsoft Internet Explorer, Mozilla Firefox, Google Chrome oder Safari.

44 Eine Usenet Newsgroup ist eine Diskussionsgruppe, in der die Teilnehmer Ideen über unterschiedlichste Themen austauschen können. Auf der elektronischen Pinnwand der Newsgroup können Kritik, Kommentare, Informationen oder Meinungen geäußert werden, die mit dem jeweiligen Thema verbunden sind.

45 Der Chat ermöglicht die elektronische Kommunikation zwischen mehreren Teilnehmern aus verschiedenen Ländern oder Kontinenten in Echtzeit. Internet Relay Chat (IRC) benötigt einen Chat-Server. Die Teilnehmer können unter bürgerlichem Namen oder unter einem Pseudonym Diskussionen via Chat führen. Unter diesen Bedingungen ist es schwierig, die wahre Identität eines Gesprächspartners herauszufinden.

46 *Arezzo*, Hyperlinks and Making Available Right in the European Union - What Future for the Internet after Svensson?, MPI for Innovation and Competition, München 2014, S. 525.

47 *Rölver/Alpar*, Social News, die neue Form der Nachrichtenverteilung?. 2008 in: Alpar/Blaschke (Hrsg.), Web 2.0, S. 297 ff..

sog. E-Commerce Richtlinie[48], haben die Anbieter eine passive Tätigkeit, weil sie nur den Zugang zu Informationen und die Übermittlung der Informationen ermöglichen oder vorübergehend Informationen speichern.[49]

Im deutschen Recht wurde die E-Commerce Richtlinie durch das Telemediengesetz (TMG) umgesetzt. Das TMG bietet in § 2 Satz 1 Nr. 1 TMG auch eine gesetzliche Definition des Begriffs,, Dienstanbieter", nämlich „jede natürliche oder juristische Person die eigene oder fremde Telemedien zur Nutzung bereithält oder den Zugang zur Nutzung vermittelt". Die Kenntnis der Unterschiede zwischen den „eigenen" und „fremden" Inhalten und zwischen den Typen von Dienstanbietern[50], die eigene Informationen zur Nutzung bereithalten, fremde Informationen in einem Kommunikationsnetz übermitteln, Zugang zur Nutzung von fremden Informationen vermitteln, Informationen automatisch und kurzfristig zwischenspeichern und fremde Informationen für einen Nutzer speichern, bevor die Vorfilterregelungen laut §§ 7 ff. TMG angewandt werden, spielt eine große Rolle bei der Beantwortung von Haftungsfragen.[51]

Das rumänische Gesetz Nr. 365/2002[52] zum elektronischen Geschäftsverkehr ist das Ergebnis der Umsetzung der E-Commerce Richtlinie. Dieses definiert in Artikel § 1 Nr. 3 den Dienstanbieter „als jede natürliche oder juristische Person, die einer begrenzten oder unbegrenzten Anzahl von Menschen einen Dienst der Informationsgesellschaft zur Verfügung stellt". Fraglich ist, ob es nicht besser wäre, diese Definition zu ändern, um die mit der Haftungsentlastung verbundenen Unsicherheiten zu vermeiden. Ein möglicher Ansatz wäre eine Konsolidierung des Gesetzestextes dahingehend, dass die Formulierung,, zur Verfügung stellt" durch,, vermittelt" ersetzt wird.[53]

---

48 Richtlinie (EG) 2000/31 des Europäischen Parlaments und des Rates v. 8.6.2000 über bestimmte rechtliche Aspekte der Dienste der Informationsgesellschaft, insbesondere des elektronischen Geschäftsverkehrs, im Binnenmarkt („Richtlinie über den elektronischen Geschäftsverkehr", auch genannt als E-Commerce Richtlinie), ABl. L 178, S. 1.

49 ErwG. 42 der Richtlinie (EG) 2000/31 über den elektronischen Geschäftsverkehr.

50 Die Typen von Dienstanbietern beziehen sich auf die Begriffe „Access-Provider", „Service-Provider", „Host-Provider".

51 Vgl. *Seitz,* in: Götting/Schertz/Seitz, Handbuch des Persönlichkeitsrechts, § 60, Rn. 8 ff..

52 Das Gesetz Nr. 365/2002 zum elektronischen Geschäftsverkehr v. 7.6.2002, (M.Of. Nr. 483 v. 5.7.2002); wiederveröffentlicht in M.Of., I. Teil Nr. 959 v. 29.11.2006 zur Umsetzung der Richtlinie 2000/31/EG des Europäischen Parlaments und des Rates v. 8.6.2000 über bestimmte rechtliche Aspekte der Dienste der Informationsgesellschaft, insbesondere des elektronischen Geschäftsverkehrs, im Binnenmarkt (E-Commerce RL), ABl. L 178, S. 1.

53 *Giuraniuc,* Răspunderea furnizorilor de servicii ale societăţii informaţionale în România, S. 120.

Die Vorschriften §§ 7-10 TMG stellen im deutschen Recht Differenzierungen nach der Art des Providers dar, und diese Regelungen zielen auf die Einschränkung der Haftung der Provider für fremde Inhalte ab.[54] Der Dienstanbieter und der Nutzer sind die Hauptakteure im Internet. Einerseits gibt es Provider, die Informationen zur Nutzung bereithalten, andererseits solche, die diese Informationen im Rahmen eines Netzes weiterleiten und drittens diejenigen, die Informationen zeitlich begrenzt zwischenspeichern und die Informationen für einzelne Nutzer speichern.[55]

aa) Content-Provider

Der Content-Provider oder der Anbieter von Inhalten ist der originäre Autor der Information. Er kann als natürliche Person – ein Internet-Nutzer – oder als juristische Person Inhalte, Produkte oder Dienste anbieten. Das Spektrum der Inhalte ist sehr umfangreich und umfasst z.B. Web-blogs, Zeitungen, Zeitschriften, wissenschaftliche Artikel, Musik, Bilder, Videos, Geschichten oder Vergleichbares. Der Content-Provider hat die Freiheit, den Inhalt und die Gestaltung der Dateien zu personalisieren und er kann die Informationen für eine gewisse Zeit online zugänglich machen.

bb) Host-Provider

Der Host-Provider muss nicht mehr selbst die Inhalte verfassen oder bearbeiten, sondern bietet nur eine Plattform für die Inhalte der Content-Provider an. Folglich hält er „fremde Telemedien zur Nutzung bereit“[56], sodass er gegen Entgelt oder unentgeltlich einen Speicherplatz auf dem selbst verwalteten Webserver bietet, um die Dokumente der privaten oder gewerblichen Nutzer zu *hosten*. Er hat die erforderliche Spezialisierung, um die optische und grafische Gestaltung zu bearbeiten und darüber hinaus die Fähigkeit, zu den Inhalten Musik, Videos oder Bilder hinzuzufügen, ohne den Inhalt *anzufassen*.

cc) Access-Provider

Der Access-Provider beherrscht die technischen Mittel, um Nutzern den Zugang zum Internet zu ermöglichen. Er ist derjenige, der den Schlüssel zum Netz besitzt, und nur wenn er die IP-Adressen und den Name-Service freistellt, kann eine Netzverbindung hergestellt werden. Er muss nicht mehr die Inhalte bearbeiten oder den Speicherplatz auf Webservern besorgen. Ohne die technischen Mittel jedoch sind die Aufgaben und die Arbeiten des Content-Providers und des Host-Providers

---

54 *Spindler*, in: Spindler/Schmitz/Liesching, TMG mit NetzDG, Vor §§ 7-10 TMG, Rn. 1.
55 *Ohrmann*, Der Schutz der Persönlichkeit in Online-Medien, S. 5 ff..
56 § 2 Nr. 1 TMG.

unsichtbar. Dank seiner Arbeit ist die Übertragung von Inhalten in das Internet möglich.[57]

Der Access-Provider hat zwei Hauptfunktionen: Er ist Zugangsvermittler für das Internet und er schafft die Transportmittel für den Nutzer, so dass Daten von einem Rechner im Internet zum Senden und Empfangen verfügbar sind.[58]

dd) Haftung der Provider

Der Content-Provider haftet vollumfänglich, aber der Access-Provider, der die Informationen nur durchleitet und den Zugang zur Nutzung vermittelt, ist gem. § 8 Abs. 1 Satz 1 TMG nicht verantwortlich für fremde Inhalte, sofern er: „1. die Übermittlung nicht veranlasst; 2. den Adressaten der übermittelten Informationen nicht ausgewählt und 3. die übermittelten Informationen nicht ausgewählt oder verändert hat". Darüber hinaus haftet der Access-Provider nicht wegen einer rechtswidrigen Handlung eines Nutzers auf Schadenersatz oder Beseitigung oder Unterlassung einer Rechtsverletzung, gem. § 8 Abs. 1 Satz 2 TMG.

Nach § 10 Satz 1 TMG sind Host-Provider haftungsprivilegiert, d.h. dass sie „für fremde Informationen, die sie für einen Nutzer speichern, nicht verantwortlich sind, sofern sie 1. keine Kenntnis von der rechtswidrigen Handlung oder der Information hatten oder sie 2. unverzüglich tätig geworden sind, um die Informationen zu entfernen oder den Zugang zu ihr zu sperren, sobald sie Kenntnis davon erlangt haben." Die Host-Provider sind grundsätzlich nicht verantwortlich, solange sie keine positive Kenntnis von der rechtswidrigen Handlung oder Information haben. Darüber hinaus tritt die Haftung ein, wenn sie Kenntnis haben und wenn sie die verletzenden Informationen nicht unverzüglich löschen oder sperren. § 10 Satz 2 TMG sieht auch eine Ausnahme zur Haftung des Host-Providers vor, „wenn der Nutzer dem Dienstanbieter untersteht oder von ihm beaufsichtigt wird."

Im rumänischen Recht ist die Haftung der Provider in den Artikeln 11-15 des Gesetzes Nr. 365/2002 zum elektronischen Geschäftsverkehr[59] geregelt. Das Kapitel zur Haftung der vermittelnden Service-Provider (Liability of intermediary service providers) wurde einfach aus dem Textkörper der E-Commerce-Richtlinie[60] übernommen und ins Rumänische übersetzt, um die Bedeutung der in der Richtlinie verwendeten Begrifflichkeit beizubehalten. Diese nationalen Vorschriften des rumänischen Rechts definieren die Vermittlung durch einfache Übertragung, die

57 *Ohrmann*, Der Schutz der Persönlichkeit in Online-Medien, S. 7.

58 *Zimmer*, Zugriff auf Internetzugangsdaten, S. 29 ff..

59 Das Gesetz wurde auch durch das Gesetz Nr. 121/2006 geändert, das Gesetz wurde in M.Of. Nr. 403 v. 10.5.2006 veröffentlicht.

60 Richtlinie 2000/31/EG des Europäischen Parlaments und des Rates vom 8.6.2000 über bestimmte rechtliche Aspekte der Dienste der Informationsgesellschaft, insbesondere des elektronischen Geschäftsverkehrs, im Binnenmarkt (E-Commerce RL), ABl. Nr. L 178, S. 1.

temporäre und permanente Speicherung von Informationen, Hilfsmittel um Informationen zu suchen und andere Verbindungen mit Web-Seiten.

Die Kommunikation im Online-Medium besteht zwischen einer unüberschaubaren Vielzahl von Teilnehmern. Dabei liegt es in der Natur des Internets, dass im Falle einer Rechtsverletzung nicht nur erhebliche Schwierigkeiten mit der Sachverhaltsaufklärung verbunden sind, sondern auch die Verletzer identifiziert werden müssen. Es ist schwierig, den eigentlichen Verursacher einer Persönlichkeitsverletzung ausfindig zu machen.

b) Nutzer

Der Begriff „Nutzer" wurde im Erwägungsgrund 20 der E-Commerce-Richtlinie definiert. Die Definition erfasst alle Arten der Inanspruchnahme von Diensten der Informationsgesellschaft sowohl durch Personen, die Informationen in offenen Netzen wie dem Internet anbieten, als auch durch Personen, die im Internet Informationen für private oder berufliche Zwecke suchen.

Das rumänische Gesetz Nr. 365/2002 zum elektronischen Geschäftsverkehr enthält im Art. 1 Nr. 6 eine Legaldefinition des Begriffes „Nutzer" und behält den Sinn der Definition der E-Commerce-Richtlinie bei.[61] Der einzige Unterschied der Legaldefinition des „Nutzers" im deutschen Recht aus § 2 Satz 1 Nr. 3 TMG zum europäischen Recht besteht bei der Nutzung des Begriffs „Telemedien". Die Definition der Telemedien im deutschen Recht weist auf die elektronische Übertragung hin. Demnach handelt es sich um Dienste, die durch die Abgrenzung zu Rundfunk und Telekommunikationsdiensten auch negativ definiert werden können.[62]

IV. Neue Herausforderungen

Heutzutage, im Zeitalter von Big Data und dem Internet of Things, kann durch vielfältige Daten schnell ein Bild eines Nutzers entstehen, das ihn erheblich missrepräsentiert, ihm schadet oder ihn in eine falsche „Schublade" zwingt.[63] Deswegen

---

61 Art. 1 Nr. 6 des Gesetzes Nr. 365/2002: jede natürliche oder juristische Person, die zu kommerziellen, professionellen oder zu anderen Zwecken Dienste von Informationsgesellschaften nutzt, insbesondere um Informationen zu suchen oder zugänglich zu machen. (eigene Übersetzung).

62 Telemedien sind in § 2 Abs. 1 Satz 3 RStV definiert als „alle elektronischen Informations- und Kommunikationsdienste, soweit sie nicht Telekommunikationsdienste nach § 3 Nr. 24 des TKG sind, die ganz in der Übertragung von Signalen über Telekommunikationsnetze bestehen oder telekommunikationsgestützte Dienste nach § 3 Nr. 25 des TKG oder Rundfunk nach Satz 1 und 2 sind". Vgl. *Schulz,* in: Binder/Vesting, RStV, § 2 Rn. 60 ff..

63 *Simitis/Hornung/Spiecker gen. Döhmann,* in: Simitis/Hornung/Spiecker gen. Döhmann, Datenschutzrecht, Einl., Rn. 11.

sehen sich die Nutzer mit neuen Begriffen und mit verschiedenen, bis dahin unbekannten Konsequenzen im Bereich der Informationstechnologien konfrontiert.

Der Begriff „Internet of Things“ verweist auf Tatsachen und Objekte, die mit dem Internet und miteinander verbunden werden.[64] Das Konzept „Internet of Things“, kurz „IoT“, wurde 2001 das erste Mal in einem wissenschaftlichen Beitrag von David Brock vom Auto-ID Center benutzt, als die Idee vom Electronic Product Code, also der automatischen Identifizierung und Verfolgung von Waren in einer Lieferkette, vorgestellt wurde.[65] IoT stellt Datenschützer vor große Herausforderungen.

In den späten 90er Jahren haben Wissenschaftler festgestellt, dass erhebliche Datenmengen gesammelt werden können und so wurde das Konzept „Big Data“ entwickelt.[66] Der Rahmen von Big Data wurde als die Kontrolle des Datenvolumens, der Geschwindigkeit und der Vielfalt der Verarbeitung von Daten beschrieben.[67] Big Data ist ein umfassender Begriff, der viele Datenverarbeitungen beinhaltet und als „Einsatz großer Datenmengen aus vielfältigen Quellen mit einer hohen Verarbeitungsgeschwindigkeit“[68] definiert wird; er hat drei Wesensmerkmale: „a) sehr große Datenmenge, b) große Datenwachstumsraten und c) in der Regel geringe Informationsdichte bei jedoch großer Vielfalt bezüglich der Datenquellen und Datenformate“.[69] Erst später haben die datenschutzrechtlichen Aspekte in Bezug auf die Nutzung von Big Data mehr Aufmerksamkeit bekommen. Heutzutage bezieht sich Big Data nicht nur auf die Verarbeitung der großen Datenmengen, sondern auch auf die Algorithmen und Methoden, die benutzt werden, um die Daten zu verwerten.[70]

Die BITKOM Leitlinien 2015 zu Big Data[71] sind eine Antwort auf die Handlungsempfehlung aus dem Strategiepapier für den nationalen IT Gipfel

---

64 Fast jedes Gerät oder jeder Gegenstand kann in dieser Kategorie betrachtet werden: Fitness-Armband, Tablet, Türschloss. Vgl. dazu *Greengard*, The Internet of Things, S. 15.

65 Vgl. *Brock*, The Compact Electronic Product Code, S. 4.

66 Vgl. *Laney*, 3-D Data Management: Controlling Data Volume, Velocity and Variety, abrufbar unter: http://blogs.gartner.com/doug-laney/files/2012/01/ad949-3D-Data-Management-Controlling-Data-Volume-Velocity-and-Variety.pdf.

67 *Greengard* lobt die zusammenfassende Darlegung: „a short, but effective explanation of Big Data“ in The Internet of Things, S. 44.

68 BITKOM, Big Data im Praxiseinsatz – Szenarien, Beispiele, Effekte, 2012, S. 21, abrufbar unter: http://www.bitkom.org/files/documents/BITKOM_LF_big_data_2012_online(1).pdf..

69 Einleitung des Strategiepapiers für den nationalen IT Gipfel 2014 der Projektgruppe Smart Data, 2014, S. 3.

70 Vgl. *Ball*, Die pausenlose Gesellschaft, S. 100.

71 Siehe ausführlich die 12 Leitlinien im Kapitel 8, S. 82 ff. ff.. BITKOM, Leitlinien für den Big-Data-Einsatz Chancen und Verantwortung September 2015, S. 13.

2014[72] und dienen dazu, die Verbraucher zu informieren und sie zu einem Dialog über den Einsatz von Big-Data einzuladen. Dadurch wurde die wichtige Rolle der Neuen Technologien und deren Auswirkungen auf die Verbraucher betont.

Die Industrie 4.0, die Verwaltungen und (manche) Regierungen sehen Big Data als einen Vermittler neuer Erkenntnisse.[73] Dennoch kann die Verarbeitung der großen Menge personenbezogener Daten zum Verstoß gegen die Datenschutzprinzipien führen und deswegen wirft Big Data ernsthafte Bedenken in Kreisen der Datenschützer auf.[74]

Die involvierten Akteure müssen besonders sorgfältig sein und die europäischen Datenschutzanforderungen und Prinzipien berücksichtigen. Die Leitlinien zum Datenschutz und Big Data werden als Hilfe für die Prüfung der datenschutzrechtlichen Fragen dargestellt.[75] Der Europäische Datenschutzbeauftragte (EDSB) hat auch die Notwendigkeit der Einhaltung der europäischen Datenschutzprinzipien betont, indem man die Herausforderungen zu Big Data betrachte. Die Stellungnahme bleibt im Einklang mit den Leitlinien der mit dem Inkrafttreten der DS-GVO ersetzten Artikel-29-Datenschutzgruppe.[76]

---

72 Vgl. die Handlungsempfehlung „Schaffung und Berücksichtigung rechtlicher und ethischer Rahmenbedingungen" der Projektgruppe Smart Data, 2014, S. 17.

73 Siehe zu Charakteristika und der rechtlichen Relevanz von Big Data in *Weichert*, ZD 2013, 251 (254); *Zieger/Smirra*, MMR 2013, 418 (418).

74 Der Europäische Datenschutzbeauftragte (EDSB), Stellungnahme 7/2015, Bewältigung der Herausforderungen in Verbindung mit Big Data. Ein Ruf nach Transparenz, Benutzerkontrolle, eingebautem Datenschutz und Rechenschaftspflicht, S. 4.

75 Zahlreiche Stellungnahmen der Artikel-29-Datenschutzgruppe werden als legale Datenschutzanforderungen für die Analyse der datenschutzrechtlichen Fragen zu Big Data gesehen. Die folgenden Stellungnahmen sollen betrachtet werden: Stellungnahme 03/2013 zur Zweckbindung; Stellungnahme 05/2014 zu den Anonymitätstechniken; Stellungnahme 06/2014 zum berechtigten Interesse; Stellungnahme 01/2014 zur Anwendung der Konzepte Notwendigkeit und Verhältnismäßigkeit. Siehe dazu 14/EN WP 221 – Statement on the impact of the development of big data on the protection of individuals with regard to the processing of their personal data in the EU, S. 3.

76 EDSB setzt die datenschutzrechtlichen Aspekte bezüglich der Neuen Technologien aus der EDSB Stellungnahme 4/2015 „Towards a new digital ethics" fort, vgl. dazu die Stellungnahme des EDSBs 7/2015 „Meeting the challenges of big data", S. 2.

B. Die Entstehung des Schutzes der Persönlichkeit

I. Das Persönlichkeitsrecht

„Höchstes Glück der Erdenkinder/ sei nur die Persönlichkeit./ Kann wohl sein! so wird gemeinet;/ Doch ich bin auf andrer Spur:/ Alles Erdenglück vereinet / Find ich in Suleika nur“.[77] Dieses beliebte Zitat spiegelt die Relevanz und den Respekt für die Persönlichkeit wider, jene Werte, die in den zwischenmenschlichen Verhältnissen präsent sein sollten. Die Konzepte Person und Persönlichkeit sowie deren Freiheiten bilden die Basis für den Aufbau der Rechtsordnung und sind wichtige Schlüsselwörter für das europäische Rechtsdenken.

Das allgemeine Persönlichkeitsrecht hat in Deutschland, der großen Bemühungen des Germanisten Otto von Gierke zum Trotz[78], jene Verankerung im BGB, die es eigentlich verdient, nicht gefunden. Nur das Namensrecht wird im § 12 BGB geregelt. Die einzelnen Facetten des Persönlichkeitsrechts werden in anderen Schutzgesetzen bestimmt, wie das Recht auf Achtung der Ehre nach §§ 185 ff. StGB, das Recht am eigenen Bild nach §§ 22 ff. KUG. Bei Verletzung persönlichkeitsrechtlicher Interessen im Einzelfall können zivilrechtliche Konsequenzen nach § 823 Abs. 2 BGB gezogen werden. Die Rechtsprechung hat das Persönlichkeitsrecht weiter entwickelt, um Schritt mit den technologischen, sozialen und wirtschaftlichen Herausforderungen zu halten.

Das allgemeine Persönlichkeitsrecht wurde im deutschen Recht durch das Richterrecht mit der Rechtsgrundlage aus Art. 1 Abs. 1 GG (Menschenwürde) in Verbindung mit Art. 2 Abs. 1 GG (freie Entfaltung der Persönlichkeit) seit der Entstehung in den 1950er Jahren zu einer verfassungsrechtlichen und zivilrechtlichen Garantie entwickelt.[79] Eine Vielzahl von Urteilen der höchsten Instanzen Deutschlands,

---

77 *Goethe*, West-östlicher Divan, Suleika Nameh, Buch Suleika, S. 70.

78 Otto von Gierke hat durch das Werk „Deutsches Privatrecht“ „das allgemeine Recht der Persönlichkeit“ erweitert und bewiesen, dass dieses Feld sich nicht nur auf das Urheberpersönlichkeitsrecht bezieht. Der Autor hat die erste klare Ausprägung des Persönlichkeitsrechts als Begriff und Konzeption Ende des 19. Jahrhunderts aufgegriffen. Siehe ausführlich in *v. Gierke*, Deutsches Privatrecht, Band I, S. 700 ff..

79 *v. Caemmere*, Der privatrechtliche Persönlichkeitsschutz nach deutschem Recht, in: FS von Hippel, 1967, S. 27, 31. Die Leserbrief-Entscheidung war der Durchbruch des Persönlichkeitsrechts. Der Leitsatz hieß: „Briefe oder sonstige private Aufzeichnungen dürfen in der Regel nicht ohne Zustimmung des noch lebenden Verfassers und nur in der vom Verfasser gebilligten Weise veröffentlicht werden. Das folgt aus dem in Art. 1, 2 GrundG verankerten Schutz der Persönlichkeit und gilt daher auch dann, wenn die Aufzeichnungen nicht die individuelle Formprägung aufweisen, die für einen Urheberrechtsschutz erforderlich ist.“, in BGH, Urt. v. 25.5.1954 - I ZR 211/ 53 - Leserbrief, BGHZ 13, 334 ff..

Bundesverfassungsgericht und Bundesgerichtshof, haben zu der aktuellen Form des Persönlichkeitsschutzes beigetragen.[80]

Im rumänischen Recht gibt es kaum Urteile der höchsten Instanz, Înalta Curte de Casaţie şi Justiţie, in Bezug auf die Persönlichkeitsrechte, aber in der Literatur wird das Thema ausgearbeitet. Der Begriff „Persönlichkeitsrechte" wurde zum ersten Mal in der rumänischen Gesetzgebung in der ersten Variante des neuen Cod Civil aus dem Jahr 2009 verwendet. Die Persönlichkeitsrechte wurden nur auf das Recht auf Leben, auf Gesundheit, auf körperliche und geistige Integrität, auf Respekt der Privatsphäre sowie auf das eigene Bild im Art. 58 Cod Civil beschränkt. Dies wurde aber mit dem Art. 58 des Gesetzes Nr. 71/2011[81] zur Anwendung des Gesetzes Nr. 287/2009 zum Cod Civil[82] durch den zusätzlichen Begriff zur Aufzählung der Persönlichkeitsrechte „und andere solche Rechte, die vom Gesetz anerkannt werden" erweitert und korrigiert.[83]

---

80 Z.B. zu der Entwicklung der Geldentschädigung für einen Schaden, der nicht Vermögensschaden ist, da „Nachdem durch Art. 1, 2 GG das Recht zur freien Selbstbestimmung der Persönlichkeit als ein Grundwert der Rechtsordnung anerkannt ist, ist es gerechtfertigt, in analoger Anwendung des § 847 BGB auch dem durch die unbefugte Veröffentlichung seines Bildes Verletzten wegen eines hierdurch hervorgerufenen, nicht vermögensrechtlichen Schadens eine billige Entschädigung in Geld zu gewähren." Siehe BGH, Urt. v. 14.2.1958 - I ZR 151/56 - Herrenreiter, BGHZ 26, 349; und dies wurde ausgeweitet durch BVerfG, Urt. v. 14.2.1973 - 1 BvR 112/65 - Soraya, BVerfGE 34, 269; die Anerkennung des postmortalen Persönlichkeitsschutzes in BGH, Urt. v. 20.3.1968 - I ZR 44/66 - Mephisto; der BGH, Urt. v. 2.4.1957 - VI ZR 9/56, BGHZ 24, 72 - Persönlichkeitsrecht besagte „In einer seiner Erscheinungsformen richtet es sich auf die Wahrung der persönlichen Geheimsphäre durch Geheimhaltung ärztlicher Zeugnisse über den Gesundheitszustand."; Zu der Bedeutung des allgemeinen Persönlichkeitsrechts (Art 2 Abs. 1 i.V.m. Art 1 Abs. 1 GG) und des Grundrechts der Meinungsfreiheit (Art 5 Abs. 1 GG) für die Beurteilung der Wiedergabe von Äußerungen in einem Fernsehkommentar, in dem das unrichtige Zitat nicht geschützt wird. In BVerfG, Urt. v. 3.6.1980 - 1 BvR 797/78 - Böll, BVerfGE 54, 208; Laut BVerfG schützt das „gewährleistete allgemeine Persönlichkeitsrecht [...] auch dagegen, daß jemandem Äußerungen in den Mund gelegt werden, die er nicht getan hat und die seinen von ihm selbst definierten sozialen Geltungsanspruch beeinträchtigen". in Urt. v. 3.6.1980 - 1 BvR 185/77 - Eppler, BVerfGE 54, 148.

81 Das Gesetz zur Umsetzung des Gesetzes Nr. 287/2009 zum Cod Civil veröffentlicht in M.Of. Nr. 409, I. Teil, v. 10.6.2011, in Kraft seit dem 1.10.2011 gem. Art. 220 des Gesetzes 71/2011.

82 Veröffentlicht in M.Of. Nr. 511, I. Teil, v. 24.7.2009.

83 *Buta*, PR, Nr. 10/2013, S. 30.

1. *Merkmale des Persönlichkeitsrechts*

Zu Beginn der 50er Jahre des 19. Jahrhunderts[84] hat Professor Heinrich Hubmann mit seiner Analyse des Begriffs „Persönlichkeit" angefangen. Er betonte, dass zwar keine eindeutige und damit allgemeingültige Bestimmung des allgemeinen Persönlichkeitsrechts möglich sei, dennoch versuchte er, den unbestimmten Rechtsbegriff des allgemeinen Persönlichkeitsrechts greifbar und damit bestimmbar zu machen, indem er diesen in drei Teilelemente aufteilte: das Recht, die eigene Persönlichkeit zu entwickeln, das Recht, die eigene Persönlichkeit zu bewahren und das Recht, die eigene Individualität zu schützen.[85]

Jean Dabin, ein belgischer Jurist, beschäftigte sich ebenfalls mit den Persönlichkeitsrechten und bezeichnete diese als„ die Rechte, die die Elemente der Persönlichkeit des Rechtsubjektes als Objekt hat, der mit seinen vielfältigen Aspekte – physische, morale, individuelle, soziale – gesehen ist''. In erster Linie zielen sie auf„ das Wesen des Subjektes – seinen Körper mit den Körperteile, die Überzeugungen und Gefühle, Bescheidenheit, ästhetischer Sinn, Privatsphäre und Ehre". Das unbegrenzte Feld der„ äußeren Freiheit'' umfasst unter dem Schirm der Persönlichkeitsrechte die Freizügigkeit und die Freiheit des Denkens.[86] Die Rechtswissenschaft hat diese juristischen Phänomene vor der ausdrücklichen Regelung der Persönlichkeitsrechte im Jahre 1950 beschrieben.

Die Persönlichkeitsrechte werden in der rumänischen Literatur mit den folgenden Elementen beschrieben: Die Persönlichkeitsrechte sind zivile, subjektive Nichtvermögensrechte mit einem strikt persönlichen und unveräußerlichen Charakter. Sie sind nicht übertragbar, nicht zu ergreifen und unverjährbar, sie werden erga omnes entgegengehalten und sie stehen jeder Person zu.[87] Persönlichkeitsrecht wird auch definiert als „diese Rechte, die über bestimmte Aspekte und inhärente Merkmale des menschlichen Wesens tragen, die zu jedem Einzelnen gehören, durch die Tatsache, dass er Mensch ist".[88] Sie wurden auch als gesetzlich anerkannte subjektive Zivilrechte, Befugnisse mit einem bestimmten Inhalt, deren Objekt die immanenten Werte der Menschen sind, die der körperlichen, psychischen, moralischen und sozialen Dimension gehören, unter der Kontrolle des autonomen Willen des Einzelnen und unter dem Schutz eines Gerichtsverfahrens

---

84 1950, bevor der Bundesgerichtshof die ersten Schritte zur offiziellen Anerkennung des allgemeinen Persönlichkeitsrechts im Privatrecht gemacht hat.

85 *Hubmann*, Das Persönlichkeitsrecht (Beiträge zum Handels-, Wirtschafts- und Steuerrecht, Heft 4, 1953), S. 123ff..

86 *Dabin*, Les Droit Subjectif, S. 170ff..

87 Siehe ausführlich zu den wesentlichen Elementen der Persönlichkeitsrechte, *Buta*, PR, Nr. 10/2013, S. 31ff..

88 Vgl. dazu *Ungureanu/Jugastru*, Dreptul civil. Persoanele, S. 39. Für eine ähnliche Definition siehe auch in *Ungureanu/Munteanu*, Drept civil, S. 44.

bezeichnet.[89] Die Persönlichkeitsrechte, wie die Freiheit, die Würde, das Privatleben sowie der Respekt werden durch allgemeine Begriffe bestimmt, da sie schwer definierbar sind. Deswegen spielt der Richter eine große Rolle dabei, Persönlichkeitsverletzungen in jedem Einzelfall auszulegen.[90]

2. *Kritik*

Der BGH hat sich in seiner Grundsatzentscheidung[91] aus dem Jahr 1954 umfassend mit dem allgemeinen Persönlichkeitsrecht befasst, aber dennoch enthält weder die Rechtsprechung noch die Literatur eine abschließende Definition dieses Rechts, weil der Begriff sich ständig entwickelt.

Die Richter des BGH haben in der „Krankenpapiere"-Entscheidung bestimmt, dass der Begriff des allgemeinen Persönlichkeitsrechts von generalklauselartiger Weite und Unbestimmtheit sei.[92] Das allgemeine Persönlichkeitsrecht sei ein „Muttergrundrecht" oder „Quellrecht", darauf werden die konkretisierten Gestaltungen sich entwickeln und deswegen kann man die besonderen Persönlichkeitsrechte als eine Erweiterung des Persönlichkeitsschutzes betrachten.[93] In der deutschen Literatur wurde das allgemeine Persönlichkeitsrecht als Recht selbst bezeichnet und nicht als die Quelle für Rechte, sondern wie ein Partner der speziellen Persönlichkeitsrechte.[94] Ein anderer deutscher Autor stellt das allgemeine Persönlichkeitsrecht als den Nährboden für Konturierung und Konkretisierung einzelner Schutzfunktionen durch besondere Persönlichkeitsrechte, die sich verwandeln und Rückwirkungen auf das Verständnis des allgemeinen Persönlichkeitsrechts entfalten, dar.[95]

---

89 Vgl. *Cristea*, Respectul datorat ființei umane și drepturilor ei inerente, S. 27.

90 Vgl. *Chelaru*, Drepturile personalității în reglementarea noului Cod Civil, Dreptul Nr. 10/2011, S. 34.

91 BGH, Urt. v. 25.5.1954 – Schachtbrief, BGHZ 13, S. 334 ff. Die Beklagte, die Zeitung Die Welt am Sonntag, hat einen kritischen Artikel über die nationalsozialistische Vergangenheit des Bankiers H.G. Hjalmar Schacht veröffentlicht. Der Anwalt des ehemaligen Reichsfinanzministers und Reichspräsidenten Schacht hat von der Zeitung im Namen seines Mandanten eine Gegendarstellung verlangt. Das verkürzte anwaltliche Schreiben wurde von der Zeitung unter der Rubrik Leserbriefe veröffentlicht. Dadurch wurde der Eindruck gegeben, dass der Anwalt in seinem Schreiben die politischen Ansichten seines Mandanten teile.

92 BGH, Urt. v. 2.4.1957 – Krankenpapiere, BGHZ 24, S. 72 (78).

93 BGH, Urt. v. 2.4.1957 – Krankenpapiere, BGHZ 24, S. 72 (78).

94 Vgl. *Baston-Vogt*, Der sachliche Schutzbereich des zivilrechtlichen allgemeinen Persönlichkeitsrechts, S. 102.

95 *Götting*, in: Götting/Schertz/Seitz, Handbuch des Persönlichkeitsrechts, § 1, Rn. 27.

3. *Die Interessenabwägung*

Der Schutz des Persönlichkeitsrechts ist nicht grenzenlos, sondern er kann auch eingeschränkt werden. Wenn dieses Recht verletzt wird, dann ist eine konkrete Abwägung im Einzelfall erforderlich. In der Krankenpapiere-Entscheidung[96] des BGH wurde bestimmt, dass im Falle eines Konflikts eine Güter- und Interessenabwägung gemacht wird, weil jeder gleichrangig ein allgemeines Persönlichkeitsrecht genießt und die Möglichkeit der Entfaltung seiner Persönlichkeit hat.

Die deutsche Rechtsprechung ist ein wertvoller Beweis dafür, dass die Auslegung der aktuellen Vorschriften und Abwägung der Rechte in jedem Fall durch den Richter eine wichtige Rolle in der Weiterentwicklung der Ausprägungen der Persönlichkeitsrechte spielt. Dies sollte auch im Falle des rumänischen Cod Civil berücksichtigt werden.

Gerichtsverfahren sind nicht die einzigen Lösungen für Persönlichkeitsverletzungen. In einem Land wie Rumänien, in dem das Problem eines langjährigen Gerichtsverfahrens sowohl in Zivilverfahren als auch in Straf- und Vollstreckungsverfahren bekannt ist,[97] sollten eher Alternativlösungen, wie Mediation oder Schlichtung, den Gerichtsverfahren vorgezogen werden. Rumänien wurde mehrmals wegen Verletzungen des Art. 6 Abs. 1 EMRK vor dem EGMR verklagt, weil das Recht auf ein faires Verfahren unter Vermeidung von Verfahrensverzögerungen nicht gewährt wurde.[98]

4. *Exkurs: Unternehmenspersönlichkeitsrecht*

Der gute Ruf eines Unternehmens ist entscheidend dafür, Kunden zu behalten oder zu gewinnen. Die Reputation eines Unternehmens kann aufgrund von (Hass-) Kommentaren oder (negativen) Bewertungen im Internet beschädigt werden. Kunden können wegen unpassender und unwahrer Kommentare das Vertrauen verlieren und dies kann negative Auswirkungen für die Umsätze des Unternehmens zur Folge haben.

---

96 BGH, Urt. v. 2.4.1957 - VI ZR 9/56 – Krankenpapiere, BGHZ 24, S. 72 (79 f.). Siehe dazu auch BGH, Urt. v. 14.2.1958 - I ZR 151/56 - Herrenreiter, BGHZ 26, 349; in dem formuliert wurde, dass „die Güterabwägung (...) im Einzelfall durch berechtigte private oder öffentliche Belange eingeschränkt wird.“, vgl. BGHZ 13, 334 (338).

97 Venice Commission, Study No. 316/2004 CDL (2006) 026 v. 15.2.2007, S. 142 ff..

98 EGMR, Urt. v. 24.2.2009 – Abramiuc/Rumänien, Nr. 37411/02; Urt. v. 16.6.2009 – Soare/Rumänien, Nr. 72439/01; Urt. v. 6.4.2010 – Floarea Pop/Rumänien, Nr. 63101/00; Borobor u.a./Rumänien, Nr. 5663/04; Urt. v. 26.11.2013 – Vlad u.a./Rumänien, Nr. 40756/06. Ausführlich zu dem Rechtsschutz gegen verzögerte Gerichtsverfahren in Rumänien in *Berth*, Rechtsschutz gegen verzögerte Gerichtsverfahren in Europa, S. 389 ff..

a) Deutsches Recht

Wenn der Ruf eines Unternehmens durch Äußerungen verletzt wird, kann das Unternehmenspersönlichkeitsrecht angegriffen werden. Unter bestimmten Voraussetzungen aber können kritische Äußerungen zu einem Unternehmen zulässig sein, wenn die Meinungsfreiheit überwiegt.[99] Im deutschen Recht wurde ein Unternehmenspersönlichkeitsrecht für die juristischen Personen und Personengesellschaften vom BGH anerkannt.[100] Der BGH erklärte das Unternehmenspersönlichkeitsrecht für ein sonstiges Recht i.S.v. §§ 823 Abs. 1, 1004 BGB neben dem Recht am eingerichteten und ausgeübten Gewerbebetrieb.[101] Der Ruf eines Unternehmens wird in der deutschen Rechtsordnung auch von zahlreichen Spezialvorschriften geschützt, wie § 8 UWG, § 14 MarkenG und § 97 UrhG, aber auch durch zivilrechtliche Ansprüche aus §§ 823 Abs. 1 und 2 BGB - i.V.m. den strafrechtlichen Vorschriften §§ 185 ff. StGB - §§ 824, 826 BGB.[102]

b) Rumänisches Recht

Der Oberste Gerichts- und Kassationshof Rumäniens hat 2016 juristischen Personen einen beschränkten Anspruch auf Ersatz eines entstandenen immateriellen Schadens i.S.v. Art. 998 f., 1000, 1084 Cod Civil (C. civ.), Art. 723 Cod procedură civilă (C. proc. civ.) zugesprochen. Nur im Falle des unlauteren Wettbewerbs i.S.d. Art. 9 des Gesetzes Nr. 11/1991[103] zum unlauteren Wettbewerb sowie der Missachtung des Rechts auf Name, auf Niederlassung, auf Logo, Emblem oder Markenbezeichnung kann einer juristischen Person ein immaterieller Schaden anerkannt werden.[104]

Die aktuelle rumänische Rechtsprechung hat die Verletzung des Rechts auf Ruf und Schmerzensgeld einer juristischen Person im Sinne von Art. 253 Abs. 4 C. civ. i.V.m. Art. 257 C. civ. in einer Rechtsverletzung auf Facebook zugesprochen. Der Verbraucher musste eine Entschuldigung für die Verleumdung der juristischen

---

99 BGH, Urt. v. 3.2.2009 - VI ZR 36/07 - Fraport/Manila, Rn. 16 bb) u. Rn. 22 (3); BGH NJW 2009, 1872 (1874).

100 BGH, Urt. v. 11.3.2008 – VI ZR 7/07 - Gen-Milch, Rn. 27; Siehe BGH, NJW 2008, 2110 (2115); das BVerfG hat die Frage, ob ein Unternehmen Persönlichkeitsrechte haben kann, offen gelassen. Siehe dazu BVerfG, Beschluss v. 8.9.2010 – 1 BvR 1890/08 - Gen-Milch, Rn. 25, NJW 2010, 3501 (3502).

101 Zur zivilrechtlichen Bedeutung m.w.Nachw. *Gounalakis,* in: Götting/Schertz/Seitz, Handbuch des Persönlichkeitsrechts, § 24, Rn. 42.

102 Vgl. *Gounalakis,* in: Götting/Schertz/Seitz, Handbuch des Persönlichkeitsrechts, § 24, Rn. 43.

103 Veröffentlicht in M.Of. Nr. 24 v. 30.1.1991.

104 ICCJ, Secţia a II-a civilă, Entscheidung Nr. 373 v. 24.2.2016. Diese Entscheidung weist auf die alte Rechtsgrundlage zur Schadenersatzpflicht hin.

Person in einem Post auf seiner Facebook-Seite und in einer lokalen Zeitung veröffentlichen, gem. Art. 253 Abs. 3 C. civ. i.V.m. Art. 257 C. civ.[105] Die Abwägung mit der Meinungsfreiheit wurde nicht so stark thematisiert wie in der deutschen Rechtsprechung, die das Unternehmenspersönlichkeitsrecht hinter die Meinungsfreiheit stellt.[106]

Der rumänische Gesetzgeber erkennt eigentlich nur eine natürliche Person als Rechtsinhaber von Persönlichkeitsrechten[107], dennoch wird in der rumänischen Literatur eine juristische Person auch als Berechtigter des Persönlichkeitsschutzes anerkannt.[108] Die Diskussion um dieses Thema ist in Rumänien leider nicht so verbreitet wie in Deutschland und es wird nur argumentiert, ob einer juristischen Person der Schutz der Persönlichkeitsrechte gewährleistet wird. Art. 257 C. civ. bestimmt den Schutz der Nichtvermögensrechte einer juristischen Person. Dennoch könnte der Unternehmenspersönlichkeitsschutz auch im rumänischen Recht durch die Rechtsprechung weiterentwickelt werden, da die Gefahren durch das Internet sehr lebendig sind.

5. Historische Entwicklung

Der Rechtsschutz der zahlreichen Ausprägungen der Persönlichkeitsrechte und die Rechtsprechung gegenüber deren Verletzungen sind im nationalen Recht verankert. Dieser spiegelt sowohl die sozialen, kulturellen, philosophischen und historischen Bedingungen, wie auch die moralischen Erwartungen jedes Landes wider.[109] Die Entwicklung des deutschen Rechtssystems und der deutschen Rechtsprechung

---

105 Tribunalul Harghita, Entscheidung Nr. 866 v. 14.11.2018. Der Verbraucher hat auf seiner Facebook-Seite geschrieben, dass die Sportschuhe, die er von der juristischen Person gekauft hat, nicht ein Original gewesen wären, ohne dies zu überprüfen.

106 Sowohl der BGH als auch das BVerfG haben sich mit dem Unternehmensreputationsschutz auseinandergesetzt, nachdem eine Nicht-Regierungsorganisation „falsche" und „unrichtige" Äußerungen über die Produkte von einem Unternehmen im Internet verbreitet hat. BGH, Urt. v. 11.3.2008 – VI ZR 7/07 - Gen-Milch, Rn. 28 ff.; Siehe BGH, NJW 2008, 2110 (2115); BVerfG, Beschluss v. 8.9.2010 – 1 BvR 1890/08 - Gen-Milch, Rn. 25 in NJW 2010, 3501 (3502).

107 Siehe im Cod Civil den Titel II „Persoana fizică", den II. Kap. „Respectul datorat ființei umane și drepturilor ei inerente", den 2. Abschnitt „Drepturile la viață, la sănătate și la integritate ale persoanei fizice", den 3. Abschnitt „Respectul vieții private și al demnității persoanei umane".

108 Manche rumänischen Autoren benutzen den Begriff „ausleihen" für die Eigenschaften, die sehr an ein menschliches Wesen gebunden sind. Siehe dazu *Ungureanu/Munteanu*, Drept civil, S. 48 ff.; Je nach der Natur des Persönlichkeitsrechts kann die juristische Person ein Teilrechtsinhaber werden. Siehe auch *Buta*, PR, Nr. 10/2013, S. 41 f..

109 Vgl. *Márton*, Violations of Personality Rights through the Internet, S. 37.

beweisen, dass vermieden wird, die Überwachungserfahrungen und -techniken der Gestapo und Stasi zu wiederholen. In Rumänien hat die Securitate tiefe Spuren hinterlassen, weswegen im rumänischen Rechtssystem mehr Wert auf den Schutz der Persönlichkeitsrechte gelegt werden sollte. Als Orientierung könnte das deutsche Modell zur Gewährleistung der Entfaltung vielfältiger Facetten der Persönlichkeit dienen.

Auch auf europäischer Ebene gab es mehrere Versuche, einheitliche Leitlinien zum Schutz der Persönlichkeitsrechte einzuführen.[110] Letztendlich aber bleibt der nationale Gesetzgeber verantwortlich für die Umsetzung und Gestaltung europäischer oder internationaler Leitlinien nach den eigenen nationalen Maßstäben und kann das Niveau heben, wie es in Rumänien der Fall sein könnte, oder die Normen anpassen, wenn manche Vorschriften als zu streng betrachtet werden.

Die „actio injuriarum“ war das erste Rechtsmittel aus der Zeit des römischen Rechts, das dem Schutz der immateriellen Interessen einer Person diente. Als dieses Rechtsinstitut in der XII. Tafel geregelt wurde, sollte ursprünglich die körperliche Unversehrtheit geschützt werden. Grundsätzlich konnte die „actio injuriarum“ in vier spezifischen Fällen angerufen werden.[111] Dadurch wurde der Schutz einer Person vor dem Eingriff in den persönlichen Bereich gewährleistet. Ein solcher Fall war das Betreten des Hauses einer Person ohne ihre Erlaubnis. Wenn dies mit Gewalt passierte, war die „Lex Cornelia de iniuriis“ anwendbar und wenn der Eindringling nicht mit Gewalt vorging, konnte der Kläger sich auf das Rechtsinstitut der „actio injuriarum“ berufen.[112]

a) Deutschland

Der Begriff *Persönlichkeit* hat eine spektakuläre Entwicklung im deutschen Recht erfahren und dies ist auf die namhaften Philosophen wie Kant, Hegel und Humboldt zurückzuführen. Die Vorschriften, die den Schutz der Persönlichkeit in den Vordergrund stellen, sind Gesetze der Freiheit sowie Gesetze des inneren Freiraums, die den Einzelnen darin unterstützen, seine Persönlichkeit frei und

---

110 *von Bar,* Non-contractual liability arising out of damage caused to another, Chapter 2, art. 2:203 Infringement of dignity, liberty and privacy, S. 419ff..

111 *Convicium* – wenn mehrere Bürger in einem Haus einberufen werden mussten, um jemanden zu beleidigen; *de adtemptata pudicitia* – um die moralische Reputation der ehrlichen Frauen und der jungen Römer, die noch toga praetexta getragen haben, zu schützen; *ne quid infamandi causa fiat* – um das Verhalten einer Person, die die Ehre einer anderen Person nicht geachtet hat, zu sanktionieren; *servum alienum verberare* – um die Prüde oder Folter eines Sklaven der anderen zu sanktionieren. Siehe dazu *Zimmerman,* The Law of Obligations: Roman Foundations of the Civilian Traditions, Oxford University Press, 1996, S. 1053ff..

112 *Zimmerman,* The Law of Obligations: Roman Foundations of the Civilian Traditions, 1996, S. 1058f..

verantwortungsvoll entfalten zu können. James Whitman schrieb, dass„ das Gesetz der Freiheit seit 1950 eine Blütezeit erlebt hat, als das deutsche Volk die Lektionen, die es nach der Katastrophe der dunklen Nazizeit gelernt hat, anwendete. Für die deutsche Gesellschaft war die Freiheit das Gegenteil von Determinismus. Frei zu sein bedeutet nicht, befreit von der Kontrolle der Regierung zu sein, sondern einen freien Willen auszuüben."[113] Um den Willen des Betroffenen durchsetzen zu können, benötigt er Regelungen oder Gerichtsentscheidungen, die die Entfaltung seiner Persönlichkeitsrechte gewährleisten.

Das Bürgerliche Gesetzbuch (BGB)[114] beinhaltete ursprünglich keine Regelungen zum allgemeinen oder besonderen Persönlichkeitsrecht. Das Reichsgericht war gegen eine Anerkennung eines allgemeinen Persönlichkeitsrechts in der Rechtsprechung.[115] Das Privatrecht musste die Entwicklung und die Kodifizierung der modernen Ideale von Freiheit und Gleichheit etablieren. Die Rechte und Pflichten, die auf der Menschenwürde beruhen, konnten keinen Platz im Zivilrecht finden, weil die praktische Rechtsprechung wie auch die wissenschaftliche Meinung zur Vertragsfreiheit, zu wirtschaftlichen Rechten und zu Entschädigungen von Vermögensschäden tendierten. Verletzungen der Ehre und Würde wurden vom Strafrecht sanktioniert, während das BGB das Namensrecht gesetzlich gewährleistete.[116]

Nachdem das Grundgesetz in Kraft getreten ist,[117] haben die Menschenwürde aus Art. 1 Abs. 1 GG und die freie Entfaltung der Persönlichkeit aus Art. 2 Abs. 1 GG eine herausragende Stellung bekommen. Der BGH hat in der „Leserbrief"-Entscheidung[118] aus dem Jahr 1954 erstmals auf dem Wege der verfassungskonformen Auslegung des Deliktrechts das zivilrechtliche allgemeine Persönlichkeitsrecht anerkannt, indem dem Urheber eines Werkes der Schutz gegen unbewilligten Veröffentlichungen gewährleistet wurde.[119] Seitdem wurde das allgemeine Persönlichkeitsrecht als sonstiges Recht i.S.d. § 823 Abs. 1 BGB anerkannt. In dem „Herrenreiter"-Urteil aus dem Jahr 1958 erkannte die Rechtsprechung erstmals

---

113 *Whitman*, The Two Western Cultures of Privacy: Dignity versus Liberty, YLJ Nr.113/ 2004, S. 38f..

114 BGB, ursprüngliche Fassung v. 18.8.1896, RGBl. S. 195, in Kraft seit dem 1.1.1900.

115 *Lehr*, Ansätze zur Harmonisierung des Persönlichkeitsrechts in Europa, S. 30f..

116 *Brüggemeier/Colombi/Ciacchi/O'Callaghan*, Personality Rights in European Tort Law, S. 19f..

117 Das Grundgesetz wurde am 23.5.1949 erlassen. (BGBl, S. 1) Am 24.5.1949 trat es nach Art. 145 Abs. 2 in Kraft und wurde in der 1. Nummer des Bundesgesetzesblattes veröffentlicht.

118 BGH, Urt. v. 5.5.1954 - I ZR 211/53, BGHZ 13, 334ff..

119 Vgl. *Götting* in Götting/Schertz/Seitz, Handbuch des Persönlichkeitsrechts, § 1, Rn. 1. Der Autor bedauert die Tatsache, dass dieses Urteil noch zu wenig Aufmerksamkeit bekommt, obwohl der BGH „einen radikalen kaum denkbaren Paradigmenwechsel" geschaffen hat.

einen immateriellen Schadenersatzanspruch zu.[120] Das BVerfG hat 1973 durch den Soraya-Beschluss diese Entwicklung uneingeschränkt akzeptiert und bestätigt.[121] Mit dem Urteil Caroline von Monaco I hat der BGH klargestellt, dass der Betroffene einen Anspruch auf Geldentschädigung hat, der auf einen besonderen Rechtsbehelf, basierend auf dem Schutzauftrag aus Art. 1 und 2 GG, zurückgehe.[122]

b) Rumänien

Die Prinzipien der deliktischen Haftung wurden für die Gewährleistung der Ehre, der körperlichen Unversehrtheit und des Rechts am eigenen Bild erst gegen Ende des 19. Jahrhunderts von der rumänischen Rechtsprechung anerkannt. Die rumänischen Gerichte haben in mehreren Entscheidungen einen Anspruch auf materielle und immaterielle Schäden nach den Artt. 998 und 999 des rumänischen Cod Civil (die a.F. des Zivilgesetzbuches) erstmals anerkannt.[123] Jede Verletzung der Menschenwürde und des Rechtes auf die Entfaltung der eigenen Persönlichkeit, die im deutschen Recht von Art. 1 Abs. 1 und Art. 2 Abs. 1 GG bestimmt werden, wird nach § 823 BGB einen Anspruch auf Ersatz des Schadens gewährleisten. Art. 998 des rumänischen Cod Civil von 1864 kann dann als die Grundlage dienen, um einen Schadenersatzanspruch geltend zu machen.[124] Dieser Artikel kann als das rumänische Äquivalent zu § 823 BGB betrachtet werden.

Die Nichtvermögensrechte von natürlichen Personen wurden im rumänischen Cod Civil von 1864 in Bezug auf die Familienverhältnisse gesetzlich geregelt.[125] Dennoch wurden die Persönlichkeitsrechte von dieser Regelung ignoriert.[126] Die wichtigste Vorschrift für die Entwicklung der Persönlichkeitsrechte in Rumänien

---

120 BGH, Urt. v. 14.2.1958 - I ZR 151/56, BGHZ 26, S. 349 (349 ff.). Ein Brauereibesitzer, der Freizeitreiter ist, hat einen Pharmakonzern verklagt und eine Entschädigungszahlung angefordert, als er erfahren hat, dass ein Bild von ihm ohne seine Einwilligung für das Werbeplakat eines Potenzmittels verwendet wurde.

121 BVerfG, Beschluss v. 14.2.1973 - 1 BvR 112/65 - Soraya, BVerfG 34, S. 269 ff..

122 BGH, BGH, Urt. v. 15.11.1994 - VI ZR 56/94 - Caroline von Monaco I (Erfundenes Exklusiv-Interview), BGHZ 128, S. 1 (15). Caroline von Monaco hat wegen unwahrer Tatsachenbehauptungen und einer fortdauernden Persönlichkeitsverletzung zwei Zeitschriften verklagt. Durch dieses Urteil wurde der Anspruch auf Geldentschädigung nicht mehr nach § 847 BGB eingeordnet.

123 *Cercel/Olteanu*, Consideraţii asupra drepturilor personalităţii, RSJ Nr. 4/2009, S. 49.

124 Vgl. *Cristea*, Respectul datorat fiinţei umane şi drepturilor ei inerente, S. 14. Auch Art. 1382 des französischen Code Civil wird als Äquivalent zu den o.g. Paragraphen ausgelegt.

125 Siehe das 1. Buch des Cod Civil mit dem Titel „Über die Personen" (Despre persoane); ausführlich zur Entstehung der gesetzlichen Verankerung der Persönlichkeitsrechte in *Buta*, PR, Nr. 10/2013, S. 27 f..

126 Vgl. *Ungureanu/Munteanu*, RRDP 3/2016, S. 11.

war das Dekret Nr. 31/1954[127]. In den Artt. 54-56 des Dekrets wurde der Schutz der persönlichen Nichtvermögensrechte gewährleistet. Das Namensrecht, das Recht auf Pseudonym, auf Ehre, auf Reputation, die Urheberrechte und sonstige persönliche Nichtvermögensrechte wurden ausdrücklich im Gesetz verankert. Man merkt, dass in dieser Liste mehrere Rechte fehlen, nämlich das Recht auf Privatsphäre, das Recht auf Würde und die Rechte, die im Kern das Recht auf Leben und die körperliche Unversehrtheit zum Inhalt haben. Diese Rechte waren unter dem Schutz der strafrechtlichen Vorschriften und des Dekrets 212/1974[128] festgelegt.[129]

II. Verfassungsrechtlicher Persönlichkeitsschutz

1. Deutschland

Jeder hat gemäß Art. 2 Abs. 1 GG das Recht auf freie Entfaltung seiner Persönlichkeit und diese Vorschrift garantiert als Generalklausel das„ allgemeine Freiheitsrecht". Das BVerfG hat den Artikel 2 Abs. 1 GG zunächst ausgelegt als das Recht, zu tun und zu lassen, was man möchte, solange und soweit durch dieses Handeln oder Unterlassen nicht in die Freiheitsrechte anderer eingegriffen wird.[130]

Die Anerkennung des allgemeinen Persönlichkeitsrechts bezieht sich auf die Funktion eines sog. „Auffangtatbestandes", die notwendig und anwendbar ist, solange der Gesetzgeber keine andere Spezialregelung für die in Frage stehende Konstellation hat.[131] Da beim allgemeinen Persönlichkeitsrecht der Rahmentatbestand ständig an veränderte technologische, ökonomische und soziale Kontexte angepasst werden muss und in jedem Einzelfall betrachtet werden muss, werden die Begründungen der Rechtsprechung zum Inhalt des allgemeinen Persönlichkeitsrechts als vage und mit der Wiederholung der Leitprinzipien formuliert.[132]

---

127 Das Dekret Nr. 31/1954 v. 30.1.1954 zum Statut der natürlichen und juristischen Personen, veröffentlicht in M.Of. Nr. 8.

128 Das Dekret Nr. 212 v. 31.10.1974 zur Umsetzung des internationalen Pakts über die wirtschaftlichen, sozialen und kulturellen Rechte und des Pakts zu den bürgerlichen und politischen Rechten im rumänischen Recht, veröffentlicht in M.Of. Nr. 146 v. 20.11.1974.

129 *Cercel/Olteanu*, Consideraţii asupra drepturilor personalităţii, Revista de Ştiinţe Juridice, Nr. 4/2009, S. 44.

130 BVerfG, Beschluss v. 23.5.1980 - 2 BvR 854/79 - Taubenfütterungsverbot, BVerfGE 54, 143 (144); *Ohrmann*, Der Schutz der Persönlichkeit in Online-Medien, S. 76.

131 BGH, 19.5.1981 - VI ZR 273/79, BGHZ 80, S. 311 (319).

132 Vgl. *Götting*, in: Götting/Schertz/Seitz, Handbuch des Persönlichkeitsrechts, § 1, Rn. 3. Es wird auch als der Schutzzweck des allgemeinen Persönlichkeitsrechts betrachtet, um in Ruhe gelassen zu werden und seine aktive Entschließungs- und Handlungsfreiheit weiter zu entwickeln.

Art. 2 Abs. 1 GG wird dabei in Verbindung mit Art. 1 Abs. 1 GG betrachtet. Grund dafür ist, dass das Persönlichkeitsrecht seine Grundlage sowohl in der freien Entfaltung der Persönlichkeit als auch in der Menschenwürde hat. Die besondere Zitierweise (Art. 2 Abs. 1 GG vor Art. 1 Abs. 1 GG) verdeutlicht, dass die Wurzeln in Art. 2 Abs. 1 GG liegen, aber durch Art. 1 Abs. 1 GG als Interpretationsrichtlinie beeinflusst und verstärkt wird.[133]

Für die praktische Rechtsanwendung im Hinblick auf den Schutzbereich des allgemeinen Persönlichkeitsrechtes hat das BVerfG neben dem Recht am eigenen Bild und dem Namensrecht eine feinere Untergliederung vorgenommen. Das BVerfG unterscheidet zwischen der Intim-, Privat- und Geheimsphäre, dem Recht am gesprochenen und geschriebenen Wort, der Ehre, dem Verfügungsrecht über die Darstellung der eigenen Person, dem Recht auf informationelle Selbstbestimmung und schließlich dem Schutz gegen untergeschobene Äußerungen und dem Schutz vor Unwahrheiten.[134]

Im Rahmen der Verhältnisse zwischen zwei Privatrechtssubjekten und nicht des Verhältnisses zwischen Staat und Bürgern gibt es keine unmittelbare Grundrechtsbindung der Privatrechtssubjekte gem. Art. 1 Abs. 3 GG.[135] Das allgemeine Persönlichkeitsrecht hat eine unmittelbare Wirkung auf das deutsche Zivilrecht (das wurde auch vom BGH in seiner Rechtsprechung etabliert[136]). Es hat zudem eine Abwehrfunktion gegenüber dem Staat und seinen Organen.[137]

2. Rumänien

Nach den Ereignissen im Dezember 1989 kam die Anerkennung der Persönlichkeitsrechte in der rumänischen Verfassung. 1991 wurde ein Referendum zur Einführung der ersten Verfassung nach der kommunistischen Zeit durchgeführt.[138]

---

133 *Jarass/Pieroth*, GG, Art. 2, Rn. 38.

134 Fallgruppen zusammengestellt und vorgestellt in *Lehr*, Ansätze zur Harmonisierung des Persönlichkeitsrechts in Europa, S. 33; *Ohrmann*, Der Schutz der Persönlichkeit in Online-Medien, S. 77.

135 *Jarass/Pieroth*, GG, Art. 1 GG, Rn. 48; *Hillgruber*, in: Epping/Hillgruber, GG, Art. 1 GG, Rn. 73.

136 *Martin*, Das allgemeine Persönlichkeitsrecht in seiner historischen Entwicklung, S. 246.

137 *Lehr*, Ansätze zur Harmonisierung des Persönlichkeitsrechts in Europa, S. 32.

138 Eine effiziente Volksbestimmung besteht aus der Möglichkeit, aus mindestens zwei Varianten der Verfassung zu wählen. Dies war jedoch bei der Verfassung aus dem Jahr 1991 nicht der Fall. Siehe dazu *Dănişor*, Drept constituţional şi instituţii politice, S. 380.

In der rumänischen Verfassung[139] wird in Art. 1 Abs. 3[140] zwischen der menschlichen Würde und der freien Entwicklung der menschlichen Persönlichkeit als höchste Werte des rumänischen Staates unterschieden. Die menschliche Würde ist mit der Idee der Gleichheit verbunden. Die Anerkennung der freien Entwicklung der Persönlichkeit kommt wie eine Reaktion zu manchen Werten, die den Menschen daran hindern könnten, seine Persönlichkeit weiter zu bilden.[141]

Die freie Entwicklung der Persönlichkeit ist die Grundlage und das Ziel anderer verfassungsrechtlicher Vorschriften, um die Freiheit des Einzelnen zu erreichen, ohne die Freiheit der anderen zu beeinträchtigen. Im rumänischen Recht wird der Persönlichkeitsschutz durch die folgenden Vorschriften in der Verfassung gewährleistet: das Recht auf Leben und auf die körperliche und geistige Unversehrtheit (Art. 22), die individuelle Freiheit (Art. 23), das Recht auf Intim-, Familien- und Privatleben (Art. 26 Abs. 1), das Recht auf Selbstbestimmung (Art. 26 Abs. 2), das Briefgeheimnis (Art. 28), die Gewissensfreiheit (Art. 29), die Meinungsfreiheit (Art. 30), die Menschenwürde, die Ehre und das Recht am eigenen Bild (Art. 30 Abs. 6), das Recht auf Information (Art. 31), das Recht auf Erziehung (Art. 32) sowie der Zugang zur Kultur (Art. 33). Die Rechte werden durch die Strafbarkeit ihrer Verletzungen geschützt und durch die strafrechtlichen Vorschriften erfahren die Persönlichkeitsrechte eine zusätzliche Anerkennung.[142]

Für das rumänische Verfassungsgericht verändern die„ höchsten Werte(n), die vom Art. 1 Abs. 3 von der Verfassung etabliert wurden, (...) grundlegend die Beziehung zwischen der staatlichen Autorität und den Bürger“[143] und deswegen werden alle anderen Rechtsvorschriften gegenüber diesen Werten ausgelegt.

---

139 Der Text der aktuellen Verfassung wurde 1991, nach dem Fall des Kommunismus, legitimiert. Zuletzt wurde die Verfassung 2003 geändert.

140 Art. 1 Abs. 3 Constituţia României: Rumänien ist ein demokratischer und sozialer Rechtstaat, in dem die Menschenwürde, die Rechte und die Freiheiten der Bürger, die freie Entwicklung der menschlichen Persönlichkeit, Gerechtigkeit und politischer Pluralismus die höchsten Werte sind, im Sinne der demokratischen Traditionen des rumänischen Volkes und der Ideale der Revolution vom Dezember 1989, und diese sind garantiert. (eigene Übersetzung)

141 *Dănişor*, Constituţia comentată a României, S. 61.

142 Siehe dazu Art. 188-192 zu Mord; Art. 193-196 zu Schlagen sowie Körper- und Gesundheitsverletzung; Art. 224 zu Hausfriedensbruch; Art. 206 und Art. 207 zu Bedrohung und Erpressung; Art. 302 zu Verletzung des Briefgeheimnisses des neuen Cod Penal, geändert 2017 durch das Gesetz Nr. 286/2009. Die Straftaten zur Beleidigung und Verleumdung wurden 2014 abgeschafft. Das Gesetz Nr. 286/2009 zum neuen Strafgesetzbuch, veröff. in M.Of. Nr. 510 v. 24.7.2009 und in Kraft seit dem 1.2.2014 sieht Beleidigung und Verleumdung als Straftaten nicht mehr vor.

143 ICCJ, Entscheidung Nr. 117/1995, M.Of. Nr. 27 v. 6.2.1996.

III. Zivilrechtlicher Persönlichkeitsschutz

1. Deutschland

Die Reputationsverletzungen in den Online-Medien gehen üblicherweise von anderen natürlichen Personen aus,[144] aber zwischen diesen gelten die Grundrechte nicht unmittelbar, sondern sie entfalten eine mittelbare Drittwirkung. Die Grundrechte sollen als „Richtlinien" im Zivilrecht eingehalten werden. Eines der Prinzipien ist, dass die Freiheit der einen dabei mit der Freiheit der anderen Person in Einklang zu bringen ist.[145]

Der Staat ist verpflichtet, die verfassungsrechtlichen Vorschriften, die das allgemeine Persönlichkeitsrecht schützen, zu respektieren. Deswegen ist das allgemeine Persönlichkeitsrecht, wie alle Freiheitsrechte, ein Abwehrrecht zunächst gegen die Eingriffe des Staates.[146] Bei Privatrechtssubjekten ist diese Pflicht nicht unmittelbar anwendbar. Die Wertordnung, die vom Grundgesetz festgelegt wurde, ist ein Auslegungsmittel für das Zivilrecht. Die Theorie der mittelbaren Drittwirkung der Grundrechte, die durch Dürig entwickelt wurde,[147] betont die Tatsache, dass aus den Grundrechten den Rechtsgütern eine erga omnes Verbindlichkeit für alle Rechtsgebiete zugutekomme.[148] Damit die mittelbare Drittwirkung der Grundrechte im Privatrecht umgesetzt werden kann, wird der Gebrauch der zivilrechtlichen Generalklauseln und der Auslegung unbestimmter Rechtsbegriffe notwendig sein.[149]

Das allgemeine Persönlichkeitsrecht wurde vom BGH im „Schachtbrief"-Urteil[150] als„ ein verfassungsmäßig gewährleistetes Grundrecht angesehen", als die beklagte Wochenzeitschrift Aufzeichnungen des Klägers ohne dessen Genehmigung in veränderter Weise veröffentlicht hat.[151] Durch die Art. 1 und 2 GG wird ein

---

144 *Gounalakis,* in: Götting/Schertz/Seitz, Handbuch des Persönlichkeitsrechts, § 24, Rn. 46.

145 Vgl. BVerfGE 7, 198 (204 ff.); 148, 267 (280 Rn. 32) m.w.N..

146 *RossnagelRichter/Nebel,* Internet Privacy aus Rechtswissenschaftlicher Sicht in Buchmann (Hrsg.), Internet Privacy, S. 285; a.A. Canaris hat eine eigene Theorie dazu entwickelt, weil das zivilrechtliche Persönlichkeitsrecht in der Schutzgebotsfunktion der Grundrechte betrachtet wird. Siehe dazu *Canaris,* JuS 1989, S. 161 (163).

147 Ausführlich zu seiner Theorie in *Dürig,* in: Maunz (Hrsg.), Grundrechte und Zivilrechtsprechung, S. 157 ff.

148 *Dürig,* in: Maunz (Hrsg,), Grundrechte und Zivilrechtsprechung, S. 176.

149 *Dürig,* in: Maunz (Hrsg.), Grundrechte und Zivilrechtsprechung, S. 176; Vgl. dazu *Ohrmann,* Der Schutz der Persönlichkeit in Online-Medien, S. 78.

150 BGH v. 25.5.1954 – Schachtbrief, BGHZ 13, S. 334 ff.

151 BGH v. 25.5.1954 – Schachtbrief, BGHZ 13, S. 334 (338f.). „(...) grundsätzlich dem Verfasser allein die Befugnis zusteht, darüber zu entscheiden, ob und in welcher Form seine Aufzeichnungen der Öffentlichkeit zugänglich macht. (...) Während einer ungenehmigten Veröffentlichung privater Aufzeichnungen – in der Regel – einen

allgemeines Persönlichkeitsrecht in den privatrechtlichen Verhältnissen gewährleistet; in der Literatur wurde auch vermutet, dass der BGH von einer unmittelbaren Drittwirkung der Grundrechte ausgegangen ist.[152]

Die persönlichkeitsrechtliche Rechtsprechung des BGH wurde auch vom Bundesverfassungsgericht durch den „Soraya"-Beschluss[153] bestätigt,[154] indem das allgemeine Persönlichkeitsrecht aus den Art. 1 und 2 GG abgeleitet wurde. Sowohl vor den staatlichen, als auch vor den privatrechtlichen Eingriffen sollten die Persönlichkeit geschützt und die Lücken im Persönlichkeitsschutz gefüllt werden.[155]

Das Persönlichkeitsrecht wird als Rahmenrecht bezeichnet, und der Inhalt und die Grenzen dieses Rechts können nicht von der Gesetzgebung oder von der Rechtsprechung abschließend beschrieben werden.[156] Beim Rahmenrecht kann man nicht den bestimmten Rahmen des Schutzbereiches darstellen, aber die Unbestimmtheit verlangt für jeden konkreten Fall eine Abwägung. Dieses Recht erfüllt eine„ Auffangstatbestands"-Funktion beim Ausfüllen der gesetzlichen Lücken, so dass es greifen kann, wo kein spezielleres Recht dafür einschlägig ist.[157]

2. *Rumänien*

Zum ersten Mal im rumänischen Recht werden die Persönlichkeitsrechte nicht mehr gesondert geregelt. Diese Rechte findet man nicht mehr unter dem Begriff „persönliche Nichtvermögensrechte" in den gesetzlichen Bestimmungen,[158] weil deren Inhalt nicht durch einen Geldbetrag beschrieben wird. Der rumänische

---

unzulässigen Eingriff in die jedem Menschen geschützte Geheimsphäre darstellt, verletzt eine veränderte Wiedergabe von Aufzeichnungen die persönlichkeitsrechtliche Sphäre deshalb, weil solche vom Verfasser nicht gebilligten Änderungen ein falsches Persönlichkeitsbild vermitteln können."

152 Vgl. dazu *Martin*, Das allgemeine Persönlichkeitsrecht in seiner historischen Entwicklung, S. 231. Als Argument wird der Hinweis auf *Nipperdey*, Allgemeiner Teil, § 78 I 2 im BGH v. 25.5.1954 – Schachtbrief, BGHZ 13, S. 334 (338) gegeben.

153 BVerfG, 14.2.1973 - 1 BvR 112/65 - Soraya, BverfGE 34, S. 269ff.

154 Vgl. dazu Martin, Das allgemeine Persönlichkeitsrecht in seiner historischen Entwicklung, S. 233.

155 BVerfG, 14.2.1973 - 1 BvR 112/65 - Soraya, BverfGE 34, S. 269(281).

156 *Ohrmann*, Der Schutz der Persönlichkeit in Online-Medien, S. 78.

157 *Andguladze*, Kollision zwischen Medienfreiheiten und Allgemeinem Persönlichkeitsrecht, S. 71.

158 Sowohl im Gesetz, als auch in der Literatur gibt es diese Bezeichnung. Siehe *Beleiu*, Drept civil român. Introducere în dreptul civil. Subiectele dreptului civil, S. 76; *Dogaru/Popa/Dănişor/Cercel*, Bazele dreptului civil vol. I. Teoria generală, S. 393; *Boroi/Anghelescu*, Curs de drept civil. Partea generală, S. 57 f.; *Ungureanu*, Manual de drept civil. Partea generală. Persoanele, S. 105 ff.; *Stătescu*, Drept civil. Persoana fizică. Persoana juridică. Drepturi reale, S. 103ff..

Gesetzgeber verwendet keine einheitliche Terminologie in Bezug auf die Persönlichkeitsrechte[159] und dies kann irreführend für die betroffenen Personen sein und zu einer Fehlinterpretation und unwirksamen oder unzureichenden Anwendung der Vorschriften führen, insbesondere weil die Persönlichkeitsrechte unter diesem Begriff als ein neues gesetzliches Konstrukt hinzugefügt wurden und sich entwickeln.

Sind ausdrückliche nationale Vorschriften erforderlich, um den Schutz der Persönlichkeitsrechte zu gewährleisten, wenn es auf der europäischen und internationalen Ebene[160] ausreichende Regelungen dazu gibt? Gemäß Art. 11 Abs. 2 der rumänischen Verfassung sind die vom Parlament ratifizierten Abkommen Bestandteil des innerstaatlichen Rechts. Aber die internationalen Verträge, Abkommen und Erklärungen setzen nur eine Grundlage, also einheitliche Standards, die von den Mitgliedstaaten eingehalten werden müssen und dazu beitragen sollen, den Rechtsrahmen weiterzuentwickeln.[161] Die Verankerung der Persönlichkeitsrechte im Cod Civil verstärkt deren Platz als bürgerliche Rechte im rumänischen Privatrecht und gewährleistet deren Schutz bei den horizontalen Rechtsverhältnissen zwischen den bürgerlichen Rechtsobjekten.[162] Es wurde nach dem Beitritt Rumäniens zur Europäischen Union auf die Notwendigkeit der Einführung neuer Gesetze,[163] auch auf ein neues Zivilgesetzbuch, verwiesen und so wurden mehrere

---

159 *Neculaescu*, Observaţii critice în legătură cu reglementarea reparării prejudiciilor morale în noul Cod Civil român, Dreptul Nr. 5/2010, S. 49; *Chelaru*, Drepturile personalităţii în reglementarea noului Cod Civil, Dreptul Nr. 10/2011, S. 34 f.; *Buta*, PR, Nr. 10/2013, S. 31.

160 Beispiele hierfür sind die Allgemeine Erklärung der Menschenrechte, die Europäische Menschenrechtskonvention, die Europäische Grundrechtecharta und zahlreiche europäische Verordnungen mit unmittelbarer Wirksamkeit in den Mitgliedstaaten, wie z.B. die Datenschutz-Grundverordnung.

161 Vgl. *Chelaru*, in: Baias/Chelaru/Constantinovici/Macovei, Noul Cod Civil, S. 27.

162 Vgl. *Buta*, PR, Nr. 10/2013, S. 28.

163 Im Rahmen des Kooperations- und Kontrollverfahrens hat sich Rumänien verpflichtet, mehrere Ziele zu erreichen, um das Gerichtswesen und den Kampf gegen Korruption zu reformieren. Siehe dazu die Entscheidung 2006/928/EG der Kommission v. 13.12.2006 zur Einrichtung eines Verfahrens für die Zusammenarbeit und die Überprüfung der Fortschritte Rumäniens bei der Erfüllung bestimmter Vorgaben in den Bereichen Justizreform und Korruptionsbekämpfung, ABl. L 354 v. 14.12.2006, S. 56. Es gibt auch andere relevante Regelungen für die Entwicklung der Persönlichkeitsrechte, wie das Gesetz 677/2001 zum Schutz der personenbezogenen Daten und des freien Verkehrs (M.Of. Nr. 790, in Kraft v. 12.12.2001 bis 24.5.2018, außer Kraft gesetzt durch das Gesetz 129/2018), das die europäische Richtlinie über personenbezogene Daten im nationalen Recht umgesetzt hat. Dazu kamen auch andere gesetzliche Bestimmungen, die die Persönlichkeitsrechte vor dem Inkrafttreten des aktuellen Cod Civil aus dem Jahr 2011 geschützt haben, nämlich das

Rechtsinstitute in der rumänischen Rechtsordnung modernisiert, darunter auch die Persönlichkeitsrechte. In der Begründung des neuen Cod Civil wird darauf hingewiesen, dass diese neuen zivilrechtlichen Vorschriften entstanden sind, um die Änderungen der rumänischen und europäischen Gesellschaft zu erfüllen.[164]

a) *Inspiration für den neuen Cod Civil*

Mehrere ausländische zivilrechtliche Gesetzbücher, insbesondere der französische Code civile aus dem Jahr 2001, der Code civile du Québec aus dem Jahr 1991, aber auch das BGB, waren die Inspiration für die Abfassung der Vorschriften des rumänischen Cod Civil.[165] Leider fehlen Hinweise, welche Artikel durch welche ausländischen Gesetzbücher beeinflusst wurden. Obwohl Deutschland ein Vorbild in Europa oder sogar in der Welt für strenge Vorschriften und die richterrechtliche Fortentwicklung in Bezug auf den Schutz der Persönlichkeitsrechte sein könnte, wurde in der rumänischen Literatur diskutiert, dass der rumänische Gesetzgeber die kanadischen Regelungen aus der Region Quebec statt die aus dem deutschen Recht bevorzugt hat.[166] Tatsächlich ist das Persönlichkeitsrecht im deutschen Recht nicht ausdrücklich geregelt, aber die Persönlichkeitsrechte und seine Ausprägungen genießen einen umfassenden Schutz und die deutsche Rechtsprechung

---

Rundfunkgesetz 504/2002 (M.Of. Nr. 534 v. 22.7.2002) und das Gesetz 95/2006 zur Gesundheitsreform (M.Of., I. Teil, Nr. 372 v. 28.4.2006). Diese rechtlichen Strukturreformen waren eine erforderliche Bedingung für den Beitritt Rumäniens in die Europäische Union.

164 Siehe Expunere de motive, „Noul Cod Civil 2009 – Legea nr. 287-2009“, M.Of. Nr. 511 v. 24.7.2009, S. 1, abrufbar unter: http://www.cdep.ro/proiecte/2004/500/30/7/em537.pdf.

165 Siehe Expunere de motive, „Noul Cod Civil 2009 – Legea nr. 287-2009“ M. Of. Nr. 511 v. 24.7.2009, S.2, abrufbar unter: http://www.cdep.ro/proiecte/2004/500/30/7/em537.pdf. Unter dem Punkt III. werden auch der italienische Codice Civile, das spanische Zivilgesetzbuch, das schweizerische Zivilgesetzbuch (ZGN) und ihr Obligationenrecht (OR), der brasilianische Código Civil. siehe dazu Hotărâre nr. 277 din 11.3.2009 pentru aprobarea Tezelor prealabile ale proiectului de lege - Codul civil (die Entscheidung Nr. 277 v. 11.3.2009 für die Genehmigung der vorherigen Thesen des Projektes für ein neues bürgerliches Gesetzbuch), M.Of. Nr. 213 v. 2.4.2009, abrufbar unter: http://www.monitoruljuridic.ro/act/hotarare-nr-277-din-11-martie-2009-pentru-aprobarea-tezelor-prealabile-ale-proiectului-de-lege-codul-civil-emitent-guvernul-publicat-104204.html.

166 Siehe mehr zur Analyse des Einflusses des Code Civil du Quebec auf den rumänischen Cod Civil in *Boti*, Influenţa Codului civil din Quebec asupra noului Cod Civil din România, Punkt 6. Abrufbar unter: http://www.juridice.ro/152502/influenta-codului-civil-din-quebec-asupra-noului-cod-civil-din-romania.html.

stärkt den Schutz des Persönlichkeitsrechts entsprechend, um mit dem Tempo der Digitalisierung angemessen mitzuhalten.

Mit dem Inkrafttreten des neuen rumänischen Cod Civil im Oktober 2011 hat das Persönlichkeitsrecht eine neue Dimension erlebt. Das rumänische Zivilgesetzbuch (Cod Civil) aus dem Jahr 2011 enthält ausdrücklich 24 Artikel (Artt. 58-81), die den Persönlichkeitsschutz normieren: im I. Buch „Über die Personen", im II. Titel „Natürliche Person", II. Kapitel unter dem Titel „Der Respekt für den Menschen und seine Rechte" zum Schutz der Persönlichkeit. Diese Vorschriften heben Rumänien auf eine Stufe mit den anderen europäischen Staaten, deren Privatrechtssysteme einen wichtigen, modernen und ausführlichen Schutz der Persönlichkeitsrechte gewährleisten.

b) Verankerung im neuen Cod Civil

Der neue Cod Civil[167] ist seit dem 1. Oktober 2011[168] in Kraft und ersetzt die Regelungen des Dekrets 31/1954 zum Schutz der Personen. Dadurch wird der neue Cod Civil eine moderne Kodifikation des Zivilrechts, in dem die Person nicht nur als juristische Abstraktion, also als Träger von Rechten und Pflichten, angesehen wird, sondern auch als Rechtssubjekt für den Schutz der Persönlichkeitsrechte, um das körperliche, psychische und moralische Wesen des Einzelnen zu schützen.[169] Die ausdrückliche Verankerung der Persönlichkeitsrechte in das zivilrechtliche Gesetzbuch ist ein wichtiger Fortschritt beim Schutz der Person im rumänischen Recht und ein Novum für den rumänischen Gesetzgeber.[170]

Die Einteilung der Kodifikation des rumänischen allgemeinen Privatrechts wurde unter dem Einfluss von zahlreichen internationalen Rechtssystemen vorgenommen.[171] Der neue Cod Civil enthält die Vorschriften zum Schutz der Personen

---

167 Das Gesetz Nr. 287/2009 zum Cod Civil wurde in M.Of., I. Teil, Nr. 511 v. 24.7.2009 veröffentlicht und durch das Gesetz Nr. 71/2011 und im M.Of. I. Teil, Nr. 427 v. 17.6.2011 und im M.Of. I. Teil, Nr. 489 v. 8.7.2011 geändert. Nach der erneuten Wiederverlautbarung im M.Of. I. Teil, Nr. 505 v. 15.7.2011 wurde der Cod Civil gem. Art. 218 vom Gesetz Nr. 71/2011 für die Umsetzung des Gesetzes Nr. 287/2009 zum Cod Civil geändert und im M.Of., I. Teil, Nr. 409 v. 10.6.2011 veröffentlicht.

168 Laut Art. 220 des Gesetzes 71/2011 für die Umsetzung des Gesetzes Nr. 287/2009 zum Cod Civil.

169 *Chelaru*, Drepturile personalității în reglementarea noului Cod Civil, Dreptul Nr. 10/2011, S. 30f..

170 Vgl. *Ungureanu/Munteanu*, Protecția drepturilor nepatrimoniale cu privire specială asupra drepturilor personalității în concepția codului civil, RRDP 3/2016, S. 11.

171 Code Civil du Québec, Codice civile italiano (1942), das Schweizerische Gesetzbuch (1907), das Schweizerische Schuldrecht (1912) und der französische Code Civil waren einige Inspirationsquellen für den rumänischen Gesetzgeber. Siehe dazu ausführlich in *Nicolae*, Codex Iuris Civilis, Tomul I, Noul Cod Civil, S. XLIX u. S. LIII.

im I. Buch „Über die Personen“ und der Gesetzgeber zeigt dadurch, dass der Schutz „der Rechte und der zivilrechtlichen Grundfreiheiten der Persönlichkeit des Einzelnen“ eine große Rolle im rumänischen Zivilrecht spielt.[172] Diese Einteilung folgt damit der römisch-rechtlichen Einteilung in personae (Personen), res (Sachen) und actiones (Rechtsgeschäfte), die auch im BGB übernommen wurde, in dem das I. Buch dem allgemeinen Teil gewidmet wird,[173] aber auch andere internationale zivilrechtliche Regelungen haben dies übernommen.[174] Die Persönlichkeitsrechte sind ausdrücklich in den Artt. 58 bis einschließlich 81 Cod Civil[175] verankert.

Im Art. 58 Cod Civil werden mehrere Rechte identifiziert und die Vorschrift gewährleistet jedem „ein Recht auf Leben, Gesundheit, körperliche und psychische Unversehrtheit, Würde, das eigene Bild, den Schutz des Privatlebens und auf andere solche Rechte, die gesetzlich anerkannt werden“.[176] Obwohl durch diese Vorschrift keine gesetzliche Definition der Persönlichkeitsrechte des Einzelnen verschafft wird, wurden in der Doktrin einige Definitionen formuliert.[177]

Durch die Regulierung der Persönlichkeitsrechte im neuen Cod Civil wird dem Inhaber der verankerten Rechte, als Rechtssubjekt des Zivilrechts, ein effektiver Rechtsschutz gewährleistet. Die spezifischen Rechtsmittel für den Schutz der verletzen Rechte werden in den Artt. 252-257 Cod Civil vorgesehen. Art. 1357 Abs. 1 Cod Civil ist die generelle Vorschrift für einen Schadenersatzanspruch einer von einer unerlaubten Handlung, die rechtswidrig und schuldhaft begangen wurde, betroffenen Person. Der Verletzer wird also verpflichtet, dem Verletzten Schadenersatz zu zahlen.

---

172 Siehe die Begründung des neuen Cod Civil, Pkt. 2 A, Absatz 4.

173 Der erste Abschnitt des BGB, I. Buch, Allgemeiner Teil, beginnt mit den Personen, aber es wird zwischen den Vorschriften zu den natürlichen Personen, §§ 1-84, und zu den juristischen Personen, §§ 21-89, unterschieden. Siehe dazu in *Bork*, Allgemeiner Teil des BGB, 4. Auflage, Rn. 78.

174 Wie z.B. der Code Civil du Québec, I. Buch, Des personnes, Art. 1-364; Code Civil français, I. Buch, Des personnes, Art. 7 - 515-13; Codice civile italiano, I. Buch, Della persone e della famiglia, Art. 1-455. Siehe dazu auch *Ungureanu/Munteanu*, Drept civil. Persoanele în reglementarea noului Cod Civil, S. 20.

175 Im aktuellen Cod Civil werden die Persönlichkeitsrechte im Kapitel II „Der Respekt des Menschen und seine inhärenten Rechte" aus Titel II,, Die natürliche Person" des I. Buches,, Über die Personen" in den Artt. 58-81 ausführlich erläutert.

176 Die Identifikationsmerkmale der natürlichen Person, wie z.B. der Name, der Wohnsitz oder Zweitwohnsitz sowie der Personenstand, gehören zu den anderen Persönlichkeitsrechten, die im Art. 59 aufgelistet werden. Das Selbstbestimmungsrecht, das im Art. 60 genannt wird, gehört auch dazu. Dazu in *Chelaru*, Drepturile personalității în reglementarea noului Cod Civil, Dreptul Nr. 10/2011, S. 33.

177 *Ungureanu/Jugastru*, Dreptul civil. Persoanele, S. 39; *Ungureanu/Munteanu*, Drept civil. Persoanele în reglementarea noului Cod Civil, S. 44.

Obwohl es in Rumänien hinsichtlich des Schutzes des Persönlichkeitsrechtes keine so lange und reiche Tradition wie in Deutschland gibt und sich erst seit wenigen Jahren ein Bewusstsein zur Existenz dieses Rechtsinstituts entwickelt, können langsam, aber sicher Fortschritte in diesem Bereich festgestellt werden. Der Begriff„ mittelbare Drittwirkung der Grundrechte" spielt leider in der juristischen nationalen Ordnung keine Rolle, aber die rumänischen Gerichte und die Lehre erkennen die Wichtigkeit dieses Themas und übernehmen die Verantwortung, den Persönlichkeitsschutz im Bereich der Privatverhältnisse hinzuzufügen und zu entwickeln. Es wird aber trotzdem noch nicht die große Bedeutung gezeigt, die die Persönlichkeitsrechte verdient haben und die sie in anderen Rechtssystemen, z.B. in Deutschland, bekommen.

3. Die Übertragung von Persönlichkeitsrechten zu Werbezwecken

Die Unterscheidung zu der ideellen und kommerziellen Natur des Persönlichkeitsschutzes wurde notwendig mit der zunehmenden Kommerzialisierung des Rechts am eigenen Bild, des Namens, der Stimme. Die Bekanntheit und Berühmtheit Prominenter durch die Medien haben diesen Persönlichkeitsmerkmalen einen kommerziellen Wert gegeben.[178] In Deutschland wurde dieses Thema durch die Entscheidung zu Paul Dahlke[179] aufgegriffen.

Im rumänischen Recht ist die vollständige Übertragung von Persönlichkeitsrechten ausdrücklich gem. Art. 58 Abs. 2 Cod Civil verboten. Dennoch hat die natürliche Person laut Art. 60 Cod Civil das Recht, über den eigenen Körper selbst zu bestimmen.

Obwohl die Einzelheiten zur Gestaltung eines Vertrages zur Übertragung einer Nutzungserlaubnis nicht gesetzlich geregelt wurden, kann ein solcher Vertrag nach den generellen Bestimmungen zur Vertragsfreiheit erstellt werden.[180] Im rumänischen Recht wird der Vertrag gem. Art. 1169 Cod Civil rechtmäßig geschlossen, wenn der Vertrag nicht gegen die Gesetzeseinschränkungen und nicht gegen die öffentliche Ordnung und die guten Sitten verstößt.

---

178 *Götting*, in: Götting/Schertz/Seitz, Handbuch des Persönlichkeitsrechts, § 2, Rn. 4.

179 BGH, Urt. v. 8.5.1956 - I ZR 62/54 - Paul Dahlke. Das Recht am eigenen Bild wurde als „vermögenswertes Ausschließlichkeitsrecht des Abgebildeten, darüber zu entscheiden, ob, und wann und unter welchen Umständen sein Bildnis der Öffentlichkeit zugänglich gemacht werden darf" bezeichnet und dem Abgebildeten einen Bereicherungsanspruch anerkannt. Siehe in GRUR 1957, 427 (429).

180 Vgl. *Cristea*, Respectul datorat ființei umane și drepturilor ei inerente, S. 46. Der Autor legt Art. 1168 des neuen Cod Civil unter dem Namen „Anwendbare Regeln zu den ungeregelten Verträgen" so aus, dass dessen Bestimmungen auf die Verträge zur Übertragung von Persönlichkeitsrechten anwendbar sein werden. Für die ungeregelten Verträge werden die Bestimmungen des I. Kapitels „Der Vertrag", II. Titel „Die Quellen der Schuldverhältnisse" einschlägig sein.

Dennoch ist es möglich, in beiden Rechtsordnungen die kommerziellen Anteile des Persönlichkeitsrechts in Form einer Nutzungserlaubnis vertraglich zu übertragen. Sowohl im rumänischen als auch im deutschen Recht wird der Grundsatz der Formfreiheit akzeptiert und umgesetzt. Im rumänischen Recht ist die Formfreiheit in Art. 1178 Cod Civil verankert. Obwohl die Form des Vertrages nicht eine *ad validitatem*-Bedingung für die Wirksamkeit des Vertrages ist, könnten die Vertragsparteien trotzdem einen Vertrag in Schriftform *ad probationem* schließen. Dadurch wäre die Beweislast besonders für den Vertragspartner, der der Träger der Persönlichkeitsrechte ist, im Falle einer Rechtsstreitigkeit vereinfacht.[181]

Eine wichtige Einschränkung im Falle der Schließung eines Vertrages zur Nutzungserlaubnis der Persönlichkeitsrechte bezieht sich auf den Schutz von Minderjährigen. Die Einwilligung der Eltern oder des gesetzlichen Vormunds ist immer erforderlich, um das Recht am eigenen Bild und die Privatsphäre des Minderjährigen zu gewährleisten, gem. Art. 27 des Gesetzes 272/2004 zum Schutz und Förderung der Kinderrechte.[182]

Weder das rumänische noch das deutsche Recht sehen eine vollständige Übertragung von Persönlichkeitsrechten auf Dritte vor. Die Vertragsfreiheit wird sowohl im rumänischen Recht, ausdrücklich im Cod Civil, wie auch im deutschen Recht im Art. 2 Abs. 1 GG zur Handlungsfreiheit geregelt.

Die rumänische Wissenschaft[183] unterstützt die einseitige Beendigung des Vertrages zu einem Persönlichkeitsrecht zugunsten des Persönlichkeitsträgers, um den Schutz seiner Persönlichkeitsrechte und besonders seiner Menschenwürde zu sichern. Art. 1276 Cod Civil sieht gesetzliche Voraussetzungen vor, damit ein Vertrag einseitig beendet werden kann, wenn die Parteien keine solche Klauseln im Vertrag vereinbart haben. Solche Fälle müssen im Einzelfall überprüft werden, aber grundsätzlich sollte der Träger der Persönlichkeitsrechte einen Grund angeben.

181 Im Falle der Organbeschaffung und -transplantation wird die Schriftform gem. Art. 68 Cod Civil eine Bedingung ad valididatem für die Wirksamkeit des Vertrages sein. Die Schriftform ist in diesen Fällen erforderlich, um die Wichtigkeit einer solchen Vereinbarung zu betonen, eine freie und eindeutige Willenserklärung zu gewährleisten. Dennoch überschreitet eine Vereinbarung zur Organbeschaffung und -transplantation die Interessen der Parteien und deswegen sind die Staatsorgane berechtigt, eine Kontrolle darüber zu haben. Vgl. *Cristea*, Respectul datorat ființei umane și drepturilor ei inerente, S. 46 f..

182 Das Gesetz 272/2004 wurde 2014 wieder wegen der Vorschriften zur Adoption geändert und veröffentlicht im M.Of., I. Nr. 159 v. 5.3.2014.

183 Siehe im Falle des Schutzes des Rechts am eigenen Bild: *Munteanu*, Drepturile personalității, Caractere și limite, S. 135; *Ungureanu/Munteanu*, Drept civil, S. 76; und zur Organbeschaffung- und Transplantation in *Cristea*, Respectul datorat ființei umane și drepturilor ei inerente, S. 49 f..

Der Träger der Persönlichkeitsrechte muss gem. Art. 1276 Abs. 2 Cod Civil auch eine angemessene Frist zur Beendigung des Vertrages einhalten.[184]

IV. Einteilung der Persönlichkeitsrechte

Die Persönlichkeitsrechte lassen sich im rumänischen Cod Civil in zwei Kategorien einteilen. Die erste[185] bezieht sich auf die Rechte zum Schutz des Körpers, das Recht auf Leben, das Recht auf Gesundheit sowie das Recht auf körperliche und geistige Unversehrtheit. Die zweite[186] wird in der Literatur[187] als die „eigentlichen Persönlichkeitsrechte" bezeichnet und umfasst das Recht auf Menschenwürde, das Recht auf Privatleben, das Recht auf Meinungsfreiheit sowie das Recht am eigenen Bild. Der Gesetzgeber hat eine zusätzliche Kategorie in der IV. Sektion des Cod Civil hinzugefügt, um die Person auch nach dem Tod zu schützen.[188]

In Art. 58 Cod Civil werden ausdrücklich die Persönlichkeitsrechte aufgelistet, aber durch den letzten Teil des Art. 58 „und andere Rechte" betont der Gesetzgeber, dass die Auflistung nicht darauf beschränkt wird, sondern nur als Orientierung dient und weiter ergänzt werden kann.[189] 2011 wurden die privatrechtlichen Vorschriften durch das aktuelle rumänische Gesetzbuch modernisiert, aber die Persönlichkeitsrechte brauchen eine effektive Durchsetzung durch die Rechtsprechung

---

184 Diese Frist wird gemessen, abhängig von der Tatsache, ob der Träger des Persönlichkeitsrechts in seinen Rechten verletzt wurde, ob er sich in der Situation einer realen Bedrohung befindet oder ob das Verhalten seiner Vertragspartner zu einer Persönlichkeitsverletzung beiträgt. Vgl. *Cristea*, Respectul datorat fiinţei umane şi drepturilor ei inerente, S. 49f..

185 Die I. Kategorie wird in der zweiten Sektion des II. Kapitels dargestellt.

186 Die II. Kategorie besteht aus der Sektion III mit dem Titel „Der Respekt des Rechts auf Privatleben und der Menschenwürde".

187 *Munteanu*, Drepturile personalităţii, Caractere şi limite, S. 126.

188 *Cristea*, Respectul datorat fiinţei umane şi drepturilor ei inerente, S. 28; *Ungureanu/Munteanu*, Drept civil, S. 50; Andere Unterteilung siehe in *Chelaru*, Drepturile personalităţii în reglementarea noului Cod Civil, Dreptul Nr. 10/2011, S. 35. Die Persönlichkeitsrechte werden nach dem Inhalt unterteilt: die Rechte zum Schutz des Körpers und seiner biologischen und geistigen Funktionen (das Recht auf Leben, das Recht auf Gesundheit, das Recht auf körperliche und geistige Unversehrtheit); und die Rechte zum Schutz der moralischen Werte (das Recht auf Würde, das Recht auf Meinungsfreiheit, das Recht auf Privatleben, das Recht am eigenen Bild, das Recht zum Schutz des Andenkens des Verstorbenen); und die Rechte, die während des Lebens oder nach dem Tod der Betroffenen geschützt werden.

189 Vgl. *Chelaru*, Drepturile personalităţii în reglementarea noului Cod Civil, Dreptul Nr. 10/2011, S. 33. Der Autor legt diese Regelung so aus, dass andere Rechte auch die Eigenschaften haben können, um als Persönlichkeitsrechte in der Rechtsprechung anerkannt zu werden.

und eine stärkere Anerkennung durch die Literatur, um weiterentwickelt zu werden.[190] Da der Persönlichkeitsschutz ein sehr lebendiges Rechtsinstitut ist, könnte die Orientierung an Prinzipien, die durch eine einzelfallbezogene Auslegung des Richterrechts dann detailliert werden, eine bessere Möglichkeit bieten, sodass die Persönlichkeitsrechte aktuell bleiben. Der Gesetzgeber sollte folglich zugunsten der Rechtssicherheit nicht bei jedem Fortschritt der Persönlichkeitsrechte neue Vorschriften erlassen müssen.

Die deutsche Rechtsprechung hat den Rahmen des Persönlichkeitsschutzes mit Hilfe der Güter- und Interessenabwägung in jedem Einzelfall bestimmt und in der deutschen Literatur wurden die Erscheinungsformen des allgemeinen Persönlichkeitsrechts systematisiert. Es wurde zwischen den schützenswerten Persönlichkeitsgütern, Ansehen, Privatsphäre, Selbstbestimmung über Persönlichkeitsdetails und Selbstentfaltung, differenziert.[191] Ein anderer Autor unterscheidet zwischen dem Ehrenschutz, dem Identitätsschutz, dem Schutz gegen Verbreitung personenbezogener Informationen, dem Schutz gegen Erhebung personenbezogener Informationen sowie dem Entfaltungsschutz.[192]

Hubmann, der Begründer der Sphärentheorie, bestimmte, dass jeder mittels des allgemeinen Persönlichkeitsrechts eine schutzwürdige Eigensphäre gegen Eingriffe der Öffentlichkeit genießt[193] und die Sphären nach der Schutzintensität differenziert werden sollten.[194] Die Sphärentheorie wurde in erster Linie vom BGH in der Entscheidung Leserbrief aufgegriffen.[195] Grundsätzlich wird zwischen der Individual-, der Privat- und der Intimsphäre unterschieden.[196] Durch die Rechtsprechung des BVerfG und des BGH wurden die folgenden Ausprägungen des allgemeinen Persönlichkeitsrechts dargestellt: die Intim-, die Privat- sowie die Sozial- und Öffentlichkeitssphäre, die persönliche Ehre, das Verfügungsrecht über die Darstellung der eigenen Person, das Recht am eigenen Bild und am gesprochenen Wort sowie das Recht, von der Unterschiebung nicht getaner Äußerungen verschont zu werden.[197]

Dazu hat das BVerfG das Recht auf informationelle Selbstbestimmung als Ausprägung des allgemeinen Persönlichkeitsrechts aus Art. 2 Abs. 1 i.V.m. Art. 1

---

190 Siehe *Cristea*, Respectul datorat fiinţei umane şi drepturilor ei inerente, S. 30. Der Autor legt die Verankerung der Persönlichkeitsrechte im Cod Civil so aus, dass dies ein Merkmal der Persönlichkeitsrechte wäre, aber die Regelung kann entweder ausdrückliche und detailreiche Vorschriften oder nur Prinzipien enthalten.

191 Ausführlich in *Schlechtriem*, DRiZ 1975, 65 (66).

192 Siehe ausführlich in *Ehmann*, JuS 1997, 193 (194f.)

193 Ausführlich in *Hubmann*, Persönlichkeitsrecht, S. 268 ff..

194 Siehe *Hubmann*, Persönlichkeitsrecht, S. 269.

195 BGH, Beschluss v. 25.5.1954 – I ZR 211/53 – Leserbrief, BGHZ 13, 334 (338).

196 Vgl. *Sprau*, in: Palandt, BGB § 823, Rn. 87.

197 BVerfG, Beschluss. v. 3.6.1980 – 1 BvR 185/77 in NJW 1980, 2070 (2072).

Abs. 1 GG im Volkszählungsurteil anerkannt.[198] Die Einschränkungen des Rechts auf informationelle Selbstbestimmung wurden unter der Berücksichtigung des Allgemeininteresses und auch des Verhältnismäßigkeitsprinzips im Einzelfall betrachtet,[199] außerhalb der Konstellationen, wenn sie sich auf die Intimsphäre, die unantastbarer Kernbereich privater Lebensweise ist,[200] beziehen.

Besonders bei der Abgrenzung zwischen dem Recht auf Privatsphäre und dem Recht auf Information gibt es in der deutschen Rechtsordnung Herausforderungen, einen effektiven Privatsphärenschutz und die Rechtssicherheit zu gewährleisten.[201] Bei der Abwägung zwischen dem Informationsinteresse der Öffentlichkeit und dem Interesse am Privatsphärenschutz muss der Inhalt der Information sorgfältig bewertet werden, denn „je größer der Informationswert für die Öffentlichkeit ist, desto mehr muss das Schutzinteresse desjenigen, über den informiert wird, hinter den Informationsbelangen der Öffentlichkeit zurücktreten. Umgekehrt wiegt auch der Schutz der Persönlichkeit des Betroffenen desto schwerer, je geringer der Informationswert für die Allgemeinheit ist."[202] Die Suche nach spektakulären Ereignissen für eine größere Zahl an Lesern kann sehr schnell zu Persönlichkeitsverletzungen führen. In der deutschen Rechtsprechung gibt es zahlreiche Beispiele hierfür.

---

198 BVerfG, Urt. v. 15.12.1983 – 1 BvR 209, 269, 362, 420, 440, 484/83 – Volkszählungsurteil, BVerfGE 65, 1. Siehe dazu auch BGH 12.7.1994 – VI ZR 1/94 – „Namensliste" in GRUR 1994, 913(914).

199 BVerfG, Beschluss v. 9.10.2002 – 1 BvR 1611/96, 1 BvR 805/98 – Zeugenaussagen über Telefongesprächen, BVerfGE 106, 28 (49); BVerfG, Beschluss v. 15.3.2001 – 2 BvR 1841/00 u.a. – DNA-Identitätsfeststellung – „genetischer Fingerabdruck" in NJW 2001, 2320 (2321).

200 BVerfG, Beschluss v. 3.3.2004 – 1 BvR 2378/98, 1 BvR 1084/99 – Großer Lauschangriff, BVerfGE 109, 279(332).

201 *Götting*, in: Götting/Schertz/Seitz, Handbuch des Persönlichkeitsrechts, § 1, Rn. 11.

202 BGH, Urt. v. 6.3.2007 – VI ZR 13/06, Rn. 20. Der BGH hat ein sog. „abgestuftes Schutzkonzept" aus den Vorschriften §§ 22, 23 KUG entwickelt. Die Bildnisse einer Person sind grundsätzlich nur mit seiner Einwilligung rechtmäßig; die Ausnahmen sind bei den relativen und absoluten Personen der Zeitgeschichte. (Rn. 10 ff.) Die Rechtsprechung wurde entwickelt und bestätigt besonders durch die Entscheidungen der BVerfG, Urt. v. 15.12.1999 – 1 BvR 653/96, BVerfGE 101, 361 ff. – Caroline von Monaco; BGH, Urt. v. 19.12.1995 – VI ZR 15/95 – Caroline von Monaco, BGHZ 131, 332 ff.; BGH, Urt. v. 19.10.2004 – VI ZR 292/03, 158, 218 ff.; BGH, Urt. v. 15.11.2005 – VI ZR 286/04; EGMR, Urt. v. 24.6.2004 – No. 59320/00 – Caroline von Hannover/Deutschland.

Nach deutschem Recht wird den Menschen vor der Geburt[203] und nach ihrem Tode[204] ein zivilrechtlicher Persönlichkeitsschutz gewährleistet. In der rumänischen Literatur wurde der Persönlichkeitsschutz durch Analogie über den Tod der Betroffenen hinaus anerkannt. Das postmortale Persönlichkeitsrecht ist nicht auf die Erben des Betroffenen übertragbar, weil das Persönlichkeitsrecht eng mit der Person des Betroffenen verbunden ist.[205]

C. Persönlichkeitsverletzungen im EU-Recht und EMRK

I. Überblick zur derzeitigen europäischen Rechtslage

Die untergeordneten Teile der Grundrechte sind die universellen Menschenrechte und nationalen Bürgerrechte, die die Basis jedes demokratischen Staates bilden. Jeder Verfassungsstaat ist völkerrechtlich verpflichtet, die Menschenrechte der anderen Staaten zu respektieren.[206] Die Persönlichkeitsrechte wurden als„ hybrid, eine Art privater Menschenrechte" bezeichnet. Darüber hinaus funktionieren die Persönlichkeitsrechte „wie eine Metapher der nicht-physischen Aspekte der Person und diese Nomenklatur hat dabei geholfen, um eine Anerkennung vom

---

203 *Sprau,* in: Palandt, BGB § 823, Rn. 88.

204 Siehe *Fischer,* Die Entwicklung des postmortalen Persönlichkeitsschutzes 2009; *Sprau* in Palandt, BGB, § 823 Rn. 89 f.; BGH, Urt. v. 1.12.1999 – I ZR 49/97 – Marlene Dietrich, BGHZ 143, 214 zur Verwendung von Name und Bild von Marlene Dietrich – und damit wurde der Schutz des Persönlichkeitsrechts nach dem Tode verstärkt, d.h. dass das Bild einer Person auch nach dem Tode Bestand haben sollte; BGH, Urt, v. 5.10.2006 – I ZR 277/03 – Klaus Kinski, BGHZ 169, 193, in dem der BGH vertritt, dass „die Schutzdauer der vermögenswerten Bestandteile des postmortalen Persönlichkeitsrechts ist wie das Recht am eigenen Bild (§ 22 Satz 3 KUG) auf zehn Jahre nach dem Tod der Person begrenzt. Der postmortale Schutz des allgemeinen Persönlichkeitsrechts endet damit nicht insgesamt nach Ablauf von zehn Jahren. Unter den Voraussetzungen und im Umfang des postmortalen Schutzes der ideellen Bestandteile des postmortalen Persönlichkeitsrechts besteht er fort"; „Durch Art. 1, Art. 2 Abs. 1 GG werde dem verstorbenen Gustaf Gründgens in einem gegenständlich beschränkten Umfang ein postmortaler Persönlichkeitsschutz hinsichtlich solcher Nachwirkungen und Ausstrahlungen gewährt, die wie die Ehre und das Ansehen in der Erinnerung der Nachwelt einen von dem Lebensbild des Verstorbenen nicht zu trennenden Wert darstellten." begründete das BVerfG in Beschluss v. 24.2.1971 – 1 BvR 435/68 – Mephisto, BVerfGE 30, 173, Rn. 37.

205 *Ungureanu/Munteanu,* Drept civil. Persoanele, S. 45.

206 *Hesse,* Grundzüge des Verfassungsrechts der BRD, S. 117 ff..

Privatrecht zu bekommen. Das Deliktsrecht schützt die Dimension der Personen zu haben (...) und zu sein".[207]

Der Schutz der verschiedenen Aspekte der Persönlichkeitsrechte, wie die Privatsphäre, die Familie, die Wohnung, der Schriftverkehr, die Ehre und der Ruf, wird auch durch europäische und völkerrechtliche Rechtsakte gewährleistet. Die europäische Menschenrechtskonvention (EMRK)[208] und die Charta der Grundrechte der Europäischen Union (GRCh)[209] gewährleisten den Schutz der Menschenrechte auf der europäischen Ebene. Art. 6 Abs. 1 EUV[210] stellt fest, dass die Charta und die Primärverträge den gleichen Rang haben und deswegen unmittelbar anwendbar und verbindlich sind. Art. 6 Abs. 2 EUV[211] bestätigt die Rolle der Europäischen Union als Verteidigerin der Menschenrechte der europäischen Bürger.

Die GRCh regelt in Art. 7 die Achtung des Privat- und Familienlebens, der Wohnung, sowie der Kommunikation, in Art. 8 den Schutz personenbezogener Daten und in Art. 11 werden die Freiheit der Meinungsäußerung und die Informationsfreiheit geschützt. Die EMRK bestimmt in Art. 8 das Recht auf Achtung

---

207 *Brüggemeier/Colombi Ciacchi/O'Callaghan*, Personality Rights in European Tort Law, S. 6.

208 Deutschland hat die EMRK am 5.12.1952 ratifiziert und Rumänien ist seit 20.6.1994 Mitglied des Europarats. Die Europäische Union ist noch nicht Mitglied des Europarats, obwohl es seit einige Jahren eine breite Diskussion darüber gibt und viele Mitgliedstaaten der EU die Konvention schon ratifiziert haben. Art. 6 des Lissabonner Vertrages erfordert den Beitritt der EU zur EMRK und auch Art. 59 der EMRK, der durch das Protokoll 14 geändert wurde, sieht den Beitritt vor. Erläuterungen und aktualisierte Informationen kann man auf der Internetseite des Europarats (www.coe.int) finden.

209 Obwohl die Charta der Grundrechte der Europäischen Union erst am 7.12.2000 proklamiert wurde, ist sie zusammen mit dem Lissabonner Vertrag am 1.12.2009 in Kraft getreten und hat die vorherige Charta ersetzt. Der Vertrag von Lissabon wurde am 13.12.2007 unter portugiesischer Ratspräsidentschaft in Lissabon unterzeichnet und trat am 1.12.2009 in Kraft, gem. Art. 6 Abs. 2 der Schlussbestimmungen. ABl. 2007/C 306/01, veröffentlicht in ABl. 2000/C C 364, S. 1; neuveröffentlicht in ABl. 2016/C 202/02; Die Rechte, Freiheiten und Grundsätze werden anerkannt u. v. 7.12.2000 in der am 12.12.2007 in Straßburg angepassten Fassung niedergelegt. (Art. 6 des Lissabonner Vertrages)

210 Art. 6 Abs. 1 EUV: Die Union erkennt die Rechte, Freiheiten und Grundsätze an, die in der Charta der Grundrechte der Europäischen Union vom 7.12.2000 in der am 12.12.2007 in Straßburg angepassten Fassung niedergelegt sind; die Charta der Grundrechte und die Verträge sind rechtlich gleichrangig.

211 Art. 6 Abs. 2 EUV: Die Union tritt der Europäischen Konvention zum Schutz der Menschenrechte und Grundfreiheiten bei. Dieser Beitritt ändert nicht die in den Verträgen festgelegten Zuständigkeiten der Union.

des Privat- und Familienlebens und in Art. 10 die Freiheit der Meinungsäußerung. Damit greifen die GRCh und die EMRK weiter als die nationalen Regelungen, insbesondere durch den breiten Anwendungsbereich der EMRK.

1. Die Charta der Grundrechte der Europäischen Union

Das I. Kapitel der Charta der Grundrechte der Europäischen Union ist dem Schutz der Würde des Menschen gewidmet und das beweist, dass der Schutz der Persönlichkeit der europäischen Bürger eine wichtige Rolle in Europa spielt und als oberste Priorität gesehen wird. Auch die deutsche Verfassung hat diese Struktur und das Grundrecht der Menschenwürde am Anfang des GG in Art. 1 Abs. 1 verankert.[212] Die rumänische Verfassung aus dem Jahr 1991 war das Ergebnis der Ereignisse vom 22. Dezember 1989. Daher befassen sich die ersten Kapitel der Verfassung mit der Festlegung der Prinzipien eines demokratischen Rechtsstaats. Erst mit dem Art. 21 werden die Grundrechte in der rumänischen Verfassung geregelt. Die Verfassung garantiert das Recht auf Leben und das Recht auf die körperliche und psychische Unversehrtheit (Art. 22), das Recht auf Intim-, Familien- und Privatleben (Art. 26 Abs. 1), das Selbstbestimmungsrecht (Art. 26 Abs. 2), das Briefgeheimnis (Art. 28) sowie die Würde, die Ehre und das Recht am eigenen Bild (Art. 30 Abs. 6).

Art. 7 GRCh zur Achtung des Privat- und Familienlebens umfasst auch den Schutz der informationellen Selbstbestimmung und gilt als lex generalis zum Art. 8 GRCh.[213] Art. 8 GRCh etabliert einen umfassenden Schutz personenbezogener Daten auf der europäischen Ebene und definiert den Maßstab, den die 27 europäischen Mitgliedstaaten für Umfang und Grenzen der Verarbeitung einhalten sollen. Der Zweck dieser Regelung ist die Realisierung eines hohen Datenschutzniveaus.

Art. 8 Abs. 2 GRCh sieht vor, dass die Daten einer Person unter bestimmten Bedingungen verarbeitet werden dürfen. Deswegen ist die Verarbeitung der Daten rechtmäßig, wenn sie für bestimmte Zwecke erfolgt und die Einwilligung des Betroffenen bereits vorliegt.[214] Dennoch hat laut Art. 8 Abs. 2 Satz 2 GRCh ein Betroffener auch einen Auskunfts- und Berechtigungsanspruch.

---

212 Das Recht auf Schutz personenbezogener Daten wird im GG nicht ausdrücklich erwähnt, aber das BVerfG hat durch Rechtsprechung den Schutz des Einzelnen gegen eine unbegrenzte Erhebung und Verwendung der personenbezogenen Daten über das Allgemeine Persönlichkeitsrecht im Art. 2 Abs. 1 i.V.m. Art. 1 Abs. 1 GG gewährleistet. BVerfG, Urt. v. 15.12.1983 - 1 BvR 209/83, 1 BvR 484/83, 1 BvR 440/83, 1 BvR 420/83, 1 BvR 362/83, 1 BvR 269/83 - Volkszählung, BVerfGE 65, 1 (41 ff.); *Simitis,* in BDSG § 1 Rn. 34 ff..

213 *Bernsdorff,* in: Mayer (Hrsg.), EU GRCh, Art. 8, Rn. 13.

214 Wenn es eine gesetzliche Grundlage zum Zwecke übergeordneter Interessen gibt, kann auch die Einwilligung des Betroffenen fehlen. Die gesetzlichen Grundlagen für die Verarbeitung der Daten ohne Einwilligung des Betroffenen können die Erfüllung

Art. 47 Abs. 2 GRCh sichert das Recht auf ein faires Verfahren vor Gericht im Falle eines Verstoßes gegen die Rechte der Charta, wie die Artt. 7 und 8 GRCh, zu. Die Schranken des Art. 8 GRCh ergeben sich aus Art. 52 Abs. 2 GRCh, der besagt, dass die Rechte der Charta im Rahmen der Gemeinschaftsverträgen ausgeübt werden sollten.[215]

2. *Die Europäische Menschenrechtskonvention*

Die Europäische Menschenrechtskonvention (EMRK) ist seit dem Inkrafttreten im Jahr 1950 eine Gewährleistung der Menschenrechte auf der internationalen Ebene und der Europarat ist eine internationale Organisation, die zur Förderung der demokratischen Werte beiträgt.[216] Es gibt zwei Instrumente zur Durchsetzung der Vorschriften der EMRK: die Individualbeschwerde (Individual application)[217] oder die Staatenbeschwerde (Inter-State application)[218], die vor dem Europäischen Gerichtshof für Menschenrechte (EGMR) in Straßburg für den Verstoß eines Mitgliedstaates gegen die Menschenrechte geltend gemacht werden können. Eine Beschwerde vor den EGMR kann nur als ultima ratio unter bestimmten Zulässigkeitsvoraussetzungen erfolgen, gem. Artt. 34 und 35 EMRK.[219]

Der EGMR hat die deutsche Rechtsprechung bezüglich des Schutzes der Privatsphäre der Personen der Zeitgeschichte kritisiert,[220] aber diese Kritik hat dazu

---

eines bindenden Vertrags, die Erfüllung rechtlicher Interessen oder das öffentliche Interesse sein.

215 *Bernsdorff*, in: Mayer (Hrsg.), EU GRCh, Art. 8, Rn. 17.

216 Siehe dazu die Präambel der Satzung des Europarats v. 5.5.1949.

217 Dies meint, dass ein Betroffener, eine natürliche Person, gegen eine Verletzung seiner Konventionsrechte eine Beschwerde vor dem EGMR einreicht, gem. Art. 34 EMRK.

218 Damit ist gemeint, dass ein einzelner Mitgliedsstaat gem. Art. 33 EMRK eine Beschwerde vor dem EGMR einlegt, wenn ein anderer Mitgliedstaat die Konventionsrechte verletzt hat.

219 Heutzutage kann ein Verstoß gegen die Rechte eines europäischen Bürgers mittels des EuGH oder des EGMR geltend gemacht werden. Siehe dazu: Raport 2010-2011, Relaţia dintre instanţele europene – CEJ şi CEDO şi instanţele naţionale, S. 174 ff..

220 EGMR, Urt. v. 24.6.2004 - Nr. 59320/00 - Caroline v. Monaco. Der EGMR bezeichnet manche Zeitschriften als ein „Umfeld für ständige Belästigung, die der betroffenen Person ein sehr starkes Gefühl eines Eingriffs in die Privatsphäre oder sogar Verfolgung verursachen (climate of continual harassment which induces in the person concerned a very strong sense of intrusion into their private life or even of persecution)" (Rn. 59). Die Auslegung des BGH zu § 23 Abs. 1 KUG für absolute Personen der Zeitgeschichte ("*par excellence*") wurde kritisiert, weil diese Bezeichnung für Politiker in öffentlichen Stellen passend wäre und nicht für jede Privatperson. (Rn. 72) In dem Fall wurden Bilder veröffentlicht, in dem die Abgebildete beim Einkaufen und Strandbesuchen fotografiert wurde, was damit keiner Diskussion im

beigetragen, dass die deutschen Gerichte diese Argumentation in Einklang mit den Urteilen des EGMR gebracht haben.[221] Obwohl die EMRK im Rang eines einfachen Gesetzes steht,[222] wird die Nichtbefolgung eines Urteils des EGMR von einem Konventionsstaat als eine Konventionsverletzung angesehen.[223]

Die EMRK enthält nicht ein ausdrückliches Datenschutzrecht, aber der Art. 8 EMRK[224] gewährleistet den Schutz der Daten. Im Art. 8 Abs. 1 ist das Recht auf Achtung des Privat- und Familienlebens, der Wohnung und der Korrespondenz geregelt. Das Recht auf Achtung des Privatlebens und der Korrespondenz sind wesentlich für die individuelle Kommunikation und die Nutzung des Internets. Obwohl bei der Unterzeichnung der Europäischen Menschenrechtskonvention am 4.11.1950, mit„ Korrespondenz“ das Briefgeheimnis gemeint war, muss man wegen der technischen Entwicklung diesen Begriff nun weiter auslegen. Die elektronischen Briefe (E-Mails) müssen unter den Schirm des Schutzes der Korrespondenz gestellt werden.

Der Schutz des Art. 8 EMRK umfasst sowohl die Vertraulichkeit der Inhalte der Individualkommunikation als auch die Kommunikationsumstände (wie die IP-Adresse). Durch jede Erhebung, Speicherung, Weitergabe oder Verarbeitung personenbezogener Daten wird in das Recht auf Achtung des Privatlebens eingegriffen und deswegen muss es in jedem Fall gerechtfertigt sein. In der Entscheidung des

---

öffentlichen Interesse diente. Der EGMR forderte, dass die Kriterien der absoluten und relativen Personen klar und offensichtlich sein sollten, so dass die Betroffenen wissen, wie sie sich verhalten sollten (Rn. 73).

221 Folgende Urteile von BGH u. BVerfG zu Caroline v. Monaco, in denen die Kriterien zu relativen und absoluten Personen der Zeitgeschichte aufgegeben wurden und „ein abgestuftes Schutzkonzept“, eine Abwägung zwischen den widerstreitenden Rechten und Grundrechten der abgebildeten Person aus Art. 1 I, 2 I GG und Art. 8 EMRK und der Pressefreiheit aus Art. 5 I 2 GG und Art. 10 EMRK, verfolgt wurde, im BGH, Urt. v. 6. 3. 2007 - VI ZR 51/06; die „neuen“ Kriterien des BGH wurden bestätigt durch das BVerfG und als verfassungsgemäß betrachtet in BVerfG, Beschluss v. 26.2.2008, 1 BvR 1602/07.

222 In Rumänien durch das Gesetz Nr. 30 v. 18.5.1994 zur Ratifizierung der EMRK und der Zusatzprotokolle zu der Konvention, veröff. in M.Of. Nr. 135 v. 31.5.1994, und in Deutschland durch das Bundesgesetz über die Konvention zum Schutze der Menschenrechte und Grundfreiheiten Nr. 14 v. 22.8.1952 in BGBl. 1952 II S. 685, ratifiziert.

223 EGMR, Urt. v. 30.6.2009 - Nr. 32772/02 - Verein/Tierfabriken Schweiz (VgT)/die Schweiz (Nr. 2), S. 40.

224 Art. 8 Abs. 1 EMRK - Recht auf Achtung des Privat- und Familienlebens: Jede Person hat das Recht auf Achtung ihres Privat- und Familienlebens, ihrer Wohnung und ihrer Korrespondenz.

EGMR zum Datenschutz Leander gegen Schweden[225] wurde bestimmt, dass„ die Speicherung und die Verwendung der Informationen selbständige Eingriffe“ sind, also Verletzung der positiven Pflichten des Staates.

Die Einschränkungen der Rechte, festgelegt in Art. 8 Abs. 1 EMRK, sind im Abs. 2 des gleichen Artikels vorgesehen. Es ist geregelt, dass eine Behörde in die Ausübung dieses Rechts nur eingreifen darf„ soweit der Eingriff gesetzlich vorgesehen und in einer demokratischen Gesellschaft notwendig ist“. In Ausnahmefällen, wenn die nationale oder öffentliche Sicherheit, das wirtschaftliche Wohl des Landes, die Aufrechterhaltung der Ordnung, die Verhütung von Straftaten, der Schutz der Gesundheit oder Moral oder der Schutz der Rechte und Freiheiten anderer in Betracht kommen, sind Einschränkungen erlaubt.

II. Die Wirkung der EMRK und der Charta der Grundrechte der Europäischen Union

Die Urteile des EGMR sollen sowohl in der rumänischen als auch in der deutschen Rechtsordnung ausgelegt und angewendet werden, da die EMRK eine Wirkung inter partes und erga omnes hat. Laut Art. 46 EMRK „verpflichten sich die Hohen Vertragsparteien, in allen Rechtssachen, in denen sie Partei sind, das endgültige Urteil des Gerichtshofs zu befolgen“. Die EMRK enthält keine Vorgaben für die Stellung im nationalen Recht,[226] und es wird jedem Konventionsstaat überlassen, wie die Pflichten, die aus der EMRK hervorgehen, erfüllt werden.

Der handelnde Staat kann vom EGMR zu Restitutionen in Form von Entschädigungszahlungen im Falle von mangelnden Exekutivbefugnissen verpflichtet werden, gem. Art. 41 EMRK. Die Entscheidungen des EGMR auf völkerrechtlicher Ebene sind für die Vertragsparteien verbindlich.[227] Für die Staaten besteht auch eine positive Verpflichtung, die zu Gesetzesänderungen oder zur Anpassung der nationalen Rechtsprechung oder der administrativen Verfahren führen kann, um die Standards der EMRK zu erreichen.[228]

In Bezug auf den Schutz der Rechte und Freiheiten der Personen haben die Vorschriften der internationalen Abkommen und der Europäischen Union in der

225 EGMR, Urt. v. 26.3.1987 - Nr. 9248/81. Wegen einer Information des National Police Board hat der Kläger keine Erlaubnis bekommen, als technischer Mitarbeiter bei dem Marinemuseum in Karlskrona eingestellt zu bleiben, weil er angeblich ein Sicherheitsrisiko dargestellt hätte. (Rn. 45) Der Kläger hatte keine Möglichkeit, eine Beschwerde gegen die Entscheidung des Board einzureichen (Rn. 42).

226 *Giegerich,* in: Dörr/Grote/Marauhn, EMRK/GG, Kap. 2, Rn. 4 und 16ff..

227 Rumänien hat am 20.6.1994 die EMRK ratifiziert (durch das Gesetz 30/1994, M.Of. Nr. 135 v. 31.5.1994). Deutschland hat am 5.12.1952 die deutsche Fassung der EMRK ratifiziert und dieser trat am 3.9.1954 in Kraft (BGBl. 1954 II S 14).

228 Vgl. *Cristea,* Respectul datorat fiinţei umane şi drepturilor ei inerente, S. 5.

rumänischen Rechtsordnung Vorrang, solange im rumänischen Recht keine anderen günstigeren Bestimmungen zu den Rechtsinstituten enthalten sind, laut Artt. 4 und 5 Cod Civil. Überdies regelt Art. 75d Cod Civil die Einschränkungen des Rechts auf Privatleben und der Menschenwürde in Bezug auf die internationalen Abkommen, indem der Gesetzgeber ihren Vorrang betont.[229] Deswegen spielen die Rechtsprechung der EMRK und des EuGH eine wichtige Rolle im Bereich des Schutzes der Personen im rumänischen Recht.

Der deutsche Gesetzgeber hat der EMRK und ihren Zusatzprotokollen mit einfachem Bundesgesetz gem. Art. 59 Abs. 2 GG zugestimmt und die unmittelbare Anwendung im deutschen Recht gewährleistet. Die EMRK ist im deutschen Recht ein einfaches Bundesgesetz und hat keinen Übergesetzesrang,[230] wie dies im rumänischen Recht der Fall ist. Das BVerfG hat sich im Görgülü-Beschluss[231] grundlegend mit der Wirkung von EGMR-Entscheidungen im deutschen Recht auseinandergesetzt und ist zu der Schlussfolgerung gekommen, dass ein deutsches Gericht, das sich nicht mit den EMRK-Vorschriften befasst, gegen Art. 20 Abs. 3 GG verstößt.

Sowohl gegen Rumänien als auch gegen Deutschland werden beim EGMR zahlreiche Beschwerden eingebracht. 11,9 % der Beschwerden aller Europarat-Mitgliedstaaten vor dem EGMR wurden 2017 gegen Rumänien eingeleitet.[232] Es ist

---

229 Siehe mehr zu dem Vergleich zwischen den Persönlichkeitsrechten und den Menschenrechten in *Cristea*, Respectul datorat ființei umane și drepturilor ei inerente, S. 7.

230 BVerfG, Urt. v. 4.5.2011 - 2 BvR 2365/09, BVerfGE 128, 326 - EGMR Sicherungsverwahrung, die Argumente wurden dann weiter in 2 BvR 740/10, 2 BvR 2333/08, 2 BvR 1152/10, 2 BvR 571/10 verfolgt. In der Literatur gab es auch Versuche, den Rang der EMRK im deutschen Recht zu erhöhen. Siehe dazu *Giegerich*, in: Grote/Marauhn, EMRK/GG, Kap. 2, Rn. 47 ff..

231 BVerfG, Beschluss v. 14.10.2004 - 2 BvR 1481/04. „Zur Bindung an Gesetz und Recht (Art. 20 Abs. 3 GG) gehört die Berücksichtigung der Gewährleistungen der Konvention zum Schutze der Menschenrechte und Grundfreiheiten und der Entscheidungen des Europäischen Gerichtshofs für Menschenrechte im Rahmen methodisch vertretbarer Gesetzesauslegung. Sowohl die fehlende Auseinandersetzung mit einer Entscheidung des Gerichtshofs als auch deren gegen vorrangiges Recht verstoßende schematische ‚Vollstreckung' können gegen Grundrechte in Verbindung mit dem Rechtsstaatsprinzip verstoßen."

232 Aus nur sechs Mitgliedstaaten des Europarats stammten am 30.6.2017 etwas mehr als 3/4 der Beschwerden vor dem EGMR wegen Menschenrechtsverletzungen: aus der Ukraine (23,3 %), der Türkei (14,9 %), Ungarn (12,5 %), Rumänien (11,7%), Russland (9,3 %) und Italien (6,1 %). Rumänien liegt demnach in dieser Rangliste auf dem 4. Platz weltweit. Aus den restlichen 41 Mitgliedstaaten des Europarats stammten zu diesem Zeitpunkt lediglich 22,2 % des Beschwerdeanfalls. Siehe die Statistik, abrufbar unter: http://www.echr.coe.int/Documents/Stats_pending_2017_BIL.pdf.

alarmierend, dass in einem Mitgliedstaat der EU eine derart hohe Zahl staatlicher Eingriffe in die Menschenrechte festgestellt wurde. 2016 wurden für die Verletzung des Art. 8 EMRK gegen Rumänien zwölf Urteile gesprochen, gegen Deutschland nur eines.

Laut Art. 32 Abs. 1 EMRK soll der EGMR die Vorschriften der Konvention und die Protokolle auslegen und anwenden. Die Rechtsprechung ist dann ein Harmonisierungsinstrument für alle Rechtsordnungen der Vertragsstaaten, durch das der Mindestschutz der Menschenrechte gewährleistet wird.[233] Die rumänische Rechtsordnung braucht dann weitere gesetzliche Reformen und eine effektive Durchsetzung, um Fortschritte in die Anwendung des Mindestschutzes der Vorschriften der EMRK einzubringen. Gegen Deutschland wurden zwischen 1959 und 2016 nur 22 Urteile in Bezug auf die Verletzung des Art. 8 EMRK gesprochen.[234]

III. Das Verhältnis von Unions- und nationalen Grundrechten

Die Charta der Grundrechte der Europäischen Union ist seit 1.12.2009 formell der oberste Grundrechtskatalog auf der europäischen Ebene.[235] Das BVerfG entschied 1947, dass solange das Gemeinschaftsrecht keinen europäischen Grundrechtekatalog hat, die Grundrechte nach dem Grundrechtskatalog des Grundgesetzes einen adäquaten Rechtsschutz erhalten.[236] Es gibt grundsätzlich ein Kooperationsverhältnis zwischen dem EuGH und dem BVerfG,[237] aber das BVerfG hat sich eine Prüfungskompetenz vorbehalten und damit keinen absoluten Vorrang der unionsrechtlichen Regeln gewährt.[238]

Die rumänische Verfassung erkennt ausdrücklich einen Transfer der Gültigkeit der Grundrechte von den Grenzen und Einschränkungen des nationalen Rechts zu einem objektiven europäischen oder internationalen Schutz.[239] Art. 20

---

233 Vgl. *Bîrsan*, Convenţia europeană a drepturilor omului, Volumul II – Procedura în faţa Curţii. Executarea hotărârilor, S. 597.

234 Siehe die Statistik zu den Urteilen aller Mitgliedstaaten des Europarats für die Verletzung der Art. der EMGR 2016, abrufbar unter: http://www.echr.coe.int/Documents/Stats_violation_2016_ENG.pdf.

235 *Bergmann/Dienelt/Bergmann*, Ausländerrecht, EU-Grundrechte-Charta, Art. 51 Rn. 1.

236 BVerfG, Beschluss v. 29.5.1974 - 2 BvL 52/71 - Solange I in NJW 1974, 1697 (1698).

237 Nennenswert ist hier auch der Grundsatz der Europafreundlichkeit. Diese Aufgabenverteilung wird seit dem Maastricht-Urteil so benannt. BVerfG, Urt. v. 12.10.1993 – 2 BvR 2134/92, BVerfGE 89, 155 (156).

238 BVerfG, Beschluss v. 22.10.1986 - 2 BvR 197/83 - Solange II, BVerfGE 73, 339 (387); BVerfG, Urt. v. 12.10.1993 - 2 BvR 2134/92, 2 BvR 2159/92 - Maastricht, BVerfGE 89, 155 (175); BVerfG, Urt. v. 30.6.2009 - 2 BvE 2, 5/08, 2 BvR 1010, 1022, 1259/08, 182/09 - Lissabon, BVerfGE 123, 267 (354 f.).

239 Vgl. *Dănişor*, Drept constituţional şi instituţii politice, S. 548.

der rumänischen Verfassung bestimmt, dass die Auslegung und die Umsetzung der verfassungsrechtlichen Vorschriften zu den Grundrechten in Einklang mit der Allgemeinen Erklärung der Menschenrechte und mit den internationalen Verträgen stehen sollten. Darüber hinaus wird in derselben Vorschrift ausdrücklich der Anwendungsvorrang der internationalen Regelungen gegenüber den nationalen Gesetzen genannt, solange diese günstigere Bestimmungen enthalten.

Im Falle des Obersten Verfassungsgerichts Rumäniens (Înalta Curte de Casaţie şi Justiţie - ICCJ) gibt es keine Urteile, die darauf verweisen, dass Rumänien selbst im Vordergrund gegenüber dem EuGH stehen würde oder Bedenken hat, Kompetenzen an den EuGH abzugeben. Die nationalen rumänischen Gerichte zeigen ein Interesse daran, in Einklang mit den europäischen Rechtsakten zu stehen. Der Beweis dafür ist auch die Zahl der Vorabentscheidungsverfahren[240] beim EuGH, obwohl Rumänien erst seit 2007 Mitgliedstaat der Europäischen Union ist. Dennoch bleibt Deutschland nach der Zahl der eingereichten Fragen im Rahmen der Vorabentscheidungsersuchen auf dem ersten Platz in der EU.[241]

Der EuGH ist für die Gewährleistung des Schutzes der Grundrechte des Menschen zuständig, weil die Grundrechte Teil der allgemeinen Grundsätze der Europäischen Union sind.[242] Der Schutz der Grundrechte durch den EuGH stützt sich auf „die gemeinsamen Verfassungsüberlieferungen der Mitgliedstaaten" und auf „die internationalen Verträge über den Schutz der Menschenrechte, an deren Abschluss die Mitgliedstaaten beteiligt waren oder denen sie beigetreten sind".[243] Dennoch werden laut EuGH-Rechtsprechung die Unionsgrundrechte auch bei Umsetzungsspielräumen angewendet und nicht nur, wenn die nationalen Gesetze strikt determiniertes EU-Recht vollziehen.[244]

Wenn die einfachen rumänischen oder deutschen Gerichte Zweifel an dem Wortlaut der Grundrechte der GRCh haben, dürfen die nationalen Richter nicht die Grundrechte selbst auslegen, wie im Falle des Grundgesetzes oder der rumänischen Verfassung, sondern die Gerichte müssen die Fragen durch ein Vorabentscheidungsverfahren dem EuGH vorlegen.[245] Die EMRK und die Rechtsprechung

---

240 Ca. 140 Vorabentscheidungsersuche wurden von den rumänischen Gerichten beim EuGH vorgelegt. Siehe Statistiken vom 15.1.2018, abrufbar unter: http://iaduer.ro/?p=162; und auch unter: http://www.euroquod.ro/ue/cereri/evidenta/.

241 Laut Statistiken aus dem Jahr 2016 hat Deutschland 2300 neue Vorabentscheidungsersuche vorgelegt, Rumänien 123 Vorabentscheidungsersuche. Siehe dazu Court of Justice of the European Union, Annual Report 2016: Judicial Activity, European Union, Luxembourg 2017, S. 109f..

242 EuGH, Urt. v. 15.6.1978 - C-49/77 - Defrenne/Sabena, Rn. 26.

243 EuGH, Urt. v. 14.5.1974 - C-4/73 - Nold KG/Kommission, Rn. 13.

244 EuGH, Urt. v. 24.11.2011 - C-468/10 u. C-469/10, 2011 I-12181, ASNEF, Rn. 43; EuGH, Urt. v. 26.2.2013 - C-617/10 - Åkerberg Fransson, Rn. 14, 29.

245 Art. 267 AEUV. Zum deutschen Recht siehe Masing, in: *Masing*, Abschied von den Grundrechten, SZ 9.1.2012, S.10.

des EGMR dienen als Auslegungshilfe für die Auslegung und Umsetzung der Grundrechte der Charta und können als die wichtigsten Quellen für die Urteile des EuGH nach Art. 52 III GRCh gelten.

Zusammenfassung

Sowohl im rumänischen als auch im deutschen Recht umfasst der Begriff „Persönlichkeit" juristische und natürliche Personen. Dennoch wurde in der deutschen Literatur dank der modernen Rechtsprechung umfassender als in Rumänien diskutiert, ob den juristischen Personen und Personengesellschaften ein Persönlichkeitsschutz gewährleistet werden kann.[246]

Ein Einblick in die Entstehung des Persönlichkeitsrechts beweist, wie schwer sich die Persönlichkeit und die Persönlichkeitsrechte erfassen lassen. Dennoch gibt es in Deutschland und in Rumänien eine solide Rechtsgrundlage zum Schutz der verschiedenen Facetten der Persönlichkeit. Die deutsche Rechtsprechung ist umfassender als die rumänische Sammlung der Entscheidungen im Bereich des Persönlichkeitsrechts, aber dafür gibt es mehr ausdrücklich im Cod Civil verankerte Persönlichkeitsrechte in Rumänien als in Deutschland im BGB.

Letztendlich erkennen und ermuntern beide Rechtsordnungen, die deutsche wie auch die rumänische, die zukünftige Entwicklung des Persönlichkeitsrechts und beschränken dessen Erweiterung nicht nur durch das Gesetz, im Falle des rumänischen Rechts der Cod Civil, oder durch die Rechtsprechung durch den BGH oder das BVerfG im deutschen Recht.

246 Siehe zu der Frage des Persönlichkeitsschutzes der juristischen Personen durch die leitenden Personen in BVerfG, Beschluss v. 19.7.2011 - 1 BvR 1916/09 - Le-Corbusier-Möbel in GRUR 2012, 53; BGH, Urt. v. 4.4.2017 - VI ZR 123/16 - Klinikbewertungsportal in NJW 2017, 2029, Rn. 16; *Jarass*, in: Jarass/Pieroth, GG, Art. 19 Rn. 17 ff..

Kapitel II Rechtsgrundlagen des Persönlichkeitsschutzes im Internet

Einleitung

Das Internet war zunächst nur für einen kleinen Kreis von Wissenschaftlern zugänglich[247], aber jetzt kann jeder das Internet nutzen. Daraus entsteht auch eine Gefahr für die Persönlichkeitsrechte von jedem, wenn nicht verantwortungsvoll und behutsam mit den Nutzungsmöglichkeiten des Internets umgegangen wird. Das Internet kann für alle Nutzer Fluch und Segen[248] zugleich sein. Durch Verantwortlichkeit kann es sich jedoch in erster Linie als Segen erweisen.

Einer der Theoretiker und Väter des Internets, Joseph Licklider, hat das Verhältnis zwischen Mensch und Computer bei der Problemlösung als „Symbiose" bezeichnet.[249] Die Menschen vergessen manchmal diese Funktion. Das Internet sollte Partner in Problemlösungsprozessen sein und nicht als Waffe gegen andere Internet-Nutzer verwendet werden. Beispiele für den negativen Umgang mit dem Internet sind Cybermobbing-Fälle, die leider oft zu Suizid der Betroffenen führen, aber auch andere Persönlichkeitsverletzungen, die das Recht am eigenen Bild,[250] den Ruf oder andere Grundrechte der Betroffenen berühren. Hate Speech, Fake News oder Shitstorm haben ebenfalls ein hohes Bedrohungspotenzial für die Persönlichkeitsrechte im Internet.

Aber was verführt den Betroffenen, auf seine Kontrolle über seine personenbezogene Daten zu verzichten oder die Gefahren bei der Nutzung der informationstechnischen Systeme zu übersehen? Mögliche Gründe dafür könnten die Verbreitung und das alltägliche Nutzen leistungsstarker und preiswerter Geräte, die einfach zu bedienen sind, aber auch die Attraktivität mancher Marken sein.[251] Denn „wenn Rechnerkommunikationssysteme leistungsfähiger, menschengerechter,

247 Das ARPA Netzwerk wurde von Computer-Wissenschaftlern hauptsächlich eingeführt, um Informationen und Dateien auszutauschen. Vgl. *Abbate*, Inventing the Internet, S. 100.

248 Dieser Ausdruck wird von vielen Autoren in Bezug auf die Digitalisierung verwendet. Siehe ein Beispiel dazu im Zusammenhang mit der digitalen Permanenz ausführlich in *Ball*, Die pausenlose Gesellschaft.

249 Vgl. *Hafner/Lyon*, Arpa Kadabra, S. 36.

250 Ein Beispiel dafür ist die Veröffentlichung von intimen Bildern eines vorherigen Partners nach der Trennung. Siehe dazu BGH, Urt. v. 13.10.2015 - VI ZR 271/14.

251 Siehe ausführlich über diese Faktoren in *Heckmann*, NJW 2012, 2631 (2633).

fehlertoleranter und vor allem billiger werden, werden sie wohl allgegenwärtig."[252] Die Voraussage zweier Väter des Internets aus dem Jahr 1977 ist heute Realität.

In der vielfaltig veränderbaren Beschaffenheit („*protean nature*“) des Internets liegt der Grund für seine Dauerhaftigkeit.[253] Die rasanten Entwicklungen in der IT-Branche bestimmen eine ununterbrochene Bewältigung der Herausforderungen für einen wirksamen Schutz der Persönlichkeit im Internet. Das Datenschutz- und das Persönlichkeitsrecht entfachen viele Diskussionen, stellen die aktuelle Rechtslage infrage und verlangen ständig Änderungen de lege ferenda.

Die Rechtsverletzungen im Internet werden gleich wie diejenigen außerhalb des Internets bewertet, deswegen gibt es keine großen Besonderheiten in den verschiedenen Vorschriften in Bezug auf das Internet.[254] Die Facetten des Persönlichkeitsschutzes haben sich weiterentwickelt und manche Veränderungen lassen sich nicht durch die Interessenabwägung und die Aufteilung der Fallgruppen erkennen.[255] Der Schadensbegriff ist auch meistens fallbezogen und wird auch durch gesellschaftliche Standards bestimmt.[256]

In manchen Ländern, wie beispielsweise in Deutschland, werden Herausforderungen und Reformen im Datenschutz- und Persönlichkeitsrecht im Internet angenommen und bewältigt. Wegen den globalen Charakter des Internets und der Möglichkeit des Einzelnen, sich anonym zu äußern, wird es zunehmend umständlicher, die Rechtsverletzer zu identifizieren, wenn das Gleichgewicht des Schutzes der Personen durch das allgemeine Persönlichkeitsrecht im Verhältnis zur Meinungs- und Medienfreiheit berührt wird.[257]

A. Ausprägungen des APR und Verletzungen im Internet

Die Rechte am eigenen Bild, am eigenen Wort und am eigenen Namen wurden im deutschen Recht durch Rechtsvorschriften und durch die Rechtsprechung unter den Schutzschirm des allgemeinen Persönlichkeitsrechts gestellt. Diese Rechte werden in der deutschen Rechtsordnung in verschiedenen Gesetzen verankert: das Namensrecht in § 12 BGB, das Recht am eigenen Bild in den §§ 22 ff.

---

252 Siehe *Hafner/Lyon*, Arpa Kadabra, S. 253.

253 Der Begriff „protean nature“ wird als „the ability to take on unexpected and unintended roles“ definiert. Er bezieht sich auf die Entstehung des Internets von der Einführung der Übertragungsform „packet switching“. Vgl. *Abbate*, Inventing the Internet, S. 218.

254 Vgl. *Hetmank*, Internetrecht, S. 1.

255 *Ladeur*, K&R 2007, 85 (86).

256 Vgl. allg., aber ausgehend vom Umweltrecht in *Lin*, Wisconsin Law Review 2006, 897 (904).

257 Gutachten von *Spindler*, Gutachten 69. DJT, 2012, S. F9.

Kunsturhebergesetz (KUG) und das Recht am eigenen Wort in § 201 Strafgesetzbuch (StGB).

I. Der Schutz des Namens

Der Name ist ein elementarer Bestandteil der Persönlichkeit und ein wesentliches Element der Identifikation einer Person, durch die sie von anderen unterschieden wird.

Der Schutz des Namens wird in § 12 BGB[258] im deutschen Recht und in Art. 254 Cod Civil[259] im rumänischen Recht geregelt. Vor dem Inkrafttreten des neuen rumänischen Cod Civil war der Schutz des Namens im Art. 12 des Dekrets 31/1954 gewährleistet.[260] Die neuen Vorschriften sind eine Weiterentwicklung des Namensrechts. Dieses Recht kann weiter ausgelegt werden und dadurch sowohl für die natürlichen wie auch juristischen Personen anwendbar sein.

Vom Anwendungsbereich der zivilrechtlichen Vorschriften des § 12 BGB sind nicht nur natürliche, sondern auch juristische Personen und Personengesellschaften erfasst. Rechts- und nichtrechtsfähige Vereine, Gewerkschaften und politische Parteien, Körperschaften und Anstalten des öffentlichen Rechts, rechtsfähige Stiftungen, Aktiengesellschaften mit beschränkter Haftung sowie die klassischen Personengesellschaften sind vom Schutz des § 12 BGB abgedeckt.[261]

Die rumänische Rechtslage ist der deutschen ähnlich. Art. 254 Cod Civil gilt nach der Auslegung der Rechtsprechung und der Lehre sowohl für natürliche wie

258 § 12 BGB - Namensrecht: Wird das Recht zum Gebrauch eines Namens dem Berechtigten von einem Anderen bestritten oder wird das Interesse des Berechtigten dadurch verletzt, dass ein Anderer unbefugt den gleichen Namen gebraucht, so kann der Berechtigte von dem Anderen die Beseitigung der Beeinträchtigung verlangen. Sind weitere Beeinträchtigungen zu besorgen, so kann er auf Unterlassung klagen.

259 Art. 254 Cod Civil - Der Schutz des Rechts auf Name: (1) Derjenige, dessen Name bestritten wird, hat vor dem Gericht einen Anspruch auf die Anerkennung seines Rechts. (2) Auch derjenige, dessen Name ganz oder in Teilen verletzt wurde, kann immer vor Gericht die Beendigung dieser rechtswidrigen Beeinträchtigung verlangen. (3) Die Vorschriften dieses Artikels gelten auch für den Schutz des Rechts auf Pseudonym, das laut Gesetz gewählt wurde. (Eigene Übersetzung)

260 Die Vorschriften waren nur eine gesetzliche Anerkennung, dass jeder ein Recht auf einen Namen hat (1. Satz) und dass der Name aus einem Familien- und Vorname besteht (2. Satz). Die Änderung des Namens war nur unter bestimmten Voraussetzungen erlaubt, die gesetzlich bestimmt wurden (3. Satz).

261 *Gounalakis/Rhode*, Persönlichkeitsschutz im Internet, S. 24 f., Rn. 39 m.w.N.; *Ohrmann*, Der Schutz der Persönlichkeit in Online-Medien, S. 29.

auch für juristische Personen,[262] obwohl der Wortlaut des Gesetzestextes dies nicht ausdrücklich besagt.

Domainnamen und Pseudonyme bzw. Alias oder Decknamen im Internet werden nach dem § 12 BGB und Art. 254 Cod Civil geschützt und diese Vorschriften sind für weitere Diskussionen über den Schutz des Namen relevant.

II. Das Recht am eigenen Bild

1. Im deutschen Recht

Das Recht am eigenen Bild hat in Deutschland eine sehr lange Tradition[263] und dieser Schutz in der Rechtsprechung ist durch einen Fall im Jahr 1899 entstanden.[264] Das Reichsgericht musste zwei Reporter für das Fotografieren der Leiche des ehemaligen Reichskanzlers Bismarck nur wegen Hausfriedensbruchs verurteilen, weil das Persönlichkeitsrecht noch nicht anerkannt wurde. Dieser Fall führte zu hitzigen legislativen Debatten zum Schutz der Persönlichkeitsrechte und besonders des Rechts am eigenen Bild. Seit dem 1.9.1907 gelten die §§ 22 ff. KUG und mehrere Vorschriften des KUG wurden durch § 141 Nr. 5 UrhG[265] im Jahr 1966 aufgehoben.

Ausschließlich der Abgebildete hat das Recht, über die Verbreitung und öffentliche Zurschaustellung seines Bildnisses zu entscheiden.[266] Die Bildnisse dürfen grundsätzlich nur mit der Einwilligung der betroffenen Person verbreitet werden, laut § 22 Satz 1 KUG. Eine Ausnahme zu dieser Regelung gilt für Bildnisse von Personen der Zeitgeschichte, gem. § 23 Abs. 1 Nr. 1 KUG, unter der Bedingung, dass keine berechtigten Interessen der Abgebildeten verletzt werden, gem. § 23 Abs. 2 KUG. Die §§ 22, 23 KUG werden als leges speciales der Art. 2 Abs. 1 i.V.m. Art. 1 Abs. 1 GG betrachtet.[267] Bei den Fällen, in denen es um das Fotografieren und das Herstellen des Bildnisses geht, ist das allgemeine Persönlichkeitsrecht gem. § 823 Abs. 1 Alt. 6 BGB i.V.m. Art. 2 Abs. 1, 1 Abs. 1 GG anwendbar, falls § 201a StGB nicht eingreift.[268]

Im deutschen Recht regeln die Vorschriften §§ 22, 23 KUG allgemein das Recht am eigenen Bild. Durch die Rechtsprechung wurde auch ein abgestuftes Schutzkonzept entwickelt. Die allgemeinen Grundsätze gelten auch für den Bildnisschutz im Internet, d.h. dass das Hochladen von Fotos im Internet nach dem deutschen

---

262 Siehe auch den Artikel: www.e-juridic.manager.ro/articole/aparatea-drepturilor-nepatrimoniale-in-noul-cod-civil-7754.html.

263 Vgl. *Tinnefeld/Buchner/Petri*, Einführung in das Datenschutzrecht, S. 101.

264 RG v. 28.12.1899 - VI 259/99 - Bismarck auf dem Totenbett, RGZ 45, 170 ff..

265 Diese Vorschrift i.d.F. v. 9.9.1965 hat mehrere Bestimmungen des KUG zum 1.1.1966 aufgehoben.

266 *Schertz,* in: Götting/Schertz/Seitz, Handbuch des Persönlichkeitsrechts, § 12 Rn. 1.

267 Vgl. *Ohrmann*, Der Schutz der Persönlichkeit in Online-Medien, S. 46 f..

268 *Ricker/Weberling,* Handbuch des Presserechts, 43. Kap., Rn. 3.

Recht genau so beurteilt wird wie bei den analogen Medien: die Bildnisse bedürfen grundsätzlich einer Einwilligung des Abgebildeten für die Verbreitung, gem. § 22 Satz 1 KUG (1. Stufe).[269] Für die Bildnisse im Bereich der Zeitgeschichte ist nach § 23 Abs. 1 Nr. 1 KUG keine Einwilligung der Abgebildeten erforderlich. Bei einer Abwägung zwischen dem Persönlichkeitsschutz und dem Informationsinteresse der Allgemeinheit wird zugunsten des allgemeinen Interesses entschieden (2. Stufe). § 23 Abs. 2 KUG enthält eine Ausnahme: Die Einwilligung wird trotzdem benötigt, wenn der Abgebildete ein berechtigtes Interesse hat, z.B bei einem Nacktfoto, entstellenden Foto oder Fotos zu Werbezwecken (3. Stufe).[270]

2. *Im rumänischen Recht*

Am Anfang des 20. Jahrhunderts haben die rumänischen Gerichte angefangen, sich mit dem Recht am eigenen Bild in Verbindung mit dem Eigentumsrecht zu befassen. In Hinblick auf die Verwendung eines Bildes von einer Person ohne ihre Einwilligung hat das Gericht Tutova darauf hingewiesen, dass der Künstler das Bild des Abgebildeten nicht verwenden kann und in diesem Fall das Recht des Abgebildeten verletzt wurde. So wie der Urheber ein Urheberrecht hat, genießt der Abgebildete dann ein natürliches persönliches und ausschließliches Eigentumsrecht an seinem eigenen Bild.[271]

Jeder hat das Recht, in die Verbreitung, Zurschaustellung und Herstellung seines Bildes einzuwilligen und über die Verwendung seines Bildes zu bestimmen. So wie der Name ist auch das Bild ein Identifikationsmerkmal des Einzelnen. Das Bild ist die Darstellung der physikalischen Eigenschaften der Person.[272] Das Recht auf Schutz des eigenen Bildes wird auch durch die rechtlichen Vorschriften gegen Verletzungen seines Bildes geschützt.[273]

Gem. Art. 30 Abs. 6 der rumänischen Verfassung darf die Freiheit der Meinungsäußerung nicht die Würde, die Ehre und die Privatsphäre einer Person sowie das

---

269 Sogar wenn eine Person selbst ihre Bilder auf Facebook hochgeladen hat, liegt darin keine Einwilligung in jede Art der Verbreitung. Siehe LG Hamburg, Urt. v. 2.6.2017 - 324 O 570/16 in ZUM 2018, 371 (372).

270 Vgl. *Gounlakis,* in: Götting/Schertz/Seitz, Handbuch des Persönlichkeitsrechts, § 24, Rn. 126.

271 Tribunalul Tutova, Mitteilung v. 14.5.1910, Dreptul Nr. 48/1919; Siehe *Cristea,* Respectul datorat ființei umane şi drepturilor ei inerente, S. 16. Es wird vom Tribunal betont, dass sowohl das Recht am eigenen Bild (ein Ergebnis der körperlichen Entwicklung) wie auch das Urheberrecht natürliche Eigentumsrechte sind.

272 Vgl. *Ungureanu/Munteanu,* Observații privind persoana fizică şi personalitatea juridică, S. 180 f..

273 *Ungureanu/Munteanu,* Dreptul la propria imagine în Noul Cod Civil, Aufsatz abrufbar unter: http://legeaz.net/noutati-legislative/dreptul-la-proprie-imagine-in-noul-cod-civil.

Recht am eigenen Bild (wie es in der rumänischen Vorschriften genannt wurde) beeinträchtigen.

In den Artt. 71, 74 und 75 des Cod Civil ist das Recht am eigenen Bild geregelt. So hat jeder Einzelne einen zivilrechtlichen Schutz gegen die Erfassung oder Verwendung des Bildes und sogar der Stimme einer Person ohne die Zustimmung des Betroffenen, gem. Art. 74c Cod Civil, gegen die Verbreitung von Materialen einer Person, die für Untersuchungen in einem Krankenhaus liegt, gem. Art. 74g Cod Civil, und gegen die Verwendung des Bildes einer Person mit böser Absicht, gem. Art. 74h Cod Civil.

Mit dem Inkrafttreten des aktuellen rumänischen Zivilgesetzbuches genießt das Recht am eigenen Bild einen guten Schutz und so bleibt die Aufgabe der Jurisprudenz, die Rechte durchzusetzen und weiterzuentwickeln, weil die Rechtsprechung zu dem Recht am eigenen Bild momentan ziemlich gering ist.

3. Der Bildnisschutz in der Datenschutz-Grundverordnung

Im europäischen Recht wird der „Bildnisschutz" im Rahmen des Datenschutzes gewährleistet und die EU-Mitgliedstaaten werden verpflichtet, in ihren nationalen Rechtssystemen den Schutz der personenbezogenen Bilddaten in den nationalen Datenschutzgesetzen zu gewährleisten.[274] Das Informationsinteresse der Öffentlichkeit und der angemessene Persönlichkeitsschutz müssen in jedem Einzelfall abgewogen werden und erst danach sollten passende Maßnahmen ergriffen werden.[275]

Die Datenschutz-Grundverordnung (DS-GVO)[276] ist am 25.5.2018 in Kraft getreten und damit kam es zu vielfältigen Herausforderungen, u.a. im Bereich der Fotografie. Auch hier gilt die DS-GVO, solange es einen Personenbezug gibt, d.h. dass der Betroffene identifiziert oder identifizierbar ist und eine Verarbeitung personenbezogener Daten besteht, gem. Art. 2 Abs. 1, Art. 4 Nr. 1 DS-GVO.[277]

Da die DS-GVO als Verordnung unmittelbar in allen Rechtsordnungen der Mitgliedstaaten der Europäischen Union, gem. Art. 288 Abs. 2 des Vertrags über die Arbeitsweise der Europäischen Union (AEUV), anwendbar ist, hat dieser Rechtsakt

---

274 *Schmale/Tinnefeld*, Privatheit im digitalen Zeitalter, S. 91.

275 *Tinnefeld/Buchner/Petri*, Einführung in das Datenschutzrecht, S. 101 f..

276 Verordnung (EU) 2016/679 des Europäischen Parlaments und des Rates vom 27.4.2016 zum Schutz natürlicher Personen bei der Verarbeitung personenbezogener Daten, zum freien Datenverkehr und zur Aufhebung der Richtlinie 95/46/EG, EU ABl. L 119, S. 1.

277 EuGH, Urt. v. 11.12.2014 - C-212/13 - František Ryneš/Úřad pro ochranu osobních údajů, Rn. 22. Das Urteil bezieht sich allerdings auf den „Begriff der personenbezogenen Daten im Sinne von Art. 2 Buchst. a der Richtlinie 95/46, sofern es die Identifikation der betroffenen Person ermöglicht.", aber der Sinn der Vorschrift und diese Auslegung wird auch in der DS-GVO beibehalten.

Vorrang gegenüber nationalen Vorschriften, wie z.B. KUG oder dem rumänischen Cod Civil.

Die DS-GVO enthält sogenannte Öffnungsklauseln, d.h. dass den Mitgliedstaaten ein Gestaltungsspielraum eingeräumt wird. Auch im Falle der Abwägung des Rechts auf Schutz personenbezogener Daten der DS-GVO mit dem Recht auf freie Meinungsäußerung und Informationsfreiheit, auch für die Verarbeitung zu journalistischen, künstlerischen oder literarischen Zwecken, laut Art. 85 Abs. 1 DS-GVO,[278] gibt es eine Öffnungsklausel. Die nationalen Vorschriften, §§ 22, 23 KUG und Artt. 71, 74, 75 Cod Civil, sind anwendbar, um die Öffnungsklausel von Art. 85 Abs. 2 DS-GVO zu ergänzen.

Obwohl es im rumänischen Recht weder eine neue Vorschrift noch eine Gerichtsentscheidung zu der Öffnungsklausel des Art. 85 DS-GVO gibt, können die Diskussionen und Begründungen im deutschen Recht als Vorbild dienen. Manche deutsche Datenschutzexperten sind der Meinung, dass keine Vorschrift zur Fortgeltung des KUG notwendig ist, da das KUG sich als Teil der deutschen Anpassungsgesetzgebung in das System der DS-GVO einfügt.[279] Andere wiederum hätten eine nationale gesetzliche Regelung zur Anpassung des Art. 85 Abs. 2 DS-GVO für wünschenswert gehalten, da diese dem Stellenwert der künstlerischen Betätigung in Deutschland angemessener gewesen wäre.[280]

Die Möglichkeit eines Betroffenen, die Herstellung, die Zurschaustellung und die Verbreitung seines Bildes zu kontrollieren, stützt sich auf die individuelle Selbstbestimmung. Diese ist Ausdruck der Gewährleistung der Freiheit, der Intimität und der Sicherheit des Betroffenen. Die Beeinträchtigungen des Rechts auf Schutz des eigenen Bildes haben im Internet ein breiteres Ausmaß und größere negative Wirkungen für die Persönlichkeit einer betroffenen Person als dies in der analogen Welt der Fall ist. Die technischen Herausforderungen verhindern manchmal die Möglichkeit zu kontrollieren und zu bestimmen, wer die Bilder eines Betroffenen verbreitet, speichert und Zugang dazu hat.

---

278 Im deutschen Recht zu der Anwendung von KUG als Öffnungsklausel in OLG Köln, Beschluss v. 18.6.2018 - 15 W 27/18. Vgl. *Schertz,* in: Götting/Schertz/Seitz, Handbuch des Persönlichkeitsrechts, § 12, Rn. 6.

279 Siehe dazu eine Stellungnahme des Bundesministerium des Innern, für Bau und Heimat „FAQs zur Datenschutz-Grundverordnung" v. 5.4.2018, abrufbar unter: https://www.bmi.bund.de/SharedDocs/kurzmeldungen/DE/2018/04/faqs-datenschutz-grundverordnung.html

280 Hamburgische Beauftragte für Datenschutz und Informationsfreiheit, Vermerk: Rechtliche Bewertung von Fotografien einer unüberschaubaren Anzahl von Menschen nach der DSGVO außerhalb des Journalismus, v. Mai 2018, S. 4.

III. Urheberpersönlichkeitsrecht

Dem Urheber eines geistigen Werks steht eine wirtschaftliche Verwertung zu. Wegen der besonderen„ geistigen und persönlichen Beziehung“[281] zum Werk genießt er eine Gewährleistung nach dem Urheberrechtsgesetz. Nur die natürlichen Personen können einen Anspruch auf Schutz des Urheberpersönlichkeitsrechts genießen. So haben diese Urheber im deutschen Recht ein Selbstbestimmungsrecht (§ 12 UrhG), einen Identitätsschutz (§ 13 UrhG) und einen Integritätsschutz (§ 14 UrhG) für ihre Werke.

Die Prinzipien für die Urheber, die im deutschen Recht umfasst werden, gibt es auch in den rumänischen Vorschriften, die im Gesetz Nr. 8/1996[282] der Urheberrechte umgesetzt wurden. Art. 10 des Gesetzes Nr. 8/1996 sieht das Selbstbestimmungsrecht des Urhebers in Art. 10 a)[283] sowie dessen Identitäts- und Integritätsschutz in Art. 10 d)[284] vor.

Das Urheberpersönlichkeitsrecht kann nur zum Teil mit den Charakteristika des allgemeinen Persönlichkeitsrechts verbunden sein. Der Grund dafür ist, dass die Persönlichkeit des Autors durch die Beziehung mit seinem Werk reflektiert wurde.[285] Das Urheberpersönlichkeitsrecht im Internet wird von der Entwicklung der neuen Technologien sehr negativ beeinträchtigt, denn es ist sehr einfach und günstig, Zugang zu Veröffentlichungen in einer digitalisierten Form zu bekommen.

IV. Das Recht auf Selbstbestimmung über die Darstellung der eigenen Person

Das Recht auf informationelle Selbstbestimmung, eine Ausprägung des Allgemeinen Persönlichkeitsrechts, abgeleitet aus Art. 2 Abs. 1 i.V.m. Art. 1 Abs. 1 GG, garantiert jedem grundsätzlich die Möglichkeit, selbst zu bestimmen, ob er seine personenbezogenen Daten preisgegeben will und wofür seine Daten verwendet werden dürfen.[286] Das deutsche Recht enthält seit 1983 das Recht auf informationelle Selbstbestimmung, das vom Bundesverfassungsgericht im Volkszählungsurteil[287]

281 Art. 11 UrhG.

282 Gesetz Nr. 8/1996 zu den Urheberrechte und zu den verwandten Schutzrechte, v. 14.3.1996, M.Of. Nr. 60/26.

283 Art. 10 a) Gesetz Nr. 8/1996: Der Urheber eines Werkes hat das Recht zu entscheiden, ob, wie und wann ein Werk zur öffentlichen Kenntnisnahme gebracht wird. (Eigene Übersetzung)

284 Art. 10 d) Gesetz Nr. 8/1996: Der Urheber eines Werkes hat das Recht, einen Anspruch auf den Schutz seiner Integrität zu haben und jede Änderung oder Verletzung des Werkes zu verweigern, wenn dadurch seine Ehre oder Ruf verletzt wird. (Eigene Übersetzung)

285 *Ohrmann*, Der Schutz der Persönlichkeit in Online-Medien, S. 66.

286 BVerfG, Urt. v. 15.12.1983 - 1 BvR 209/83 - Volkszählung, BVerfGE 65, 1 (43).

287 BVerfG, Urt. v. 15.12.1983 - 1 BvR 209/83 - Volkszählung, BVerfGE 65, 1.

entwickelt wurde. Nach diesem Urteil kann grundsätzlich jeder Einzelne selbst über die Preisgabe und Verwendung seiner personenbezogenen Daten bestimmen und hat ein Recht auf informationelle Selbstbestimmung laut Art. 2 Abs. 1 i.V.m. Art. 1 Abs. 1 GG.[288]

Das Recht auf informationelle Selbstbestimmung ist nicht absolut. Der Staat braucht die Daten der Bürger, um verschiedene öffentliche Aufgaben zu erfüllen. Auch im Privatbereich sind personenbezogene Daten notwendig, wenn z.B. ein Vertrag geschlossen wird. Bei dem Umgang mit personenbezogenen Daten müssen bestimmte Voraussetzungen erfüllt und respektiert werden. Die Einwilligung des Betroffenen spielt eine große Rolle bei der Rechtmäßigkeit der Verarbeitung personenbezogener Daten.

V. IT-Grundrecht

Das Bundesverfassungsgericht hat 2008 eine weitere Ausprägung des Allgemeinen Persönlichkeitsrechts für die Fälle entwickelt, in denen eine Informationstechnologie für die Datenerhebung eingesetzt wird, nämlich ein neues Grundrecht „auf Gewährleistung der Vertraulichkeit und Integrität informationstechnischer Systeme" (IT-Grundrecht) in der Online-Durchsuchung-Entscheidung zugunsten des Persönlichkeitsschutzes.[289]

In der Literatur hat dieses Urteil unterschiedliche Reaktionen hervorgerufen. Durch die Auslegung des Grundrechts auf Gewährleistung der Vertraulichkeit und Integrität informationstechnischer Systeme wurde das Recht auf informationelle Selbstbestimmung auf Datenerhebungsvorgänge nur für bestimmte Fälle eingeschränkt.[290] Dennoch hat einer der Richter, der an dem Urteil zur Online-Durchsuchung mitgewirkt hat, Hoffmann-Riem, die Notwendigkeit des neuen Rechts durch die neue und schwerwiegende Gefährdungslage für die Persönlichkeit des Einzelnen im Internet begründet.[291]

Laut BVerfG ist dieses Grundrecht eine Ausprägung des allgemeinen Persönlichkeitsrechts gemäß Art. 2 Abs. 1 i.V.m. Art. 1 Abs. 1 GG, aber es wird weder durch Art. 10 GG und Art. 13 GG noch durch den Schutz der Privatsphäre oder durch das Recht auf informationelle Selbstbestimmung vollständig gewährleistet.[292] Dieses Recht soll eine lückenschließende Gewährleistung sein, um neuartigen Gefährdungen, die durch technischen Fortschritt und durch den Wandel der

---

288 BVerfG, Urt. v. 15.12.1983 - 1 BvR 209/83 - Volkszählung, BVerfGE 65, 1(43).

289 BVerfG, Urt. v. 27.2.2008 - 1 BvR 370/07 - Online Durchsuchung, BVerfGE 120, 274.

290 *Britz*, DÖV 2008, 411 (403); *Eifert*, NVwZ 2008, 521 (521); a.A.: *Kutscha*, LKV 2008, 481 (485); *Hirsch*, NJOZ 2008, 1907 (1910 ff.).

291 Der Aufsatz wird aber nicht als offizielle Auslegung des BVerfGs betrachtet. Siehe *Hoffmann-Riem*, JZ 2008, 1009 (1015).

292 BVerfG, Urt. v. 27.2.2008 - 1 BvR 370/07 - Online Durchsuchung, BVerfGE 120, 274 (302 ff.).

Lebensverhältnisse auftreten können, zu begegnen.[293] Das IT-Grundrecht gewährleistet den Schutzes gegen einen unzulässigen Zugang zum IT-System des Einzelnen, einschließlich seiner privaten und intimsten Informationen.[294]

Laut BVerfG umfasst der Begriff „informationstechnische Systeme“ den Personalcomputer, Telekommunikationsgeräte und elektronische Geräte mit informationstechnischen Komponenten, wie sie in Wohnungen oder Kraftfahrzeugen enthalten sind.[295] Der Begriff „Vertraulichkeit” bezieht sich auf das Interesse der Betroffenen, den Staat daran zu hindern, Zugang zu den dort gespeicherten Daten zu bekommen.[296] „Integrität“ bedeutet in diesem Kontext, dass die Informationen, die auf dem IT-System gespeichert werden, lückenlos, vollständig, zeitgemäß und ablesbar bleiben sollen.[297]

Bei der Infiltration informationstechnischer Systeme können die Eingriffe über Jahre erfolgen und durch die Sammlung der Informationen einen Einblick in die zahlreichen Aspekte des Lebens des Betroffenen eröffnen.[298] Der Einzelne kann sich nicht selbst schützen, wenn er nicht wissen kann, welche Informationen über ihn gesammelt wurden,[299] welche Auswirkungen eine solche Infiltration hat oder er nicht die notwendigen Fachkenntnisse besitzt, z.B. darüber, dass Flashcookies Daten über Nutzer generieren.[300]

Solche Urteile sind eine Reaktion auf die aktuelle Entwicklung der Technik, die eine Synergie zwischen Datenerhebung, -verarbeitung und -speicherung und der Kommunikation im digitalen Umfeld beabsichtigt.[301] Eine heimliche Infiltration durch Computer-Trojaner kann mit Observationsvorgängen der Stasi in der DDR[302] oder der rumänischen Securitate[303] verglichen werden. Deswegen haben Länder wie Deutschland und Rumänien die moralische Verpflichtung, die Geschichte nicht zu wiederholen und Möglichkeiten zu schaffen, die Freiheit ihrer Bürger zu gewährleisten und sehr sorgfältig zu prüfen, wann Eingriffe des Staates

---

293 BVerfG, Urt. v. 27.2.2008 - 1 BvR 370/07 - Online Durchsuchung, BVerfGE 120, 274(303).

294 Vgl. *Schmale/Tinnefeld*, Privatheit im digitalen Zeitalter, S. 98.

295 BVerfG, Urt. v. 27.2.2008 - 1 BvR 370/07 - Online Durchsuchung, BVerfGE 120, 274(304).

296 *Hoffmann-Riem*, JZ 2008, 1009 (1012); *Böckenförde*, JZ 2008, 925(928).

297 Schmale/Tinnefeld, Privatheit im digitalen Zeitalter, S. 101.

298 *Hoffmann-Riem*, JZ 2008, 1009 (1016); *Böckenförde*, JZ 2008, 925(929).

299 *Hoffmann-Riem*, JZ 2008, 1009 (1017).

300 *Kühnl*, Persönlichkeitsschutz 2.0, S. 97.

301 Vgl. *Schmale/Tinnefeld*, Privatheit im digitalen Zeitalter, S. 140 f..

302 *Schmale/Tinnefeld*, Privatheit im digitalen Zeitalter, S. 105 f..

303 Die rumänische Securitate hat durch den Einsatz von 500.000 Informanten und Informantinnen 1,5 Millionen Bürgerinnen und Bürger überwacht und dadurch wurden 24 laufende Kilometer Berichte gesammelt. Vgl. *Breier/Muschg*, Freiheit, S. 79.

in die Privatsphäre erlaubt sind, und unter welchen Bedingungen sehr strenge Ausnahmen zulässig sind.

B. Privacy, Privatsphäre und Persönlichkeitsschutz

Die Bedeutung des Begriffs „Privatsphäre" hat sich in den letzten Jahren gewandelt. Dies wird besonders durch die Entwicklung der Technik und das Bedürfnis jedes Einzelnen, online zu sein, bewiesen. Die Fälle von Verletzung der Privatsphäre im Internet können facettenreich sein. Eine Verletzung kann in der Veröffentlichung der Einkommens- und Vermögensverhältnisse des Betroffenen bestehen oder durch die Bekanntmachung privater Bilder oder Dateien mit personenbezogenen Daten in den sozialen Netzwerken oder in Blogeinträgen ohne Zustimmung des Betroffenen geschehen.[304]

I. Schutz der Privat-, Geheim- und Intimsphäre

1. Im deutschen Recht

Nach der sog. Sphärentheorie wird zwischen einer unantastbaren Intimsphäre, der Geheim-, Privat- und Sozialsphäre unterschieden.[305] Die Unterteilung der Persönlichkeit in verschiedenen Sphären war einer der ersten Schritte der Rechtsprechung zur Konkretisierung des Schutzes des allgemeinen Persönlichkeitsrechts.[306] So wurde der Schutz der Persönlichkeitssphären in vier Bereichen abgestuft: Intim-, Privat-, Sozial- und Öffentlichkeitssphäre.[307]

Im Gegensatz zum privacy-Begriff[308] im europäischen oder amerikanischen Recht bezeichnet der Begriff„ Privatsphäre" im deutschen Recht eine bestimmte Schutzsphäre im Rahmen des allgemeinen Persönlichkeitsrechts. Die Privatsphäre[309] befindet sich zwischen der Intim- und der Sozialsphäre und sie ist nur

304 Vgl. *Ehmann* (Hrsg.), *Bruggmann*, Lexikon für das IT-Recht 2015/2016, S. 333.

305 *Hubman*, Das Persönlichkeitsrecht, S. 320 ff.; *Ehmann* (Hrsg.), *Bruggmann*, Lexikon für das IT-Recht 2015/2016, S. 333.

306 BGH, 19.12.1995 - VI ZR 15/95 - Caroline von Monaco, BGHZ 131, 332 zum Verbot der Veröffentlichung heimlich gemachter Bilder der Paparazzi im Privatbereich; BVerfG, 15.12.1999 - 1 BvR 653/96 - Caroline von Monaco, BVerfGE 101, 361 zur Veröffentlichung von Fotografien aus dem Alltags- und Privatleben Prominenter.

307 *Ohrmann*, Der Schutz der Persönlichkeit in Online-Medien, S. 80.

308 Ausführlicher siehe den 4. Abschnitt dieses Kapitel zu der Abgrenzung zwischen „privacy" und Privatsphäre.

309 Privatheit bzw. Privatsphäre haben keine kulturell universelle und fixe Bedeutung. Die Privatheit kann aber in drei Varianten unterteilt werden: Die „dezisionale Privatheit" verweist auf die Chance eigenverantwortlich persönliche Entscheidungen zu treffen, die „lokale Freiheit" bedeutet die Möglichkeit, den Zugang zu Räumen,

für einen begrenzten Kreis von Personen verfügbar. Die Einschränkungen sind in diesem Bereich erlaubt, solange das Verhältnismäßigkeitsprinzip respektiert wird.[310] Ein elektronisches Postfach[311] oder private Mitteilungen[312] gehören zur Privatsphäre.

Zur Geheimsphäre gehören jene vertraulichen Daten und Informationen, die gegen den Willen eines Betroffenen nicht veröffentlicht werden dürfen, beispielsweise Tagebuchaufzeichnungen, persönliche Notizen[313] oder E-Mails eines Dritten, die in einem Online-Artikel durch das Setzen eines Hyperlinks verbreitet werden.[314]

Die Intimsphäre, die auch als„ der Kernbereich privater Lebensgestaltung"[315] bezeichnet wird, steht unter absolutem Schutz und kein Eingriff Dritter kann gerechtfertigt werden. Ein Bericht in Online-Medien mit Informationen aus einer Hauptverhandlung in einem Strafprozess wegen einer Vergewaltigung kann intime Details enthüllen, wenn der Inhalt der Protokolle gerichtsöffentlich und damit medienöffentlich ist.[316] Ergo stellt ein solcher Bericht einen Eingriff in die Intimsphäre des Opfers dar.

Im Gegensatz dazu genießt die Sozialsphäre (Öffentlichkeits- oder Individualsphäre) den geringsten Schutz aller Sphären. Der Grund dafür ist, dass der Einzelne seine Persönlichkeit bewusst in der Öffentlichkeit präsentiert.[317]

Bei der Unterscheidung zwischen Eingriffen in die Sphären des Persönlichkeitsschutzes oder der Feststellung einer Einschränkung derselben muss in jedem Einzelfall abgewogen werden. Obwohl die Einzelfallabwägung in der deutschen Rechtsliteratur kritisiert wird, insbesondere wegen einer gewissen Rechtsunsicherheit und steigender Kosten der Rechtsverfolgung, gibt es dazu keine Alternative.[318]

---

wie z.B. die eigene Wohnung, zu prüfen und die „informationelle Freiheit" bezieht sich auf die Beherrschung der Preisgabe von Informationen über sich selbst gegenüber anderen.

310 *Starck*, in: von Mangoldt/Klein/Starck, Art. 2 Abs. 1 GG, Rn. 173.

311 BGH, Urt. v. 15.12.2015 – VI ZR 134/15 - „No-Reply" - E-Mails in NJW 2016, 870 ff..

312 OLG Hamburg, Urt. v. 4.2.2013 - 7 W 5/13 - Veröffentlichung einer Privatnachricht im Internet in MMR 2013, 674.

313 Vgl. *Ehmann* (Hrsg.), *Bruggmann*, Lexikon für das IT-Recht 2015/2016, S. 333.

314 LG Braunschweig, Urt. v. 5.10.2011 – 9 O 1956/11 (278) - Hyperlink auf E-Mails in ZUM 2012, 342 (344).

315 BVerfG, Urt. v. 5.6.1973 - 1 BvR 536/72 - Lebach, BVerfGE 35, 202 (220 f.).

316 BGH, Urt. v. 19.3.2013 – VI ZR 93/12 - Kachelmann in NJW 2013, 1681 (1683), Rn. 31. Hier wird die Intimsphäre des Angeklagten nicht verletzt, weil der Bericht auf *Bild Online* in Zusammenhang mit dem verhandelten Sexualdelikt stehen.

317 *Rossnagel/Richter/Nebel*, Internet Privacy aus Rechtswissenschaftlicher Sicht in Buchmann (Hrsg.), Internet Privacy, S. 285.

318 *Gounalakis*, in: Götting/Schertz/Seitz, Handbuch des Persönlichkeitsrechts, § 24, Rn. 54.

Die zahlreichen Sachverhalte, in denen die nationalen Gerichte, der EuGH oder der EGMR sich mit den Einzelfallabwägungen befassen müssen, sind letztendlich ein Beweis für die Komplexität dieser Problematik und betonen zugleich, dass eine Generallösung für die widerstreitenden Interessen nicht gerecht wäre.

2. Im rumänischen Recht

Das Recht auf Privatleben ist in den Artt. 71 und 74 des rumänischen Zivilgesetzbuches verankert. Der Schutz dieses Rechts ist auch in der rumänischen Verfassung verwurzelt. Deswegen sind die öffentlichen Behörden verpflichtet, das Intim-, Familien- und Privatleben des Einzelnen zu respektieren, gem. Art. 26 Abs. 1 der rumänischen Verfassung. Dadurch wird dem Recht auf Privatleben sowohl ein verfassungsrechtlicher als auch ein zivilrechtlicher Schutz gewährleistet.

Jeder genießt ein Recht auf Privatleben und dieses Recht wird auch ausdrücklich in Art. 71 Abs. 1 Cod Civil bestimmt. Obwohl das Thema Privatsphäre im rumänischen Recht nicht so große Diskussionen wie im deutschen Recht auslöst, gibt es eine gesetzlich geregelte Differenzierung zwischen dem Intim-, Privat- und Familienleben, laut Art. 71 Abs. 2 Cod Civil. Das Recht auf Privatsphäre ist nicht absolut. Der Cod Civil sieht in Art. 75 Einschränkungen des Rechts auf Privatsphäre vor. Jene sind nicht rechtswidrig, wenn sie gem. Art. 75 Abs. 1 Cod Civil gesetzlich zulässig sind,[319] aber auch wenn dies nach dem Grundsatz von Treu und Glauben und unter Einhaltung der internationalen Pakte und Abkommen, bei denen Rumänien Vertragspartei ist, beachtet wird (Art. 75 Abs. 2 Cod Civil).[320] Diese Vorschriften entsprechen den Regelungen in Art. 8 Abs. 2 EMRK (Recht auf Achtung des Privat und Familienleben), aber auch jenen in Art. 7 GRCh zur Achtung des Privat- und Familienlebens.

Jede Person des öffentlichen Lebens, die sich an einem öffentlichen Ort befindet, dort aber keine berufliche Tätigkeit ausübt, genießt ein Recht auf Privatsphäre. Art. 10 Abs. 1 EMRK, Art. 30 Abs. 6 der rumänischen Verfassung und Art. 74 f. Cod Civil[321] sind die Rechtsgrundlage für den Schutz des Rechts auf Privatsphäre im rumänischen Recht.

---

319 Art. 75 Abs. 1 Cod Civil verweist auf nationale Gesetze und auf internationale Abkommen zu Menschenrechten, bei denen Rumänien Vertragspartei ist. Das Gesetz sollte nach den Regelungen des EGMR extensiv ausgelegt werden.

320 Obwohl beide Vorschriften die Einhaltung der internationalen Abkommen vorsehen, sollte der Gesetzgeber auch im Abs. 2 den Begriff „Abkommen zu den Menschenrechten“ einfügen. Dadurch wäre dies einheitlich und es entspräche in dieser Hinsicht auch dem beabsichtigten Ziel des Gesetzes. Siehe dazu auch *Buta*, PR Nr. 10/2013, S. 43.

321 Art. 74 Cod Civil: (...) pot fi considerate ca atingeri aduse vieţii private: f) difuzarea de ştiri, dezbateri, anchete sau de reportaje scrise ori audiovizuale privind viaţa intimă, personală sau de familie, fără acordul persoanei în cauză. (Eigene Übersetzung: Als Verletzungen der Privatsphäre können folgendes angesehen werden: f)

3. Der Schutz des Privatlebens in den europäischen und internationalen Abkommen

Sowohl für Deutschland als auch für Rumänien hat das Unionsrecht[322] eine große Bedeutung. Das Verhältnis zwischen dem europäischen und dem nationalen Recht wurde schon durch das Urteil Costa/ENEL festgelegt, von dem der Vorrang des Unionsrechts abgeleitet wurde.[323] Im rumänischen Recht wird dies ausdrücklich in Art. 5 Cod Civil bestimmt,[324] aber auch in der Verfassung Rumäniens im Art. 148 Abs. 2 wird der Anwendungsvorrang der europäischen Rechtsakte betont.

a) Art. 8 EMRK

Art. 8 EMRK[325] gewährleistet nicht nur den Schutz der Privatsphäre, sondern auch die Freiheit der gesamten persönlichen Lebensgestaltung. Gem. Art. 8 EMRK ist jeder Bürger eines Mitgliedstaates der EMRK berechtigt einen Anspruch auf ein selbstbestimmtes Leben und auf Staatsfreiheit des privaten Bereiches zu haben und dies sollte durch positive und negative Pflichten des Staates durchgesetzt werden.[326]

Die Privatsphäre ist einer der vier Bereiche[327] des Menschenrechts auf Respekt des Privatlebens.[328] Gemäß der ständigen Rechtsprechung des EGMR fallen die

die Verbreitung von Nachrichten, Debatten, Ermittlungen, schriftlicher oder audiovisueller Berichte bzgl. des Intim-, Privat- und Familienlebens ohne der Zustimmung der betroffenen Person.)

322 Gemeint ist damit das Recht der Europäischen Gemeinschaften und das Recht der Europäischen Union.

323 EuGH, Urt. v. 15.7.1964 – C-6/64 - Costa /ENEL in NJW 1964, 2371.

324 Art. 5 Cod Civil: În materiile reglementate de prezentul cod, normele dreptului Uniunii Europene se aplica in mod prioritar, indiferent de calitatea sau statutul partilor. (Eigene Üersetzung: Für die in diesem Cod geregelten Angelegenheiten haben die Bestimmungen des Unionsrechts Vorrang, unabhängig von der Qualität oder vom Statut der Parteien.)

325 Art. 8 EMRK: Recht auf Achtung des Privat- und Familienlebens: (1) Jede Person hat das Recht auf Achtung ihres Privat- und Familienlebens, ihrer Wohnung und ihrer Korrespondenz; (2) Eine Behörde darf in die Ausübung dieses Rechts nur eingreifen, soweit der Eingriff gesetzlich vorgesehen und in einer demokratischen Gesellschaft notwendig ist für die nationale oder öffentliche Sicherheit, für das wirtschaftliche Wohl des Landes, zur Aufrechterhaltung der Ordnung, zur Verhütung von Straftaten, zum Schutz der Gesundheit oder der Moral oder zum Schutz der Rechte und Freiheiten anderer.

326 *Fischer*, Rheinischer Kommentar zur EMRK, Rn. 18, S. 18.

327 Die vier Bereiche des Rechts auf Respekt des Privatlebens sind: Lebensgrundlagen, körperliche und seelische Integrität, Handlungsfreiheit, Privatsphäre.

328 *Pätzold,* in: Karpenstein/Meyer, EMRK Kommentar, Art. 8, Rn. 5.

Erhebung, Aufbewahrung, Nutzung und Weitergabe personenbezogener Daten ebenfalls unter den Schutz des Art. 8 EMRK.[329]

Der EGMR hat in der Entscheidung Copland/Vereinigtes Königreich[330] festgestellt, dass private E-Mails, die ein Mitarbeiter von seinem Arbeitsplatz während seiner Arbeitszeit verschickt hat, ebenfalls unter den Schutz des Art. 8 EMRK fallen. Dies gilt auch für personenbezogene Daten, die für eine Telefonrechnung verarbeitet, erhoben und gesammelt wurden.[331] Der Schutz des Art. 8 EMRK kann weit ausgelegt werden, um die Privatsphäre im Internet oder in der analogen Welt zu gewährleisten.

b) Art. 10 EMRK

Art. 10 EMRK enthält einen Anspruch auf freie Meinungsäußerung. Dieses Recht umfasst die Freiheit der Meinung und die Freiheit zum Empfang und zur Mitteilung von Nachrichten und Ideen ohne Eingriffe öffentlicher Behörden und gilt grenzüberschreitend. Dies kann besonders für die Internetäußerungen große Auswirkungen haben.

In der Entscheidung „Delfi AG/Estland“[332] hat der EGMR die entscheidende Rolle des Internets bei der Verbesserung des Zugangs zu Nachrichten und der Verbreitung von Informationen im Allgemeinen betont. Obwohl laut EGMR die Portalbetreiber nicht verpflichtet sind, die Beiträge von Nutzern zu bearbeiten, besteht laut EGMR eine Haftung des Portalbetreibers. Der Portalbetreiber ist kein passiver, rein technischer Dienstleister mehr, wenn er die Kommentare der Nutzer veröffentlicht hat. Durch diese Entscheidung ist sowohl für die Nutzer als auch für die Portalbetreiber klar geworden, dass es Unterschiede zwischen dem Internet und traditionellen Herausgebern gibt.

c) Die Charta der Grundrechte der Europäischen Union (GRCh)

Der Mensch steht im Mittelpunkt der Arbeit der Europäischen Institutionen, denn die Würde des Menschen, die Freiheit, die Gleichheit und die Solidarität bilden das Fundament der Union.[333] Die Charta der Grundrechte der Europäischen Union[334]

---

329 EGMR, Urt. v. 7.7.1989 - Nr. 10454/83 - Gaskin/Vereinigtes Königreich, Rn. 41; EGMR, Urt. v. 26.3.1987, Nr. 9248/81 - Leander/Schweden, Rn. 48.

330 EGMR, Urt. v. 3.4.2007 - Nr. 62617/00 - Copland/Vereinigtes Königreich Rn. 43.

331 *Fischer*, Rheinischer Kommentar zur EMRK, Rn. 301.

332 EGMR, Urt. v. 10.10.2013 - Nr. 64569/09 - Delfi AS/Estland, Rn. 92.

333 Siehe Präambel der konsolidierten Fassung der Charta der Grundrechte der Europäischen Union C-83/2, ABl. v. 30.3.2010, ABl. C 83, S. 389.

334 Die Charta der Grundrechte wurde von den Präsidenten des Europäischen Parlaments, des Rats und der Kommission zum Auftakt des Europäischen Rats von Nizza am 7.12.2000 proklamiert. Die Charta ist am 1.12.2009 zusammen mit dem Lissabonvertrag in Kraft getreten.

gewährleistet den Schutz der Persönlichkeitsrechte und erkennt das Recht auf Leben (Art. 2 GRCh), das Recht auf Unversehrtheit (Art. 3 GRCh), die Achtung des Privat- und Familienlebens (Art. 7 GRCh), den Schutz personenbezogener Daten (Art. 8 GRCh) sowie die Freiheit der Meinungsäußerung und Informationsfreiheit (Art. 11 GRCh).

Die Charta der Grundrechte der Europäische Union regelt in Art. 7 die Achtung des Privat- und Familienlebens. Jeder hat das Recht auf Achtung seines Privat- und Familienlebens, seiner Wohnung sowie seiner Kommunikation. Die Argumentation in der „Google Spain"[335] Entscheidung zum Recht auf Löschung stützte sich auf Art. 7 GRCh.

Die Freiheit der Meinungsäußerung und die Informationsfreiheit sind in Art. 11 GRCh verankert. Besonders bei den anonymen Meinungsäußerungen im Internet ist Art. 11 GRCh relevant, wenn Interessen abgewogen werden müssen.[336]

d) Die Charta der digitalen Grundrechte

Die Grundrechte-Charta der Europäischen Union gewährleistet den Schutz der Grundrechte aller Bürger der EU-Mitgliedstaaten außer Polen. Durch die Entwicklung des Internets wurde von mehreren Experten vorgeschlagen und hervorgehoben, dass eine spezifische Charta für die digitalen Rechte notwendig wäre.[337] Trotz der starken Kritik an diesem Projekt,[338] eröffnete es der Gesellschaft die Möglichkeit, über das Thema Digitalisierung und Grundrechte zu reden und das Bewusstsein darüber zu fördern. Mehrere europäische Mitgliedstaaten sollten sich mit dem Thema auseinandersetzen.

Ein Kritikpunkt bei dieser Charta war, dass bei dem Entwurf nur deutsche Experten mitgewirkt hatten und die Öffentlichkeit nur ein paar Tage für Kommentare zum Gesetzestext hatte, bevor die Charta dem Europäischen Parlament vorgestellt wurde.[339] Dennoch genießt jeder den Schutz der Grundrechte, analog oder

---

335 EuGH, Urt. v. 13.5.2014 - C-131/12 - Google Spain, Rn. 69, 97, 99.

336 Siehe dazu *Bernreuther*, AfP 2011, 218 (222).

337 Siehe die digitale Grundrechtecharta, die von der deutschen ZEIT Stiftung ermöglicht wurde. 27 Experten haben für eineinhalb Jahre daran gearbeitet, 23 Artikel als Entwurf vorzuschlagen. Der Entwurf der digitalen Charta wurde am 1.12.2016 veröffentlicht. Der Text ist abrufbar unter: https://www.zeitstiftung.de/f/Digital_Charta_371x528_RZ%20%281%29.pdf.

338 Siehe den Beitrag v. 29.11.2016, abrufbar unter: https://tante.cc/2016/11/29/kommentare-zur-charta-der-digitalen-grundrechte-der-europaischen-union/; aber auch den Beitrag v. 1.12.2016, abrufbar unter: https://www.heise.de/tp/features/Digitale-Chartastimmung-3528979.html.

339 Am 5.12.2016 war der Entwurf schon auf der Tagesordnung des Ausschusses für bürgerliche Freiheiten, Justiz und Inneres, abrufbar unter: http://www.europarl.europa.eu/sides/getDoc.do?type=COMPARL&reference=LIBE-OJ-20161205-1&language=DE.

digital, deswegen können die digitalen Grundrechte juristisch nicht anerkannt werden. Wenn ein solches Dokument nicht in einer europäischen Institution vorgestellt worden wäre, wie hätte man sonst ein solches Thema ins Zentrum der Diskussion der 27 europäischen Mitgliedstaaten gebracht?

4. Abgrenzung zwischen „privacy" und Privatsphäre

Der Schutz des Rechts auf Privatsphäre ist eine Herausforderung seit der zweiten Hälfte des 20. Jahrhunderts.[340] Deswegen spielt die Differenzierung zwischen den drei Begriffen der „privacy" im amerikanischen Sinn, der Privatsphäre und des Datenschutz' eine wichtige Rolle, um einen effektiven Schutz des Einzelnen und eine angemessene Durchsetzung zu erreichen.

Die Basis für eine selbstbestimmte Handlungsweise im Leben und eine uneingeschränkte Kommunikation besteht in der Gewährleistung der räumlichen Privatsphäre, z.B. der Wohnung, des Patientengeheimnisses, des Schutzes der Korrespondenz, z.B. das digitale Briefgeheimnis, sowie des Grundrechts auf Datenschutz.[341] Alle diese Ausprägungen sollten kumulativ erfüllt werden, um ein Ungleichgewicht zu Lasten der Grundrechte der betroffenen Person zu vermeiden.

Die Ergebnisse eines Berichtes des amerikanischen Pew Research Center zeigen, dass privacy und die Offenlegung personenbezogener Daten abhängig von den Unternehmen sind, die die Daten sammeln, speichern und verwenden.[342] Dies weist darauf hin, dass die amerikanischen Internet-Nutzer bereit wären, auf die Kontrolle über ihre personenbezogene Daten zu verzichten, wenn sie eine gute geschäftliche Vereinbarung als Gegenleistung bekämen. Dennoch betonte Tim Berners-Lee[343], dass das Problem des Kontrollverlustes über die eigenen Daten wegen des üblichen Geschäftsmodells im Internet existiert: Dienst gegen Daten. Obwohl manche Dienste als kostenlos beworben werden, besteht die eigentliche Bezahlung in der Preisgabe der eigenen Daten und leider nehmen viele Nutzer dieses Angebot an. Nach der europäischen Rechtslage und Auffassung sollte die Preisgabe von Daten nicht abhängig von einer geschäftlichen Vereinbarung sein. Die Kontrolle eines Nutzers über die Daten wurde durch die DS-GVO verstärkt.[344]

Die Begriffe „privacy", Datenschutz und Datensicherheit werden oft gleichgesetzt und diese Verwechslung führt dazu, dass die Durchsetzung der Regelungen zum Schutz der personenbezogenen Daten nicht eingehalten wird und nicht funktioniert. In manchen Ländern, wie beispielsweise in den USA, wird das

---

340 *Frohwein,* in: Frohwein/Peukert (Hrsg.), EMRK-Kommentar, Art. 8, Rn. 1.

341 Vgl. dazu *Schmale/Tinnefeld,* Privatheit im digitalen Zeitalter, S. 82.

342 Bericht „Privacy and Information Sharing" vom Pew Research Center, S. 1, abrufbar unter: http://www.pewinternet.org/2016/01/14/privacy-and-information-sharing/.

343 Blogeintrag zum 28. Geburtstag des World Wide Web v. *Berners-Lee,* Three challenges for the web, according to its inventor, World Wide Web Foundation.

344 Siehe Erwägungsgründe 7, 68 der DS-GVO.

Datenschutzrecht unter dem Begriff „privacy“[345] verstanden. Terminologisch und inhaltlich beruht der Begriff „privacy“ auf dem Persönlichkeitsrecht in seiner Ausprägung als Privatheit.[346] Im Bezug auf das Konzept der „privacy“ werden nur im vierten Verfassungszusatz dogmatische Ansatzpunkte für den Schutz der Privatheit gemacht,[347] ansonsten gibt es weder im amerikanischen Grundrechtekatalog, der Bill of Rights, noch in der Verfassung ausdrückliche Verweise dazu.

Der Artikel„ The Right to Privacy“[348] von den Rechtsanwälten Samuel Warren und Louis Brandeis aus Boston kam als Antwort zu vielen Artikeln in den sogenannten „reißerischen“ Zeitungen, mit dem Ziel, Schlagzeilen zulasten der Verletzung der Privatsphäre zu produzieren. Deren Ansicht, dass „privacy“ als das Recht „allein gelassen zu werden“ („the right to be left alone“)[349] und als die wertvollste Freiheit aller Freiheiten in einer Demokratie ausgelegt werden sollte, hat die Grundlage zur rechtlichen Anerkennung des Schutzes der Privatsphäre im amerikanischen Recht geschaffen, da der Schadenersatzanspruch wegen der Privatsphärenverletzungen im common law weder nach einem Vertrag noch nach einem *trust* oder nach dem Privateigentum berechtigt wurde.[350] Durch diesen Beitrag der Bostoner Anwälte wird auch der Einfluss der wissenschaftlichen Aufsätze auf die Entwicklung des Rechts der Privatsphäre betont.

The Supreme Court of Justice der Vereinigten Staaten hat gezeigt, dass das Recht zu „privacy“ sowohl das Geheimnis als auch die Freiheit einer breiten Privatsphäre

---

345 Siehe zu den Unterschieden zwischen den Begriffen „privacy“ und „Datenschutz“ in *Spies/Stutz,* DuD 3/2006, 170 (170 f.).

346 *Genz,* Datenschutz in Europa und in den USA, S. 39; zur perfekten Übersetzung siehe *Schwartz,* Das Übersetzen im Datenschutz, RDV 1992, 8 (8).

347 Der Verfassungszusatz fordert den Respekt des Rechts der Menschen auf Schutz der Sicherheit ihrer Person, Häuser, Unterlagen und ihres Eigentums gegen unzulässige Durchsuchungen und Beschlagnahmung. Siehe dazu *Genz,* Datenschutz in Europa und in den USA, S. 45 ff..

348 *Warren/Brandeis,* The Right to Privacy, Artikel abrufbar unter: http://www.jstor.org/stable/1321160?origin=JSTOR-pdf&seq=1#page_scan_tab_contents; Vgl. dazu *Andrews,* I know who you are and I saw what you did, S. 49 ff..; siehe auch Anm. zu Warren/Brandeis – Das Recht auf Privatheit in *Weichert,* DuD 10/2012, 753 f.; deutsche Übersetzung des Textes von Marit Hansen und Thilo Weichert, abrufbar unter: https://www.datenschutzzentrum.de/allgemein/20111219-Warren-Brandeis-Recht-auf-Privatheit.html.

349 Das Recht „alleine gelassen zu werden“ als Ausprägung des Rechts auf Leben wird auch gleichgesetzt mit dem Recht, das Leben zu genießen. Vgl. dazu *Warren/Brandeis,* The Right to Privacy, S. 193.

350 Diese Lücke hätte entweder durch Rechtsprechung oder Rechtsliteratur gefüllt werden müssen. Siehe dazu auch *Cristea,* Respectul datorat fiinţei umane şi drepturilor ei inerente, S. 17 f..

einer Person schützt, weil jeder das Recht hat, selbst über seine Privatsphäre zu bestimmen.[351] So wurde eine Art der „informationellen Selbstbestimmung" in der Rechtsprechung bestimmt, aber dennoch bleibt ein großer Abstand zwischen dem amerikanischen und dem deutschen Verständnis im Hinblick auf den Schutz der Privatsphäre. Da der Artikel der zwei Anwälte zu einer Anerkennung des Right of Privacy durch den Gesetzgeber des Staates New York im Jahre 1903 und durch den Supreme Court of Georgia im Jahre 1905 geführt hat, war die Entwicklung des Persönlichkeitsschutzes in Deutschland auch stark durch den Schutz der Privatsphäre beeinflusst.[352]

Nach der europäischen Auslegung jedoch wurde die negative Ausprägung „the right to be left alone" durch die Entwicklungen der Jurisprudenz, aber auch der Rechtslage überholt.[353] Heutzutage wird das Konzept der Privatsphäre nicht als Isolierung der Betroffenen, sondern in Bezug auf ihre Verhältnisse zu privaten Einschränkungen (natürliche oder juristische Personen) oder zum Staat (die Pflicht, das Recht auf Familien- und Privatleben zu schützen) angesehen. Dennoch ist das Bild einer Person im Sinne des Grundgesetzes nicht das eines isolierten Individuums[354] oder wie die Freiheit eines Robinson.

II. Äußerungen im Internet

Bei Internetäußerungen kann der maßgebliche Nutzerkreis relevant sein, wenn rechtliche Fragen geklärt werden müssen. Bei E-Mails oder WhatsApp-Gruppen ist dies einfach, aber bei Webseiten ist es weit schwieriger herauszufinden, wer welche Seiten aufgerufen hat. Die Sprache, in der die Inhalte im Internet geschrieben werden, ist auch kein klarer Hinweis darauf, dass nur Muttersprachler sich die Seiten anschauen werden. Deutschsprachige Seiten können von Muttersprachlern, aber auch von anderen Nutzern genutzt werden, die die Sprache beherrschen. Rumänischsprachige Seiten können auch z.B. von den rumänischsprachigen Moldauern abgerufen werden. Bei englischsprachigen Webseiten ist es sehr schwierig, die Nutzer zu identifizieren, da viele diese Sprache können.[355]

---

351 *Cristea,* Respectul datorat fiinţei umane şi drepturilor ei inerente, S. 19.

352 Vgl. dazu *Götting,* in: Götting/Schertz/Seitz, Handbuch des Persönlichkeitsrechts, § 1, Rn. 4. Der Autor betont, dass der Schutz des Bildnisses aus dem Jahr 1907 nach der Veröffentlichung des Bildes des Reichskanzlers Bismarcks aus dem Bedürfnis des Schutzes der Privatsphäre entstanden ist.

353 Vgl. dazu *Cepeda Espinosa,* Privacy, S. 969. Obwohl der Autor sich nur auf den verfassungsrechtlichen Aspekt des Persönlichkeitsschutzes bezieht, kann diese Idee extensiv ausgelegt werden.

354 BVerfG, 20.7.1954 - 1 BvR 459, 484, 548, 555, 623, 651, 748, 783, 801/52, 5, 9/53, 96, 114/54, Rn. 32.

355 Zu den Besonderheiten von Internetäußerungen vgl. *Seitz,* in: Hoeren/Sieber/Holznagel, Multimedia-Recht, Teil 8, Rn. 16.

Der Kontext, in dem die Äußerungen, z.B. in einem Text, gemacht werden, ist im Internet durch Scrollen zugänglich. Fraglich ist, wie viele Nutzer sich auf dem Handy bei längeren Texten tatsächlich den gesamten Text anschauen. Laut einer deutschen Studie sehen sich die Nutzer bei Suchmaschinen nur die erste Seite des Suchrankings an.[356] Die Hyperlinks ermöglichen durch Anklicken den Zugang zu anderen Webseiten und dadurch entsteht die Gefahr, dass der Nutzer sich über die Linkzeile verletzende Inhalte, Aussagen, Bilder oder Texte anschaut.[357]

Die Dauerhaftigkeit der Internetäußerungen, die länger abrufbar als die Äußerungen in einem Print-Medium sind, kann das Risiko der Wiederholungsgefahr erhöhen, wenn die Korrektur einer unwahren Äußerung nicht erkennbar durch eine klare, eindeutige und ausdrückliche Richtigstellung gekennzeichnet ist.[358] Dies wäre auch bei einem Facebook-Post, in dem der Verletzer durch die Bearbeitungsfunktion einen neuen Post ohne einen konkreten Hinweis zur Änderung des Inhalts, die Veröffentlichung eines schriftlichen Widerrufs oder einer Entschuldigung zulasten des Betroffenen veröffentlichen würde, der Fall.

III. Relevante europäische Normen im Bereich des Persönlichkeitsschutzes

Die Bezeichnung „Datenschutzrecht" kann verwirrend sein, besonders weil dieses Fach sich eigentlich mit dem Schutz der Personen und nicht der Daten als solche beschäftigt. Das Datenschutzrecht ist ein Teilgebiet des Persönlichkeitsrechts i.w.S. und obwohl in der Europäischen Union die Entwicklung des Rechts auf informationelle Selbstbestimmung erst spät anerkannt wurde,[359] haben die EU-Mitgliedstaaten weltweit führende und vorbildliche Schutzmechanismen.[360]

---

356 Siehe *Paal*, Suchmaschinen, Marktmacht und Meinungsbildung, S. 38.

357 Laut EuGH darf der Inhaber einer Internetseite ohne Erlaubnis der Urheberrechtsinhaber über Hyperlinks auf geschützte Werke verweisen, nur wenn die geschützten Werke im Internet frei zugänglich sind. EuGH, Urt. v. 13.2.2014 - C-466/12 - Svensson/Retriever Sverige. Im Bereich des Urheberrechts zur Haftung für Hyperlinks auf ohne Erlaubnis des Rechteinhabers veröffentlichte Inhalte siehe EuGH, Urt. v. 8.9.2016 - C-160/15 - GS Media/Sonoma Media Netherlands. Im deutschen Recht im Bereich des Wettbewerbsrechts siehe BGH, BB 2016, 206 - Implantat-Akupunktur (Anm. *Härting*); im rumänischen Recht gibt es keine Rechtsprechung zu Hyperlinks.

358 *Seitz,* in: Hoeren/Sieber/Holznagel, Multimedia-Recht-HdB, Teil 8 D. III., Rn. 62.

359 *Garstka,* in: Götting/Schertz/Seitz, Handbuch des Persönlichkeitsrechts, 1. Aufl. 2008, § 22 Rn. 5.

360 Die DS-GVO wird als eine der umfangreichsten Regelungen zum Datenschutz bezeichnet. Siehe einen umfassenden Vergleich zwischen der DS-GVO und der California Consumer Privacy Act of 2018 („CCPA") in Comparing privacy laws: GDPR v. CCPA, November 2018, DateGuidance u. Future of Privacy Forum.

Die erste europäische Datenschutz-Richtlinie 95/46/EG[361] aus dem Jahr 1995, die E-Privacy-Richtlinie 2002/58[362] als bereichsspezifische Datenschutzregelung für die elektronische Kommunikation und die Richtlinie zur Vorratsdatenspeicherung 2006/24[363] haben dazu beigetragen, dass die Europäische Union in diesem Bereich ein maßgeblicher Akteur auf der weltweiten Bühne geworden ist.

1. *Die Datenschutzrichtlinie und die neue Datenschutz-Grundverordnung*

Eine der wichtigsten Regelungen im Bereich des Persönlichkeitsschutzes im Internet war die Richtlinie 95/46/EG (DS-RL), die bis heute als Kernstück der europäischen Vorschriften zum Schutz personenbezogener Daten betrachtet wird. Sie diente dem Schutz des Grundrechts auf Datenschutz und der Garantie des freien Verkehrs personenbezogener Daten zwischen den EU-Mitgliedstaaten. Die Möglichkeit der Mitgliedstaaten, die Richtlinie auf der nationalen Ebene in ein Gesetz umzusetzen, führte zu verschiedenen Datenschutzniveaus in den EU-Mitgliedstaaten. Großkonzerne wie Facebook haben sich in Irland, wo das Datenschutzniveau im Vergleich zu anderen EU-Mitgliedstaaten, wie z.B. Deutschland, niedrig war, niedergelassen und dies ging zulasten des Schutzes personenbezogener Daten natürlicher Personen.

Die technologische Entwicklung macht riesige Schritte und deswegen trifft der Datenschutz auf neue Herausforderungen. Passend dazu waren neue Regelungen mehr als notwendig. Am 25. Januar 2012 wurde der Entwurf für eine EU-Datenschutz-Grundverordnung (DS-GVO)[364] veröffentlicht und die DS-GVO ersetzte die DS-RL. Die neuen Vorschriften gelten unmittelbar seit dem 25. Mai

---

361 Richtlinie (EG) 95/46 des Europäischen Parlaments und des Rates v. 24.10.1995 zum Schutz natürlicher Personen bei der Verarbeitung personenbezogener Daten und zum freien Datenverkehr, ABl. L 281, S. 31.

362 Richtlinie (EG) 2002/58 des Europäischen Parlaments und des Rates v. 12.7.2002 über die Verarbeitung personenbezogener Daten und den Schutz der Privatsphäre in der elektronischen Kommunikation (Datenschutzrichtlinie für elektronische Kommunikation), ABl. L 201, S. 37.

363 Richtlinie (EG) 2006/24 des Europäischen Parlaments und des Rates v. 15.3.2006 über die Vorratsspeicherung von Daten, die bei der Bereitstellung öffentlich zugänglicher elektronischer Kommunikationsdienste oder öffentlicher Kommunikationsnetze erzeugt oder verarbeitet werden, und zur Änderung der Richtlinie 2002/58/EG, ABl. L 105, S. 54.

364 Verordnung (EU) 2016/679 des europäischen Parlaments und des Rates vom 27.4.2016 zum Schutz natürlicher Personen bei der Verarbeitung personenbezogener Daten, zum freien Datenverkehr und zur Aufhebung der Richtlinie 95/46/EG, EU ABl. L 119, S. 1.

2018 in allen EU-Mitgliedstaaten, gem. Art. 99 Abs. 2 DS-GVO.[365] Das Ziel der DS-GVO ist der Schutz personenbezogener Daten natürlicher Personen, ungeachtet deren Staatsangehörigkeit und Aufenthaltsort.[366]

Die Einführung der europäischen DS-GVO bedeutet durch die Eigenschaft einer Verordnung eine unmittelbare Anwendbarkeit, eine starke Bindung an die europäischen Regelungen für alle EU-Mitgliedstaaten.[367] Die rumänische Datenschutzbehörde (im Rumänischen: Autoritatea Naţională de Supraveghere a Prelucrării Datelor cu Caracter Personal) hat Bedenken gegenüber der Wahl der zwei Rechtsakte - einer Richtlinie und einer Verordnung - für die Einführung der Datenschutzreform auf europäischer Ebene geäußert. Dies könnte in der Praxis zu Unklarheiten und Verwirrung bei der Umsetzung der Rechte der Betroffenen führen und eine Verordnung mit direkter Anwendung in die nationalen Rechtsordnungen würde deren Besonderheiten missachten.[368] Die rumänische Datenschutzbehörde hat sich enthalten, als die Abstimmung der Datenschutzbehörden der Artikel-29-Dateschutzgruppe zu dem von der Europäischen Kommission vorgelegten Datenschutzpaket organisiert wurde,[369] aber in einer späteren Stellungnahme hat die

---

365 Die DS-GVO gilt auch im Europäischen Wirtschaftsraum in Norwegen, Island, Lichtenstein seit dem 20.7.2018. Dies wurde entschieden durch die European Economic Area Decision of the EEA Joint Committee No 154/2018 of 6.7.2018 amending Annex XI (Electronic communication, audiovisual services and information society) and Protocol 37 (containing the list provided for in Article 101) to the EEA Agreement [2018/1022], ABl. L 183, S. 23. Der Europäische Datenschutzauschuss, der die Art. 29-Datenschutzgruppe ersetzte, hat am am 25.5.2018 16 Leitlinien der Art. 29-Datenschutzgruppe zur Auslegung und Umsetzung der DS-GVO bestätigt. Siehe die Liste der Leitlinien, Empfehlungen und bewährte Verfahren, abrufbar unter: https://edpb.europa.eu/our-work-tools/general-guidance/gdpr-guidelines-recommendations-best-practices_de.

366 ErwG. 2 DS-GVO.

367 Zu der Linie des BVerfG, siehe *Masing*, Abschied von den Grundrechten, SZ 9.1.2012.

368 Die rumänische Datenschutzbehörde hat nur diese Aspekte kritisiert, aber viel mehr Vorschriften der Rechtsakte akzeptiert, z.B. zur ausdrücklichen Einwilligung, zu privacy by design und privacy by default oder zu einem Datenschutzbeauftragten. Siehe dazu eine kurze Stellungnahme zu den Perspektiven und Auswirkungen der Datenschutzreform in *Basarabescu/Savoiu,* Perspectivele Şi Implicaţiile Revizuirii Legislaţiei UE Referitoare La Protecţia Datelor Personale (Perspectives and Implication of EU Legislation Review Regarding Personal Data Protection) (2012), S. 24 ff., abrufbar unter: SSRN: https://ssrn.com/abstract=2225930.

369 Die Vertreter der belgischen und der tschechischen Datenschutzbehörden haben sich beim Votum enthalten. Die estnische Datenschutzbehörde hat gegen das Datenschutzpaket gestimmt. Siehe dazu die Stellungnahme 01/2012 zu den Reformvorschlägen im Bereich des Datenschutzes, WP 191 v. 23.3.2012, S. 37, abrufbar

rumänische Institution viele Vorschriften begrüßt und bezeichnete die Datenschutzreform als einen Ausgangspunkt für die Modernisierung des europäischen Rechtssystems zum Datenschutz, solange eine enge Zusammenarbeit zwischen den nationalen und europäischen Institutionen sichergestellt wird.[370]

In der deutschen Rechtsliteratur ist es umstritten, ob das Datenschutzreformpaket das deutsche Grundrechtsschutzniveau schwächen wird. Während einerseits kritisiert wird, dass eine Verordnung als Rechtsakt gewählt wurde, da die Mitgliedstaaten dann keine Umsetzungsspielräume haben und dadurch das BVerfG seine Kontrollfunktion verlieren würde,[371] bietet die DS-GVO auf der anderen Seite einen hohen Datenschutzstandard, so dass die deutschen Grundrechtsstandards nicht gefährdet werden und der EuGH in seiner jüngsten Rechtsprechung keineswegs eine geringere Position erhält.[372] Die Herausforderung liegt bei der Gewährleistung eines effektiven Rechtsschutzes im prozessualen Mehrebenensystem.[373]

a) Der Anwendungsbereich

Die DS-GVO als Rechtsinstrument zum Datenschutz bildet die Grundlage für einen neuen, gemeinsamen Weg aller 27 EU-Mitgliedstaaten. Für die Unternehmen, als Verantwortliche wie auch als Auftragsverarbeiter,[374] die als Kerntätigkeit systematisch und in großem Umfang die personenbezogenen Daten von Einzelpersonen i.w.S. verarbeiten, ist die DS-GVO anwendbar und unter bestimmten Voraussetzungen werden Unternehmen auch verpflichtet, einen Datenschutzbeauftragten zu ernennen.[375] Art. 3 DS-GVO und die Erwägungsgründe 2, 14, 24 gewährleisten jedem Betroffenen, dessen personenbezogene Daten verarbeitet werden, unabhängig von seiner Staatsangehörigkeit oder davon, ob er sich in der Europäischen Union befindet, Schutz.

---

unter: http://ec.europa.eu/justice/article-29/documentation/opinion-recommendation/files/2012/wp191_de.pdf.

370 Perspektiven und Auswirkungen der Datenschutzreform *Basarabescu/Savoiu*, Perspectivele Şi Implicaţiile Revizuirii Legislaţiei UE Referitoare La Protecţia Datelor Personale (Perspectives and Implication of EU Legislation Review Regarding Personal Data Protection), 2012, S. 27.

371 Siehe den Beitrag des Verfassungsrichters Masing in *Masing*, Abschied von den Grundrechten, SZ 09.01.2012, S. 10.

372 Siehe *Kühling*, Europäisierung, S. 35. Relevant dazu sind die folgenden Urteile: EuGH, Urt. v. 6.10.2015 - C-362/14 - Maximillian Schrems/Data Protection Commissioner; EuGH, Urt. v. 21.12.2016 - C-203/15, C-698/15 zur Vorratsdatenspeicherung; EuGH, Urt. v. 13.5.2014 - C-131/12 - Google Spain.

373 *Kühling*, Europäisierung, S. 30.

374 Das sind die Adressaten der DS-GVO. Siehe dazu ErwG. 22, Art. 3 Abs. 1 DS-GVO und die legale Definitionen zu den Begriffen in Art. 4 Nr. 7 und Nr. 8 DS-GVO.

375 WP29/243: Leitlinien in Bezug auf Datenschutzbeauftragte (DSB), v. 13.12.2016, S. 4.

Die Vorschriften der DS-GVO gelten für jene Unternehmen, die als Teil ihrer Arbeit personenbezogene Daten verarbeiten und die eine Niederlassung in der EU haben oder obwohl der Sitz der Unternehmen außerhalb der EU liegt, sie aber in der EU entgeltliche oder kostenlose Waren oder Dienstleistungen anbieten oder das Verhalten der Einzelnen überwachen.[376]

In Deutschland sind Persönlichkeits- und Datenschutz seit vielen Jahren etabliert. Doch mit dem Recht auf informationelle Selbstbestimmung sind sie sogar verfassungsrechtlich verankert. In Rumänien sind die Persönlichkeitsrechte mittlerweile seit 2011 zivilrechtlich geschützt. Dennoch gab es in Rumänien wie auch in einigen anderen EU-Mitgliedstaaten vor den Diskussionen um die DS-GVO keine reale Auseinandersetzung mit dem Persönlichkeits- und Datenschutz. Doch auch in Deutschland besteht Verbesserungsbedarf bei der Umsetzung der DS-GVO, wo 2018 nur ein Viertel der Unternehmen DS-GVO-konform waren.[377] In Rumänien wurde das Bewusstsein der Betroffenen für die Persönlichkeitsrechte verstärkt. Die rumänische Datenschutzbehörde meldete mehr Beschwerden von Betroffenen zu Datenschutzverletzungen im Jahr 2018 im Vergleich zu 2017.[378] Dennoch wurden 2018 nur 57 Maßnahmen ergriffen und 23 Warnungen ausgesprochen. Die Statistiken zeigen, dass in Rumänien größere Fortschritte im Bereich der Durchsetzung der Rechte vorgenommen werden müssen.

b) Öffnungsklauseln

Die DS-GVO enthält über 70 Öffnungsklauseln und muss durch nationale Vorschriften ergänzt werden. Einerseits widerspricht dies der Idee einer einfachen und einheitlichen europäischen Regelung.[379] Andererseits könnte dies aber auch als ein Ausdruck des Respektes vor dem *Souveranitätsprinzip* betrachtet werden, wenn die einzelnen Mitgliedstaaten gemäß ihrer Rechtskulturen außer den gemeinsamen Grundsätzen ihre jeweiligen Anpassungsgesetze haben. Die Besonderheiten

---

376 Art. 2 und 3 der DS-GVO enthalten Vorschriften zum sachlichen und räumlichen Anwendungsbereich. Ausführlich dazu siehe *Barlag*, in: Roßnagel (Hrsg.): Europäische Datenschutz-Grundverordnung, 2017, § 3, Rn. 2 ff.; Leitlinien und Beispiele der EU Kommission, abrufbar unter: https://ec.europa.eu/info/law/law-topic/data-protection/reform/rules-business-and-organisations/application-regulation/who-does-data-protection-law-apply_en.

377 Statistik Bitkom, Pressemitteilung v. 27.9.2018 und Präsentation der Statistik, abrufbar unter: https://www.bitkom.org/Presse/Presseinformation/Kaum-Fortschritt-bei-der-Umsetzung-der-Datenschutz-Grundverordnung.html.

378 2018 waren 5260 Beschwerden und 2017 - 3734 Beschwerden. Siehe dazu die Pressemitteilung der rumänischen Datenschutzbehörde - Ein Jahr GDPR v. 31.5.2019, abrufbar unter: https://www.dataprotection.ro/?page=Comunicat_de_presa_statistica_1_an_GDPR&lang=ro.

379 *Albrecht*, CR 2/2016, 88 (89 ff.).

von 27 Rechtssystemen können nicht von einer einzigen europäischen Regelung abgedeckt werden und dies würde auch zu dem Motto der Europäischen Union „In Vielfalt geeint“[380] passen.

Im deutschen Recht sind die Betroffenenrechte für den öffentlichen und nichtöffentlichen Bereich im Bundesdatenschutzgesetz (BDSG), in den Landesdatenschutzgesetzen und auch in anderen speziellen Gesetzen geregelt. Das deutsche Rechtssystem wurde an die neuen Vorgaben und die Terminologie der DS-GVO durch entsprechende Gesetze angepasst. 2017 wurde die DS-GVO in Deutschland durch ein neues Bundesdatenschutzgesetz, das BDSG 2018, ergänzt,[381] indem das Gesetz zur Änderung des Bundesversorgungsgesetzes sowie andere Vorschriften in das BDSG umgesetzt wurden.[382]

Im rumänischen Recht werden die Betroffenenrechte im Gesetz Nr. 190/2018[383] vorgeschrieben. Das Gesetz Nr. 129/2018[384] hat das Gesetz Nr. 677/2001 zum Schutz der Personen in Bezug auf die Verarbeitung personenbezogener Daten und des freien Verkehrs der Daten abgeschafft. Darüber hinaus muss ein weiteres Gesetz zu den Öffnungsklauseln der DS-GVO zu den Bedingungen bezüglich der Verarbeitung besonderer Kategorien personenbezogener Daten (Art. 9 Abs. 4 DS-GVO) sowie zu den Bestimmungen bezüglich der Benennung eines Datenschutzbeauftragten (Artt. 37-39 DS-GVO) erlassen werden.

Der Arbeitnehmerdatenschutz und der Gesundheitsdatenschutz werden in der DS-GVO nicht abschließend geregelt und deswegen wird es den Mitgliedstaaten überlassen, diese Bereiche zu regeln. Art. 88 der DS-GVO enthält sog. Öffnungsklauseln und deswegen dürfen nationale Regelungen zur Datenverarbeitung im Beschäftigungskontext erlassen werden.

---

380 Seit 2000 das Motto der Europäischen Union in allen 24 Amtssprachen, verfügbar unter: https://europa.eu/european-union/about-eu/symbols/motto_de.

381 Das Gesetz zur Anpassung des Datenschutzrechts an die Verordnung (EU) 2016/679 und zur Umsetzung der Richtlinie (EU) 2016/680 v. 30.6.2017, BGBl I, S. 2097.

382 Gesetz zur Änderung des Bundesversorgungsgesetz und anderen Vorschriften v. 17.7.2017, BGBl I, S. 2541.

383 Gesetz Nr. 190 v. 18.7.2018 zu den Maßnahmen zur Umsetzung der Verordnung (EU) 2016/679 des Europäischen Parlaments und des Rates v. 27.4.2016 zum Schutz des Einzelnen bei der Verarbeitung personenbezogener Daten sowie zum freien Datenverkehr und zur Aufhebung der Richtlinie 95/46/EG (Datenschutz-Richtlinie), M.Of. Nr. 651 v. 26.7.2018.

384 Gesetz Nr. 129 v. 15.6.2018 zur Änderung und Vervollständigung des Gesetzes Nr. 102/2005 über die Einrichtung, Organisation und Funktionsweise der Nationalen Behörde zum Schutz der Verarbeitung personenbezogener Daten sowie für die Aufhebung des Gesetzes Nr. 677/2001 zum Schutz von Personen bei der Verarbeitung personenbezogener Daten und dem freien Datenverkehr, M.Of. Nr. 503 v. 19.6.2018.

Die DS-GVO bestimmt im Erwägungsgrund 155, dass die EU-Mitgliedstaaten spezifische Vorschriften für die Verarbeitung personenbezogener Beschäftigtendaten im Beschäftigungskontext vorsehen können. Es wird darauf hingewiesen, dass Vorschriften über die Bedingungen unter denen personenbezogene Daten im Beschäftigungskontext auf der Grundlage der Einwilligung des Beschäftigten verarbeitet werden dürfen, ebenso erforderlich sind wie Vorschriften über die Verarbeitung dieser Daten für Zwecke der Einstellung, der Erfüllung des Arbeitsvertrags, der Planung und der Organisation der Arbeit, der Gleichheit und Diversität am Arbeitsplatz, der Gesundheit und Sicherheit am Arbeitsplatz sowie für Zwecke der Inanspruchnahme der mit der Beschäftigung zusammenhängenden individuellen oder kollektiven Rechte und Leistungen und für Zwecke der Beendigung des Beschäftigungsverhältnisses.

Sowohl in Deutschland als auch in Rumänien waren solche Neuregelungen notwendig. In Deutschland ersetzte § 26 BDSG den alten § 32 BDSG. Diese Vorschrift gilt als die wichtigste Erlaubnisnorm für den deutschen Beschäftigtendatenschutz.

Das rumänische Gesetz Nr. 190/2018 sieht im Kapitel „Verarbeitung der personenbezogenen Daten im Beschäftigungskontext" Art. 5 nur zwei Situationen in Bezug auf die Systeme für die Überwachung der Arbeitnehmer am Arbeitsplatz durch elektronische Kommunikationsmittel oder Videoüberwachung vor.[385] Dadurch verspricht der Titel mehr als der tatsächliche Inhalt hält, da das Kapitel keine Regelungen zur Verarbeitung von sensiblen Daten oder zur Verarbeitung von Daten, die Strafdelikte betreffen,[386] oder Regelung zur Überwachung jedweder Art enthält.

Die nationalen Anpassungsgesetze zur Anwendung der DS-GVO können grundsätzlich geändert werden, solange die Änderungen in Einklang mit den europäischen datenschutzrechtlichen Vorschriften sind. Am 9. Januar 2019 hat die rumänische Regierung einen Gesetzesentwurf zur Änderung des Art. 8 Abs. 1

---

385 Die Regelungen zur Überwachung von Mitarbeitern: dokumentierte Abwägung der legitimen Interessen mit anderen Rechten; Arbeitnehmer sollen ganz, ausdrücklich und vor dem Anfang der Überwachung darüber informiert werden und dies soll auch dokumentiert werden; Beratung mit der Gewerkschaft oder Vertretern der Arbeitnehmer; Anwendung der geringeren Eingriffe in die Privatsphäre und, falls diese nicht effektiv sind, wird die Anwendung von Videoüberwachung bevorzugt; 30 Tage Speicherungszeit der Daten aus der Überwachung mit den entsprechenden legalen Ausnahmen. Diese Regelungen sind auch im Einklang mit dem Urt. v. EGMR v. 12.1.2016 - Nr. 61496/08 - Barbulescu/Rumänien.

386 Obwohl es keine legale Pflicht zur Verarbeitung solcher Daten gibt, wird oft vor der Einstellung von den zukünftigen Mitarbeitern eine Alkoholkontrolle oder ein Auszug aus dem Strafregister verlangt. Eine kritische Anmerkung in *Lisievici/Ududec*, PLBI Report, Okt. 2018, S. 12.

des Gesetzes Nr. 190/2018 veröffentlicht.[387] Hier sollte der Begriff „statistische (Zwecke)" hinzugefügt werden. Die Tatsache, dass Art. 89 DS-GVO diesen Begriff ebenfalls enthält, macht eine solche Gesetzesänderung obsolet. Sie könnte jedoch sogar problematisch sein, wenn die nationale Definition von der in der DS-GVO abweicht. Trotzdem sollte nach dem Cambridge Analytica-Fall die Verarbeitung zu statistischen Zwecken noch vorsichtiger und unter geeigneten Garantien für die Rechte und Freiheiten der betroffenen Personen vorgenommen werden. Im Falle Rumäniens könnte die (unbegrenzte) Verarbeitung personenbezogener Daten zugunsten der regierenden Parteien vorgenommen werden, besonders vor dem Hintergrund, dass die Regierung mehrere Eilverordnungen in unpassenden Situationen zulasten des Rechtsstaates und der Demokratie erlassen hat.[388]

2018 wurde mit einem Entwurf eines Zweiten Gesetzes zur Anpassung des Datenschutzrechts an die Verordnung (EU) 2016/679 und zur Umsetzung der Richtlinie (EU) 2016/680 ein weiterer Schritt im Anpassungsprozess des bereichsspezifischen Datenschutzrechts des Bundes unternommen.[389] Der Gesetzentwurf beweist, wie umfassend das Ausmaß der unionsrechtlichen Datenschutzregelungen ist, da in der Folge 154 Fachgesetze fast aller Ressorts geändert werden mussten.

c) Überblick der relevanten Regelungen

Am 25.1.2012 wurde der Vorschlag für die Richtlinie des Europäischen Parlaments und des Rates zum Schutz natürlicher Personen bei der Verarbeitung personenbezogener Daten durch die zuständigen Behörden zum Zwecke der Verhütung, Aufdeckung, Untersuchung oder Verfolgung von Straftaten oder der Strafvollstreckung sowie zum freien Datenverkehr veröffentlicht und ist zusammen mit der

---

387 Gesetzentwurf der rumänischen Regierung, abrufbar auf Rumänisch unter: https://sgg.gov.ro/new/wp-content/uploads/2019/01/LG.pdf.

388 Die Eilverordnung Nr. 13/2017 zur Änderung des Strafgesetzbuches - ohne öffentliche Diskussion - hätte Hunderten wegen Amtsmissbrauchs angeklagten Amtsträgern Straffreiheit gewährt, da Amtsmissbrauch unter einer Schadensgrenze von 200.000 Lei (umgerechnet etwa 45.000 Euro) für straffrei erklärt werden sollte. Die Gesetzestexte und eine ausführliche Analyse, abrufbar unter: https://www.digi24.ro/stiri/actualitate/justitie/legea-gratierii/prevederile-oug-de-modificare-a-codurilor-penale-660375. Die Eilverordnung Nr. 13/2017 und die Eilverordnung Nr. 14/2017 haben zahlreichen Demonstrationen überall in Rumänien aufgelöst.

389 Am 5.9.2018 hat die Bundesregierung den vom Bundesminister des Innern, für Bau und Heimat vorgelegten Entwurf eines Zweiten Gesetzes zur Anpassung des Datenschutzrechts an die Verordnung (EU) 2016/679 und zur Umsetzung der Richtlinie (EU) 2016/680 beschlossen. Gesetzentwurf abrufbar unter: https://www.bmi.bund.de/SharedDocs/downloads/DE/veroeffentlichungen/2018/dsanpug.pdf;jsessionid=C21E8B54D3B1329AC026FA580BD382CC.2_cid373?__blob=publicationFile&v=2.

DS-GVO am 24.5.2016 in Kraft getreten.[390] Ob die DS-GVO ein „festes Fundament für die anstehenden Herausforderungen der Digitalisierung“[391] oder die „größte Katastrophe des 21. Jahrhunderts“[392] ist oder ob sie tatsächlich eine gute Lösung für alle EU-Mitgliedstaaten ist, wird sich in der Praxis erweisen.

Die DS-GVO hat neue Vorschriften zum Recht auf Löschung in Art. 17, zum Recht auf Datenübertragbarkeit, zur Verstärkung des Einholens der Einwilligung des Betroffenen in Artt. 7 und 8, zur Benennung, Stellung und Aufgaben eines Datenschutzbeauftragten in Artt. 37, 38 und 39 eingeführt.

Das Recht auf Vergessen ist technisch herausfordernd, weil es eine Sorgfaltspflicht des Verantwortlichen zur Löschung der Informationen aus allen Quellen verlangt. Die European Network Security Agency hat in einem Bericht vom November 2012 gezeigt, dass das Recht auf Vergessen in einem offenen Netzwerk wie dem Internet praktisch unmöglich umzusetzen sei.

Die Löschung personenbezogener Daten muss nach bestimmten Regeln durchgeführt werden.[393] §§ 35, 75 BDSG bestimmen das Recht auf Löschung und Einschränkung der Verarbeitung im deutschen Recht. Das Gesetz 190/2018 regelt das Recht auf Löschung bei den folgenden Konstellationen: die Identifikationsnummer in Art. 4c; die Änderung personenbezogener Daten bei der Erfüllung einer Aktivität zum öffentlichen Interesse in Art. 6c; die Daten, die von den politischen Parteien verarbeitet werden, wenn die Daten der Minderheiten oder der Nichtregierungsorganisationen gehören in Art. 9c.

Die Implementierung von geeigneten technischen und organisatorischen Maßnahmen (TOMs) sind in Art. 32 DS-GVO als die Pflichten des Verantwortlichen und des Auftragsverarbeiters für die Verarbeitung vorgesehen. Diese Maßnahmen sollten acht Kriterien[394] berücksichtigen, um ein angemessenes Schutzniveau im Hinblick auf den Stand der Technik, die Implementierungskosten, die Art, den Umfang, die Umstände und die Zwecke der Verarbeitung, die Eintrittswahrscheinlichkeiten

---

390 Damit wurde der Rahmenschluss 2008/977/JI des Rates aufgehoben. EU ABl. 119 v. 4.5.2016, S. 89.

391 *Albrecht*, CR 2016, 88 (97).

392 Laut einer Aussage eines deutschen Informationsrechtlers *Thomas Hoeren* 2016 auf einem Datenschutzkongress, Meldung v. 27.4.2016, abrufbar unter: https://www.heise.de/newsticker/meldung/Rechtsexperte-Datenschutz-Grundverordnung-als-groesste-Katastrophe-des-21-Jahrhunderts-3190299.html.

393 DIN Norm 66398 „Leitlinie zur Entwicklung eines Löschkonzepts mit Ableitung von Löschfristen für personenbezogenen Daten“ v. Mai 2016. Die nationalen datenschutzrechtlichen Vorschriften, die bislang in § 35 Abs. 2 S. 2 bzw. § 20 Abs. 2 BDSG a.F. und Art. 14 des rumänischen Gesetzes Nr. 677/2001 enthaltenen Löschrechte wurden durch Art. 17 Abs. 1 DS-GVO geregelt.

394 *Hladjk*, in: Ehmann/Selmayr, DS-GVO, Art. 32, Rn. 4.

und die Schwere des Risikos für die Rechte und Freiheiten natürlicher Personen zu sichern.

Eine weitere und neue Vorschrift der DS-GVO - im Vergleich zu der DS-RL[395] - regelt die rechtmäßige Einwilligung bei Minderjährigen[396] in Bezug auf Dienste der Informationsgesellschaften[397], besonders bei Sozialen Netzwerken. Die DS-GVO sieht in Art. 8 Abs. 1 eine Altersgrenze vor, so dass die Verarbeitungen der personenbezogenen Daten eines Minderjährigen erst ab dem 16. Lebensjahr ohne Zustimmung der Eltern rechtmäßig sind. Damit wird der Schutz des Minderjährigen im virtuellen Raum gewährleistet, besonders weil den Minderjährigen weniger bewusst als anderen ist, welche Rechte sie haben.[398] Damit wird die Netzmündigkeit der Minderjährigen ab 16 Jahren festgelegt.[399] Im Art. 8 UA1 DS-GVO wird den Mitgliedstaaten überlassen, in den Anpassungsvorschriften eine niedrigere Altersgrenze bis zu dem vollendeten dreizehnten Lebensjahr vorzusehen. Weder im rumänischen Gesetz Nr. 190/2018 zur Anpassung an die DS-GVO noch im BDSG wurde die Altersgrenze gesenkt. Die bestimmten Voraussetzungen für die Einwilligung des Minderjährigen sind ein Novum für das deutsche,[400] aber auch für das rumänische Recht.

Die Ermittlung der persönlichen Identifikationsnummer (Cod numeric personal - CNP), legal definiert in Art. 2 Abs. 1 b) des Gesetzes Nr. 190/2018, wurde in Rumänien schon während der Anwendung des Gesetzes 2001 zur Umsetzung der DS-RL zu häufig von den Behörden verlangt. Die vorherige Rechtsgrundlage zur

---

395 *Frenzel*, in: Paal/Pauly, DS-GVO, Art. 8, Rn. 3.

396 Obwohl die DS-GVO die Begriffe „Kind" oder „Kinder" verwendet, ist dies missverständlich. Siehe dazu auch *Däubler*, in: Däubler/Wedde/Weichert/Sommer, Art. 8 DSGVO, Rn. 1. Das Kind wäre nach der Legaldefinition des Art. 1 der UN-Kinderrechtskonvention der Generalversammlung der Vereinten Nationen v. 28.11.1989 „ein Kind jeder Mensch, der das achtzehnte Lebensjahr noch nicht vollendet hat, soweit die Volljährigkeit nach dem auf das Kind anzuwendenden Recht nicht früher eintritt." In diesem Sinne wurde auch im rumänischen Recht das Kind definiert, gem. Art. 4 lit. a des Gesetzes Nr. 272/2004 zum Schutz und Förderung der Rechte des Kindes, veröffentlicht in M.Of. Nr. 557 v. 23.6.2004, in Kraft seit dem 1.1.2005.

397 Art. 4. Nr. 25 DS-GVO enthält einen Verweis zu der Definition im Art.1 Abs. 1 lit. b der RL 2015/1533 (EU) des EU Parlaments und des Rates v. 9.9.2015 über ein Informationsverfahren auf dem Gebiet der technischen Vorschriften und der Vorschriften für die Dienste der Informationsgesellschaft (ABl. L 241 v. 17.9.2015, S. 1).

398 Die Risiken und Folgen der Datenpreisgabe könnten den Minderjährigen nicht bewusst sein und damit würden sie sich selbst schaden. Siehe dazu auch den ErwG. 38 Satz 1.

399 Begriff übernommen von *Dammann*, ZD 2016, 307 (311).

400 *Däubler*, in: Däubler/Wedde/Weichert/Sommer, Art. 8 DSGVO, Rn. 1.

Verarbeitung der CNP wurde aufgelockert, wenn durch Einwilligung oder Ermächtigung der nationalen Datenschutzbehörde ANSPDCP die Verarbeitung aufgrund einer legalen Pflicht rechtmäßig war.[401] Nach der neuen Regelung kann der CNP immer verarbeitet werden, wenn der Verantwortliche oder der Auftragsverarbeiter ein berechtigtes Interesse nachweisen kann. Dazu müssen laut Art. 4 Abs. 2 des Gesetzes Nr. 190/2018 andere Bedingungen kumulativ erfüllt werden, indem:

- technische und organisatorische Maßnahmen respektiert werden,
- ein (betrieblicher oder externer) Datenschutzbeauftragter bestellt wird,
- ein Datenlöschungskonzept festgelegt wird und
- die Mitarbeiter, die die personenbezogenen Daten verarbeiten, regelmäßig im Bereich des Datenschutzes weitergebildet werden.

d) Geldbuße und Sanktionen

Deutschland ist mit ca. 24,6 Millionen Euro nach Frankreich auf dem zweiten Platz in der Rangliste der Länder mit der höchsten Gesamtsumme der Geldbußen für Verstöße gegen die DS-GVO und auf dem zweiten Platz nach den Niederlanden nach der Zahl der Verstöße pro Einwohner.[402] Rumänien ist bei den Ländern mit den wenigsten gemeldeten Datenverstößen pro Einwohner in Europa: nur 668 im Vergleich zu 37.636 in Deutschland und 329.500 Euro als verhängte Geldbußen für Datenschutzverletzungen.[403]

Das rumänische Gesetz zur Umsetzung der DS-GVO Nr. 190/2018 sieht in den Artt. 12 ff. ein differenziertes Sanktionssystem für die öffentlichen Behörden und andere Organisationen für Verstöße gegen datenschutzrechtliche Vorschriften vor.

Die DS-GVO enthält in Art. 58 Abs. 2 eine Grundregel zu den Befugnissen der nationalen Aufsichtsbehörden im Falle der Verstöße der Verantwortlichen oder der Auftragsverarbeiter gegen die Regelungen der DS-GVO. Die Befugnisse der Aufsichtsbehörden enthalten Warnungen bis hin zum Verbot[404] und obwohl sie nicht nach der Intensität aufsteigend aufgelistet sind, gewähren sie der Aufsichtsbehörde Grundlagen, um im Einzelfall eine verhältnismäßige Maßnahme zu ergreifen.[405]

---

401 *Lisievici/Ududec*, PLBI Report, Okt. 2018, S. 12.

402 Bericht des Teams für Datensicherheit und Datenschutz der DLA Piper Kanzlei in DLA Piper GDPR data breach survey: January 2020, S. 6.

403 Bericht des Teams für Datensicherheit und Datenschutz der DLA Piper Kanzlei in DLA Piper GDPR data breach survey: January 2020, S. 6f..

404 Ausführlich: Die Aufsichtsbehörden können warnen, verwarnen, Anweisungen geben, vorübergehende oder endgültige Beschränkungen der Verarbeitung oder sogar ein Verbot verhängen, Zertifizierungen widerrufen, Geldbußen verhängen oder die Übermittlung von Daten an einen Empfänger in einem Drittland oder an eine internationale Organisation anordnen.

405 *von Lewinski*, in: Auernhammer, Art. 58 DS-GVO, Rn. 22.

Die Geldbußen sollten wirksam und abschreckend sein, aber auch verhältnismäßig verhängt werden. Letztendlich ist das Ziel der DS-GVO die Erhöhung des Bewusstseins *der Pflichten und Rechte in Bezug auf den Datenschutz.*

e) *Datenschutzverbandsklage*

Die DS-GVO sieht eine aufsichtliche (Art. 58), individuelle (Art. 77; Art. 78 Abs. 2, Art. 79) und mit der datenschutzrechtlichen (Art. 80 Abs. 1 - Einrichtung, Organisationen oder Vereinigung) und der Verbandsklage (Art. 80 Abs. 2) zwei Formen der kollektiven Rechtsdurchsetzung vor. Die Möglichkeit einer Sammelklage jedoch wurde im Datenschutzrecht bislang nicht zugelassen.[406]

Die Verfahren nach Art. 80 DS-GVO müssen (Abs. 1) und können (Abs. 2) von den Mitgliedstaaten in deren nationales Verfahrens- und Prozessrecht implementiert werden, aber es gibt keine Regelung, dass dies in den Umsetzungsgesetzen zu der DS-GVO geschehen sollte.[407] Ein Beispiel dafür ist die deutsche Datenschutzverbandsklage des UKlaG, das bestimmte datenschutzrechtliche Verstöße abmahnt, gem. § 2 Abs. 2 Satz 1 Nr. 11 UKlaG.[408] Der rumänische Gesetzgeber hat die Möglichkeit einer Datenschutzverbandsklage weder in das rumänische Gesetz Nr. 190/2018 noch in ein anderes Gesetz aufgenommen. Durch die Datenschutzverbandsklage gäbe es die Gefahr, dass Dritte für das Persönlichkeitsrecht der Betroffenen bestimmen, außer wenn die Datenverarbeitung mit der Einwilligung der betroffenen Personen erfolgt.[409] Art. 80 Abs. 1 DS-GVO richtet sich an gemeinnützige[410] Organisationen, die eines der nachfolgend genannten Tätigkeitsfelder im Datenschutz haben: Verbraucherschutzverbände, Bürgerrechtsvereinigungen, Gewerkschaften, aber auch Parteien und Bürgerinitiativen.[411]

---

406 EuGH, Urt. v. 25.1.2018 - C-498/16 - Schrems; Verbandsklagerechte sind keine Seltenheit in anderen Bereichen des Europarechts, wie z.B. im Umweltrecht und im Verbraucherrecht. *von Lewinski,* in: Auernhammer, Art. 80 DS-GVO, Rn. 1.

407 *von Lewinski,* in: Auernhammer, Art. 80 DS-GVO, Rn. 2.

408 Ausführlich in *von Lewinski,* in: Auernhammer, Art. 81 DS-GVO, Rn. 22 ff..

409 *von Lewinski,* in: Auernhammer Art. 80 DS-GVO, Rn. 4.

410 Gem. ErwG. 142 Satz 1 DS-GVO sollten die Ziele der Organisation im „öffentlichen Interesse" liegen.

411 Beispiele dafür wären: die Deutsche Vereinigung für Datenschutz; der österreichische Datenschutzverband Noyb. *von Lewinski,* in: Auernhammer, Art. 80 DS-GVO, Rn. 7 ff.; Als Organisationen i.S.v. Art. 80 Abs. 1 DS-GVO wären in Deutschland u.a. auch der Verbraucherschutzverband BEUC und in Rumänien wären die ApTI (Association for Technology and Internet) als Bürgerrechtsvereinigung denkbar.

f) Abmahnungen

Der Anwendungstag der DS-GVO am 25.5.2018 wurde als der Beginn einer Abmahnwelle gefürchtet, aber schon drei Monaten später schienen diese Sorgen unbegründet zu sein.[412] Im Falle der kleineren Verstößen gegen die DS-GVO, die von den kleinen Unternehmen, Vereinen und Selbständigen verursacht wurden, sollen diese durch ein neues Gesetz in Deutschland von kostenpflichtigen Abmahnungen ausgenommen werden.[413]

Kostenpflichtige Abmahnungen, die erhebliche drei- bis vierstellige Summen enthalten und die von gewissen Anwälten für Urheberrechtsverletzungen bei Streaming-Fällen in Deutschland gesendet werden, sind für die rumänischen Konsumenten und für die rumänische Rechtsordnung unbekannt. Bei einem vermeintlichen Rechtsverstoß würde in Rumänien entweder nichts passieren oder zuerst würden in einer E-Mail oder in einer schriftlichen „Mahnung" (auf Rumänisch „mustrare" oder „notificare") die rechtlichen Konsequenzen erklärt. Dies wäre für den Abgemahnten kostenlos und die Rechtsanwaltsgebühren könnten nicht gegen ihn geltend gemacht werden. Die Anwaltskosten würden in einer solchen Situation gar nicht anfallen, sondern erst wenn der Betroffene keine andere Lösung sieht, als vor Gericht zu klagen.

In Deutschland kann in Sachen des gewerblichen Rechtsschutzes, des Urheberrechts sowie des Wettbewerbs- und Presserechts der Verletzte den Verletzer abmahnen, um Kostennachteilen im Falle eines Gerichtsverfahrens zu vermeiden.[414] Dieser deutsche Sonderweg zu Abmahnungen könnte missbräuchlich und rechtswidrig im Bereich des Datenschutzes verwendet werden. Im Falle der Streaming-Fälle kann der Abgemahnte oder das Abmahn-Opfer einen Strafantrag stellen, wenn es keine konkreten Anhaltspunkte gibt, dass eine Rechtsverletzung geltend gemacht werden kann, aber meistens müssen auch im Falle eines Vergleichs die Anwaltskosten bezahlt werden. Deswegen sollte die Möglichkeit bei datenschutzrechtlichen Verstößen kostenpflichtige Abmahnungen, die bereits Anwaltskosten enthalten, zu schicken, in Deutschland ebenfalls eingeschränkt

---

412 Drei Monate DSGVO: Die große Abmahnwelle ist ausgeblieben, Bericht v. 25.8.2018, abrufbar unter: https://netzpolitik.org/2018/drei-monate-dsgvo-abmahnwelle-ausgeblieben/; dies wurde auch von der Bundesbeauftragte für den Datenschutz und Informationsfreiheit bestätigt: 100 Tage DSGVO: die DSGVO lernt Laufen, v. 4.9.2018, Pressemitteilung abrufbar unter: https://www.bfdi.bund.de/DE/Infothek/Pressemitteilungen/2018/09_100TageDSGVO.html.

413 Bayern hat bereits einen Gesetzesantrag zum Gesetzentwurf zur Anpassung zivilrechtlicher Vorschriften an die DS-GVO dem Bundesrat vorgelegt, in dem die Datenschutzverstößen von Abmahnmöglichkeiten ausgenommen werden. Bundesrat, Drucksache 304/18 v. 26.6.2018.

414 *Freytag*, in: Moritz/Dreier, E-Commerce, Teil D Rn. 178.

werden. Eine gesetzliche Verankerung wäre dann eine Garantie, dass ein Abmahnungswesen nicht missbraucht wird.[415]

2. *Cookie-Richtlinie*

Die Richtlinie zur elektronischen Kommunikation[416] wurde durch die Cookie-Richtlinie[417] konkretisiert und modernisiert. Durch die Cookie-Richtlinie sollten Privatsphäre, Vertraulichkeit und personenbezogene Daten des Einzelnen besser vor wirtschaftlichen Schäden, Identitätsbetrug und sozialen Nachteilen geschützt werden.[418] Die Richtlinie leistet auch einen wichtigen Beitrag beim Ausbau öffentlicher Kommunikationssysteme und Nutzeranschlüssen.

Die Einwilligung des Nutzers ist erforderlich für die Speicherung der Informationen, da die Cookies kleine Dateien sind, die von besuchten Webseiten auf dem jeweiligen Rechner, Handy oder Tablet gespeichert werden.[419] Es gibt keine gesetzliche Definition des Begriffes der speicherbaren Information und man braucht dafür eine Auslegung im Sinne der Richtlinie. Für die Session-Cookies, die man für die Erbringung eines Diensts oder für die Ermöglichung der Teilnahme braucht, ist in Art. 2 Nr. 5 Satz 2 der Richtlinie eine Ausnahme vorgesehen. Die Einwilligung hat auf Grundlage umfassender, klarer und verständlicher Information über das Ziel der Verarbeitung und das Recht auf Widerspruch zu erfolgen[420].

Wegen der Cookie-Richtlinie sind noch viele ungeklärte Begriffe geblieben, deswegen soll die neue ePrivacy-Verordnung mehr Aufklärung für die Rechtslage in

---

415 2013 wurde ein Gesetzentwurf zur Eindämmung des Missbrauchs des Abmahnungswesens abgelehnt. Gesetzentwurf BT-Drs.17/12620.

416 Richtlinie 2002/58/EG über die Verarbeitung personenbezogener Daten und den Schutz der Privatsphäre in der elektronischen Kommunikation (Datenschutzrichtlinie für elektronische Kommunikation), ABl. L 201, S. 37.

417 Richtlinie 2009/136/EG des europäischen Parlaments und des Rates vom 25.11.2009 zur Änderung der Richtlinie 2002/22/EG über den Universaldienst und Nutzerrechte bei elektronischen Kommunikationsnetzen und -diensten, der Richtlinie 2002/58/EG über die Verarbeitung personenbezogener Daten und den Schutz der Privatsphäre in der elektronischen Kommunikation und der Verordnung (EG) Nr. 2006/2004 über die Zusammenarbeit im Verbraucherschutz, ABl. L 337, S. 11.

418 ErwG. 26, 61.

419 Die Cookies können dadurch auf Informationen über die verwendete Sprache des Nutzers, die Begriffe, die bei der Suche eingegeben werden und sogar die Adresse oder die Telefonnummer, die automatisch in den Feldern gespeichert werden, hinweisen.

420 Art. 2 Nr. 5 der Richtlinie 2009/136/EG.

diesem Bereich bringen. ePrivacy-VO-E[421] ist als lex specialis zur DS-GVO für die elektronische Kommunikationsdaten konzipiert.[422]

3. *Einfluss der Vorratsdatenspeicherung*

In Rumänien und in Deutschland gibt es sogar nach der Erklärung der Ungültigkeit der Richtlinie 2006/24/EG[423] eine umstrittene Rechtslage und Rechtsprechung zur Vorratsdatenspeicherung. Der 1. Senat des BVerfG erklärte im März 2010 die Regelungen des Telekommunikationsgesetzes (TKG) sowie der Strafprozessordnung (StPO) über die Vorratsdatenspeicherung für verfassungswidrig.[424] Gem. § 113a Abs. 1 S. 1 TKG sollten erfasste Daten anlasslos für sechs Monate von privaten Dienstanbietern gespeichert werden.

Das Bundesverwaltungsgericht hat dem EuGH zwei Vorabentscheidungsersuchen[425] vorgelegt, um eine Auslegung in Bezug auf Art. 5 Abs. 1 Satz 1 der Richtlinie 2002/58/EG zur geschützten Vertraulichkeit der elektronischen Kommunikation zu erhalten. Fraglich ist, ob eine nationale anlasslose Speicherpflicht, gem. § 113a i.V.m. § 113b TKG, unter keinen Umstände auf eine Erlaubnisnorm gestützt werden kann, die Datenanbieter dann weiter Daten speichern sollten und ob die deutschen Regelungen mit dem Unionsrecht vereinbar sind.

Seit 18.12.2015 wurde die Vorratsdatenspeicherung in Deutschland wieder eingeführt.[426] Laut § 113b Abs. 1 Nr. 1, 2 TKG müssen die

---

421 Die ePrivacy-VO, die VO über die Achtung des Privatlebens und den Schutz personenbezogener Daten in der elektronischen Kommunikation und zur Aufhebung der Richtlinie 2002/58/EG (Verordnung über Privatsphäre und elektronische Kommunikation), hätte zusammen mit der DS-GVO in Kraft treten sollen, aber obwohl der erste Entwurf am 10.1.2017 veröffentlicht wurde (COM(2017) 10 final), gibt es immer noch keine Einigung bzgl. des Textes der VO.

422 EUCO, v. 18.9.2019 - 12293/19, ErwG. 2a, S. 5.

423 Richtlinie 2006/24/EG des Europäischen Parlaments und des Rates v. 15.3.2006 über die Vorratsspeicherung von Daten, die bei der Bereitstellung öffentlich zugänglicher elektronischer Kommunikationsdienste oder öffentlicher Kommunikationsnetze erzeugt oder verarbeitet werden, und zur Änderung der Richtlinie 2002/58/EG, ABl. L 105, 13.4.2006, S. 54.

424 BVerfG, Urt. v. 2.3.2010 - 1 BvR 256/08, 1 BvR 263/08, 1 BvR 586/08.

425 BVerwG, Pressemitteilung Nr. 66/2019 v. 25.9.2019.

426 Am 9.11.2007 wurde im Deutschen Bundestag das erste Gesetz beschlossen. Siehe den Gesetzentwurf der Bundesregierung über den Entwurf eines Gesetzes zur Neuregelung der Telekommunikationsüberwachung und anderer verdeckter Ermittlungsmaßnahmen sowie zur Umsetzung der Richtlinie 2006/24/EG; Drs. 16/5846 und 16/6979. Das Gesetz wurde vom BVerfG am 2.3.2010 gekippt. Siehe BVerfG, Urt. v. 2.3.2010 - 1 BvR 256/08, BVerfGE 125, 260 - 385.

Telekommunikationsdienstanbieter Verkehrsdaten bis zu zehn Wochen speichern und gem. § 113d TKG die Sicherheit der Daten gewährleisten.

Das rumänische Gesetz Nr. 298/2008 zur sechsmonatigen Vorratsdatenspeicherung wurde vom rumänischen Verfassungsgericht aufgehoben.[427] Eines der Argumente des Urteils bezieht sich darauf, dass eine verdachtslose Vorratsdatenspeicherung die Unschuldsvermutung gefährden würde und dies würde die gesamte Bevölkerung als potenzielle Straftäter betrachten, was für das Verfassungsgericht unverhältnismäßig und „exzessiv" wäre und auch gegen Art. 8 EMRK verstoßen würde.

Das neue Gesetz Nr. 82/2012[428] wurde auch vom Verfassungsgericht für verfassungswidrig erklärt.[429] In dem Urteil wurde streng die Vorratsdatenspeicherung der Kundendaten der Kommunikationsdienstanbieter und die Möglichkeit der Strafverfolgungsbehörden, einen Antrag zum Zugang zu diesen personenbezogenen Daten der Kunden zu stellen, kritisiert.[430] Dennoch hat das Verfassungsgericht auf die Schlussanträge des Generalanwalts in der Rechtssache Digital Rights Ireland des EuGH Bezug genommen.

Der Verweis auf die Rechtsprechung des EGMR bei der Argumentation für die Verfassungswidrigkeit des Gesetzes Nr. 298/2008 zur Vorratsdatenspeicherung und auf die Rechtsprechung des EuGH im Falle des Urteils Nr. 440/2014 hat den Einfluss der europäischen Gerichtshöfe mit langer Tradition beim Schutz der Privatsphäre des Einzelnen erhöht. Dies war ein eindeutiges Zeichen dafür, dass der Schutz der Privatsphäre der Betroffenen in Rumänien vom Verfassungsgericht in Einklang mit dem europäischen Niveau des Daten- und Persönlichkeitsschutzes gewährleistet wird. Die Vorratsdatenspeicherung löst sowohl in Deutschland,[431] als auch in Rumänien immer noch viel Kritik aus. Wie es mit der Pflicht der Dienstanbieter zur Vorratsdatenspeicherung nun weitergeht, bleibt noch offen.

Dennoch sollten die Dienstanbieter der elektronischen Kommunikation verpflichtet werden, hauptsächlich nur die personenbezogenen Daten zu speichern, die für die Erstellung von Rechnungen notwendig sind. Die Strafverfolgungsbehörden

---

427 Entscheidung des rumänischen Verfassungsgerichts (Decizia Curţii Constituţionale - D.C.C.) Nr. 1258/2009 des NRO/Orange.

428 Das Gesetz zur Vorratsdatenspeicherung oder Datenverarbeitung der öffentlichen und privaten Dienstanbieter der elektronischen Kommunikation für die Öffentlichkeit, M.Of., I. Teil, Nr. 406, v. 18.6.2012.

429 Entscheidung des rumänischen Verfassungsgerichts zu verfassungsrechtlichen Fragen zu den Vorschriften des Gesetzes Nr. 82/2012, des Gesetzes Nr. 506/2004 zur Verarbeitung personenbezogener Daten und des Schutzes der Privatsphäre im Bereich der elektronischen Kommunikation und des Art. 152 der Strafprozessordnung, D.C.C. Nr. 440/2014, v. 8.7.2014.

430 D.C.C. Nr. 440/2014, v. 8.7.2014, Rn. 58.

431 FD-StrafR 2015, 369.

sollten bei den Dienstanbietern einen Antrag zur Vorratsdatenspeicherung anderer personenbezogener Daten der Nutzer stellen, zuerst mit einem richterlichen Beschluss und unter Umständen auch mit der Einwilligung des Betroffenen.

Zukunftsperspektiven

Der Datenschutz in der Telekommunikation sollte 2019 durch die ePrivacy-Verordnung[432] den Schritt zur technischen Entwicklung im Bereich der elektronischen Kommunikation halten. Die ePrivacy-Verordnung würde für Anbieter wie WhatsApp, Facebook Messenger, Skype o.ä. eine lex specialis zur DS-GVO für Datenverarbeitungen darstellen[433] und in Deutschland Rechtsunsicherheit schaffen und massive finanzielle Auswirkungen haben.[434]

Die Herausforderungen der Digitalisierung haben zu zahlreichen Gesetzesänderungen der europäischen und nationalen Gesetzgeber geführt. Das Netzwerkdurchsetzungsgesetz (NetzDG) verhalf, effiziente und effektive Mechanismen gegen Hasskommentare in sozialen Netzwerken in der deutschen Rechtsordnung durchzusetzen und die DS-GVO bewirkte, einheitliche datenschutzrechtliche Regelungen, wie z.B. das Recht auf Vergessenwerden oder die Einführung der technischen Lösungen Privacy by Design und Privacy by Default für alle europäischen Rechtsordnungen zu erreichen.

Gleichwohl besteht heutzutage in Deutschland ein erheblicher Reformbedarf des Bildnisrechtes und sogar des Persönlichkeitsrechts.[435] Den Fortschritten in solchen Bereichen in der deutschen Rechtsordnung kann auch von anderen

---

432 Verordnung des Europäischen Parlaments und des Rates über die Achtung des Privatlebens und den Schutz personenbezogener Daten in der elektronischen Kommunikation und zur Aufhebung der Richtlinie 2002/58/EG (Verordnung über Privatsphäre und elektronische Kommunikation). Siehe eine Liste der Materialen zu Gesetzgebungsverfahren: https://www.computerundrecht.de/45742.htm.

433 Begründung der EU-Kommission zur ePrivacy-VO in COM 2017, 10 Final, S. 3.

434 Die Schäden in Deutschland würden für die Unternehmen aus 30% Umsatzrisiko, bis zu 500 Millionen Euro Netto pro Jahr bestehen und jeder vierte Mitarbeiter in der Digitalen Wirtschaft könnte seinen Arbeitsplatz verlieren. Siehe Studie „Digitale Werbung unter der ePrivacy Verordnung“ Bundesverband Digitale Wirtschaft, Düsseldorf, April 2018, abrufbar unter: https://www.bvdw.org/fileadmin/user_upload/bvdw_ovk_ePrivacy_mai2018.pdf; ähnliche Ergebnisse siehe in Studie des Verbands Deutscher Zeitschriftenverleger „Business Relevanz der ePrivacy Verordnung in Deutschland“, Berlin, Januar 2018, abrufbar unter: https://www.vdz.de/fileadmin/vdz/upload/services/Downloads/E-Privacy/2018_VDZ_E-Privacy_Studie_Charts_Business-Relevanz-der-E-Privacy-Verordnung-in-Deutschland.pdf.

435 Eine Reform wird nicht nur für notwendig, sondern auch für dringend gehalten. Vgl. *Specht*, MMR 2017, 577 (577).

Rechtsordnungen gefolgt werden und dies kann europaweit zu einem Domino-Effekt zugunsten der Persönlichkeitsrechte führen.

In Rumänien gibt es zahlreiche Kritikpunkte, die rechtssichere Persönlichkeitsrechte hemmen: Angefangen beim Reformbedarf eines stabilen Justizsystems, über einen erhöhten Reformbedarf im Digitalbereich, bis hin zur Notwendigkeit, diese Regelungen dringend tatkräftig umzusetzen. Da Rumänien im Februar 2018 dank der Downloadgeschwindigkeit des festen Breitbandinternets den fünften Platz in der Welt gefestigt hat,[436] sollte diese technische Entwicklung durch eine bestimmte und klare Rechtslage unterstützt werden und das Vertrauen der Investoren und der Öffentlichkeit stützen. Die Rechtsunsicherheit hindert Rumänien daran, eine stärkere Rolle auf der Bühne der führenden europäischen Mitgliedstaaten im Bereich der Digitalisierung und des effektiven Schutzes der Persönlichkeitsrechte zu spielen.

Auch im Bereich der DS-GVO könnte ein Reformbedarf signalisiert werden, weil die DS-GVO eine große Zahl, nämlich 70, offener Klauseln zur Umsetzung in den Mitgliedstaaten und Anpassung an die nationalen Rechtsordnungen enthält. Man könnte meinen, dass so viele Öffnungsklauseln auch verschiedene Datenschutzniveaus in den europäischen Mitgliedstaaten darstellen. Es gibt heutzutage allerdings mehr und besser koordinierte Schutzmechanismen im Datenschutzbereich als in der Zeit der DS-RL. Das Inkrafttreten der DS-GVO war für viele kleine und große Unternehmen, aber auch für Großkonzerne eine große Umstellung, weswegen weitere Änderungen der DS-GVO die Bewahrung der Rechtssicherheit verhindern könnten.

Zusammenfassung

Unter Experten werden zwei Ansichten vertreten, wenn es um die Anwendung der Anknüpfungspunkte für Rechtsstreitigkeiten mit einem Internetbezug geht. Auf der einen Seite sind die Experten der Meinung, dass komplexe, spezifische Verknüpfungspunkte erforderlich sind, auf der anderen Seite wird betont, dass die traditionellen Regelungen immer noch anwendbar sind.[437]

Die Rechtsprechung hat trotz der Gefährdungsdimension der neuen Technologien den Persönlichkeitsschutz weiterentwickelt und angepasst. Für ein besseres Verständnis der Probleme und Phänomene im Internet, braucht man Kenntnisse der verfassungsrechtlichen Grundlagen und eine juristische Analyse

---

436 Singapur, Island, Hong Kong und Südkorea platzieren sich vor Rumänien im weltweiten Speedtest Global Index (Stand Februar 2018). Siehe Speedtest, abrufbar unter: https://www.speedtest.net/global-index/romania.

437 Siehe Meinungen und Entwürfe in *Norris*, Arizona Law Review 2011, 1013 (1015 f.); *Bigos*, ICLQ 2005, 585 (601 ff.).

der aktuellen rechtlichen Rahmen und Rechtsprechung auf der nationalen und europäischen Ebene.

Heutzutage erheben nicht nur Prominente wegen der Eingriffe in das allgemeine Persönlichkeitsrecht in Zusammenhang mit Berichterstattungen Ansprüche, sondern jeder kann den Schutz seiner Persönlichkeitsrechte geltend machen. Wegen der Spezifika des Internets kann jetzt jeder über soziale Netzwerke, Blogs oder Bewertungsportale in seinen Persönlichkeitsrechten beeinträchtigt werden.[438] Im deutschen Rechtssystem wird diese Möglichkeit auch geltend gemacht und der Beweis dafür sind auch die zahlreichen Urteile, in denen die verschiedenen Facetten des Persönlichkeitsrechts entwickelt werden.[439] Die Bürger aus verschiedenen europäischen Mitgliedstaaten können durch Bürgerinitiativen zur Durchsetzung der Grundrechte auf der europäischen Ebene, aber auch auf der internationalen Ebene beitragen.[440]

---

438 *Ehmann* (Hrsg.), *Bruggmann*, Lexikon für das IT-Recht 2015/2016, S. 333.

439 Beispielsweise: Der BGH hat Raum für die Abwägung gelassen, sogar wenn es um das Recht auf informationelle Bestimmung geht, in BGH, Urt. v. 23.6.2009 - VI ZR 196/08 - Spickmich; Die wahren Tatsachenbehauptungen und die Meinungsäußerungen wiegen meistens mehr, wenn diese mit dem Persönlichkeitsrecht abgewogen werden müssen. BVerfG, Urt. v. 15.1.1958 - 1 BvR 400/51 - Lüth, BVerfGE 7, 198 (212).

440 Der Verein zur Durchsetzung des Grundrechts auf Datenschutz „europe-v-facebook.org“ wurde 2012 von Max Schrems gegründet, der zahlreiche Anzeigen gegen Facebook eingereicht hat: 2011 - 16 Anzeigen beim irischen Data Protection Commissioner; 2014 wurde in Wien eine Sammelklage von 25.000 Personen gegen Facebook eingebracht, Abruf zur Sammelklage, abrufbar unter: http://www.europe-v-facebook.org/DE/Anzeigen/Sammelklage/sammelklage.html; am 6.10.2015 wurde ein Urteil vom EuGH gegeben, in dem der Datentransfer von der EU in die USA für ungültig erklärt wurde. EuGH, Urt. v. 6.10.2015 - C-362/14 – Schrems.

Besonderer Teil

Kapitel III Gefahren für die Persönlichkeitsrechte im Internet

Einleitung

Im Zeitalter des „Internets der Dinge" (Internet of Things - IoT) ist jeder ein *Prosument*, der aktiv verbraucht, produziert und Daten und Informationen mittels seiner angeschlossenen Geräte preisgibt.[441] Leider ist diese Aussage noch nicht völlig zutreffend, aber dies entspricht sicherlich der Zukunft, weil zurzeit nicht *jeder* eine Internetverbindung hat. Rumänien hat 21,7 Millionen Bürger, davon sind 11 Millionen Internet-Nutzer. In Deutschland, wo bei knapp 82 Millionen Bürgern nur ungefähr 11 Millionen keinen Internetzugang haben, der Anteil der Internet-Nutzer wesentlich höher.[442]

Vielen Nutzern fehlen jedoch die Medienkompetenz, das Rechtsbewusstsein und ein verantwortungsvoller Datenumgang, deswegen können sie die langfristigen Konsequenzen der weitreichende Preisgabe ihrer Daten in den sozialen Netzwerken nicht ermessen.[443] Es deutet aber vieles darauf hin, dass die Nutzer nicht passiv bleiben und dieses Verhalten ändern wollen. Obschon das Potential durchaus gegeben ist, bedarf es in Ländern wie Rumänien und Bulgarien einer Verbesserung hinsichtlich des Bewusstseins und des Engagements für die eigenen Rechte und Freiheiten in den sozialen Netzwerken, um das hohe Niveau beispielsweise der deutschen Bürger zu erreichen.[444]

---

441 Aussage v. Jeremy Rifkin, Vorsitzender der Foundation on Economic Trends, geäußert im Rahmen der Veranstaltung 2015 Consumer Electronics Show in Las Vegas v. 1.5.2015, abrufbar unter: http://www.forbes.com/sites/ryanmac/2015/01/05/samsung-ces-2015-keynote-live-from-las-vegas/.

442 Rumänien steht auf dem Platz 41 in einer weltweiten Rangliste, erstellt nach mehreren Kriterien u.a. nach der Zahl der Internet Users, siehe dazu Internet Users weltweit, abrufbar unter: http://www.internetlivestats.com/internet-users-by-country/.

443 *Birk/Reimer/Wegener*, DuD 2010, S. 492.

444 Siehe dazu Flash Eurobarometer 443, Bericht ePrivacy, Fieldwork Juli 2016, veröffentlicht im Dezember 2016. „Most of the respondents are aware that, according to the law, personal information can only be accessed with their permission and that instant messaging and online voice conversations are confidential." Report ePrivacy, 4. „For the majority of therespondents, 9 in 10 respondents, the privacy of their personal information, their online communications and their online behaviour is very important.", Bericht ePrivacy, 29, abrufbar unter: http://ec.europa.eu/COMM

A. Neue Herausforderungen für die Persönlichkeit

I. Soziale Netzwerke am Beispiel von Facebook

Es gibt im Internet zahlreiche private oder berufliche soziale Netzwerke, wie Facebook[445], Xing, LinkedIn, Twitter, Netlog, Pinterest, Instagram, Snapchat oder TikTok. Unter den Schirm der sozialen Netzwerke fallen auch Blogs oder Wikipedia. Über solche Netzwerke teilen Nutzer oft viel zu viele intime Informationen und Bilder, die gravierende Konsequenzen für das Berufs- und das Privatleben haben können. Ein Post auf Facebook, in dem eine Frau ihren „Facebook-Freunden" angekündigt hat, dass sie im Urlaub ist, hat dazu beigetragen, dass „ein Freund" aus ihrer Facebook-Liste ihr Haus ausgeraubt hat.[446] Eine andere Frau hat ihren Job verloren, nachdem sie Bilder und ein Video auf Facebook gepostet hat und damit die Regeln ihres Arbeitgebers, des Leiters eines Pflegeheimes, zum Schutz der Privatsphäre der älteren Menschen und gefährdeten Erwachsenen verletzt hat.[447]

Die sozialen Netzwerke sind eine interaktive Web-Anwendung mit den technischen Fähigkeiten, Menschen in einer Gemeinschaft oder in einer Gruppe im Internet zusammenzubringen und zu vernetzen,[448] um soziale, kulturelle, politische oder auch wissenschaftliche Verbindungen zu entwickeln.[449] Facebook ist eines der bekanntesten und gleichzeitig höchst umstrittenen sozialen Netzwerke, insbesondere wegen der datenschutzrechtlichen Probleme. Facebook liegt auf dem zweiten Platz der am häufigsten besuchten Webseiten der Welt. In Deutschland liegt die Plattform auf dem ersten Platz, in Rumänien auf dem zweiten hinter google.ro.[450]

FrontOffice/publicopinion/index.cfm/Survey/getSurveyDetail/instruments/FLASH/surveyKy/2124.

445 Viele Unternehmen stellen ihre Dienste und Mitarbeiter vor, suchen und entwickeln neue professionelle Kontakte nicht nur auf LinkedIn oder Xing, sondern auch auf Facebook. Das beweist eine Anpassung und Erweiterung der Dienste an die Bedürfnisse der Nutzer.

446 Die ausführliche Geschichte, abrufbar unter: https://sileo.com/facebook-status-update-leads-to-robbery/.

447 Die Mitarbeiterin war auf Facebook mit einer Verwandten einer der abgebildeten Personen mit Down-Syndrom befreundet. Die Verwandte hat eine Beschwerde wegen der Bilder bei dem Pflegeheim eingereicht. Die ausführliche Geschichte, abrufbar unter: https://www.bbc.com/news/stories-41851771.

448 Vgl. *Spiecker gen. Döhmann,* AnwBl. 2011, S. 256.

449 Vgl. *Müller-Terpitz,* in: Hornung und Müller-Terpitz (Hrsg.), Rechtshandbuch Social Media, S. 164, Rn. 1.

450 Alexa ist ein Unternehmen mit Erfahrung im Bereich von Statistiken und es wurde 1996 gegründet. Auf der Internetseite stehen Statistiken, in denen die Ergebnisse der am häufigsten besuchten Webseiten nach dem Land, global und nach anderen Kategorien dargestellt werden, abrufbar unter: http://www.alexa.com/topsites.

Facebook ist ein amerikanisches Unternehmen mit Hauptsitz im Silicon Valley und wurde 2004 gegründet. Von einer studentischen Plattform[451] ist Facebook heute zu einem Internetgiganten geworden. Dieses soziale Netzwerk ermöglicht jedem die Erstellung eines eigenen Profils mit Bildern, Videos und mit der Angabe vielfacher persönlicher Daten. Ziel ist es, Leute in Kontakt zu bringen. In den Privatsphäre-Einstellungen kann bestimmt werden, wer welche Informationen abrufen kann. Facebook steht ständig im Zentrum der Kritik europäischer Datenschutzrechtler, besonders wegen der Verwertung der personenbezogenen Daten und wegen der Gefährdung der Privatsphäre der Nutzer. Eine der Niederlassungen von Facebook in der Europäischen Union liegt in Irland, wo das Datenschutzniveau nicht so hoch ist wie in anderen Mitgliedstaaten.

Die Nutzer selbst, nicht mehr nur die Betreiber, tragen durch ihre ständigen Aktivitäten dazu bei, dass die sozialen Netzwerke ihre Gewinnerzielungsabsichten erreichen.[452] Ihre wachsende Bedeutung und ihr Erfolg ist somit das Ergebnis einer fruchtbaren Zusammenarbeit zwischen den Anbietern, die die technischen Rahmenbedingungen festlegen, und den Nutzer, die selbst den Inhalt generieren.[453]

In Bezug auf soziale Netzwerke könnten der Schutz der informationellen Selbstbestimmung oder die Gewährleistung des „IT-Grundrechts" relevant werden. Wenn der Staat heimlich ein eigengenutztes informationstechnisches System bei einem Nutzerkonto eines sozialen Netzwerkes einsetzen würde, wäre der Schutzbereich des Rechts auf Vertraulichkeit und Integrität informationstechnischer Systeme verletzt.[454] Da aber bei den sozialen Netzwerken die Anbieter und nicht die Nutzer die Kontrolle über die Server ausüben, handelt es sich hier nicht um ein eigengenutztes informationstechnisches System.[455] Deswegen wird das „IT-Grundrecht" im Hinblick auf soziale Netzwerke nicht anwendbar sein, aber dafür spielt das Recht auf informationelle Selbstbestimmung eine große Rolle beim Schutz der Nutzer.

1. *Mitgliedschaft*

Allein in Europa erzielte Facebook im vierten Quartal 2015 pro Nutzer durchschnittlich einen Umsatz von 4,5 Milliarden US-Dollar.[456] Die Mitgliedschaft bei

---

451 Facebook war am Anfang nur für Harvard-Studenten gedacht. Sie konnten sich nur mit gültigen Harvard E-Mail-Adressen registrieren. Vgl. dazu einen Artikel der Harvard Zeitschrift „The Harvard Crimson", abrufbar unter: http://www.thecrimson.com/article/2004/2/9/hundreds-register-for-new-facebook-website/.

452 Im Zivilrecht wurde dies schon seit langem bewiesen. Vgl. *Redeker,* in: Hoeren/Sieber/Holznagel, Multimedia-Recht-HdB, Teil 12, Rn. 428.

453 Vgl. *Spiecker gen. Döhmann,* AnwBl. 2011, S. 256.

454 *Kühnl,* Persönlichkeitsschutz 2.0, S. 99.

455 *Hornung,* in: Hornung und Müller-Terpitz (Hrsg.), Rechtshandbuch Social Media, S. 82, Rn. 9.

456 Facebook, Quarterly Earnings Slides, Q4 2015, S. 12.

Facebook erfolgt durch die Registrierung und ist kostenlos[457], aber der Nutzer zahlt eigentlich mit den eigenen Daten,[458] da die Daten als „Währung im Web“ verwendet werden.[459]

Die datenschutzrechtlichen Bestimmungen von Facebook haben der globalen Plattform in den vergangenen Jahren auch auch einen schlechten Ruf eingebracht, was jedoch nicht so viele Nutzer abzuschrecken scheint. Nach einer BITKOM-Studie nutzen 78% der deutschen Nutzer mindestens ein soziales Netzwerk.[460] Allein bei Facebook waren im Mai 2014 in Deutschland 22 Millionen Nutzer,[461] in Rumänien waren es 7,6 Millionen Nutzer.[462] Nach dem Facebook-Datenskandal um Cambridge Analytica hat die Artikel-29-Datenschutzgruppe eine Social Media-Arbeitsgruppe eingerichtet,[463] um u.a. die Bestimmungen sozialer Netzwerke zu prüfen und Leitlinien für die Nutzer zu erstellen.

---

457 Der Slogan „Facebook ist und bleibt kostenlos“ erscheint auf der Startseite: http://www.facebook.com, bevor man sich registriert.

458 Bei der Registrierung ist es erforderlich, dass man den Datenschutzregelungen zustimmt und dadurch Werbemaßnahmen mit personenbezogenen Daten erlaubt. Siehe dazu https://de-de.facebook.com/privacy/explanation#.

459 *Wintermeier*, ZD 2012, 210 (212); Siehe vertiefend auch *Bräutigam*, MMR 2012, 635 (639). Es handelt sich um einen „Software-as-a-Service“ (SaaS) - Dienst. Siehe dazu *Redeker*, IT-Recht, Rn. 1175.

460 BITKOM, Soziale Netzwerke, 3. Aufl., eine repräsentative Untersuchung zur Nutzung sozialer Netzwerke im Internet, 2013, S. 3, abrufbar unter http://www.bitkom.org/files/documents/SozialeNetzwerke_2013.pdf.

461 Deutschland liegt auf dem 9. Platz in einer weltweiten Rangliste mit führenden Ländern nach der Zahl der Facebook Nutzer, abrufbar unter: http://www.statista.com/statistics/268136/top-15-countries-based-on-number-of-facebook-users/.

462 Siehe dazu eine rumänische Internetseite von einem Kontrolldienst der rumänischen Seiten facebrands.ro (romanian brands on facebook), die auf Facebook erstellt wurden. Dieser Kontrolldienst zeigt Daten sowohl über die Benutzerdaten, als auch über die Entstehung und die Tätigkeiten der rumänischen Seiten in diesem Netzwerk, abrufbar unter: https://www.facebrands.ro/blog/2015/01/7-6-m-conturi-utilizatori-facebook-romania/.

463 Pressemitteilung v. 11.4.2018, „Sorry is not enough“ WP29 establishes a Social Media Working Group, abrufbar unter: http://ec.europa.eu/newsroom/article29/document.cfm?action=display&doc_id=50999. Die britische Datenschutzbehörde - Information Commissioner Office (ICO) - hat eine Höchststrafe von 500.000 Pfund wegen des schweren Verstoßes von Facebook gegen die datenschutzrechtlichen Pflichten zur klaren und verständlichen Einwilligung im Cambridge Analytics-Skandal verhängt, in dem 87 Millionen Menschen betroffen waren. Mitteilung der ICO v. 25.10.2018, abrufbar unter: https://ico.org.uk/about-the-ico/news-and-events/news-and-blogs/2018/10/facebook-issued-with-maximum-500-000-fine/.

Bei Facebook sind Milliarden Nutzer aktiv und ca. 936 Millionen nutzen es täglich.[464] Mehr und mehr Nutzer werden aber zunehmend Gefahr der freiwilligen Preisgabe ihrer Daten im Internet gewahr. Die „Gratiskultur" im Netz birgt eine Gefahr, weil der Nutzer für die Dienstleistungen eines sozialen Netzwerks mit einer wertvollen Währung zahlt: mit seinen persönlichen Daten, die zu Werbezwecken und Profilbildung verwendet werden.[465] Dies wird auch von den Datenschutzbehörden kritisiert, die mehr Transparenz und die Einhaltung datenschutzrechtlicher Prinzipien fordern, wie Auskunfts- und Berichtigungspflichten,[466] um die Privatsphäre der Nutzer zu gewährleisten.

2. Die Abgrenzung zwischen Öffentlichem und Intimem

Der Begriff „öffentlicher Raum" ist sehr breit, abstrakt und schwierig zu definieren. Die Europäische Kommission für Demokratie durch Recht, auch bekannt als Venedig-Kommission, hat eine Definition und eine Auflistung öffentlicher Räume in einer Stellungnahme zu Videoüberwachung in öffentlichen Räumen von Behörden gegeben.[467] Ein „öffentlicher Raum" kann ein Raum sein, der grundsätzlich uneingeschränkt jederzeit unter allen Umstanden jedem zugänglich ist. Die Stellungnahme enthält auch konkrete Beispiele von öffentlichen Räumen: öffentliche

---

464 Facebook Reports First Quarter 2015 Results, S. 1.

465 Vgl. *Härting*, Internetrecht (2014), Rn. 149; siehe auch *Hornung und Müller-Terpitz,* in: Hornung und Müller-Terpitz (Hrsg.), Rechtshandbuch Social Media, Rn. 8; siehe auch den Bericht nach der Beschwerde von Canadian Internet Policy and Public Interest Clinic (CIPPIC) gegen Facebook: Under the Personal Information Protection and Electronic Documents Act von Elizabeth Denham (Assistant Privacy Commissioner of Canada), 16.7.2009, S. 33, Rn. 131: „Facebook [...] is free to users. [...] advertising is essential to the provision of the service, and persons who wish to use the service must be willing to receive a certain amount of advertising"; S. 34 Rn. 134: "In the circumstances of Facebook's ostensibly "free" social networking service, I find it reasonable that users are required to consent to Facebook Ads as a condition of service." Report of Findings, abrufbar unter: https://www.priv.gc.ca/cf-dc/2009/2009_008_0716_e.pdf.

466 Siehe dazu den Maßnahmenkatalog des Düsseldorfer Kreises, „Datenschutz in sozialen Netzwerken" v. 8.12.2011, abrufbar unter: http://www.dst.kit.edu/downloads/20111208DSInSozialenNetzwerken.pdf, S. 1 f.. Stark kritisiert wird auch ein mangelhaftes Löschungskonzept bezüglich der Daten, siehe dazu den Bericht Data Protection Commissioner of Ireland, Report of Audit v. 21.12.2011, über Facebook Ireland Ltd., S. 115 ff., abrufbar unter: https://www.dataprotection.ie/documents/facebook%20report/final%20report/report.pdf.

467 European Commission for democracy through law (Venice Commission) Opinion on video surveillance in public places by public authorities and the protection of human rights, Strasbourg, 23.3.2007, Study No. 404/2006, CDL-AD(2007)014, S. 4.

Parks, Fußgängerstraßen in Stadtzentren, öffentliche Außenparkplätze, Straßen in Wohngegenden, Sportstätten oder U-Bahn-Stationen. Universitäten, Diskotheken oder Cafés werden als halböffentliche Bereiche betrachtet, aber eigentlich sollten sie auch als öffentliche Räume eingestuft werden.

Die Studie der Venedig-Kommission definiert und beschreibt auch die Privat- und die Intimsphäre.[468] Die Privatsphäre im physikalischen Sinn ist ein Ort, zu dem der Zugang durch Gesetz oder durch diejenigen, denen der Ort gehört, eingeschränkt werden kann. Damit ist die Privatsphäre grundsätzlich nicht für die Öffentlichkeit, nicht für jeden, nicht jederzeit oder unter allen Umständen verfügbar. Die Privatsphäre umfasst auch den Intimaspekt der Persönlichkeit des Einzelnen. Jeder soll gegen unberechtigtes Eindringen der Regierung oder anderer Behörden, der Medien oder anderer Individuen geschützt sein. Obwohl die Privatsphäre schwer definierbar ist,[469] beinhaltet sie das Recht, Beziehungen mit anderen Menschen herzustellen und auszubauen, besonders für die Entwicklung und Erfüllung der Persönlichkeit,[470] die körperliche und geistige Unversehrtheit, einschließlich des Sexuallebens einer Person,[471] andere Rechte wie die Gedanken-, Gewissens- und Religionsfreiheit, gem. Art. 9 EKMR.

Im rumänischen Recht hat der Begriff „öffentlicher Raum" besonders im Strafrecht eine große Bedeutung und wird in Art. 184 Strafgesetzbuch[472] durch verschiedene Konstellationen beschrieben:

- der Ort, der durch seine Eigenschaften oder den Bestimmungsort immer für die Öffentlichkeit zugänglich ist, auch wenn keine Person anwesend ist;

468 European Commission for democracy through law (Venice Commission) Opinion on video surveillance in public places by public authorities and the protection of human rights, Strasbourg, 23.3.2007, Study No. 404/2006, CDL-AD(2007)014, S. 4.

469 Nennenswerte Urteile des EGMR mit wichtigen Beiträgen zur Entwicklung der Privatsphäre sind: EGMR, Urt. v. 6.9.1978 - Nr. 5029/71 - Klass u.a., in dem betont wurde, dass „die Vertragsstaaten nicht im Namen des Kampfes gegen Spionage und Terrorismus zu jedweder Maßnahme greifen dürfen, die ihnen geeignet erscheint." (Rn. 49); EGMR, Urt. v. 26.3.1987 - Nr. 9248/81 - Leander/Sweden, in dem kein Eingriff in die Privatsphäre festgestellt wurde, nur weil der Betroffene keinen Zugang zu einer „sensiblen" Stelle im öffentlichen Dienst hatte, weil er weiter ein privates Leben seiner Wahl führen kann. (Rn. 59); EGMR, Urt. v. 25.9.2001 - Nr. 44787/98 - P.G. and J.H./United Kingdom; EGMR, Urt. v. 22.2.1994 - Nr. 16213/90 - Burghartz/Schweiz, auch der Name gehört zu der Privatsphäre (Rn. 24).

470 EKMR (European Commission of Human Rights), Urt. v. 18.5.1976 - Nr. 6825/74 - X/Island, S. 86 f..

471 EGMR, Urt. v. 25.3.1992 - Nr. 13343/87 - B/Frankreich, Rn. 62 ff..

472 Das Gesetz Nr. 286 v. 17.7.2009 zum Strafgesetzbuch, veröffentlicht in M.Of. Nr. 510 v. 24.7.2009 und in Kraft seit dem 1.2.2014.

- jeder öffentlich zugängliche Ort, wenn während der Tat, die vom Strafgesetzbuch vorgesehen wird, die Öffentlichkeit Zugang zu diesem Ort hatte;
- kein öffentlich zugänglicher Ort, in dem eine Straftat geschehen ist, mit dem Zweck, dass die Tat gehört und gesehen werden sollte und wenn dies vor zwei oder mehrere Personen geschehen ist;
- eine Versammlung, außer wenn es um ein Familientreffen geht (Art. 152 rumänisches Strafgesetzbuch).

Wenn eine Straftat in einem öffentlichen Raum geschehen ist, wird dies als erschwerende Umstände betrachtet, beispielsweise bei einem besonders schweren Fall des Diebstahls an einem öffentlichen Ort, oder als ein grundlegendes Element für eine andere Straftat, beispielsweise im Falle einer Verleumdung[473].

Es ist eine Störung der Balance zwischen Öffentlichkeit und Privatheit festzustellen, da die Trennlinie zwischen öffentlichem und privatem Bereich, bei dem Phänomen unserer Tage, dass sich viele im Rampenlicht der Öffentlichkeit zeigen wollen, zunehmend verloren zu gehen scheint.

Die Frage bezüglich der Grenzziehung zwischen der öffentlichen und privaten Sphäre wurde auch vom EGMR erörtert, aber im Kontext der Veröffentlichung einiger Bilder von Caroline von Hannover.[474] Das Gericht bestimmte in diesem Fall, dass ein öffentliches Interesse erforderlich ist und ein Beitrag zu einer öffentlichen Diskussion geleistet werden sollte, um die Privatsphäre einschränken zu dürfen. Denn eine Behörde kann die Privatsphäre eines Betroffenen gem. Art. 8 Abs. 2 EMRK einschränken, wenn der Eingriff gesetzlich vorgesehen und in einer demokratischen Gesellschaft für die nationale oder öffentliche Sicherheit, für das wirtschaftliche Wohl des Landes, zur Aufrechterhaltung der Ordnung, zur Verhütung von Straftaten, zum Schutz der Gesundheit oder der Moral oder zum Schutz der Rechte und Freiheiten anderer notwendig ist.

3. *Öffentlicher Raum versus Freundeskreis*

In der Renaissance wurde der Garten als ein Ort für Privatheit, Geselligkeit und Gespräch gesehen und als ein Leben stiftender „Freiraum" empfunden.[475] In den umzäunten Gärten dieser Zeit entwickelte sich einer neue Kultur der persönlichen Kommunikation.[476] Städtische Gärten und Parks wurden auch als Orte

473 Das Gesetz Nr. 286/2009 sieht die Verleumdung nicht mehr als Straftat vor.

474 EGMR, Urt. v. 24.6.2004 - Nr. 59320/00 - Von Hannover/Deutschland; Siehe auch BVerfG, Beschluss v. 26.2.2008 - 1 BvR 1602/07, 1 BvR 1606/07 und 1 BvR 1626/07, BverfGE 120, 180.

475 *Régnier-Bohler*, in: Duby (Hrsg.), Fließbach, Vom Feudalzeitalter zur Renaissance, S. 309.

476 *Régnier-Bohler*, in: Duby (Hrsg.), Fließbach, Vom Feudalzeitalter zur Renaissance, S. 355.

der Kommunikation im Spannungsfeld von privatem und öffentlichem Leben wahrgenommen.[477]

Heutzutage repräsentieren die sozialen Netzwerke eine neue Form des sozialen Lebens. Dadurch werden die Gärten und Parks als kommunikative Räume durch die sozialen Netzwerke ersetzt, obwohl die Privatheit des Menschen in diesen digitalen Orten häufig zweifelhaft ist.

Der Mensch gibt seine personenbezogenen Daten preis, teils freiwillig, z.B. für die Einrichtung eines Facebook-Accounts, teils gezwungen, wenn dies gesetzlich gefordert wird, z.B. für die Rentenversicherung, teils aber auch in einer Mischung von beidem, so bei der Datenerfassung beim Besuch von Internetseiten.[478] Als Beispiele für den letzten Punkt könnte die Erstellung einer virtuellen Identität beim Surfen im Internet durch Algorithmen[479] oder durch Cookies genannt werden, wenn beim Aufruf einer Internetseite Cookies angelegt werden.

Unfreundliche oder beleidigende Äußerungen in soziale Netzwerken gegenüber dem Arbeitgeber können arbeitsrechtliche Konsequenzen haben, die auch zur Kündigung führen können. Es kann auch nicht erwartet werden, dass die Aussagen auf der eigenen Pinnwand oder in einem Kommentar bei einem Beitrag von einem „Facebook-Freund" geheim gehalten werden.[480]

In sozialen Netzwerken werden unter dem Begriff bestätigte „Freunde" auch Kontakte wie ehemalige Schulfreunde, Nachbarn, Ex-Kollegen, Party- oder Urlaubs-Bekanntschaften, ehemalige Lehrer oder Uniprofessoren erfasst.[481] Facebook ermöglicht allerdings auf technischer Ebene, zwischen dem Grad der Beziehungen, z.B. enge Freunde, Kontakte etc., zu differenzieren.[482]

All dies zeigt, dass Facebook kein privates Medium ist und dass der Freundeskreis viel extensiver ausgelegt wird als außerhalb des virtuellen Raumes. Darüber hinaus wird aus der Privatsphäre die Sozialsphäre, wenn die Einstellungen erlauben, dass bestimmte Inhalte „an Freunde von Freunden" geteilt werden können.[483]

---

477 *Schmale/Tinnefeld,* Privatheit im digitalen Zeitalter, S. 15.

478 *Schmale/Tinnefeld,* Privatheit im digitalen Zeitalter, S. 36.

479 *Schmale/Tinnefeld,* Privatheit im digitalen Zeitalter, S. 38.

480 LAG Hamm, Urt. v. 10.10.2012 - 3 Sa 644/12; ArbG Duisburg, Urt. v. 26.9.2012 - 5 Ca 949/12; ArbG Bochum, Urt. v. 9.2.2012 - 3 Ca 1203/11; ArbG Hagen, Urt. v. 16.5.2012 - 3CA2597/11.

481 *Schmidt,* Das neue Netz, S. 114.

482 *Schmidt,* Das neue Netz, S. 114.

483 Vgl. dazu *Koch,* ITRB 2011, 128 (129).

4. *Wandel in der Rechtsprechung*

Der Oberste Kassations- und Gerichtshof Rumäniens (Înalta Curte de Casaţie şi Justiţie - ICCJ) hat mit einer Entscheidung[484] anerkannt, dass ein Facebook-Profil als „ein öffentlicher Raum“[485] betrachtet werden soll.

Im Januar 2012 richtete ein rumänischer Facebook-Nutzer auf seiner Pinnwand einen Nazi-Slogan[486] an die Bürger, die zur selben Zeit gegen die Sparpolitik des damaligen Präsidenten Rumäniens, Traian Băsescu, und der damaligen Regierung von Premierminister Emil Boc protestierten. Der Nationale Rat zur Bekämpfung von Diskriminierung (Consiliul Naţional pentru Combaterea Discriminării - CNCD) befasste sich mit diesem Sachverhalt und sanktionierte die Aussage[487], da sie die Menschenwürde der Protestteilnehmer verletze. Entgegen der Beschwerde des Facebook-Nutzers wurde diese Sanktion für berechtigt, zulässig und rechtmäßig befunden.[488]

Das Urteil Nr. 4546/27.11.2014 des ICCJ schaffte bereits eine Präzedenz in Bezug auf den öffentlichen Charakter von Facebook.[489] Ein Richter stellte einen Antrag beim rumänischen Obersten Rat der Magistratur und begründete diesen auf einer Reihe von Nachrichten, die auf Facebook zwischen zwei Klägern über die vor dem Pătârlagele Gericht anhängigen Rechtsstreitigkeiten und deren zuständige Richter geschrieben wurden.[490] Die Kläger deuteten dabei an, dass der Richter maßgeblich beeinflusst wurde, um eine Entscheidung zugunsten der Kläger zu treffen.[491] Die Justizinspektion entschied, dass das berufliche Ansehen des Richters dadurch

---

484 ICCJ, Spruchkörper C7-AP, Entscheidung Nr. 144/43 v. 27.11.2014 und die Entscheidung Nr. 21 v. 17.1.2013 vom Berufungsgericht Târgu Mureş (II. Zivil-, Verwaltungs- und Steuer Abteilung) bestätigt und behalten.

485 Urt. Nr. 21 v. 17.1.2013 v. Berufungsgericht Târgu Mureş, S. 10.

486 „Arbeit macht frei – asta să înţeleagă protestatarii“ (das sollen die Demonstranten verstehen). Berufungsgericht Târgu Mureş, Urt. Nr. 21 v. 17.01.2013, S. 2.

487 Darüber wurde auch in der deutschen Presse berichtet. Siehe dazu z.B. ein Artikel in der „Zeit“ v. 16.1.2012, abrufbar unter: http://www.zeit.de/news/2012-01/16/innenpolitik-immer-mehr-proteste-in-rumaenien-gegen-sparpolitik-16153010.

488 Urt. Nr. 21 v. 17.1.2013 v. Berufungsgericht Târgu Mureş, S. 8.

489 Die zusammengefasste Stellungnahme des Urt. 4546/27.11.2014 von ICCJ im Sachverhalt Nr. 144/43/2012. Siehe dazu den Bericht der Justizinspektion bzgl. des Antrags auf Schutz des beruflichen Ansehens des Richters Mănăilescu Ştefan v. 21.01.2016, S. 10.

490 Die Beschwerde wurde unter der Nr. 7501/IJ/4367/DIJ/2015 am 11.12.2015 registriert.

491 Der Beklagte hat den Inhalt des Gesprächs v. 30. und 31.10.2015 als Kopie eines Printscreens vor dem Richter im Rahmen des Sachverhalts präsentiert und die Nachrichten sind auch im Text des Berichts der Justizinspektion bzgl. des Antrags auf Schutz des beruflichen Ansehens vom Richter Mănăilescu Ştefan enthalten. Siehe dazu den Bericht der Justizinspektion v. 21.01.2016, S. 5 f..

ernsthaft beschädigt wurde, dass die Äußerungen in einem öffentlichen sozialen Netzwerk und damit für jeden zugänglich getätigt wurden haben. Zudem waren die Aussagen unbegründet und es gab keine ausreichenden Beweise für ein rechtswidriges Verhalten oder dafür, dass der Richter die geltende berufsständische Regel nicht beachtet hätte.

Obwohl es im deutschen Recht kein Urteil gibt, in dem ausdrücklich erklärt wurde, dass die sozialen Netzwerke einen „öffentlichen Raum" darstellen, wurde darauf indirekt durch ein Urteil vom Landgericht Aschaffenburg[492] aus dem Jahr 2011 hingewiesen. Auch im Schweizer Recht gibt es ein Urteil vom Obergericht des Kantons Zürich von 25. November 2013[493], wo die Veröffentlichung eines jungen Mannes auf seiner Facebook-Profilseite als versuchte Einschüchterung der Bevölkerung[494] betrachtet wurde.

5. Bilder bei Facebook

Das Recht am eigenen Bild berechtigt jeden zu entscheiden, ob eine Ablichtung von ihm verbreitet oder veröffentlicht werden darf. Auf Facebook haben die Nutzer die Möglichkeit, Fotoalben hochzuladen und ihre Facebook-Freunde auf Bildern zu verlinken. In solchen Situationen muss geprüft werden, ob die Erlaubnis des Abgebildeten für die Veröffentlichung besteht.

Bei Facebook kann der Abgebildete selbst einstellen, ob sein Bild weiterverwendet (geteilt) werden kann, und damit würde eine konkludente Einwilligung in die Weiterverwendung vorliegen oder nicht, aber diese Prüfung muss in jedem Einzelfall gemacht werden.[495] Auch durch diese technische Einstellung kann der Betroffene trotzdem nicht kontrollieren, dass sogar eine der Personen, denen erlaubt ist, die Bilder nur auf dem Profil des Abgebildeten zu sichten, die Bilder speichert oder davon einen Screenshot macht und danach die Bilder in einem weiteren Kreis ohne Einwilligung und Wissen des Abgebildeten weiterverbreitet.

---

492 LG Aschaffenburg, Urt. v. 19.8.2011 - 2 HK O 54/11.

493 Obergericht des Kantons Zürich, I. Strafkammer, Urt. v. 25.11.2013 - SB130371-O/U/jv.

494 Die Drohung des Beschuldigten auf Facebook, alle zu vernichten, die ihm zu seinem Geburtstag gratuliert haben, richtet sich grundsätzlich an jedermann. Hinzu kommt, dass die Mitteilung von mindestens 290 seiner sogenannten Facebook-Freunde gelesen und weiterverbreitet werden konnte. 2.2.3. S. 12, Urt. v. 25.11.2013 - SB130371-O/U/jv, Obergericht des Kantons Zürich, I. Strafkammer.

495 Das Hochladen eines Fotos auf Facebook beinhaltet keine Einwilligung in die Weiterverbreitung des Fotos durch Dritte außerhalb des Kreises der zugriffsberechtigten Facebook-Mitglieder. Siehe OLG München, Urt. v. 17.03.2016 - 29 U 368/16 - Facebook-Profilfoto in MMR 2016, 414 (415); *Seitz,* in: Hoeren/Sieber/Holznagel, Multimedia-Recht, Teil 8, C. III. 7 Rn. 37.

a) *Das Recht am eigenen Bild*

Die passiven Konsumenten sind die jetzigen „Prosumenten“[496], die Inhalte im Netz konsumieren, aber auch aktiv zu der Entwicklung und Verbreitung von Online-Inhalten beitragen. Eigene personenbezogene Daten oder Informationen oder jene von anderen werden rücksichtslos in den digitalen Netzwerken verbreitet, gespeichert und unter intransparenten Voraussetzungen verarbeitet.[497] Die Nutzer sind nicht mehr passive Zuschauer, denn sie verfassen, veröffentlichen und verbreiten ihre eigenen Inhalte, also Bilder, Notizen, Nachrichten oder dergleichen.[498]

Die freiwillige Preisgabe zahlreicher Nutzer ihrer persönlichen oder sogar intimsten Informationen oder Bilder ist mit einem nur Klick verfügbar. Hier erkennt man die Umwandlung einer Gesellschaft, die ständig nach Aufmerksamkeit strebt.[499] Das Internet hat grundsätzlich keine Altersgrenze[500]. Eltern können auf Facebook Bilder ihrer Kinder[501] veröffentlichen oder Blogs über ihre Kinder, ein Phänomen dass man „mommyblogging“ nennt.[502] Ebenfalls schreiben Kinder über die verschiedenen Facetten ihres Lebens auf Blogs[503]. Dadurch hat jeder Zugang zu persönlichen und intimsten Erfahrungen.

---

496 Der Begriff wurde vom Englischen „prosumer” übernommen. Diese Wortschöpfung ist das Ergebnis der Vereinigung von *Pro*duzent (engl. *pro*ducer) und Kon*sument* (engl. con*sumer*). Es bezeichnet Nutzer, die in derselben Zeit die Rolle als Verbraucher und Produzenten bestimmter Produkte (im Internet Inhalte) einnehmen. Siehe dazu *Toffler,* Die dritte Welle, S. 86 ff..

497 *Maisch,* Informationelle Selbstbestimmung in Netzwerken, S. 30.

498 *Münker,* in: Michelis/Schildhauer (Hrsg.), Theorien, Methoden, Modelle und Praxis, S. 59 ff.; *Kutscher,* Der digitale Nachlass, S. 30 f..

499 Vgl. zur neuen angepassten Regel, *Ladeur,* K&R 2007, 85 (86); Vgl. auch in Bezug auf die sozialen Netzwerke *Ohly,* AfP 2011, 428 (429).

500 Den einzigen Unterschied findet man bei manchen sozialen Netzwerken, wie Facebook, wo das Mindestalter 13 ist. In der Praxis ist dies aber schwer verifizierbar.

501 Infolge der Aktion, bei der mehrere stolze Eltern drei Bilder von ihren Kinder auf ihrer Facebook-Seite veröffentlicht haben und danach andere Facebook-Freunde aufgefordert haben, das gleiche zu tun, haben sich Vertreter der französischen Jandarmerie auf Facebook geäußert und die Eltern darauf aufmerksam gemacht, welche negativen Konsequenzen eine solche Aktion hat. Siehe dazu einen Artikel, abrufbar unter: http://www.thelocal.fr/20160301/french-parents-told-dont-put-photos-of-kids-on-facebook.

502 Heather Armstrong genannt „Queen of the Mommy Bloggers“ wurde oft kritisiert für die Gefährdung der Privatsphäre ihrer Kinder. Siehe den Blog, abrufbar unter: http://dooce.com/.

503 Die beliebten Themen für Blogs sind Politik, Bücher, Mode oder Kochen. Eine Sammlung von Blogs, die Datenschutzregeln respektieren, aber trotzdem den Kindern die Möglichkeit geben, ihre Meinung unzensiert zu äußern, sind diejenigen, die unter

b) Einwilligung des Abgebildeten

Dennoch kann man nicht davon ausgehen, dass ein Bild, das im Printmedium veröffentlicht wurde, automatisch auch im Internet oder in sozialen Netzwerken von einem Dritten veröffentlicht werden darf.[504] Dafür muss separat eine Einwilligung des Abgebildeten eingeholt werden. Wenn der Abgebildete z.B. selbst ein Bild von sich auf Facebook einstellt, müssen folgende Fragen berücksichtigt werden. Ist die konkludente Einwilligung auf Weiterverbreitung erteilt worden? Wurde das Bild in einer geschlossenen Gruppe, auf der eigenen Pinnwand nur für die Facebook-Freunde oder für Jedermann zugänglich veröffentlicht?[505] Bei einer geschlossen Gruppe sollte das Foto in diesem Kreis bleiben, sonst wäre die Weiterverbreitung ohne Einwilligung des Abgebildeten unzulässig. Das gleiche gilt auch wenn der Facebook-Nutzer das Bild nur in seinem „Facebook-Freundeskreis" veröffentlicht und die Einstellungen dergestalt vorgenommen hat, dass die Weiterverbreitung eingeschränkt ist.

Für eine rechtmäßige Verarbeitung der personenbezogenen Daten ist das vorherige Einholen der Einwilligung der betroffenen Person erforderlich.[506] Die personenbezogenen Daten können einen großen wirtschaftlichen Wert haben und sogar ein Businessmodel sein. Google bietet u.a. E-Mail-Dienstleistungen, Karten, ein Übersetzungstool, Notizen, einen Kalender, Textdokumente, die online bearbeitet und geteilt werden können, sowie eine Suchmaschine. Obwohl die Nutzer keine Nutzungsgebühren für diese Dienste an Google zahlen, werden ihre personenbezogenen Daten dadurch monetisiert, dass sie zu Werbezwecken an Dritte weitergegeben werden.[507]

Art. 4 Nr. 11 DS-GVO enthält eine Legaldefinition der Einwilligung, die besagt, dass die Willensbekundung in informierter Weise für die Verarbeitung der personenbezogenen Daten gegeben werden sollte. Wenn Verbraucher alle AGB von Online-Shops lesen und verstehen sollten, um eine gründlich informierte

---

Pseudonym geschrieben, ohne Angaben der Adressen oder anderer personenbezogener Daten und nach der Überprüfung von einem Elternteil veröffentlicht werden. Artikel abrufbar unter: http://www.telegraph.co.uk/technology/social-media/9929832/Meet-the-children-blogging-about-their-world.html.

504 *Seitz,* in: Hoeren/Sieber/Holznagel, Multimedia-Recht-HdB, Teil 8 C. III. 7, Rn. 36. Besonders weil durch die Veröffentlichung im Internet ein großer Eingriff in die Privatsphäre des Abgebildeten verursacht wird.

505 Vgl. *Gounlakis,* in: Götting/Schertz/Seitz, Handbuch des Persönlichkeitsrechts, § 24, Rn. 128.

506 ErwG. 40 DS-GVO.

507 Google verwendet damit einen two-sided Market-Prototyp. Das Unternehmen finanziert seine Dienste durch die Verarbeitung und Weitergabe an Dritte, die der Nutzer-Daten personalisierte Werbung einschalten und damit hat der Nutzer „soziale Kosten". Dazu *Bercea,* RRDP, 1/2018, S. 34.

Einwilligung als Verbraucher abzugeben, sind alltägliche Verträge im Internet praktisch nicht umsetzbar oder können sehr teuer werden.[508] Die Entscheidungsfreiheit der Betroffenen wird wesentlich eingeschränkt, wenn sie abhängig von einer mangelhaften Einwilligung ist. Damit verliert der Verbraucher seine informationelle Selbstbestimmung und die Unternehmen müssen keine anderen Kriterien erfüllen, um eine rechtmäßige Datenverarbeitung zu haben. Unter diesen Bedingungen sollte die Aufsicht der Datenschutzbeauftragten erhöht werden und nicht nur auf die Einwilligung des Nutzers abgestellt werden.[509]

c) Bilder von Minderjährigen

Wie kann der minderjährige Abgebildete geschützt werden, wenn sein Bild ohne seine Einwilligung von seinen Eltern im Internet, meist in sozialen Netzwerke wie Twitter oder Facebook, veröffentlicht wurden? Auf der einen Seite sind die Eltern, die jede Bewegung der Kinder im Internet durch Bilder dokumentieren und so der Öffentlichkeit zu viele Informationen bereitstellen, Teil des Phänomens Oversharenting[510]. Auf der anderen Seite sind die „Helicopter-Parents"[511], die ein überfürsorgliches Verhalten gegenüber ihren Kindern haben und digitale Mittel, wie z.B. digitale Ortung der Kinder über GPS, dazu einsetzen, ihre Kinder rundum zu überwachen. Eine derartige digitale Überwachung birgt jedoch auch mögliche Gefahren für die Kinder, wenn eine unbefugte Person Zugang zu den Informationen erhält.[512]

---

508 Laut Statista 2018 lesen 17 % der Befragten die AGB der Online-Shops nie und 27% lesen sie selten. Statistik, abrufbar unter: https://de.statista.com/statistik/daten/studie/4113/umfrage/aspekte-beim-online-banking-nach-geschlecht/; Siehe auch *Rhoen,* Big Data and Consumer Participation in Privacy Contracts: Deciding who Decides on Privacy, UJIEL, Vol. 31(80), 2015, S. 51.

509 Zu diesem Vorschlag ausführlich in *Mantelero,* The future of consumer data protection in the EU Re-Thinking the „notice and consent" paradigm in the new era of predictive analytics, CLSR, Vol. 30, 2014, S. 643 ff..

510 Nachteile und Vorteile dieses Phänomens im Artikel, abrufbar unter: https://www.theguardian.com/lifeandstyle/2013/may/18/pros-cons-of-sharenting.

511 Der Begriff wurde von Haim Ginott eingeführt und er beruht auf der Idee, dass eine überbehütende Mutter wie ein Hubschrauber ihre Kinder überwacht („Mother hovers over me like a helicopter"). Vgl. dazu *Ginott,* Between Parent & Teenager, S. 18.

512 Diese Frage wird auch in der deutschen Presse gestellt. Die Süddeutsche berichtet über die Gefahren der Peilsender an die Schuhen der Kinder, so dass die Eltern benachrichtigt werden, wenn die Kinder außerhalb festgestellter Wege und Zonen sind oder von abhörbaren Handys. Siehe dazu http://www.sueddeutsche.de/leben/digitale-ueberwachung-die-welt-als-laufstall-1.1594856; und auch FAZ berichtet über die elektronische Fußfessel an amerikanischen Schulen in: http://www.faz.

Das französische Recht enthält die strengsten Regeln Europas für den Schutz von Minderjährigen. Nach dem französischen Recht, Artikel 226-16 bis 226-24, wären die Kinder berechtigt, ihre Eltern zu verklagen und auch Schadenersatz dafür zu bekommen. Darüber hinaus könnten den Eltern auch bis zu 5 Jahre Haft drohen.[513]

Im deutschen Recht gewährleistet das Kunsturheberrechtsgesetz (KUG) die Kontrolle des Abgebildeten über seine Bilder. Die Veröffentlichung von Fotos von Kindern im Internet braucht die Einwilligung des gesetzlichen Vertreters eines Minderjährigen. Das AG Menden hat in einem Urteil[514] entschieden, dass der Vater sogar die Einwilligung der erziehungsberechtigten Mutter nach § 22 KUG[515] braucht, um die Bilder seines eigenen Kindes auf einer öffentlich zugänglichen Internetseite[516] zu veröffentlichen.

Ein portugiesisches Urteil vom Tribunal da Relação de Évora hat am 25.6.2015 entschieden, dass ein 13-jährigen Mädchen einen Anspruch auf Schadenersatz von seinen Eltern hat. Die Eltern haben die Privatsphäre und das Recht ihrer Tochter auf Datenschutz im Internet verletzt, indem sie Bilder und Informationen, die zu ihrer Identifizierung in den sozialen Netzwerken führen, veröffentlicht haben. In der Begründung wird darauf hingewiesen, dass die Enthaltung von Veröffentlichung der Bilder und Informationen, die zu der Identifizierung ihres Kindes führen, Teil der elterlichen Verantwortung gegenüber ihrer Tochter ist.[517] In den Entscheidungsgründen des Urteils wird gezeigt, dass die Pflicht, den Schutz der Rechte am eigenen Bild und auf Privatsphäre zu gewährleisten, eine genauso große Rolle spielt wie die Pflicht, eine angemessene Ausbildung oder Gesundheit zu garantieren.

Das Bewusstsein für die elterliche Verantwortung muss auch bezüglich des Verhaltens der Eltern im Internet verstärkt und gefördert werden. Eltern haben eine Pflicht, die Rechte ihrer Kinder zu respektieren und zu gewährleisten. Zur Bekämpfung der Kinderpornographie oder anderer Straftaten in Einklang mit der

---

net/aktuell/gesellschaft/digitale-ueberwachung-wer-sendet-suendigt-nicht-11933517.html.

513 Art. 226-22 des französischen Code penal, geändert durch das Gesetz Nr. 2004-801 v. 6.8.2004 - Art. 14 JORF 7.8.2004.

514 AG Menden, Urt. v. 3.2.2010 - 526/09.

515 § 22 KUG verlangt die Einwilligung entweder des Abgebildeten oder der Angehörigen des Abgebildeten, wenn der Abgebildete gestorben ist.

516 In diesem Fall ging es um www.mein.net bzw. http:/www.meinvz.net/fotosPhos/Album.

517 Acórdão do Tribunal da Relação de Évora, Urt. v. 25.6.2015 - 789/13.7TMSTB-B.E1, Gutachten (Relatório), Pkt. 11, Siehe dazu den Text (nur auf Portugiesisch), abrufbar unter: http://www.dgsi.pt/jtre.nsf/134973db04f39bf2802579bf005f080b/7c52769f1dfab8be80257e830052d374?OpenDocument.

Charta der Grundrechte der Europäischen Union (Art. 24 Abs. 2) und der UN-Konvention[518] (Art. 34 zum Schutz vor sexuellem Missbrauch) über die Rechte des Kindes muss das Prinzip zum Wohl des Kindes vorrangig sein. Dieses Ziel muss von mehreren Akteuren erreicht werden: von den Eltern als Hauptschützer des Kindes, aber auch von den öffentlichen Institutionen und vom Staat mit angemessenen Maßnahmen.

d) Zusätzlicher Schutz von Minderjährigen

Durch die Richtlinie 2011/93[519] haben die Mitgliedstaaten neue Vorschriften für strafrechtliche Sanktionen in der nationalen Gesetzgebung hinsichtlich der Bestimmungen des Unionsrechts zur Bekämpfung sexuellen Missbrauchs und sexueller Ausbeutung von Kindern sowie Kinderpornografie vorgesehen. Damit soll darauf aufmerksam gemacht werden, dass Maßnahmen zu ergreifen sind, um Webseiten, die Kinderpornografie enthalten oder verbreiten, entfernt werden sollen. Auch der Zugang zu solchen Webseiten sollte vorbehaltlich durch bestimmte Sicherheitsvorkehrungen gesperrt werden.

Zur Umsetzung der Richtlinie 2011/93/EU wurden in Rumänien zahlreichen Vorschriften erlassen, zuletzt durch eine Notverordnung[520] der Regierung zum Schutz der Opfer, besonders Kinder. Das Gesetz Nr. 272[521] hat den Rechtsrahmen zum Schutz der Kinder im Internet durch Art. 89 schon 2004 bereitgestellt, u.a. auch wenn es um Kinderpornographie geht. In Deutschland wurden das Gesetz zur Stärkung eines aktiven Schutzes von Kindern und Jugendlichen (Bundeskinderschutzgesetz[522]), Änderung der Richtlinien für das Strafverfahren und das

518 Das Übereinkommen über die Rechte des Kindes (engl. Convention on the Rights of the Child) wurde am 20.11.1989 von der UN-Generalversammlung angenommen und trat am 2.9.1990 in Kraft.

519 Richtlinie (EU) 2011/93/EU des Europäischen Parlaments und des Rates v. 13.12.2011 zur Bekämpfung des sexuellen Missbrauchs und der sexuellen Ausbeutung von Kindern sowie der Kinderpornografie sowie zur Ersetzung des Rahmenbeschlusses 2004/68/JI des Rates, ABl. L 335, S. 1.

520 Da die Frist zur Umsetzung am 18.12.2013 abgelaufen ist, musste, dieses Mal berechtigter Weise, eine Notverordnung erlassen werden. Erlassene Vorschriften: Notverordnung Nr. 18/2016 zur Änderung und Ergänzung des Gesetzes Nr. 286/2009 zum Strafgesetzbuch, des Gesetzes Nr. 135/2010 zur Zivilprozessordnung und zur Ergänzung des Art. 31 Abs. 1 des Gesetzes Nr. 304/2004 zur Gerichtsorganisation; Artikeln 118 f) und 112 e) Cod penal, M.Of. Nr. 258, v. 19.4.2012.

521 Das Gesetz Nr. 272 v. 21.6.2004 des rumänischen Parlaments zum Schutz und zur Förderung der Kinderrechte, M.Of. Nr. 159 v. 5.3.2014.

522 Bundesgesetzblatt 2011, Teil I, Nr. 70 v. 28.12.2011, S. 2975.

Bußgeldverfahren (RiStBV[523]) Nr. 19 zur Vernehmung von Kindern und Jugendlichen erlassen und Änderungen des Strafgesetzbuches[524] vorgenommen.

Die Regelung im rumänischen Recht, dass ein Internet-Dienstleister die rumänische Datenschutzbehörde über die Verarbeitung der personenbezogenen Daten von Minderjährigen im Internet oder über elektronischen Datenübermittlung informieren musste, war im Einklang mit dem Prinzip zum Wohl des Kindes.[525] Im Falle einer Änderung bei einer bereits abgegebenen Benachrichtigung hatten diese die Möglichkeit, eine aktuelle Anlage zur Verarbeitung bei ANSPDCP abzugeben.

2017 wurde in Rumänien ein Urteil[526] zum Schutz des Rechts am eigenen Bild und der Würde des Menschen auf Facebook veröffentlicht. Das Gericht aus Vişeu de Sus hat entschieden, dass die Voraussetzungen für eine unerlaubte Handlung gem. Art. 1349[527] Cod Civil zur generellen Haftung und Art. 1357 ff. Cod Civil erfüllt wurden. Gem. Art. 1357 Cod Civil ist derjenige, der einem anderen durch einen rechtswidrigen Eingriff mit Verschulden einen Schaden verursacht hat, verpflichtet, den Schaden zu reparieren. In diesem Fall bestand ein widerrechtlicher Eingriff darin, dass Bilder, beleidigende Aussagen und Bedrohungen veröffentlicht wurden, was somit einen Eingriff in das Recht am eigenen Bild der Klägerin und ihres Kindes gem. Art. 74 c) Cod Civil, Art. 30 Abs. 6 und 7 der rumänischen Verfassung darstellte. Zudem wurde das Recht der eigenen Würde der Klägerin und ihrer Angehörigen gem. Art. 72 Cod Civil und Art. 1 Abs. 3 der rumänischen Verfassung verletzt. Durch das Erschaffen eines schlechten Bildes der Klägerin und ihrer Familie in der Öffentlichkeit wurde auch ein Schaden verursacht und der Kausalzusammenhang zwischen dem widerrechtlichen Eingriff und dem Schaden wurde auch gegeben. Die Beklagten haben mit Verschulden, nämlich mit Absicht, die Aussagen und die Bilder auf Facebook veröffentlicht.

---

523 Elektronischer Bundesanzeiger (BAnz AT 18.8.2014 B1) v. 23.7.2014, S. 1.

524 Neunundvierzigstes Gesetz zur Änderung des Strafgesetzbuches – Umsetzung europäischer Vorgaben zum Sexualstrafrecht v. 21.1.2015, §§ 184b-e StGB zur Kinderpornographie, Bundesgesetzblatt Teil I, Nr. 2 v. 26.1.2015.

525 Art. 1 Abs. 1 lit. h der Entscheidung Nr. 200/2015 des Präsidenten der ANSPDCP zu den Fällen der Datenverarbeitung, in denen ANSPDCP nicht informiert werden muss, veröffentlicht im Amtsblatt Rumäniens (M.Of.), I. Teil, Nr. 969 v. 28.12.2015. Diese Entscheidung war seit 25.5.2018 nicht mehr gültig. Siehe Bericht ANSPDCP 2017, S. 40.

526 Judecătoria Vişeu de Sus, Urt. Nr. 97 v. 18.1.2017.

527 Art. 1349 Abs. 1 Cod Civil besagt, dass jede Person verpflichtet ist, die Verhaltensregeln, die das Gesetz oder die Gewohnheit des Ortes auferlegen, zu respektieren und durch ihre Handlungen oder Untätigkeiten die Rechte oder berechtigten Interessen anderer Personen nicht zu beeinträchtigen.

Dennoch regeln Art. 2 Abs. 3 des Gesetzes Nr. 272/2004[528] und auch Art. 263 Cod Civil das Kindesinteresse, das auch im Urteil erwähnt wurde. Das Gericht kritisierte das Argument der Beklagten, über Facebook einen direkten Kontakt und ein Verhältnis mit dem Kind behalten zu wollen, da ein Verhältnis mit einem Kind nicht über die sozialen Netzwerke aufgebaut und gepflegt werden sollte. Überdies stünden die Veröffentlichungen und die beleidigenden Kommentare gegenüber der Mutter nicht in Einklang mit dem Kindesinteresse.

Das Urteil Nr. 97/2017 des Amtsgerichts Vişeu de Sus vom 18.1.2017 ist für das rumänische Recht ein Grundsatzurteil zum Schutz der Persönlichkeitsrechte im Internet. Das Urteil beschäftigt sich auch mit dem Recht am eigenen Bild, mit dem Schutz der Würde und der außervertraglichen Haftung in den sozialen Netzwerken.

Die Beklagten, die vier Geschwister des geschiedenen Ehemanns der Klägerin, wurden verpflichtet, der Klägerin für den immateriellen Schaden, die Verletzung des Rechtes am eigenen Bild, Schmerzensgeld zu zahlen. Dennoch wurden die Beklagten auch auf Unterlassung und Löschung wegen einer ohne Einwilligung des Abgebildeten erfolgten Veröffentlichung und Verbreitung mehrerer Fotos auf Facebook verpflichtet. Das Berufungsgericht Tribunalul Maramureş hat bei seiner Beurteilung die Revision der vier Beklagten zum Urteil 97/18.1.2017 des Amtsgerichts Vişeu de Sus als unbegründet zurückgewiesen und so wurde das Urteil Nr. 97/2017 rechtskräftig.

B. Datenschutzrechtliche Aspekte

I. Die datenschutzrechtlichen Standards

Ein Facebook-Nutzer kann durch eine Vorschau des eigenen Profils sehen, welche Informationen über ihn anderen Nutzern zur Verfügung gestellt werden. Andere technische Möglichkeiten für den Schutz der eigenen Privatsphäre auf Facebook könnten auch regelmäßige Nachrichten oder „pop out"-Fenster beim Öffnen der Profil-Seite mit Informationen über die aktuellsten Privatsphäre-Einstellungen sein.[529] Als Teil der Meldepflicht für die sozialen Netzwerke könnten für die Interessenten auch ein Überblick über die Stufen der Privatsphäreeinstellungen oder Informationen, die veröffentlicht werden, zur Verfügung gestellt werden.[530]

Zahlreiche Datenschutzbehörden und Organisationen setzen sich für strengere Sanktionen in den sozialen Netzwerken ein. Organisationen wie die European

528 Das Gesetz Nr. 272 v. 21.6.2004 des rumänischen Parlaments zum Schutz und Förderung der Kinderrechte, M.Of. Nr. 159 v. 5.3.2014.

529 *Schmidt,* Das neue Netz, S. 126.

530 Wenn Facebook dies als technisch nicht umsetzbar oder nicht erforderlich betrachtet, kann die Gemeinschaft der Facebook-Nutzer weiterhin Erwartungen äußern. Der Einfluss der Bekannten oder Freunde wird benutzt, um das Identitätsmanagement im Internet zu verbessern. Vgl. dazu *Schmidt,* Das neue Netz, S. 127.

Network and Information Security Agency[531], die International Working Group on Data Protection in Telecommunications[532] oder der Düsseldorfer Kreis[533] haben Memoranden und Beschlüsse erstellt, die Bestandsaufnahmen und Empfehlungen für die sozialen Netzwerke enthalten.

In Deutschland wurde eine Orientierungshilfe[534] für die Betreiber sozialer Netzwerke von der Konferenz der Datenschutzbeauftragten des Bundes und der Länder sowohl für die Behörden als auch für die Unternehmen erstellt. 2009 haben mehrere soziale Netzwerke angefangen, einen Verhaltenscodex[535] zu erarbeiten. 2013 wurde der finale Bericht[536] dazu veröffentlicht.

Safer Social Networking Principles, eine Initiative der Europäischen Kommission, hat verschiedene Regelungen der Internetdienstanbieter vorgeschlagen, d.h. dass diese Regelungen nicht rechtsbindend sind. Die Umsetzung wurde den Betreibern überlassen. Bisher haben jedoch weniger als die Hälfte der Anbieter diese Vorschläge umgesetzt.[537]

---

531 ENISA, Position Paper Nr. 1: Security Issues and Recommendations for Online Social Networks, Heraklion 2007.

532 Siehe dazu Report and Guidance on Privacy in Social Network Services – "Rome Memorandum" – (Rome (Italy), 3./4.3.2008, abrufbar unter: https://datenschutz-berlin.de/attachments/461/WP_social_network_services.pdf.

533 Datenschutzkonforme Gestaltung sozialer Netzwerke. Beschluss v. 17./18.4.2008, Düsseldorf, abrufbar unter: https://datenschutz-berlin.de/attachments/487/D__sseldorfer_Kreis_April_2008_Datenschutzkonforme_Gestaltung_sozialer_Netzwerke.pdf?1212737975.

534 Orientierungshilfe „Soziale Netzwerke", 14.3.2013, abrufbar unter: http://www.lda.brandenburg.de/sixcms/media.php/4055/OH_Soziale_Netzwerke.pdf

535 Verhaltenscodex für Betreiber von Social Communities bei der FSM, 11.3.2009, Berlin, abrufbar unter: http://www.fsm.de/selbstverpflichtungen/VK_social_communities_final_09032009.pdf.

536 Finaler Bericht, abrufbar unter: https://www.fsm.de/ueber-uns/veroeffentlichungen/FSM_Closing_Report_SocialCommunities.pdf.

537 Siehe dazu *Staksrud, E. and Lobe, B.* (2010) Evaluation of the implementation of the Safer Social Networking Principles for the EU Part I: General Report. European Commission Safer Internet Programme, Luxembourg, abrufbar unter: https://www.duo.uio.no/bitstream/handle/10852/27216/Safer-Social-Networking-part1.pdf?sequence=2; und siehe auch *Lobe, B. & Staksrud, E.* (Ed) (2010) Evaluation of implementation: Safer Social Networking Principles for the EU: Testing of 20 Social Networks in Europe, European Commission Safer Internet Programme, Luxembourg, abrufbar unter: http://ec.europa.eu/danmark/documents/alle_emner/information/100209_4part_ii_individual_results_en.pdf.

II. Digitale Generationen

Die Vertreter einer neuen gegenüber dem Leben im Netz und digitalen Technologien hemmungslosen Generation werden als „Digital Natives“[538] bezeichnet. In den frühen Neunzigerjahren behaupteten Forscher von Xerox Park, dass Computerarbeiten im 21. Jahrhundert eine alltägliche Aktivität sein werden.[539] Diese Vorhersage hat sich mittlerweile bestätigt und Computer sind ein natürlicher Teil des Lebens geworden. 2014 wurde eine Studie zu den drei Gruppen innerhalb der Bevölkerung hinsichtlich der Einstellung zum Internet und zur Nutzung des Internets[540] veröffentlicht. Demzufolge sind „Digital Outsiders“ Personen, die das Internet wenig bis gar nicht nutzen. Dieser Gruppe gegenüber stehen die „Digital Natives“, die das Netz selbstverständlich nutzen, sich aber in manchen Situationen im digitalen Raum verantwortungslos verhalten. Die dritte Gruppe bilden die „Digital Immigrants“, die über die technischen Kenntnisse verfügen und diese entsprechend umsetzen können. „Digital Immigrants“ sind damit diejenigen, die für Informationen zuerst andere Quellen benutzen als direkt im Internet zu suchen und zuerst in einer Bedienungsanleitung für ein Programm nachlesen statt davon auszugehen, dass das Programm selbsterklärend sei.[541]

Die sozialen Netzwerke bilden einen immanenten Teil des Lebens der Digital Natives, wo sie immer verfügbar und online sind[542] und immer neue Gründe bekommen, vernetzt zu bleiben.[543] Dies kann für die Digital Natives zu zahlreichen juristischen Herausforderungen führen, beispielsweise beim verantwortungslosen Umgang mit personenbezogenen Daten, beim Abschluss von Online-Verträgen, ohne zuvor die AGB gelesen zu haben, beim Themenkomplex Cybermobbing oder

---

538 Der Begriff ist an amerikanischen Universitäten entstanden und bezeichnet die Menschen, die mit digitalen Technologien aufgewachsen sind. „They have spent their entire lives surrounded by and using computers, videogames, digital music players, video cams, cell phones, and all the other toys and tools of the digital age. (...) Some refer to them as the N-[for Net]-gen or D-[for digital]-gen. But the most useful designation I have found for them is Digital Natives. Our students today are all “native speakers” of the digital language of computers, video games and the Internet.” Vgl. dazu *Prensky*, Digital Natives and Digital Immigrants, S. 1, abrufbar unter: http://www.marcprensky.com/writing/Prensky%20-%20Digital%20Natives,%20Digital%20Immigrants%20-%20Part1.pdf.

539 Vgl. dazu *Spiekermann*, About the „Idea of Man“ in System Design – An Enlightened Version of the Internet of Things? in: Uckelmann/Harrison/Michahelles (Hrsg.), Architecting the Internet, S. 25.

540 Es ist nicht klar, ob diese Einteilung das Ergebnis oder die Grundlage der Studie war.

541 *Prensky*, Digital Natives and Digital Immigrants, 2001, MCB University Press, S. 2.

542 Vgl. dazu *Ball*, Die pausenlose Gesellschaft, S. 59.

543 Man kann Nachrichten schicken, Texte schreiben, News lesen, Musik hören, Videos anschauen und teilen. Vgl. dazu *Ball*, Die pausenlose Gesellschaft, S. 59.

weiteren Themen. Die anderen zwei Gruppen scheinen im Gegensatz zu den Digital Natives wegen ihrer Eigenschaften nicht so gefährdet zu sein.

Die digitale Permanenz hinterlässt dennoch Spuren in Form von personenbezogenen Daten und kann erhebliche Konsequenzen haben. Deswegen wird die permanente digitale Vernetzung aus datenschutzrechtlicher Sicht kritisch gesehen. Fraglich ist, wer Interesse an Daten hat und warum. Daten werden aus ökonomischen Gründen von privaten Unternehmen gesammelt oder von öffentlichen Behörden, z.B. um Verbrechen zu bekämpfen.

C. Persönlichkeitsschutz und Datenschutz

Das Datenschutzrecht antwortet auf die Entwicklung der Technologie, laut Helmut Bäumler[544] „gerade so wie Leitplanken, die bei bereits fließendem Verkehr eingebaut werden müssen".[545] Das moderne wirtschaftliche und gesellschaftliche Leben bedeutet auch eine automatisierte Datenverarbeitung. Die Entwicklung der Technik bietet zahlreiche Möglichkeiten, Daten zu sammeln, zu speichern und zu verwenden, um unser Leben dadurch (angeblich) zu erleichtern. Ein Beispiel dafür ist die wachsende Zahl der Nutzer eines „Quantified-Self"[546]-Lebens. Dadurch werden große Mengen von Daten gemessen und protokolliert, vor allem besondere Kategorien, wie genetische oder Gesundheitsdaten, die aufgrund des Versprechens, dabei unterstützt zu werden, gesunder und fitter zu werden, freiwillig preisgegeben werden.

Solche Programme können eine Gefahr für die freie Entfaltung der Persönlichkeit des Einzelnen werden. Die Menschen ändern oder kontrollieren ihr Verhalten aus einem Schutzmechanismus, wenn sie wissen, dass Informationen über sie gespeichert werden. So können die individuelle Handlungsfreiheit und das Gemeinwohl gefährdet und beeinträchtigt werden.

Das Leitprinzip des Volkszählungsurteils, das die Wichtigkeit der personenbezogenen Daten betont, nämlich, dass es keine belanglosen Daten mehr gebe[547], ist immer noch aktuell. Alle persönliche Daten, die im Internet eingegeben werden, können zur Erstellung einer Profilbildung beitragen.

Neben der juristischen Bedeutung sollte man noch die kulturgeschichtliche Betrachtung erwähnen, die nämlich selbst produzierte Informationen betrifft. Jeder

544 Dr. *Helmut Bäumler* ist ein deutscher Jurist und war von 1992 bis 2004 Landesbeauftragter für den Datenschutz in Schleswig-Holstein.

545 Vgl. dazu *Schmale/Tinnefeld,* Privatheit im digitalen Zeitalter, S. 10.

546 Dieses Programm sammelt Daten, um eine vorhersehbare Analyse anzubieten. Siehe dazu: http://www.zeit.de/digital/mobil/2015-04/quantified-self-apple-watch-geschaeftsmodelle.

547 BVerfG, Urt. v. 15.12.1983 - 1 BvR 209/83, 1 BvR 269/83, 1 BvR 362/83, 1 BvR 420/83, 1 BvR 440/83, 1 BvR 484/83 - Volkszählungsurteil, BVerfGE 65, 1 (45).

entscheidet selbst, ob diese privat bleiben oder mit der Öffentlichkeit geteilt werden.[548] Die Personen des öffentlichen Interesses sind mit eingeschränkten Regeln der informationellen Selbstbestimmung verbunden und die Öffentlichkeit hat ein berechtigtes Interesse, mehr über deren berufliche und öffentliche Befugnisse, z.B. über deren Vermögen, zu erfahren.[549]

Das Datenschutz-, das Urheber- und das Persönlichkeitsrecht stehen im Fokus der Diskussionen bezüglich der Lösungen für aktuelle und zukünftige rechtliche Fragen im Internet.[550] Der Bedarf an einem europäischen, an die aktuellen Internetbezugsfälle angepassten Datenschutzrecht wird langsam durch den Aufbau eines starken Datenschutzniveaus erfüllt, nämlich durch die Datenschutzreform, die DS-GVO und die neue Datenschutzrichtlinie für Polizei und Strafjustiz, die ab dem 25.5.2018 gelten, sowie durch das im Dezember 2016 geschlossene EU-US „Umbrella"-Abkommen für die EU und die transatlantische Zusammenarbeit in der Strafverfolgung. Der EU-US Datenschutzschild zum Schutz der Grundrechte aller Personen in der EU, deren personenbezogene Daten zur kommerziellen Nutzung in die USA übertragen werden,[551] ist am 1.8.2016 in Kraft getreten und wurde 2020 vom EuGH für ungültig erklärt.[552]

I. Datensammeln

Die Bundesrepublik Deutschland als freiheitlich-demokratischer Rechtsstaat beruht auch auf dem Datenschutz und auf dem Schutz der Kommunikationsgrundrechte, wie Meinungs-, Informations- und Pressefreiheit, und diese werden ständig auch durch die Rechtsprechung des Bundesverfassungsgerichts unterstrichen.[553]

---

548 *Schmale/Tinnefeld*, Privatheit im digitalen Zeitalter, S. 33.

549 *Schmale/Tinnefeld*, Privatheit im digitalen Zeitalter, S. 35.

550 *Spindler*, GRUR 2014, 101 (101).

551 Ausführliche Informationen zur EU-US-Datenübertragung: https://ec.europa.eu/info/law/law-topic/data-protection/international-dimension-data-protection/eu-us-data-transfers_en#law-enforcement-cooperation-eu-us-umbrella-agreement.

552 Der EuGH erklärte den Durchführungsbeschluss (EU) 2016/1250 der Kommission v. 12.7.2016 gemäß der Richtlinie 95/46/EG des Europäischen Parlaments und des Rates über die Angemessenheit des vom EU-US-Datenschutzschild gebotenen Schutzes für ungültig. Die Verantwortlichen können für den Datentransfer zu Verantwortlichen oder Auftragsverarbeitern mit Sitz in den USA, die sich selbst nach dem EU-US Privacy Shield zertifiziert haben, die Rechtsgrundlage gem. Art. 45 DS-GVO nicht mehr verwenden. Siehe dazu EuGH, Urt. v. 16.7.2020 - C-311/18 - Data Protection Commissioner/Facebook Ireland Ltd, Maximillian Schrems.

553 Siehe dazu BVerfG, Urt. v. 17.8.1956 - 1 BvB 2/51 - KPD-Verbot, BVerfGE 5, 85; BVerfG, Urt. v. 5.8.1966 - 1 BvR 586/62, 1 BvR 610/63, 1 BvR 512/64 - Spiegel-Urteil, BVerfGE 20, 162 (174 f.); BVerfG, Urt. v. 15.12.1983 - 1 BvR 209/83, 1 BvR 484/83, 1 BvR 440/83, 1 BvR 420/83, 1 BvR 362/83, 1 BvR 269/83 - Volkszählungsurteil, BVerfGE 65, 1.

Dieser Umstand erhält insbesondere vor dem Hintergrund historischer Erfahrung an zusätzlicher Bedeutung. In Deutschland wurde in der Zeit des Nationalsozialismus das Datensammeln extensiv betrieben und das Sammeln von angeblich objektiven Informationen führte zu Unterdrückung sowie psychischer und physischer Vernichtung bestimmter Gruppen.[554] Ähnliche Erfahrungen teilen Rumänien und andere postkommunistische Länder Osteuropas, in denen Sicherheitsapparate wie die rumänische „Securitate" die Bevölkerung überwachten und deren Daten abschöpften. geführt

II. Der Begriff „Datenschutz"

Der Begriff „Datenschutz" beschreibt den Schutz der personenbezogenen Daten natürlicher Personen.[555] Im deutschen BDSG und im rumänischen Gesetz 677/2001 wurden die Regelungen der Datenschutzrichtlinie 95/46/EG umgesetzt.[556] Die EU-DS-GVO, die die Datenschutzrichtlinie 95/46/EG aufgehoben hat, schafft es nicht, eine klare Definition für den Begriff „Bestimmbarkeit" zu formulieren.[557] Der Begriff, der definiert sein sollte, wird durch denselben Begriff beschrieben, nämlich „als identifizierbar wird eine natürliche Person angesehen, die direkt oder indirekt (...) identifiziert werden kann".[558] Der Änderungsvorschlag des Europäischen Datenschutzbeauftragten in Bezug auf Art. 4 Pkt. 1 DS-GVO enthält auch andere zusätzliche Erklärungen zu der Definition, die von den europäischen Gesetzgebern nicht betrachtet wurden, aber ersetzt auch nicht das Wort „identifizierbar".[559]

Die Identifizierungsmerkmale werden im rumänischen Recht in Art. 59 Cod Civil ausdrücklich aufgezählt: Name, Wohn- und Aufenthaltsort sowie Personenstand. Um in Bezug auf die personenbezogenen Daten mit der europäischen Rechtslage in Einklang zu sein, sollte dieser Artikel eine weitere Auslegung andeuten und noch andere Beispiele geben oder einfach den Zusatz „und andere" enthalten. Der Name hilft am schnellsten, die Identität einer Person zu bestimmen und ist

554 *Schmale/Tinnefeld,* Privatheit im digitalen Zeitalter, S. 62.

555 Vgl. *Schmidl,* IT-Recht von A-Z, S. 68.

556 Die Richtlinie hätte aber im Fall fehlerhafter Umsetzung in Teilen für unmittelbar anwendbar erklärt werden können. Vgl. EuGH, Urt. v. 24.11.2011 - C-468/10, Rn. 52;

557 Sowohl in der deutschen Literatur als auch in der europäischen Rechtsprechung gab es umstrittene Meinungen zu der Auslegung der Begriffe „Bestimmbarkeit", „Personenbeziehbarkeit" oder „Identifizierbarkeit" auch in Bezug der DS-RL 95/46/EG. Siehe im deutschen Recht ausführlich *Conrad,* in: Auer-Reinsdorff/Conrad, § 34 Recht des Datenschutzes, Rn. 55 ff.

558 Siehe dazu Art. 4 Abs. 1 der EU-Datenschutz-Grundverordnung. Vgl. dazu auch *Conrad,* in: Auer-Reinsdorff/Conrad, § 34 Recht des Datenschutzes, Fn. 249.

559 Siehe dazu Annex to Opinion 3/2015: Comparative table to GDPR texts with EDPS recommendations, v. 27.7.2015, S. 10.

ein Referenzpunkt für die Feststellung der Wohn- und Aufenthaltsorte.[560] Dennoch hat der Personenstand eine niedrigere Bedeutung als Identifizierungseigenschaft in Hinsicht auf personenbezogene Daten.[561]

III. Das europäische Datenschutzrecht

1. Das Datenschutzrecht: ein europäischer Standard

Die europäischen Rechtssysteme genießen den Schutz der Europäischen Konvention für Menschenrechte (EMRK), der Charta der Grundrechte der Europäischen Union (GRCh) und der DS-GVO im Bereich des Datenschutzrechtes. Der Europäische Gerichtshof für Menschenrechte (EGMR)[562] hat eine längere Tradition als der Gerichtshof der Europäischen Union (EuGH) bei der Entwicklung des Rechts auf Datenschutzes.

Obwohl die Rechtsprechung des EuGH in Bezug auf den Datenschutz eine spätere Entwicklung als die Rechtsprechung des EGMR darstellt, wurde der hohe europäische Standard im Bereich des Datenschutzes durch das neue Paket zum Schutz personenbezogener Daten[563] und zahlreicher bahnbrechender

---

560 Vgl. dazu die Stellungnahme 4/2007 zum Begriff „personenbezogenen Daten", von Artikel-29-Datenschutzgruppe WP 136 v. 20.6.2007, S. 15.

561 Vgl. dazu auch *Zanfir*, „Persoana vizată", titularul dreptului la protecția datelor personale: anonimizarea şi psudonimizarea, Revista de Ştiinţe Juridice, No. 1/2013, Universul Juridic, S. 239.

562 EGMR, Urt. v. 5.9.2017 - Nr. 61496/08 - Bărbulescu/Rumänien, Überwachung privater Internetnutzung eingeschränkt; EGMR, Urt. v. 27.6.2017 - Nr. 931/13 - Satakunnan Markkinapörssi Oy und Satamedia Oy/Finnland, Verbot der Weiterveröffentlichung der Steuerdaten von über einer Million Betroffenen durch eine Zeitung; EGMR, Urt. v. 2.12.2008 - Nr. 2872/02 - K.U./Finland, Herausforderungen beim Online-Datenschutz; EGMR, Urt. v. 24.6.2004 - Nr. 59320/00 - von Hannover/Deutschland, Abwägung von Datenschutz und Freiheit der Meinungsäußerung; EGMR, Urt. v. 26.3.1987 - Nr. 9248/81 - Leander/Schweden, Zugang zu personenbezogenen Daten; zu einer ausgewählten Rechtsprechung des EGMR siehe Handbuch zum europäischen Datenschutzrecht, Agentur der Europäischen Union für Grundrechte, 2014, S. 209 ff..

563 Verordnung (EU) 2016/679; Richtlinie (EU) 2016/680 des Europäischen Parlaments und des Rates v. 27.4.2016 zum Schutz natürlicher Personen bei der Verarbeitung personenbezogener Daten durch die zuständigen Behörden zum Zwecke der Verhütung, Ermittlung, Aufdeckung oder Verfolgung von Straftaten oder der Strafvollstreckung sowie zum freien Datenverkehr und zur Aufhebung des Rahmenbeschlusses 2008/977/JI des Rates, ABl. L 119, S. 89; Richtlinie (EG) 2002/58 des Europäischen Parlaments und des Rates v. 12.7.2002 über die Verarbeitung personenbezogener

Urteile[564] verfestigt. Auch durch die Richtlinie 95/46/EG (DS-RL), die durch die DS-GVO ersetzt wurde, gab es bereits einen starken Schutz des Einzelnen. Der Beweis dafür ist die richterliche Anerkennung des Rechts auf Vergessenwerden[565] oder die Aufhebung des Safe-Harbor-Abkommens mit den USA.[566]

Es existieren auch völkerrechtliche Instrumente, die auch außerhalb der Europäischen Union die Einhaltung eines datenschutzrechtlichen Mindeststandards fordern. Das Übereinkommen zum Schutz des Menschen bei der automatischen Verarbeitung personenbezogener Daten, die Konvention Nr. 108[567], ist das einzige zwischenstaatliche Abkommen im Bereich der automatisierten Verbreitung personenbezogener Daten.

Die Verankerung des Schutzes personenbezogener Daten in Art. 8 GRCh[568] in dem II. Kapitel der GRCh zu den Freiheiten und separat von Art. 7 GRCh zur

---

Daten und den Schutz der Privatsphäre in der elektronischen Kommunikation (Datenschutzrichtlinie für elektronische Kommunikation), ABl. L 201, S. 37.

564 EuGH, Urt. v. 24.9.2019 - C-507/17 - Google/Commission nationale de l'informatique et des libertés (CNIL); EuGH, Urt. v. 6.10.2015 - C-362/14 - Maximillian Schrems/Data Protection Commissioner; EuGH, Urt. v. 8.4.2014 - C-293/12 und C-594/12 - Digital Rights Ireland Ltd/Minister for Communications, Marine and Natural Resources and others, Kärntner Landesregierung, Michael Seitlinger, Christof Tschohl u. a.; EuGH, Urt. v. 29.1.2008 - C-275/06 - Productores de Música de España (Promusicae)/ Telefónica de España SAU; EuGH, Urt. v. 6.11.2003 - C-101/01 - Bodil Lindqvist; EuGH, Urt. v. 20.5.2003 - C-465/00, C-138/01 und C-139/01 - Österreichischer Rundfunk. Zu einer ausgewählten Rechtsprechung des EGMR siehe das Handbuch zum europäischen Datenschutzrecht, Agentur der Europäischen Union für Grundrechte, 2014, S. 213ff..

565 EuGH, Urt. v. 13.5.2015 - C-131/12 - Google Spain.

566 a.A. in *Popa,* RRDP 1/2018, S. 155. Die sporadische Beurteilungen indizieren die fehlende Grundlage für den Schutz der Persönlichkeit. EuGH, Urt. v. 6.10.2015 - C-362/14 - Maximillian Schrems/Data Protection Commissioner.

567 Konvention Nr. 108 v. 28.1.1981 wurde von allen 47 Staaten des Europarats ratifiziert, aber auch von Staaten wie Uruguay, Mauritius, Senegal, Tunesien. Am 18.5.2018 verabschiedete das Ministerkomitee des Europarates ein Änderungsprotokoll zur Aktualisierung des Übereinkommens, CM/Inf(2018)15-final. Art. 2 der Konvention 108 enthält zahlreiche Definitionen im Bereich des Datenschutzes und war das erste überstaatliche juristische Instrument - sogar vor dem Inkrafttreten der EU DS-RL - zum Schutz der Personen vor der automatisierten Verarbeitung von Daten. Schon in der Präambel wird der Wunsch zur Erweiterung des Rechts auf Achtung des Persönlichkeitsbereichs geäußert. Siehe mehr zur Konvention in Einf. in Selmayr/ Ehmann, DS-GVO, Rn. 10ff..

568 Art. 8 GRCh hat einen universalen Schutz - für jede Person - und im zweiten Paragraph wird verlangt, dass die Verarbeitung der personenbezogenen Daten zweckgebunden, mit Einwilligung der Betroffenen, auf einer legitimen Grundlage erfolgt.

Achtung des Privat- und Familienlebens verfestigt dessen Eigenständigkeit als Grundrecht. Das Recht auf Datenschutz steht nicht im Schatten des Rechts auf Privat- und Familienleben, sondern erhält berechtigterweise einen eigenen Artikel.

Die DS-GVO ersetze die DS-RL (EU) 95/46, die durch nationale Gesetzen von den EU-Mitgliedstaaten in deren Rechtssysteme umgesetzt werden musste. Die Pflicht der Mitgliedstaaten, die Richtlinie auf nationaler Ebene in ein Gesetz umzusetzen, führte zu unterschiedlichen Datenschutzniveaus. Großkonzerne wie Facebook haben sich in Irland niedergelassen, wo das Datenschutzniveau im Vergleich zu anderen EU-Mitgliedstaaten, wie beispielsweise in Deutschland, niedrig war. Dies ging zu Lasten des Schutzes personenbezogener Daten natürlicher Personen.

Die Technologie macht riesige Fortschritte und stellt den Datenschutz vor neue Herausforderungen. Am 25.1.2012 wurde der Entwurf für eine EU-Datenschutzgrundverordnung (DS-GVO)[569] veröffentlicht und die DS-GVO gilt unmittelbar seit dem 25.5.2018 an in allen EU-Mitgliedstaaten.[570] Das Ziel der Verordnung ist der Schutz der personenbezogenen Daten natürlicher Personen, ungeachtet ihrer Staatsangehörigkeit und ihres Aufenthaltsortes.[571]

Es ist ausgesprochen schwierig, den Besonderheiten von 27 Rechtssystemen nur mit einer einzigen europäischen Regelung gerecht zu werden. Die DS-GVO enthält über 70 Öffnungsklauseln und muss durch nationalen Vorschriften ergänzt werden. Dies widerspricht der Idee einer einfachen und einheitlichen europäischen Regelung.[572] Dennoch könnte dies auch als ein Ausdruck des Respektes des

---

Es wird auch ein Auskunfts- und Berichtigungsrecht gewährt. Dennoch wird eine unabhängige Stelle die Einhaltung dieser Anforderungen überwachen. Die Charta wurde am 12.12.2007 vom Europäischen Parlament, vom Rat und von der Europäischen Kommission in Straßburg proklamiert. ABl. C 303, S. 1. Die GRCh gehört zum primären Recht und dies wurde durch Art. 6 Abs. 1 UA 1 des Vertrages über die Europäische Union (EUV) verfestigt, in dem anerkannt wurde, dass die Charta und die Verträge rechtlich gleichrangig sind. Art. 39 EUV, der spezifische Bestimmungen zum Datenschutz enthält, und Art. 16 des Vertrages über die Arbeitsweise der Europäischen Union (AEUV) gewährleisten einen effektiven Schutz der personenbezogenen Daten.

569 Verordnung (EU) 2016/679 des Europäischen Parlaments und des Rates v. 27.4.2016 zum Schutz natürlicher Personen bei der Verarbeitung personenbezogener Daten, zum freien Datenverkehr und zur Aufhebung der Richtlinie (EG) 95/46, EU ABl. L 119, S. 1.

570 Am 25.5.2018 hat der Europäische Datenschutzauschuss, der die Artikel-29-Datenschutzgruppe ersetzte, 16 Leitlinien der Artikel-29-Datenschutzgruppe zur Unterstützung der Auslegung und Umsetzung der DS-GVO bestätigt. Siehe die Liste der Leitlinien, Empfehlungen und bewährte Verfahren.

571 ErwG. 2 DS-GVO.

572 *Albrecht*, CR 2/2016, 88 (89 ff.).

Souveranitätsprinzips verstanden werden, da den EU-Mitgliedstaaten die Möglichkeit eingeräumt wird, die Grundsätze der DS-GVO durch eigene Anpassungsgesetze ihren eigenen Rechtskulturen anzupassen.

Die Preisgabe von Daten kann Betroffene auf vielfältige Weisen schaden: im Privatleben, in ihrer psychischen Integrität und durch die Beeinträchtigung des Rechts auf Arbeit sogar im Berufsleben. Der Schutz personenbezogener Daten ist komplexer geworden und bezieht sich nicht mehr nur auf das Recht auf Achtung des Privat- und Familienlebens, wie es in Art. 8 EMRK vorgesehen ist.

Manche EU-Mitgliedstaaten haben sich schneller an die technologischen Entwicklungen angepasst und neue juristische Instrumente zum Schutz der Individuen eingeführt. Ein Beispiel dafür ist Deutschland als wichtiger Unterstützer und Vorreiter des Datenschutzes[573]. Das deutsche Rechtssystem führt eine Tradition fort, eines des höchsten Datenschutzniveaus Europas zu haben. Es verging tatsächlich eine große Zeitspanne zwischen der DS-RL und der neuen europäischen Regelungen im Bereich des Datenschutzes. Durch die neue DS-GVO[574], besonders durch die Vorschriften zur Datenübertragung (Art. 20), zum Datenschutz durch Technikgestaltung und zu datenschutzfreundlichen Voreinstellungen (data protection by design und by default[575]) (Art. 25) sowie durch die Verstärkung der Datenschutzregelungen wurde von den EU-Mitgliedstaaten verlangt, dass sie im Bereich des Datenschutzes die Prinzipien[576] und die Regelungen an die neuen technischen Herausforderungen, z.B. die durch künstliche Intelligenz entstandenen, anpassen.

Können diese neuen Regelungen als angemessene Rahmenbedingungen betrachtet werden[577] oder sind noch weitere Diskussionen und Fortentwicklungen

---

573 Das erste Datenschutzgesetz in Europa wurde am 7.10.1970 in Hessen verabschiedet - Hessisches Datenschutzgesetz im öffentlichen Bereich und in Kraft getreten seit 13.10.1970, GVBl. I S. 625. Am 24.1.1974 kam das Gesetz gegen missbräuchliche Datennutzung für Rheinland-Pfalz, GVBl. 1974, S. 31. Am 1.2.1977 wurde mit dem Bundesdatenschutzgesetz (BDSG, BGBl. I, S.201) das erste deutschlandweit geltende Gesetz verabschiedet und wurde zu einer Referenz für viele Datenschutzgesetze Europas.

574 Viele Abgeordnete des Europäischen Parlaments, insbesondere viele deutsche Politiker und Experten, haben intensiv an der Verabschiedung dieser Regelung gearbeitet. Der Berichterstatter für die DS-GVO, Jan Philipp Albrecht, ist ein deutscher Politiker der Partei Bündnis 90 / Die Grünen.

575 Diese Konzepte stellen die Anforderungen für die Umsetzung der datenschutzfreundlichen digitalen Projekte.

576 In diesem Kontext sind Prinzipien wie das Recht auf informationelle Selbstbestimmung, das Recht auf Privatsphäre, das Recht auf Anonymität oder die Grundsätze wie die Datensparsamkeit und Datenvermeidung einschlägig.

577 Bedenken zu der DS-GVO wurden auch in einer Publikation vom BITKOM aufgerufen, siehe dazu Abschnitt 7.1. zur Rechtssicherheit auf europäischer Ebene, S. 63

in diesem Bereich notwendig? Die DS-GVO hätte diese Frage beantworten sollen, jedoch wurde eine Auseinandersetzung über die Weiterentwicklung ihrer Regelungen mit den betroffenen Akteuren, also Verbrauchern, Unternehmen, Behörden, Politikern und anderen Entscheidungsträgern, darüber nicht geführt. Ob die DS-GVO ein „festes Fundament für die anstehenden Herausforderungen der Digitalisierung“[578] ist oder die „größte Katastrophe des 21. Jahrhunderts“[579] oder ob sie tatsächlich eine gute Lösung für alle EU-Mitgliedstaaten darstellt, wird sich erst in der Praxis zeigen.

2. *Der Weg von der EU-Datenschutzrichtlinie zu einer EU-Datenschutz-Grundverordnung*

Das europäische Datenschutzrecht ist in Art. 16 AEUV verankert. Laut Art. 16 Abs. 1 AEUV hat jede Person das Recht auf Schutz der sie betreffenden personenbezogenen Daten. Im 2. Abs. wird auf die Pflicht der Europäischen Gemeinschaft verwiesen, Vorschriften über den Schutz natürlicher Personen bei der Verarbeitung personenbezogener Daten durch ihre Organe, Einrichtungen und sonstigen Stellen sowie durch die Mitgliedstaaten im Rahmen der Ausübung von Tätigkeiten, die in den Anwendungsbereich des Unionsrechts fallen, und über den freien Datenverkehr zu erlassen. Gemäß Art. 16 Abs. 2 Satz 2 AEUV sind unabhängige Behörden, wie der Europäische Datenschutzbeauftragte (EDSB), dafür zuständig, die Einhaltung dieser Pflicht zu sichern.[580]

Eine EU-Verordnung hat nach Art. 288 Abs. 2 AEUV allgemeine Geltung und ist ohne nationalen Umsetzungsakt unmittelbar verbindlich.[581] Sie wird mit dem

---

ff. und Kapitel 9 zum politischen Handlungsbedarf, S. 88 ff.; BITKOM, Leitlinien für den Big-Data-Einsatz Chancen und Verantwortung September 2015, S. 18.

578 *Albrecht*, CR 2016, 88 (97).

579 Laut Aussage des deutschen Informationsrechtlers *Thomas Hoeren* 2016 auf einem Datenschutzkongress, Meldung v. 27.4.2016, abrufbar unter: https://www.heise.de/newsticker/meldung/Rechtsexperte-Datenschutz-Grundverordnung-als-groesste-Katastrophe-des-21-Jahrhunderts-3190299.html.

580 Auch die Organe, Einrichtungen oder sonstige Stellen der Europäischen Union haben eine neue Rechtslage zum Schutz personenbezogener Daten: die Verordnung (EU) 2018/1725 des Europäischen Parlaments und des Rates v. 23.10.2018 zum Schutz natürlicher Personen bei der Verarbeitung personenbezogener Daten durch die Organe, Einrichtungen und sonstige Stellen der Union zum freien Datenverkehr hat die Verordnung (EG) Nr. 45/2001 und den Beschluss Nr. 1247/2002/EG aufgehoben, ABl. L 295, S. 39 ff..

581 EuGH, Urt. v. 14.12.1971 - C-43/71 - Politi, Rn. 9; EuGH, Urt. v. 10.10.1973 - C-34/73 - Variola, Rn. 10; EuGH, Urt. v. 9.3.1978 - C-106/77 - Simmenthal II, Rn. 14; Siehe dazu auch *Schroeder*, in: Streinz, AEUV, Art. 288, Rn. 39.

Inkrafttreten Teil jedes nationalen Rechts aller Mitgliedstaaten.[582] Laut Art. 288 Abs. 3 AEUV sind die Richtlinien Rechtsakte der Europäischen Union, die von den Mitgliedstaaten im nationalen Recht umgesetzt werden müssen. Den Gesetzgebern der Mitgliedstaaten wird die Wahl der Form und der Mittel überlassen, aber sie müssen die praktische Wirksamkeit der Richtlinien (effèt utile) gewährleisten, die am besten geeignet ist.[583] Eine Richtlinie kann auch eine unmittelbare Wirkung haben, wenn die Mitgliedstaaten die Umsetzungsfrist nicht einhalten.[584] Durch die Rechtsprechung vom EuGH wird den EU-Bürgern die Möglichkeit gegeben, ihre Rechte geltend zu machen, wenn Mitgliedstaaten die Richtlinie unzureichend oder verspätet umgesetzt haben und wenn dieser EU-Rechtsakt inhaltlich unbedingt oder hinreichend bestimmt ist.[585]

a) Die Datenschutzrichtlinie

Die EU-Datenschutzrichtlinie (DS-RL)[586] wurde 1995 zum Schutz der Privatsphäre natürlicher Personen bei der Verarbeitung personenbezogener Daten erlassen. Für die Umsetzung der DS-RL wurde im Jahr 2001 im deutschen Recht das Gesetz zur Änderung des Bundesdatenschutzgesetzes (BDSG) und anderer Gesetze[587] erlassen, im rumänischen Recht das Gesetz Nr. 677/2001[588]. Die DS-

582 Siehe dazu EuGH, Urt. v. 15.7.1964 - C-6/64 - Costa/ENEL, Rn. 3; EuGH, Urt. v. 9.3.1978 - C-106/77 - Simmenthal II, Rn. 17/18.

583 Vgl. *Ruffert,* in: Calliess/Ruffert (Hrsg.), EUV/AEUV, AEUV Art. 288, B. II. 2, Rn. 26. Effèt utile ist ein Auslegungsgrundsatz in der Rechtsprechung des EuGH. Siehe zu der Auslegung „praktische Wirksamkeit“ EuGH, Urt. v. 8.4.1976 - C-48-75 - Royer, Rn. 69 - 73; und zur Auslegung „nützliche Wirksamkeit” Urt. v. 6.10.1970 - 9/70 - Rn. 5, S. 838; ausführlich dazu auch *Potacs,* EuR 2009, 465.

584 Vgl. *v. Danwitz,* in: Dauses (Hrsg.), Hdb. EU-WirtschaftsR, B.II., Rn. 45.

585 Siehe dazu EuGH, Urt. v. 19.1.1982 - 8/81 - Becker, Rn. 29; EuGH, Urt. v. 23.2.1994 - C-236/92 - Caya, Rn. 8 ff.; vgl. auch *Generalanwalt Poiares Maduro,* Schlussantr. v. 3.9.2009 - C-194/08 - Gassmayr, Rn. 7.

586 Richtlinie (EG) 95/46/EG des Europäischen Parlaments und des Rates vom 24.10.1995 zum Schutz natürlicher Personen bei der Verarbeitung personenbezogener Daten und zum freien Datenverkehr, ABl. L 281/31, S. 31-50.

587 Das Gesetz zur Änderung des Bundesdatenschutzgesetzes (BDSG) und anderer Gesetze vom 18.5.2001, das am 23.5.2001 in Kraft trat, BGBl. I S. 904.

588 Das Gesetz Nr. 677/2001 für den Schutz der Personen zur Verarbeitung der personenbezogenen Daten und zum freien Datenverkehr (M.Of. Nr. 790 v. 12.12.2001). Das Ziel des rumänischen Gesetz 677/2001 zum Schutz von Personen bei der Verarbeitung personenbezogener Daten und dem freien Verkehr war gem. Art. 1 (1) die Gewährleistung und der Schutz der Grundrechte und der Freiheiten natürlicher Personen. In Vergleich zum deutschen Gesetz wird in der rumänischen Regelung

GVO[589] gilt seit dem 25.5.2018 in allen Mitgliedstaaten und zielt darauf ab, in allen Mitgliedstaaten das gleiche Datenschutzniveau herzustellen, was durch die veraltete DS-RL nicht erreicht wurde. Die nationalen Gesetze werden durch die neue europäische Rechtslage nicht außer Kraft gesetzt, nach dem Erlass der Verordnung waren die nationalen Vorschriften immer noch gültig. Aber wenn die Regelungen des nationalen Gesetzes und der Verordnung sich widersprechen, hat die DS-GVO Vorrang,[590] und dadurch gelten die nationalen Vorschriften als „ohne weiteres unanwendbar".[591]

b) Die Datenschutz-Grundverordnung

Die DS-RL aus dem Jahr 1995 musste ersetzt werden, weil sie nicht mehr den vollständigen Schutz der EU-Bürger gewährleisten konnte. Die DS-GVO soll ein modernes einheitliches Datenschutzrecht in allen EU-Mitgliedstaaten schaffen. Die Vorschriften der DS-GVO gelten sowohl für öffentliche als auch nicht-öffentliche Stellen,[592] d.h. dass z.B. die Verwaltung eines Rathauses und eines Unternehmens einem ähnlichen Regelungsansatz unterliegen. Dieser Rechtsrahmen ist aber nicht neu, da die DS-RL 95/46/EG auch keine Unterscheidung zwischen den datenschutzrechtlichen Regelungen für Unternehmen und den Staat gemacht hat.[593]

Die DS-GVO sieht in Art. 6 vor, unter welchen Voraussetzungen eine rechtmäßige Verarbeitung vorliegt. Die Verordnung enthält auch Vorschriften, die sich auf die Profilbildung beziehen, besonders wenn es um die Überprüfung der Kreditwürdigkeit von Verbrauchern geht. Diese modernen Regelungen sollen auch vermeiden, dass manche Unternehmen den Sitz in einem Land haben, in dem für die

---

das Persönlichkeitsrecht mit dem Recht auf intimes, familiäres und privates Leben in Bezug auf die Verarbeitung personenbezogener Daten ersetzt.

589 Die Verordnung (EU) 2016/679 des Europäischen Parlaments und des Rates vom 27.5.2016 zum Schutz natürlicher Personen bei der Verarbeitung personenbezogener Daten, zum freien Verkehr und zur Aufhebung der Richtlinie 95/46/EG, EU ABl. L 119, S. 1.

590 Siehe dazu *Roßnagel* über den Konflikt zwischen nationalem und Unionsrecht in ders. (Hrsg.), Das neue Datenschutzrecht, Rn. 10, S. 44.

591 EuGH, Urt. v. 9.3.1978 - C-106/77 - Simmenthal II, Rn. 17/18.

592 Dieser einheitliche Regelungsrahmen zwischen öffentlichem und privatem Datenschutz ist unverständlich und eine „unglückliche" Regelung. Siehe dazu in *Masing*, NJW 2012, 2305 (2310).

593 Vgl. ErwG. Nr. 5 „Beteiligten im öffentlichen und privaten Bereich" der Richtlinie 95/46/EG des Europäischen Parlaments und des Rates vom 24.10.1995 zum Schutz natürlicher Personen bei der Verarbeitung personenbezogener Daten und zum freien Datenverkehr, ABl. 1995 L 281, S. 31. Der gleiche Ansatz wurde auch von der Datenschutz-Konvention des Europarats aus dem Jahr 1981 angeführt. Dazu *Kühling/Seidel/Sivridis*, Datenschutzrecht, Rn. 27, S. 13.

Betroffenen ein nur niedriges Datenschutzniveau gewährleistet wird.[594] Ob durch diese Verordnung die Rechtsunsicherheit bei den Betroffenen und Unklarheiten zwischen dem nationalen und dem europäischen Recht vermieden werden können, weil keine fehlerhafte Richtlinienumsetzung besteht oder keine richtlinienkonforme Auslegung notwendig ist, wird wahrscheinlich erst in den folgenden Jahren sichtbar sein.

2012[595] haben zahlreiche Politiker und Datenschutzrechtler aus Wissenschaft und Praxis angefangen, sich mit der Ausgestaltung der europäischen Datenschutzreform und der Vorbereitung der Verabschiedung derselben zu befassen. Die vorgeschlagenen reformierten Datenschutzregelungen auf europäischer Ebene sind die DS-GVO[596] und die DS-RL zur Strafverfolgung[597]. Am 15.6.2015 hat der Ministerrat der Europäischen Union nach über drei Jahren andauernden Verhandlungen dem Erlass der DS-GVO zugestimmt.[598] Der Entwurf[599] des Rates enthielt viele Regulierungsvorschläge. Auch der Europäische Datenschutzbeauftragte

---

594 Irland wurde von vielen amerikanischen Unternehmen wie Facebook, Google, Twitter als Geschäftssitz gewählt.

595 Am 25.1.2012 wurden eine Mitteilung der Kommission an das Europäische Parlament, den Rat, den Europäischen Wirtschafts- und Sozialausschuss und der Ausschuss der Regionen „Der Schutz der Privatshpäre in einer vernetzten Welt – Ein europäischer Datenschutzrahmen für das 21. Jahrhundert" KOM(2012) 9 und der Vorschlag für die Verordnung des Europäischen Parlaments und des Rates zum Schutz natürlicher Personen bei der Verarbeitung personenbezogener Daten und zum freien Datenverkehr (Datenschutz - Grundverordnung) KOM(2012) 11 veröffentlicht und vorgelegt.

596 Der vollständige Name ist die Verordnung des Europäischen Parlaments und des Rates zum Schutz natürlicher Personen bei der Verarbeitung personenbezogener Daten und zum freien Verkehr. Die DS-GVO ist Teil der EU-Datenschutzreform, die am 25.1.2012 von der damaligen EU-Justizkommissarin und Kommissionsvizepräsidentin Viviane Reding vorgestellt wurde, Pressemitteilung abrufbar unter: http://europa.eu/rapid/press-release_IP-12-46_de.htm?locale=en.

597 Der vollständige Name ist die Richtlinie des Europäischen Parlaments und des Rates zum Schutz natürlicher Personen bei der Verarbeitung personenbezogener Daten durch die zuständigen Behörden zum Zwecke der Verhütung, Aufdeckung, Untersuchung oder Verfolgung von Straftaten oder der Strafvollstreckung sowie zum freien Datenverkehr KOM(2012) 10.

598 Siehe dazu das Informationsblatt der EU-Kommission abrufbar unter: http://europa.eu/rapid/press-release_MEMO-15-5170_en.htm; und die Pressemitteilung des EU-Rates vom 15.6.2015 abrufbar unter: http://www.consilium.europa.eu/de/press/press-releases/2015/06/15-jha-data-protection/.

599 Entwurf des EU - Rates zur DS-VO v. 11.6.2015, abrufbar unter: http://data.consilium.europa.eu/doc/document/ST-9565-2015-INIT/en/pdf.

veröffentlichte Empfehlungen zum endgültigen Text der DS-GVO.[600] Zum Ende des Jahres 2015 erzielten das Europäische Parlament, der Rat und die Kommission eine Einigung über die DS-GVO.[601] Die Artikel-29-Datenschutzgruppe[602] veröffentlichte eine Erklärung zum Aktionsplan 2016 zur Durchführung der DS-GVO und setzte vier Prioritäten: den Aufbau der administrativen Struktur des Europäischen Datenschutzausschusses, die Vorbereitung des One-Stop-Shop und des Kohärenzverfahrens, die Unterstützung der für die Verarbeitung Verantwortlichen und der Auftragsverarbeiter durch Leitlinien und die Kommunikation rund um den Europäischen Datenschutzausschuss sowie die DS-GVO.[603]

c) *Prinzipien des Datenschutzes*

Die grundlegenden Prinzipien des Datenschutzes sind in der DS-GVO in Art. 5 verankert. Sie setzen die Bedeutung der datenschutzrechtlichen Regeln fort. Art. 5 DS-GVO enthält nicht nur eine Auflistung der Datenschutzprinzipien, sondern verlangt auch deren Umsetzung durch geeigneten Maßnahmen (Abs. 2 lit. e) und lit. f DS-GVO)),[604] d.h. die Bestimmung beschreibt das „Wie“ der Verarbeitung.[605] Der Begriff „Grundsätze“ (im Englischen: „principles“; im Rumänischen: „principii“) könnte missverstanden werden, weil es in Art. 5 DS-GVO eigentlich um

600 Am 27.7.2015 wurden die Empfehlungen aus der Stellungnahme 3/2015: Eine große Chance für Europa Empfehlungen des EDSB zu den Optionen der EU für die Datenschutzreform zusammen mit einer mobilen App, mit der man den Vorschlag der Kommission mit den jüngsten Texten des Parlaments und des Rates vergleichen konnte, der Öffentlichkeit zur Verfügung gestellt.

601 Siehe dazu die Pressemitteilung des Rats der Europäischen Union: EU data protection reform: Council confirms agreement with the European Parliament, v. 18.12.2015.

602 Dies ist ein unabhängiges Beratungsgremium der EU-Kommission, benannt nach dem Art. 29 der DS-RL, in dem ihre Organisation beschrieben wird. Art. 30 führt seine Aufgaben aus.

603 442/16/DE WP 236, angenommen am 2.2.2016.

604 Art. 32 DS-GVO konkretisiert, wie die Sicherheit der Datenverarbeitung gewährleistet wird. Hinweise zu Sicherheitsmaßnahmen werden auch im ErwG. 83 der DS-GVO gegeben. ErwG. 87 weist auch darauf hin, dass die (Nicht-)Einhaltung der technischen und organisatorischen Maßnahmen zu einer Verletzung des Schutzes personenbezogener Daten führen kann und die Unterrichtung der Datenschutzbehörde und der Betroffenen notwendig ist. Siehe Handlungsempfehlungen für den Umgang mit Verletzungen des Schutzes personenbezogener Daten nach Art. 33 DS-GVO - Artikel-29-Datenschutzgruppe, 18/DE, WP 250rev.01, angenommen am 3.10.2017, zuletzt überarbeitet und angenommen am 6.2.2018.

605 *Frenzel*, in: Paal/Pauly, Art. 5 Abs. 1 lit. a DS-GVO, Rn. 14.

unmittelbar geltende Pflichten geht,[606] aber der Ausdruck „Grundpflichten bei der Datenverarbeitung" entspricht eher dem Zweck der Vorschrift.[607]

Art. 5 DS-GVO stellt die folgenden Pflichten zur Datenverarbeitung dar: erstens Rechtmäßigkeit (Abs. 1 lit. a); zweitens Treu und Glaube (Abs. 1 lit. a), mit kleinen Unterschieden in den verschiedenen Übersetzungen, z.B. „fairness" im Englischen oder „echitate" (Gerechtigkeit) im Rumänischen;[608] drittens Transparenz (Abs. 1 lit. a), was bedeutet, dass die betroffene Person nachvollziehen kann, was mit ihren Daten passiert;[609] viertens Zweckbindung (Abs. 1 lit. b), die schon bei der Erhebung bestimmt wird und während der Verarbeitung eingehalten werden muss, um legitim zu sein; fünftens Datenminimierung (Abs. 1 lit. c), konkretisiert in Art. 25 DS-GVO zum Datenschutz durch Technikgestaltung und datenschutzfreundliche Voreinstellungen, also privacy by design und privacy by default; sechstens Richtigkeit der Daten (Abs. 1 lit. d), was auch durch das Recht auf Berichtigung in Art. 16 DS-GVO erläutert ist; siebtens Speicherbegrenzung bei der Löschung und Prüfung der Daten (Abs. 1 lit. e).

Der Wortlaut von Art. 5 DS-GVO wurde im Wesentlichen von Art. 6 DS-RL übernommen,[610] jedoch wurden bei der DS-GVO der Begriff der Nachweispflicht (Abs. 2), im Englischen „accountability" oder im Rumänischen „responsabilitate", die Pflichtdokumentation der Verantwortlichen sowie die Grundpflichten zu „Integrität und Vertraulichkeit" (Abs. 1 lit. f) gegen unbefugten, heimlichen Zugriff hinzugefügt. Durch diese Pflichten und Legaldefinitionen der einzelnen Grundpflichten wird ein höheres Schutzniveau der Rechte der Betroffenen erzielt.

Das Prinzip der Verhältnismäßigkeit beruht auch auf den Prinzipien der Erforderlichkeit und der Zweckbindung. Grundsätzlich sollen ausschließlich erforderliche Daten und ausschließlich von berechtigten staatlichen Institutionen oder bei berechtigtem Interesse der Unternehmen gesammelt und gespeichert werden. Das Prinzip der Zweckbindung verpflichtet die Verantwortlichen für die Datenverarbeitung personenbezogener Daten dazu, Daten ausschließlich für den zuvor bestimmten Zweck zu sammeln. Alle Datenverarbeitungen auf Vorrat, die über den bestimmten Zweck hinausgehen, sind unzulässig und rechtswidrig und dadurch hat die betroffene Person einen Anspruch auf Auskunft, auf Löschung und sogar auf Schadenersatz. Die Hauptidee der neuen DS-GVO ist, dass der Einzelne die

606 *Albrecht/Jotzo*, Das neue Datenschutzrecht der EU, Teil 2 Rn. 1; *Frenzel*, in: Paal/Pauly, Art. 5 DS-GVO, Rn. 2; *Reimer*, in: Sydow, Art. 5 DS-GVO, Rn. 1.

607 *Reimer*, in: Sydow, Art. 5 DS-GVO, Rn. 2.

608 Es gibt leichte Nuancierungen in anderen Sprachen, aber in allen Fassungen geht es um ein faires, anständiges Verhalten der Verantwortlichen oder Auftragsverarbeiter, die keine heimliche Ermittlungen führen dürfen. *Däubler*, in: Däubler/Wedde/Weichert/Sommer, § 26 BDSG, Rn. 258.

609 Ausführlich in Art. 12 DS-GVO.

610 *Reimer*, in: Sydow, Art. 5 DS-GVO, Rn. 5.

Kontrolle über seine Daten haben und so ganz genau wissen kann, wie und wozu seine Daten verwendet werden.

3. Öffnungsklauseln der Datenschutz-Grundverordnung

Die Öffnungsklauseln der DS-GVO geben den EU-Mitgliedstaaten die Möglichkeit, bestimmte Bereiche ergänzend zu regeln, aber in Einklang mit der DS-GVO sowie mit ihren Rechtskulturen. Deutschland war der erste EU-Mitgliedstaat, der ein neues Gesetz verabschiedet hat, um die Öffnungsklauseln der DS-GVO an die nationale Rechtslage anzupassen.

Die rumänische Datenschutzbehörde (ANSPCDP) hat bereits 2016 angefangen, Gespräche mit den zuständigen rumänischen Ministerien zu führen, um die nationale Rechtslage an die DS-GVO anzupassen.[611] 2017 wurde der Gesetzentwurf zur Verstärkung der Aufgaben der ANSPCDP und zur Abschaffung des Gesetzes Nr. 677/2001 zum Schutz der Personen in Bezug auf die personenbezogenen Daten und den freien Datenverkehr vorgelegt.[612] Das neue Gesetz Nr. 190/2018[613] ist gültig seit dem 31.7.2018. Dennoch wurde das Gesetz Nr. 102/2005[614] über die Einrichtung, Organisation und Funktionsweise der Nationalen Aufsichtsbehörde für die Verarbeitung personenbezogener Daten aktualisiert und hat eine neue Auflage.

4. Deutsche und rumänische Datenschutzbehörden

Da die DS-GVO die Rolle der nationalen Datenschutzbehörden zum Schutz der personenbezogenen Daten und des Rechts auf Privatleben durch zusätzliche Aufgaben

---

611 Dies wurde im jährlichen Bericht 2016 für den rumänischen Senat angekündigt. Siehe dazu den Bericht 2016, S. 3. Die jährlichen Berichte der ANSPDCP, abrufbar unter: http://www.dataprotection.ro/?page=Rapoarte%20anuale&lang=ro.

612 Der Gesetzentwurf, die Begründung und eine vergleichende Tabelle zwischen der DS-GVO und dem Gesetzentwurf wurden am 5.9.2017 auf der Internetseite des Innenministeriums veröffentlicht und standen für 20 Tage für Änderungen zur Verfügung. Die nationalen Anpassungsgesetze an die DS-GVO werden die Artikel 51-55, 57-59, 62, 77, 79, 80, 82-84 in die nationalen Rechtsordnungen umsetzen. Ausführlich im jährlichen Bericht 2017 der ANSPDCP, S. 36 ff., Bericht abrufbar unter: https://www.dataprotection.ro/servlet/ViewDocument?id=1533.

613 Das Gesetz Nr. 190/2018 über Maßnahmen zur Umsetzung der Verordnung (EU) 2016/679 des Europäischen Parlaments und des Rates v. 27.4.2016 zum Schutz natürlicher Personen bei der Verarbeitung personenbezogener Daten sowie zum freien Datenverkehr und zur Aufhebung der Richtlinie 95/46/EG (Allgemeine Datenschutzverordnung), M.Of. Nr. 651 v. 26.7.2018.

614 Das Gesetz Nr. 102 v. 3.5.2005 (neu veröffentlicht) über die Einrichtung, Organisation und Funktionsweise der Nationalen Aufsichtsbehörde für die Verarbeitung personenbezogener Daten, M.Of. Nr. 947 v. 9.11.2018.

verstärkt, sind zahlreichen Änderungen notwendig. Rumänien braucht weitere angepasste Datenschutzvorschriften, besonders nach dem Inkrafttreten der neuen DS-GVO. Die rumänische Datenschutzbehörde braucht mehr Personal und Budget, um effektiv und effizient die von der DS-GVO aufgelisteten Aufgaben zu erfüllen. Obwohl die rumänische Datenschutzbehörde umfassende jährliche Berichte vor dem Senat präsentiert, regelmäßig Informationsveranstaltungen zu den neuen Bestimmungen zur europäischen Datenschutzreform organisiert und unterstützt, stehen deren Mitarbeiter vor einer großen Herausforderung: Sie soll das Bewusstsein der Bürger, der öffentlichen Institutionen und der Unternehmen erhöhen, um einen besseren Datenschutz zu gewährleisten. Dennoch fehlen auf der Webseite, im Gegensatz zu der Webseite des deutschen Bundesbeauftragten für den Datenschutz und die Informationsfreiheit (BfDI), Stellungnahmen zu den aktuellen europäischen oder nationalen Themen, aber auch zu den Urteilen des EGMR und des ICCJ. Zu den Urteilen des EuGH gibt es manchmal nur kurze Zusammenfassungen.[615] Der BfDI veröffentlicht und präsentiert seine Arbeitsberichte gegenüber der Öffentlichkeit und dem Deutschen Bundestages nur alle zwei Jahre, aber dafür werden über den Newsletter kurze Kommentare zu aktuellen Datenschutzthemen sowie Urteilen des BGH und EuGH veröffentlicht. Es wird auch über die Konferenzen und Treffen der nationalen und europäischen Datenschutzexperten berichtet.

Die Errungenschaften der rumänischen Datenschutzbehörde der letzten Jahren sind lobenswert, besonders angesichts des großen Personaldefizits und bescheidener Finanzierung im Vergleich zu den deutschen Datenschutzbehörden.[616] Die derzeit 50 Mitarbeiter der ANSPDCP könnten im Vergleich zu der deutschen überdurchschnittlichen Ausstattung nicht als hinreichende Personalausstattung,

---

615 Siehe dazu z.B. die Schlussfolgerungen des Urteils v. EuGH, v. 13.5.2015 - C-131/12 - Google Spain zu dem Recht auf Vergessenwerden, abrufbar (auf Rumänisch) unter: https://www.dataprotection.ro/?page=Dreptul_de_stergere_a_datelor_indexate_de_Google&lang=ro.

616 Laut des Tätigkeitsberichtes 2016 der rumänischen Datenschutzbehörde für die Verarbeitung personenbezogener Daten gab es 2016 ein Budget von 1.035.513,65 Euro und ein Defizit von 28 % aus 50 Mitarbeitern. Autoritatea nationala de supraveghere a prelucrarii datelor cu caracter personal, Raport anual 2016, Bukarest, S. 131 ff.; 2016 wurde das Budget des deutschen Bundesdatenschutzbeauftragten um 4,5 Millionen Euro aufgestockt und die Behörde verfügt über 110 Mitarbeiter. Siehe dazu: https://www.heise.de/newsticker/meldung/Bundesdatenschutzbeauftragte-bekommt-mehr-Personal-2922820.html; 2017 lag der Mittelwert des Ressourceniveaus für die Datenschutzbehörden in Europa bei 2,2 Millionen Dollar und 34 Mitarbeitern. Deutschland hat eines der größten Budgets für die Datenschutzbehörden in Europa: 48 Millionen Dollar und 439 Mitarbeiter. Siehe dazu in Müge, How DPA Budget & Staffing Levels Mirror Nationals Differences in GDP & Population, IAPP 2018, S. 1.

gem. Art. 52 Abs. 4 DS-GVO, gelten, besonders nach der Angemessenheit für die Aufgabenerfüllung.[617]

Zur Vereinfachung der Arbeit der Mitarbeiter der rumänischen Datenschutzbehörden wurde auf der Webseite der Datenschutzbehörde ein Formular[618] für Anfragen und Beschwerden zur Verfügung gestellt. Das Formular ist übersichtlich und enthält das Objekt, den Bereich, in dem die Rechte verletzt wurden, die Daten der Petenten, ob schon ein Rechtsmittel eingelegt wurde und ob man per E-Mail oder per Post eine Antwort zu der Beschwerde bekommen möchte. Es sieht nicht so professionell aus, dass z.B. in dem Bereich, wo sich die Rechte aus der DS-GVO Nr. 2016/679 befinden, Tippfehler bei der Auflistung der Bereiche zu der Verletzung gemacht wurden: „selectai", „societaii", „informaionale", „cercetare tiintifica" (sic!). Die rumänische Datenschutzbehörde könnte das Beispiel der saarländischen Datenschutzbehörde, Unabhängiges Datenschutzzentrum Saarland, übernehmen und auch für Online-Services, Anfragen und Informationen an die Datenschutzbehörde eine verschlüsselte Kommunikation anbieten.[619]

5. *Der Datenschutzbeauftragte*

Der Datenschutzbeauftragte (DSB) nichtöffentlicher Stellen und seine Aufgaben in einem Unternehmen sind in Deutschland durch § 38 BDSG gesetzlich verankert, deswegen sind die Vorschriften der Art. 37-39 DS-GVO[620] weitreichend auszulegen, aber keine Neuigkeit für das deutsche Rechtssystem. § 38 Abs. 1 Satz 1 BDSG sieht vor, dass es erforderlich ist, eine(n) Datenschutzbeauftragte(n) zu benennen, wenn mindestens 20 Personen ständig mit der automatisierten Verarbeitung personenbezogener Daten beschäftigt sind. Diese Pflicht zur Benennung besteht auch im Abs. 1 Satz 2, wenn die Datenverarbeitungen einer Datenschutz-Folgenabschätzung unterliegen oder die Beschäftigten, unabhängig von der Anzahl, personenbezogene Daten geschäftsmäßig zum Zweck der Übermittlung,

617 Siehe zu der Personalausstattung der BfDI in *von Lewinski,* in: Eßer/Kramer/von Lewinski Art. 52 DS-GVO, Rn. 29.

618 Das elektronische Formular für Beschwerden aufgrund der Rechtslage zur DS-GVO 2016/679, abrufbar unter: http://www.dataprotection.ro/?page=Plangeri_RGPD&lang=ro.

619 Besonders wegen der sensiblen Informationen, die zu der Beschwerde übermittelt werden, ist es sinnvoll, so viel wie möglich zu versuchen, die Informationen sicher zu senden. Es gibt drei Möglichkeiten, die Meldungen zu versenden: unsicher, sicher oder verschlüsselt. Siehe dazu das Formular, abrufbar unter: https://datenschutz.saarland.de/online-services/kontaktformular/.

620 Art. 37 DS-GVO sieht die Voraussetzungen zur Benennung eines DSB vor; Art. 38 DS-GVO weist auf die Stellung des DSB hin; Art. 39 DS-GVO enthält Regelungen zu den Aufgaben des DSB.

der anonymisierten Übermittlung oder für Zwecke der Markt- oder Meinungsforschung verarbeiten.

Gem. § 38 Abs. 2 BDSG genießt ein(e) Datenschutzbeauftragte(r) öffentlicher oder nichtöffentlicher Stellen einen besonderen Kündigungsschutz. Die Regelungen zur Verschwiegenheitspflicht und zum Zeugnisverweigerungsrecht gelten sowohl für die DSB öffentlicher oder nichtöffentlicher Stellen, gem. § 38 Abs. 5 BDSG.

Für die rumänische Rechtslage ist die Pflicht der öffentlichen Behörden und der Unternehmen, eine(n) Datenschutzbeauftragte(n) (DSB) für die internen Aktivitäten zu bestimmen, eine Herausforderung und eine wesentliche Änderung.[621] Die rumänische Datenschutzbehörde weist auf die positive Wirkung der Arbeit eines Datenschutzbeauftragten für die Betreiber, aber auch für den Schutz der Rechte der natürlichen Personen hin.[622] Damit werden die öffentlichen Behörden und die Unternehmen ermuntert, das neue Rechtsinstitut anzuwenden und die Pflicht aus Art. 37 DS-GVO zu erfüllen.

Art. 10 des Gesetzes Nr. 190/2018 wiederholt und fasst in drei Absätzen die Vorschriften der Art. 37-39 DS-GVO zusammen. Besonders weil es um ein neues Rechtsinstitut für das rumänische Recht geht, wären ausführlichere Regelungen für die Unternehmen und öffentlichen Stellen hilfreich gewesen.

Die DS-GVO enthält keine Regelungen zu der Haftung des betrieblichen Datenschutzbeauftragten. Im Falle des betrieblichen Datenschutzbeauftragten kann die Haftung über mögliche Verletzungen des Vertragsverhältnisses mit dem Arbeitgeber festgelegt werden. Bei der Bestellung eines externen Datenschutzbeauftragten durch einen Geschäftsbesorgungsvertrag haftet dieser sogar bei einer Pflichtverletzung durch eine einfache Fahrlässigkeit.

Die Sanktionen für die Verstöße gegen Art. 37 DS-GVO können gem. Art. 83 Abs. 4 lit. a DS-GVO sehr hoch sein: eine Geldbuße i.H.v. 10 Millionen Euro oder von bis zu zwei Prozent des gesamten weltweit erzielten Jahresumsatzes, je nachdem, welcher Betrag höher ist. Deswegen lohnt es sich für ein Unternehmen, sich mit der Benennung eines DSB zu beschäftigen.

Die Artikel-29-Datenschutzgruppe hat bereits Leitlinien in Bezug auf mehrere Themen veröffentlicht, die von der DS-GVO verstärkt oder neu bestimmt werden, eine davon bezieht sich auch auf den Datenschutzbeauftragten, dessen Aufgabe es ist, die Einhaltung der Bestimmungen der DS-GVO zu erleichtern,[623] und dabei

---

621 Die rumänische Datenschutzbehörde hat in ihrem Jahresbericht für das Jahr 2016 darauf hingewiesen, dass ein DSB sowohl für die öffentlichen Institutionen, als auch für die Unternehmen unter bestimmten Voraussetzungen ernannt werden soll. Siehe dazu Raport anual 2016, ANSPCDP, Bucureşti, S. 2.

622 Raport anual 2017, ANSPCDP, Bucureşti S. 2.

623 Die Artikel-29-Datenschutzgruppe (aktuell EU-DS-Ausschuss, benannt nach der DS-GVO) hat Leitlinien zusammengestellt, die am 13.12.2016 angenommen wurden. Siehe dazu WP243, 16/DE - Leitlinien in Bezug auf Datenschutzbeauftragte („DSB").

die rechtmäßige Verarbeitung personenbezogener Daten der Unternehmen und öffentlicher Stellen zu gewährleisten.

6. *Technischer und organisatorischer Datenschutz*

Der technische Datenschutz ermöglicht den Schutz der Persönlichkeit des Betroffenen durch die Privacy Enhancing Technologies[624]. Die Anwendungen (Apps) oder andere IT-Systeme sollen schon in der Entwicklung mit der Berücksichtigung des Prinzips Privacy by Design[625] „gebaut" oder erstellt werden.

Die DS-GVO gewährleistet durch Art. 23 Abs. 1 die gesetzliche Grundlage für den Datenschutz durch Technik und datenschutzfreundliche Voreinstellungen, was der DS-RL gefehlt hat. Mit dem Inkrafttreten der DS-GVO haben alle 27 EU-Mitgliedstaaten die Pflicht, sicherzustellen, „dass die Verarbeitung den Anforderungen dieser Verordnung genügt und die Rechte der betroffenen Person gewahrt werden". Art 23 Abs. 2 DS-GVO sieht dennoch vor, dass die Prinzipien der Datensparsamkeit und Zweckbindung durch technische Gestaltung gefördert werden. In der Literatur wird in Frage gestellt, ob ein europäischer Standard des technischen Datenschutzes durchgesetzt werden kann.[626]

7. *Datenschutz und Digitalisierung: gegenwärtige Aufgaben*

Die Digitalisierung kann auch zur Skizzierung eines Zerrbildes führen, das nicht mehr der sozialen Realität entspricht.[627] Die europäischen und nationalen Datenschutzbeauftragten tragen die Verantwortung für die Schaffung eines datenschutzfreundlichen Bildes.

Die Bildung der Nutzer kann die Weiterentwicklung der digitalen Rechte verstärken, deswegen sollte der Datenschutz als Bildungsaufgabe weiterverbreitet werden. Obwohl Themen wie Privatheit, Datenschutz und Persönlichkeitsrechte im Internet von der Europäischen Union, vom Europarat und in den westlichen Ländern, wie Deutschland,[628] seit Jahren in der Öffentlichkeit diskutiert werden, herrscht in vielen osteuropäischen Ländern, wie Rumänien, ein großer Bedarf an Aufklärung und Bildung.

In Rumänien bekommt der Schutz der Grundrechte im Internet immer noch nicht die Aufmerksamkeit, die er verdient, weder von den Internetanbietern noch

---

624 Vgl. nur *Roßnagel*, Hdb. DatenschutzR, Kap. 3.3., S. 291 ff..

625 Hierzu *Spindler*, NJW-Beil. 2012, 98 (101); Siehe dazu auch den Beitrag des BfDI, abrufbar unter: http://www.bfdi.bund.de/SharedDocs/Publikationen/%22PrivacyByDesign%22.pdf?__blob=publicationFile.

626 Vgl. *Hornung*, ZD 2012, 99 (103); Es wird argumentiert, dass ein internationaler Standard sinnvoller wäre (ISO) in *Spindler*, NJW-Beil. 2012, 98 (101).

627 *Petri*, DuD 1/2010, 25 (28 f.).

628 *Wagner*, DuD 8/2010, 557 (557 ff.).

von den Behörden. Ein nennenswertes Beispiel von 2016 ist die Veröffentlichung von Listen mit Daten von Bürgern im Internet, die ihre Steuern nicht bezahlt haben. Die rumänische Steuerverwaltungsbehörde (ANAF) begründete die Veröffentlichung der ungefähr 180.000 Einträge mit personenbezogenen Daten, die in der Presse als „Liste der Schande“ bezeichnet wurden, für legal gem. Art. 162 Abs. 1 Steuerprozessordnung, Gesetz Nr. 2017/2015 (Cod de procedură fiscală[629]) und der Anordnung ANAF (Ordin) Nr. 558/2016[630] zur Veröffentlichung der Listen von Steuerschuldnern.

In diesem Fall wurde geprüft, ob die Veröffentlichung der Daten sowohl rechtmäßig als auch begründet war und ob eine Verletzung der Privatsphäre der Bürger vorliegt.[631] Es muss zwischen dem öffentlichen Interesse an Zugang zu Informationen und dem Recht auf Schutz personenbezogener Daten abgewogen werden. Die rumänische Datenschutzbehörde hat ANAF mit einer Geldstrafe i.H.v. ungefähr 3600 Euro belegt.[632] Sonst wurden keine neuen Ansprüche erhoben, weder von Seiten der Datenschutzbehörde noch von den 180.000 genannten Bürgern. Die Listen wurden von der Website gelöscht, aber sie waren für ungefähr zwei Wochen online für jeden verfüg- und sichtbar.

Dieses Verhalten der ANAF ist überraschend, besonderes weil 2015 Curtea de Apel Cluj ein Vorabentscheidungsersuchen[633] vor dem EuGH wegen der Übermittlung der Steuerdaten von ANAF an CNAS auf der Grundlage eines internen

---

629 Gesetz Nr. 2017/2015, veröffentlicht in M.Of. Nr. 547 v. 23.7.2015. Laut Art. 162 Abs. 1 des Gesetzes Nr. 2017/2015 zur Veröffentlichung der Liste der Schuldner, die ausstehende steuerliche Verpflichtungen registrieren, sind die Steuerbehörden verpflichtet, auf ihrer eigenen Webseite die Liste der Schuldner, natürlichen und juristischen Personen, die ausstehende Steuerpflichten registrieren sowie die Höhe dieser Verpflichtungen zu veröffentlichen.

630 Die Anordnung ANAF Nr. 558/2016 v. 29.1.2016 beschreibt das Verfahren der Veröffentlichung der Listen der Steuerschuldner, die unbezahlte Steuerpflichten haben und die Summen, die noch bezahlt werden müssen, veröffentlicht in M.Of. Nr. 78 v. 3.2.2016 und in Kraft seit 3.2.2016.

631 Dazu ermuntert auch der EDSB in der Stellungnahme 3/2015: Eine große Chance für Europa, Empfehlungen des EDSB zu den Optionen der EU für die Datenschutzreform v. 28.7.2015, S. 7.

632 Nach der Prüfung des Sachverhaltes wurde aus Gründen der Veröffentlichung auf einer anderen Internetseite und wegen der fehlenden Benachrichtigung der Betroffenen, dass sie Steuerschuldner sind, die Datenverarbeitung als rechtswidrig betrachtet. Siehe dazu die Pressemitteilung v. 24.5.2016, abrufbar unter: http://www.dataprotection.ro/?page=24.05.2016%20-%20Comunicat%20de%20presa&lang=ro.

633 EuGH, Urt. v. 1.10.2015 - C-201/14 - Smaranda Bara u. a./Preşedintele Casei Naţionale de Asigurări de Sănătate, Casa Naţională de Asigurări de Sănătate, Agenţia Naţională de Administrare Fiscală (ANAF).

Protokolls vorgelegt hat. Es gab jedoch keine Einwilligung der Betroffenen, keine Unterrichtung über die Übermittlung der Daten und die Steuerdaten wurden zu einem anderen Zweck verwendet als zu dem sie ursprünglich gesammelt wurden.[634] Laut EuGH ist ein Protokoll zwischen ANAF und CNAS kein Gegenstand einer amtlichen Veröffentlichung, damit entspricht dies nicht einer legalen und transparenten Datenübermittlung zwischen den Behörden.[635] Die Speicherung und Weitergabe der Daten an Behörden müssen durch ein Gesetz vorgesehen werden und die Mitgliedstaaten sind auch verpflichtet, geeignete Maßnahmen vorzusehen.[636] Der EuGH hat darauf hingewiesen, dass Art. 10, 11, 13 der DS-RL 95/46/EG so ausgelegt werden, dass die nationalen Maßnahmen in Einklang mit der DS-RL sein sollten, wenn die nationalen Behörden Datenübermittlungen durchführen. Zudem müssen die betroffenen Personen darüber unterrichtet werden. Überdies wurde in der Entscheidung Nr. 440/2014[637] des rumänischen Verfassungsgerichts ausdrücklich in Rn. 57 betont, dass der Inhalt und die Umsetzung der Aufbewahrung und Verwendung der Daten nur durch klare und bestimmte Vorschriften bestimmt werden können, um einen effizienten Schutz der personenbezogenen Daten zu sichern. Nur unter bestimmten und strikten Voraussetzungen sollte der Zugang der Behörden zu den gespeicherten Daten gewährt werden, eine wirksame Vorabkontrolle der Voraussetzungen sollte von einem Gericht oder einer unabhängige Behörde gemacht werden.

Das ist ein weiterer Beweis, dass eine Aufklärung bezüglich der digitalen Rechte der Betroffenen erforderlich ist und dass die rumänischen Behörden sich die neuen europäischen datenschutzrechtlichen Regelungen gründlicher aneignen sollten. Vielen Bürgern ist noch nicht bewusst, wann in diesem Bereich Angriffe auf ihre Grundrechte erfolgten, aber auch die Unternehmen und die öffentlichen Institutionen müssen die rechtliche Lage kennen und umsetzen, weil das Prinzip *nemo*

---

634 EuGH, Urt. v. 1.10.2015 - C-201/14 - Bara/ANAF, Rn. 15.

635 EuGH, Urt. v. 1.10.2015 - C-201/14 - Bara/ANAF, Rn. 40.

636 EuGH, Urt. v. 1.10.2015 - C-201/14 - Bara/ANAF, Rn. 45.

637 Entscheidung zur Verfassungsbeschwerde gegen das Gesetz Nr. 82/2012 über die Vorratsspeicherung von Daten, die von den Anbietern bei der Bereitstellung öffentlich zugänglicher elektronischer Kommunikationsdienste oder Anbieter öffentlicher Kommunikationsnetze erzeugt oder verarbeitet werden und die Ergänzung des Gesetzes Nr. 506/2004 zur Verarbeitung der personenbezogenen Daten und des Schutzes des Privatlebens im Bereich der elektronischen Kommunikation. Durch das Gesetz 82/2012 wurde die Richtlinie 2006/24/EG des Europäischen Parlaments und des Rates v. 15.3.2006 über die Vorratsspeicherung von Daten, die bei der Bereitstellung öffentlich zugänglicher elektronischer Kommunikationsdienste oder öffentlicher Kommunikationsnetze erzeugt oder verarbeitet werden, und zur Änderung der Richtlinie 2002/58/EG in das rumänische Recht umgesetzt. Die Verfassungsbeschwerde wurde von Amts wegen vom Gericht Constanța - Strafkammer eingelegt.

censetur ignorarem legem für alle gilt. Seitdem die Regelungen der DS-GVO für alle EU-Mitgliedstaaten direkt im nationalen Recht anwendbar sind, d.h. auch im rumänischen Recht, haben solche Rechtsverletzungen schwere finanzielle Konsequenzen sowohl für die privaten Unternehmen als auch für die öffentlichen Institutionen. Art. 83 DS-GVO beschreibt die allgemeinen Bedingungen für die Verhängung von Geldbußen und in Abs. 4 und 5 werden Geldbußen zwischen 10.000.000 und 20.000.000 Euro oder 2% bzw. 4% des gesamten weltweit erzielten Jahresumsatzes eines Unternehmens bestimmt.[638]

Nennenswert ist auch der Fall zum „Schuldnerspiegel“[639], in dem Berichte über die Abwicklung von Zahlungsverhältnissen, geordnet nach den Namen der Schuldner, in Deutschland veröffentlicht wurden. Aber im Gegensatz zu dem Fall aus Rumänien ging es in diesem Fall nicht um eine Behörde, sondern um ein Unternehmen, das die Schuldnerspiegel im Internet zur Verfügung gestellt hat. Ein solcher Fall, wie die vom BVerfG zur Frage der Interpretation von Äußerungen im Internet im Falle einer öffentlichen Anprangerung einer Person als Schuldner, ist jedoch eine Seltenheit im deutschen Recht.[640]

Im Falle der Schmähkritik, wenn keine anlassbezogene Kritik mehr zur Auseinandersetzung in einer Sache geführt wird, sondern es vorwiegend nur um Diffamierung und Beleidigung der anderen Person geht, wird der Schutz des allgemeinen Persönlichkeitsrecht bei einer Abwägung mit der Meinungsfreiheit überwiegen.[641]

---

638 Art. 83 DS-GVO beschreibt die allgemeinen Bedingungen für die Verhängung von Geldbußen und im Abs. 4 und 5 werden Geldbußen zwischen 10.000.000 und 20.000.000 Euro oder 2% bzw. 4% des gesamten weltweit erzielten Jahresumsatzes eines Unternehmens genannt. Fünf Monate nach dem Inkrafttreten der DS-GVO wurde in Portugal die erste substantielle Geldstrafe i.H.v. 400.000 Euro wegen des Verstoßes gegen die DS-GVO verhängt. Die Strafe musste von einem portugiesischen Krankenhaus bezahlt werden für den unrechtmäßigen Zugriff von zu vielen unberechtigten Mitarbeitern auf Patientendaten. Meldung, abrufbar unter: https://www.heise.de/newsticker/meldung/DSGVO-Verstoss-Krankenhaus-in-Portugal-soll-400-000-Euro-zahlen-4198972.html.

639 BVerfG, Beschluss v. 9.10.2001 - 1 BvR 622/01 - Schuldnerspiegel, BVerfGE 104, 65.

640 Vgl. dazu *Seitz*, in: Hoeren/Sieber/Holznagel, Multimedia-Recht, Teil 8, Rn. 16; zur Schmähkritik bei Privatfehde auf Facebook, siehe OLG Dresden, Urt. v. 5.9.2017 - 4 U 682/17 in NJW-RR 2018, 44; zur unzulässigen Artikelbebilderung mit Facebook-Foto - Internetpranger, siehe OLG München, Urt. v. 17.3.2016 - 29 U 368/16 in NJW-RR 2016, 871.

641 Der Begriff der Schmähkritik muss eng ausgelegt werden. Eine überzogene oder ausfällige Äußerung wird nicht als Schmähung betrachtet. BVerfG, Beschluss v. 8.2.2017 - 1 BvR 2973/14 - Obergauleiter der SA-Horden in NJW 2017, 1460. Siehe auch BVerfG-K, NJW 2014, 3357 (3358).

Zukunftsperspektiven

Das rumänische Datenschutzgesetz musste auch entsprechend aktualisiert werden. Da die DS-GVO zahlreiche Öffnungsklauseln enthält, hat die rumänische Datenschutzbehörde ANSPDCP 2017 angefangen, Konsultationen mit den Ministerien zu führen, um den geeigneten Rechtsrahmen für die zahlreichen Änderungen der rumänischen Gesetze zu bilden.[642] Für die Anpassung an die Anforderungen der Art. 55-59 der DS-GVO hat die ANSPDCP 2017 Gesetzentwürfe beim rumänischen Parlament vorgelegt, um das Gesetz Nr. 102/2005 zur Einrichtung, Organisation und zur Arbeitsweise der ANSPDCP abzuändern und das Gesetz Nr. 677/2001 zum Schutz der personenbezogenen Daten und des freien Datenverkehrs außer Kraft zu setzen.[643] In Rumänien wurde 2018 das Gesetz Nr. 102/2005 zur Gründung, Organisation und Arbeitsweise der nationalen Datenschutzbehörde - ANSPDCP - durch das Gesetz Nr. 129/2018 zum Verfahren der Kontrollen von der ANSPDCP geändert. Das rumänische Anpassungsgesetz Nr. 190/2018 zur Anwendung der Vorschriften der DS-GVO hat das Gesetz Nr. 677/2001 aufgehoben.[644] Das von der ANSPDCP veröffentlichte detaillierte, gut strukturierte und verständliche Verfahren[645] zur Durchführung der Kontrollen zum Schutz der personenbezogenen Daten in Einklang mit der DS-GVO zeigt vorbildlich Transparenz und Sicherheit für die Behörden und Unternehmen. Das Verfahren und die notwendigen Informationen sind sowohl auf Rumänisch als auch auf Englisch verfügbar, um auch für die Unternehmen mit einem ausländischen Kapital oder mit ausländischen Mitarbeitern verständlich zu sein.[646]

Da Deutschland ein Vorreiter auf dem Gebiet des Datenschutzes ist, könnte eine Veröffentlichung der Beiträge der deutschen Datenschutzbehörden, also Stellungnahmen zu den nationalen und europäischen Urteilen oder Gesetzesänderungen, auch auf Englisch sehr hilfreich für alle Interessenten sein, nämlich Unternehmen, andere EU- oder Nicht-EU-Datenschutzbehörden oder natürliche Personen. Dies könnte auch zu einer besseren Zusammenarbeit und einheitlichen Auslegung führen.

---

642 Raport anual 2017, ANSPCDP, Bucureşti, S. 3.

643 Raport anual 2017, ANSPCDP, Bucureşti, S. 3.

644 Die Änderungen wurden gem. Art. 55, Art. 57 Abs. 1 lit. h, Art. 58, Art. 60-62, Art. 83 der DS-GVO 2016/679 eingeführt.

645 Das Verfahren zur Durchführung der Kontrollen wurde durch den Beschluss 161 v. 9.10.2018 genehmigt. Das Verfahren, abrufbar unter: http://www.dataprotection.ro/servlet/ViewDocument?id=1543.

646 Nicht alle Dokumente sind auf Englisch oder auf Französisch verfügbar, aber unter den Umständen, dass die Behörde ein großes Defizit an Mitarbeitern hat und in einer kurzen Zeit nach dem Inkrafttreten der DS-GVO bereits von einer Welle von Anfragen überrollt wurde, wurden ganz viele hilfreiche Informationen zur Verfügung gestellt sowie Informationsveranstaltungen und Workshops organisiert.

Obwohl die Umsetzung der DS-GVO für die Unternehmen eine Herausforderung darstellt, werden die Auswirkungen zum Schutz der Betroffenen langsam erreicht, indem die Anforderungen umgesetzt werden. Die rumänischen Unternehmen haben ein langsameres Tempo bei der Umsetzung als die deutschen.[647] In Rumänien brauchen die Unternehmen eine gründliche Untersuchung, welche personenbezogenen Daten verarbeitet werden und in welchen Bereichen dies zu dokumentieren ist und müssen sich vergewissern, dass ein konformes Datenschutzniveau dafür gewährleistet wird, ebenso wie eine kontinuierliche und geeignete Schulung der Mitarbeiter, die an den Verarbeitungsprozessen beteiligt sind. Dies ist besonders eine Aufgabe des Datenschutzbeauftragten, gem. Art. 39 Abs. 1 b) DS-GVO. Dies zeigt einen weiteren Vorteil, einen (externen) Datenschutzbeauftragten zu haben, nämlich um die eigenen Mitarbeiter informiert zu halten und ihr Bewusstsein für die datenschutzrechtlichen Konstellationen zu fördern. Auch ist es möglich, das Vertrauen der Kunden zu behalten und zu gewinnen, weil der Schutz personenbezogener Daten der Kunden eine große Rolle spielt, wenn ein Unternehmen oder eine Behörde einen Datenschutzbeauftragten hat, der sich vergewissert, dass die Daten der Betroffenen geschützt werden.

D. Durchsetzung des Persönlichkeitsschutzes

I. Das Recht auf Vergessenwerden

1. Einleitung

Wir alle erleben Momente, wenn wir etwas vergessen. Manchmal stehen wir vor dem Geldautomaten und wir haben Schwierigkeiten, uns an unsere PIN zu erinnern oder wir müssen ein bisschen überlegen, wo wir auf einem großen Supermarktparkplatz unser Auto abgestellt haben. Vor der Zeit des Internets wurden die alltägliche Fehler verstanden und nach einer gewissen Zeit vergessen.[648] Das Vergessen ist ein natürlicher, menschlicher und biologischer Prozess, aber die digitalen und medialen Mittel können diesen Prozess verhindern. Aus diesem Grund

---

647 Laut einer Umfrage der BITKOM hat über die Hälfte (56%) der befragten 500 deutschen Unternehmen die DS-GVO vollständig oder größtenteils umgesetzt. Präsentation: Vier Monate DS-GVO - wie weit ist die deutsche Wirtschaft?, Berlin, 27.9.2018, BITKOM, abrufbar unter: https://www.bitkom.org/Presse/Anhaenge-an-PIs/2018/Bitkom-Charts-PK-Privacy-Conference-27-09-2018.pdf. In Rumänien haben nur 12% der befragten Unternehmen vollständig vor dem Inkrafttreten der DS-GVO deren Vorschriften umgesetzt, laut einer Umfrage der PwC Rumänien. Umfrage veröffentlicht am 15.11.2018, abrufbar unter: https://www.zfcorporate.ro/business-legal/raport-pwc-romania-doar-12-dintre-companii-au-finalizat-procesul-de-implementare-a-cerintelor-gdpr-pana-la-25-mai-17653693.

648 *Schmale/Tinnefeld,* Privatheit im digitalen Zeitalter, S. 48.

wird die Einführung und Umsetzung eines „digitalen Radiergummis“ erörtert,[649] dieser Anspruch ist allerdings schwer durchsetzbar.[650]

Aussagen wie „das Internet vergisst nie“ oder „das Internet vergisst nichts“[651] sind mittlerweile allgemein bekannt,[652] aber auch falsch, weil die Speicherplätze irgendwann auch wieder Platz für andere neue Daten machen sollten und die Kosten für die „ewige“ Aufbewahrung für ein Unternehmen auch hoch sein können.

2. *Begriff*

Die Idee von einem„ Recht auf Vergessenwerden“ stammt aus dem französischen und italienischen Recht. In Französisch bezeichnet das„ droit à l'oubli“, in Italienisch das „diritto al oblio“,„ the right to silence on past events in life that are no longer occuring“,[653] wie im Falle von Angeklagten, die freigesprochen wurden. Das Recht auf Vergessenwerden wurde ursprünglich als eine Einschränkung der Meinungsäußerung befürchtet, aber eigentlich befasst es sich mit der Tilgung von Daten und deren Verarbeitung, besonders im Internet, nicht mehr zugänglich sein sollten.[654]

Im April 2007 hat Viktor Mayer-Schönberger eine neue Perspektive über die Bedeutung des Vergessens im Bereich von Privatsphäre und der Ubiquität von Daten im Computing präsentiert. Die Idee hat ganz schnell viele Unterstützer gewonnen. Sein Vorschlag war, dass die Daten nach einer gewissen Zeit ein Ablaufs- oder Verfallsdatum haben sollten, dies würde zu einer effektiven Durchsetzung des Persönlichkeitsschutzes im Internet führen.[655]

Die verkürzte Variante „Recht auf Vergessen“, wird häufig verwendet, aber diese wird auch als unpassend betrachtet und deswegen wird „das Recht auf

---

649 *Schmale/Tinnefeld,* Privatheit im digitalen Zeitalter, S. 48.

650 Die technische Lösung des „digitalen Radiergummis“ scheint nicht realistisch zu sein. Vgl. dazu *Drösser,* Von wegen Vergessen, Die Zeit, 27.1.2011.

651 Diese Aussage wird oft wiederholt. Der Erfinder dieser Aussage ist Viktor Mayer-Schönberger, der in seinem berühmten Buch: Delete - The Virtue of Forgetting in the Digital Age, englische Version Princeton University Press 2009 zur Einführung eines „right to be forgotten in the digital age “ ermunterte.

652 *Ott,* MMR 2009, 158 (158); *Ernst,* NJW 2009, 1320 (1321); *Jandt/Kieselmann/Wacker,* DuD 4/2013, 235 (235).

653 *Pino,* G. 2000. The Right to Personal Identity in Italian Private Law: Constitutional Interpretation and Judge-Made Rights. In: HOECKE, M. V. & OST, F. (eds.) The Harmonisation of European Private Law. Brussels: Hart, S. 237.

654 *Bernal,* A Right to Delete?, European Journal of Law and Technology, Vol. 2, No. 2, 2011, S. 2.

655 Umfassend zu diesem Thema siehe *Mayer-Schönberger,* Delete - Die Tugend des Vergessens in digitalen Zeiten, Berlin University Press 2010, englische Version Princeton University Press 2009.

Vergessenwerden"[656] bevorzugt. Das „Recht auf Vergessenwerden" und das Recht auf Löschung sind keine Synonyme, sondern eigenständige Betroffenenrechte.[657] Darüber hinaus wird das Recht auf Vergessenwerden in Bezug auf die Datenverarbeitung im Internet verwendet.[658] Das Recht auf Vergessenwerden hat einen großen Auslegungsspielraum[659] und dies kann unvorhersehbare Folgen bei der Durchsetzung haben.

In der Mitteilung der Kommission an das Europäische Parlament, den Rat, den Europäischen Wirtschafts- und Sozialausschuss und den Ausschuss der Regionen Gesamtkonzept für den Datenschutz in der Europäischen Union vom November 2010 wurde das sogenannte Recht auf Vergessen („right to be forgotten") als„ das Recht von Personen, dass ihre Daten nicht länger verarbeitet und gelöscht werden, wenn sie nicht mehr für einen rechtmäßigen Zweck gebraucht werden"[660] definiert. Es wurde dann angekündigt, dass die EU-Kommission dieses Recht explizierter und klarer formulieren würde, um eine bessere Kontrolle des Betroffenen über seine Rechte zu erreichen. Ob dies der Kommission durch die DS-GVO gelungen ist, wird durch die Auslegung der Vorschriften durch den EuGH bei den Vorabentscheidungsersuchen klar, die von den Gerichten der Mitgliedstaaten eingelegt werden.

3. Art. 17 DS-GVO

Die neue DS-GVO enthält in Art. 17 das Recht auf Löschung personenbezogener Daten und das bedeutet für einen Dritten die Pflicht, die gewünschten Daten der Betroffenen zu löschen und ihn über das Löschen zu informieren. Nach Art. 17 DS-GVO ist der Verantwortliche verpflichtet, personenbezogene Daten unverzüglich zu löschen, sofern:

- die personenbezogenen Daten für die Zwecke, für die sie erhoben oder auf sonstige Weise verarbeitet wurden, nicht mehr notwendig sind;
- ein Widerruf der Einwilligung der betroffenen Person besteht und es an einer anderweitigen Rechtsgrundlage für die Verarbeitung fehlt;
- die betroffene Person Widerspruch gegen die Verarbeitung einlegt und keine vorrangigen berechtigten Gründe für die Verarbeitung vorliegen;

---

656 Kritisch zu dem Begriff in *Koreng/Feldmann,* ZD 2012, 311 (312).

657 ErwG. 156 der DS-GVO; siehe auch die Ansicht der Unabhängigen Datenschutzbehörden des Bundes und der Länder (Datenschutzkonferenz - DSK) in Kurzpapier Nr. 11 zum Recht auf Löschung/„Recht auf Vergessenwerden," S. 2.

658 ErwG. 65 und 66 der DS-GVO.

659 ENISA, The right to be forgotten - between expectation and practice, 2012, S. 6.

660 Mitteilung der Kommission an das Europäische Parlament, den Rat, den Europäischen Wirtschafts- und Sozialausschuss und den Ausschuss der Regionen - Gesamtkonzept für den Datenschutz in der Europäischen Union, KOM(2010) 609, S. 8.

- die personenbezogenen Daten unrechtmäßig verarbeitet wurden;
- die Löschung der personenbezogenen Daten zur Erfüllung einer rechtlichen Verpflichtung nach dem Unionsrecht oder dem Recht der Mitgliedstaaten erforderlich ist;
- die personenbezogenen Daten eines Minderjährigen in Bezug auf angebotene Dienste der Informationsgesellschaft, z.B. Internetangebote wie Online-Spiele, erhoben wurden.

Der Abs. 2 verpflichtet den Verantwortlichen, angemessene Maßnahmen zur Information derjenigen, die für die Datenverarbeitung zuständig ist, über den Löschungsanspruch des Betroffenen zu stellen. Diese Regelung gilt für die personenbezogenen Daten, die öffentlich gemacht wurden.

Die Löschpflicht ist nicht absolut und nach Art. 17 Abs. 3 DS-GVO ist die Verarbeitung erforderlich:

- zur Ausübung des Rechts auf freie Meinungsäußerung und Information;
- zur Erfüllung einer rechtlichen Verpflichtung oder öffentlicher Aufgaben;
- aus Gründen des öffentlichen Interesses im Bereich der öffentlichen Gesundheit;
- für Archivzwecke, wissenschaftliche oder historische Forschungszwecke oder für statistische Zwecke im öffentlichen Interesse;
- zur Geltendmachung, Ausübung oder Verteidigung von Rechtsansprüchen.

Art. 17 Abs. 3 lit. d DS-GVO regelt die Ausnahme zur Löschpflicht, soweit die Verarbeitung für Archivzwecke, wissenschaftliche oder Forschungszwecke oder statistische Zwecke im öffentlichen Interesse erforderlich ist, soweit das Löschungsrecht die Erfüllung dieser Ziele unmöglich macht oder ernsthaft beeinträchtigt. Diese Ausnahme soll den endgültigen Verlust von Daten vermeiden, die im Interesse der Öffentlichkeit verarbeitet werden.[661] Das rumänische Gesetz Nr. 190/2018 enthält keine ausdrückliche Einschränkung zur Löschpflicht im Kapitel III unter dem Titel „Derogări“[662] (abweichende Sonderregelungen). Art. 8 des Gesetzes Nr. 190/2018 sieht Ausnahmeregelungen für die Verarbeitung personenbezogener Daten im öffentlichen Interesse für wissenschaftliche oder historische Forschungszwecke, für statistische Zwecke oder für Archivzwecke vor und damit wird der Art. 17 Abs. 3 lit. d DS-GVO im rumänischen Recht wiederholt.

§ 35 BDSG gewährleistet dem Betroffenen einen Anspruch auf Löschung oder einen Entfernungsanspruch der Daten und enthält Beschränkungen des Rechts auf Löschung auf Grundlage von Art. 23 DS-GVO.[663] Eine Löschung nicht

---

661 *Peuker*, in: Sydow (Hrsg.), EU DS-GVO, Art. 17 DS-GVO, Rn 68.

662 In Art. 7 des Gesetzes Nr. 190/2018 werden Ausnahmeregelungen für die Verarbeitung zu journalistischen Zwecken oder zu akademischen, künstlerischen oder literarischen Zwecken aufgelistet.

663 *Gola*, in: ders., DS-GVO, Art. 23 Rn. 15 ff.. Art. 23 DS-GVO gibt der EU und den Mitgliedstaaten die Möglichkeit, durch Rechtsvorschriften bestimmte Rechte und

automatisierter Datenverarbeitung wird nicht vorgenommen, wenn der Verantwortliche dies wegen der besonderen Art der Speicherung nicht kann oder wenn dafür ein unverhältnismäßig höher Aufwand erforderlich wäre. Diese Regelung wird in der deutschen Rechtsliteratur kritisiert und als unionsrechtswidrig betrachtet, weil sie über die Bedeutung des Art. 23 DS-GVO hinausgeht.[664] Dem BDSG gehen die Regelungen zur Einhaltung der gesetzlichen Aufbewahrungsfristen nach § 257 HGB, 147 Abgabenordnung (AO) vor, die bestimmen, wie lange die Daten behalten werden dürfen. Wenn die Verarbeitung der personenbezogenen Daten unrechtmäßig erfolgt ist, werden die Daten gelöscht, gem. § 35 Abs. 1 Satz 3 BDSG. Es wurde kritisiert, dass die Beschränkungen des Rechts auf Löschung aufgrund des Anwendungsvorrangs der DS-GVO europarechtswidrig wären.[665]

Art. 17 der DS-GVO hat viel Kritik entfacht. Unter anderem mangelt es in diesem Artikel an konkreten Lösungsvorschlägen für eine technische Umsetzung. So wird den Dienstanbietern die Aufgabe überlassen, diese Vorschrift selbst in der Praxis umzusetzen, aber bei Nichterfüllung ihrer Pflicht werden sie im Falle einer Anfrage von Betroffenen von den Behörden sanktioniert.[666] Da die Unternehmen schon 2014 durch die Entscheidung des EuGH über ihre neuen Rechtspflichten als Verarbeiter informiert waren, war die Einführung des Art. 17 der DS-GVO keine große Überraschung mehr.

a) *Interessenabwägung*

Dieses Recht dient zu einer besseren Kontrolle des Betroffenen über seine personenbezogenen Daten im Internet, aber es ist kein absolutes Recht. Das„ Recht auf Vergessen“ bezieht sich auf ein historisches Ereignis, das schon längst passiert ist und nicht mehr erwähnt werden sollte, weil es veraltet ist. Das„ Recht, vergessen zu werden“ spiegelt den Anspruch des Einzelnen auf die Löschung bestimmter Daten wider, so dass ein Dritter die Daten nicht mehr finden und verfolgen kann. Daher basiert das Recht auf Vergessen auf der Autonomie des Einzelnen in Bezug auf seine persönlichen Daten auf einer Zeitskala. Je älter die Informationen, desto höher sind bei einer Interessenabwägung die Chancen, dass die persönlichen

---

Pflichten, die in der DS-GVO geregelt sind, einzuschränken, solange die Einschränkungen den Wesensgehalt der Grundrechte und Grundfreiheiten achten und in einer demokratischen Gesellschaft eine notwendige und verhältnismäßige Maßnahme bestimmen.

664 Vgl. *Paal*, in: Paal/Pauly, BDSG, § 35, Rn. 2; *Herbst*, in: Kühling/Buchner, DS-GVO, Art. 17, Rn. 90; siehe dazu auch Stellungnahmen im Innenausschuss Protokoll BDSG, 15, 59.

665 DSK in Kurzpapier Nr. 11 zum Recht auf Löschung/„Recht auf Vergessenwerden“, S. 3.

666 EuGH, Urt. v. 13.5.2014 - C-131/12 - Google Spain SL, Google Inc./ Agencia Española de Protección de Datos (AEPD), Mario Costeja González, Rn. 77.

Interessen des Betroffenen auf Löschen gegenüber dem Informationsinteresse der Öffentlichkeit Vorrang haben.[667]

Bei der Prüfung eines Löschanspruchs wägen die Gerichte das Datenschutzgrundrecht gem. Art. 8 GRCh gegen das Grundrecht auf Achtung der Privatsphäre gem. Art. 7 GRCh ab, obwohl die GRCh kein ausdrückliches Internet-Grundrecht auf Vergessenwerden verankert.[668] Der EuGH orientiert sich bei der Abwägung beim Recht auf Vergessenwerden an dem Verhältnis zwischen dem Betroffenen und dem Verantwortlichen.[669]

In der Entscheidung zum Recht auf Vergessenwerden „Google Spain", hat der EuGH eine umfassende Abwägung zwischen dem Interesse des Verantwortlichen zur Verarbeitung personenbezogener Daten und dem Interesse des Betroffenen, besonders zum Schutz der Privatsphäre bei der Verarbeitung personenbezogener Daten, vorgenommen.[670] In der Google-Spain-Entscheidung wurde bestimmt, dass der Betroffene die Indexierung seiner personenbezogenen Daten in der Suchergebnisliste der Suchmaschine widersprechen kann, wenn ihm deren Anzeige bei der Suche nach seinem Namen einen Schaden verursacht hat. Darüber hinaus überwiegt bei einer Interessenabwägung der Schutz seiner personenbezogenen Daten und seiner Privatsphäre einschließlich seines „Recht(s) auf Vergessenwerden" gegenüber den berechtigten Interessen des Suchmaschinenbetreibers und dem allgemeinen Interesse an der Informationsfreiheit.[671]

b) EuGH und der Löschungsanspruch

Der EuGH hat einen Löschungsanspruch in Art. 12 lit. b) und Art. 14 Abs. 1 lit. a der Richtlinie 95/46/EG (Datenschutzrichtlinie - DS-RL) anerkannt, so dass das Recht auf Vergessenwerden ausdrücklich auch in den Vorschriften der DS-RL geregelt wurde und hat damit eine solide Grundlage für den Art. 17 DS-GVO

---

667 *Weber*, The Right to Be Forgotten: More Than a Pandora's Box? 2 (2011) JIPITEC 120, Rn. 3.

668 *Peuker*, in: Sydow (Hrsg.), EU DS-GVO, Art. 17, Rn. 7.

669 Ausführlicher in *Heinzke*, Abwägung beim Recht auf Vergessenwerden, GRUR-Prax 2017, 355. OLG Celle, Urt. v. 1.6.2017 - 13 U 178/12 (LG Verden), BeckRS 2017, 113458 hat ein zusätzliches Kriterium zur Abwägung eingeführt: die mittelbare betroffene Presse- und Meinungsfreiheit des Erstellers der Beiträge zu berücksichtigen, die über die angegriffenen Links auffindbar sind.

670 EuGH, Urt. v. 13.5.2014 - C-131/12 - Google Spain SL, Google Inc./Agencia Española de Protección de Datos (AEPD), Mario Costeja González, Rn. 74 ff..

671 EuGH, Urt. v. 13.5.2014 - C-131/12 - Google Spain, Rn. 91.

geschaffen.[672] Fraglich ist, inwiefern sich die Situation geändert hat, nachdem der EuGH ein Recht auf Vergessenwerden mit dem Urteil vom Mai 2014 etabliert hat.

Ein spanischer Anwalt wollte, dass Google bei Eingabe seines Namens in die Suchmaschine nicht mehr auf die Zeitungsnotizen von *La Vanguardia* verweist, die Informationen zu einer Versteigerung seines Grundstückes in Zusammenhang mit seinen Verpflichtungen bei den staatlichen Sozialversicherungen aus dem Jahr 1998 enthielten. Der EuGH hat in einem Vorabentscheidungsverfahren, auch bekannt unter dem „Google-Spain"-Urteil[673] zum Recht auf Vergessenwerden, entschieden, dass der spanische Bürger unter bestimmten Voraussetzungen Google verpflichten kann, seine personenbezogenen Daten von den Suchergebniseinträgen aus ihrem Index zu löschen.

Nach Auffassung des EuGH ist der Suchmaschinebetreiber als Verantwortlicher zu betrachten, wenn er Informationen von Dritten, die auch personenbezogene Daten enthalten, ins Internet stellt, findet, automatisch indexiert, den Internetnutzern zur Verfügung stellt oder speichert, auch wenn dies nicht dauerhaft erfolgen soll. D.h. dass die Tätigkeit des Betreibers als „Verarbeitung personenbezogener Daten einzustufen ist".[674] Google Spain ist aufgrund seiner Tätigkeiten als Niederlassung von Google Inc. in Spanien, die den Verkauf von auf die Einwohner des Staates ausgerichteten Werbeflächen beinhaltet, verantwortlich für die Löschung von Suchergebniseinträgen.[675] Der EuGH folgt dem Vorschlag des Generalanwalts, die Tätigkeiten des Suchmaschinenbetreibers und die Niederlassung als untrennbar miteinander verbunden anzusehen, und damit bestimmte der EuGH, dass das spanische Recht anwendbar war.[676]

Außer im Falle der Verarbeitung der Daten, die für historische, statistische oder wissenschaftliche Zwecke verarbeitet werden, muss der Verantwortliche seinen Rechtspflichten nicht nachkommen und überprüfen, ob die von ihm verarbeiteten personenbezogenen Daten nicht zu alt, überholt oder nicht mehr relevant sind, ob die den Zwecken, für die sie erhoben und/oder weiterverarbeitet wurden, noch entsprechen. Ansonsten besteht eine Pflicht zur Löschung personenbezogener Daten.[677]

Wäre es noch notwendig gewesen, neue Vorschriften mit der DS-GVO einzuführen, wenn das Recht auf Vergessenwerden schon durch die Auslegung der Richtlinie 95/46/EG zum Schutz natürlicher Personen bei der Verarbeitung personenbezogener

---

672 Sogar in dem Titel des Art. 17 DS-GVO wird, allerdings in Klammern und mit Anführungszeichen („Recht auf Vergessenwerden"), hingewiesen, dass das Recht auf Vergessenwerden geregelt wird.

673 EuGH, Urt. v. 13.5.2014 - C-131/12 - Google Spain.

674 EuGH, Urt. v. 13.5.2014 - C-131/12 - Google Spain, Rn. 41.

675 EuGH, Urt. v. 13.5.2014 - C-131/12 - Google Spain, Rn. 60.

676 *Generalanwalt Niilo Jääskinen*, Schlussantr. v. 25.6.2013, C-131/12, Rn. 64.

677 EuGH, Urt. v. 13.5.2014 - C-131/12 - Google Spain, Rn. 72.

Daten und zum freien Datenverkehr und durch Art. 7 GRCh zur Achtung des Privat- und Familienlebens und Art. 8 GRCh zum Schutz personenbezogener Daten gewährleistet wurde? Die Antwort ist definitiv ja: Die europäischen Regeln im Bereich des Datenschutzes müssen einheitlich durchgesetzt werden, die Google-Entscheidung beschreibt dagegen nur einen Einzelfall. Die DS-GVO hat erhebliche Sanktionen in Art. 83 DS-GVO für die Unternehmen eingeführt. Der EuGH hat in diesem Fall klargestellt, dass das EU-Recht uneingeschränkt im Internet gilt und es seit 1995 existiert, seitdem gibt es ein Recht auf Löschung und der EuGH hat sich mit diesem Thema auseinandergesetzt, wie die Vorschriften der DS-RL weiter auszulegen seien.

Die Artikel-29-Datenschutzgruppe hat sich auch zum Thema „das Recht auf Vergessenwerden"[678] geäußert und einen Leitfaden bezüglich des Rechts auf Löschung und des „Google Spain"-Urteils des EuGHs veröffentlicht. Das EU-Beratungsgremium hat zur Auslegung und Umsetzung der Anforderungen des Google-Urteils einen Kriterienkatalog aufgestellt, den die nationalen Datenschutzbehörden verwenden können, so dass eine einheitliche Umsetzung des Urteils durch die Datenschutzbehörden gewährleistet werden kann.

c) Löschungsansprüche in der Rechtsprechung

In einer Entscheidung[679] vom OLG Frankfurt, dem ersten deutschen obergerichtlichen Urteil zu Löschungsfragen nach der neuen DS-GVO, wurde festgestellt, dass Art. 17 DS-GVO eingeschränkt angewendet wird. Google darf auch Links von älteren negativen Berichten anzeigen, auch wenn diese Gesundheitsdaten einer Person enthalten, da in jedem Einzelfall untersucht wird, ob das Interesse des Betroffenen oder das öffentliche Informationsinteresse überwiegt.

In diesem Fall ging es um einen ehemaligen Geschäftsführer einer gemeinnützige Organisation, der sich krankgemeldet hat, kurz bevor bekannt gegeben wurde, dass die Organisation ein erhebliches finanzielles Defizit hatte. Der Betroffene wollte die Anzeige bestimmter URL in der Google-Trefferliste unterbinden.[680] Es gab aber keinen Hinweis, dass die Informationen über den Betroffenen dessen Persönlichkeitsrechte verletzen würden. Deswegen durften die Informationen zum Öffentlichkeitsinteresse auch sechs bis sieben Jahren nach Veröffentlichung noch angezeigt werden. Im Vergleich zu dem Betroffenen, der in der „Google-Spain"-Entscheidung ein Recht auf Löschung bekommen hat, weil die angezeigten Angaben 16 Jahre zuvor passiert sind, liegt hier der Vorfall des Klägers (nur) sechs Jahre zurück.[681]

---

678 WP225 v. 26.11.2014; Obwohl die Stellungnahmen der Gruppe nicht bindend sind, spiegeln diese die Einschätzungen der nationalen europäischen Datenschutzbehörden wider.

679 OLG Frankfurt a. M., Urt. v. 6.9.2018 - 16 U 193/17, BeckRS 2018, 21748.

680 OLG Frankfurt a. M., Urt. v. 6.9.2018 - 16 U 193/17, BeckRS 2018, 21748, Rn. 3.

681 OLG Frankfurt a. M., Urt. v. 6.9.2018 - 16 U 193/17, BeckRS 2018, 21748, Rn. 10.

Hier wurden Gesundheitsdaten, d.h. besondere personenbezogene Daten i.S.v. Art. 4 Pkt. 15 DS-GVO i.V.m. Art. 9 DS-GVO, als Begründung veröffentlicht, weil der Betroffene aus gesundheitlichen Gründen nicht im Dienst war. Trotzdem gab es keinen konkreten Hinweis darauf, dass Google „Kenntnis von einer offensichtlichen und auf den ersten Blick klar erkennbaren Verletzung des allgemeinen Persönlichkeitsrechts (...) durch den Inhalt einer in der Ergebnisliste der Suchmaschine nachgewiesenen Internetseite erlangt hat". Dadurch greift für Google keine Haftung als Suchmaschinenbetreiber und das Unternehmen hat keine gesetzliche Pflicht zur Löschung der Ergebnislisten zu den Presseberichten.

Der BGH hat sich mit einer Vielzahl von Fällen zum Recht auf Vergessenwerden für Täter von schweren Straftaten befasst und entschieden,[682] dass jene vor einer Reaktualisierung des Verfehlens nicht verschont bleiben.[683] Dennoch werden bei einer Abwägung der Schutzinteressen der Täter auf Anonymisierung der Beiträge in den Online-Archiven und der schutzwürdigen Belange der Online-Archive und einer hinreichend informierten Öffentlichkeit letztere überwiegen.[684] Diese BGH-Argumentation wurde vom EGMR bestätigt und damit keine Verletzung des Rechts auf Familien- und Privatleben, gem. Art. 8 EKMR, der Straftäter festgestellt.[685] Das Bereithalten der Online-Archive zu dem Mordfall wurde einstimmig angeordnet und begründet durch die Bekanntheit des Opfers und der Täter,[686] das Interesse der Öffentlichkeit, darüber informiert zu sein,[687] die Rolle der Medien, zur Meinungsbildung beizutragen[688] und Form, Inhalt und Auswirkungen der Veröffentlichung.[689]

---

682 Urteile zu den Mörder des Schauspielers Sedlmayr: BGH, Urt. v. 15.12.2009 - VI ZR 227/08 u. VI ZR 228/08; Urt. v. 9.2.2010 - VI ZR 244/08 u. VI ZR 243/08; Urt. v. 20.10.2010, VI ZR 245/08 u. VI ZR 246/08.

683 BGH, Urt. v. 15.12.2009 - VI ZR 227/08 u. VI ZR 228/08, Rn. 20.

684 BGH, Urt. v. 15.12.2009 - VI ZR 227/08 u. VI ZR 228/08, Rn. 25.

685 EGMR, Urt. v. 28.6.2018 - 60798/10 und 65599/10 - M.L. und W.W./Deutschland, Rn. 116.

686 EGMR, Urt. v. 28.6.2018 - Nr. 60798/10 und Nr. 65599/10 - M.L. und W.W./Deutschland, Rn. 106. Das Opfer war ein berühmter Schauspieler und die Straftäter wurden bekannt, als über den Verlauf des Strafprozesses berichtet wurde. Dennoch haben die Straftäter sich selbst an die Presse gewandt, als sie 2004 die Öffentlichkeit über die Wiederaufnahmeverfahren informieren wollten. (Rn. 108)

687 EGMR, Urt. v. 28.6.2018 - Nr. 60798/10 und Nr. 65599/10 - M.L. und W.W./Deutschland, Rn. 98, 101 f..

688 EGMR, Urt. v. 28.6.2018 - Nr. 60798/10 und Nr. 65599/10 - M.L. und W.W./Deutschland, Rn. 89.

689 EGMR, Urt. v. 28.6.2018 - Nr. 60798/10 und Nr. 65599/10 - M.L. und W.W./Deutschland, Rn. 110 ff.. Die veröffentlichten Artikel haben einen beschränkten Zugang und den Zweck, die Straftäter nicht abwertend zu präsentieren oder deren Ruf zu schädigen, sondern den Sachverhalt vorzustellen.

4. *Abgestufte Schutzmöglichkeit*

Wenn der Täter mit seiner Tat nicht in der Öffentlichkeit steht oder stehen will[690], wie im Falle der Sedlmayr-Mörder, muss die Situation auch anders betrachtet werden. Wenn der Beschwerdeführer sich nach der Verbüßung einer langjährigen Haftstrafe in ein neues soziales Umfeld einfinden muss und trotzdem bei der Eingabe seines Namens in ein Suchfeld einer Suchmaschine zu den Berichten der Straftaten, die 30 Jahre zurückliegen, unter den ersten Treffern aufgeführt wird, dann sollten abgestufte Schutzmöglichkeiten und Zwischenlösungen für die Beeinträchtigungen des Beschwerdeführers und das Recht auf Meinungs- und Pressefreiheit des Verlags gewährt werden.[691]

Der Beschluss des Gerichtes betont, dass frühere Positionen, Äußerungen und Handlungen durch die Rechtsordnung auch in Vergessenheit geraten sollten, um die Chance für neue Lebensabschnitte zu geben.[692] Dies sollte möglich sein, besonders in einer Zeit der technologischen Entwicklung des Internets, wenn die Informationen öffentlich für unbegrenzte Zeit und für unzählige Nutzer zugänglich sind und die Änderungen für die freie Entfaltung der Persönlichkeit des Beschwerdeführers erheblich sein können.[693]

Außerdem kann, wenn ein anerkennenswertes Interesse der Öffentlichkeit an den Informationen besteht, die Anzeige eines Berichtes in einem Online-Archiv laut den deutschen Gerichten zulässig sein, nicht nur für schwere Straftaten,

---

690 BVerfG, Beschluss des I. Senats v. 6.11.2019 - 1 BvR 16/13 - „Recht auf Vergessen I“, Rn. 123, 150. Der Beschwerdeführer wohnt in einer Umgebung, wo keiner über seine Tat wissen könnte (Rn. 9).

691 BVerfG hat am 6.11.2019 zwei Beschlüsse zur Verstärkung des Rechts auf Vergessen veröffentlicht: in Bezug auf die Verantwortung eines Internetsuchmaschinenbetreibers, wie z.B. Google, und die Berücksichtigung der Meinungsfreiheit der Inhalteanbieter („Recht auf Vergessen II“); und zur Abwägung zwischen dem Schutz der Persönlichkeitsrechte des Beschwerdeführers, besonders sein äußerungsrechtlicher Schutzgehalt und den Grundrechten auf Meinungs- und Pressefreiheit des Verlags („Recht auf Vergessen I). BVerfG, Beschluss des I. Senats v. 6.11.2019 - 1 BvR 16/13 - „Recht auf Vergessen I“, Rn. 153. Ausführlich zu den möglichen Abstufungen zu verschiedenen Arten von Schutzgewähr gegenüber der Bereitstellung der Presseberichte in Onlinearchiven und das Interesse des Betroffenen zur Persönlichkeitsentfaltung. BVerfG, Beschluss des I. Senats v. 6.11.2019 - 1 BvR 16/13 - „Recht auf Vergessen I“, Rn. 128 ff..

692 BVerfG, Beschluss des I. Senats v. 6.11.2019 - 1 BvR 16/13 - „Recht auf Vergessen I“, Rn. 104.

693 BVerfG, Beschluss des I. Senats v. 6.11.2019 - 1 BvR 16/13 - „Recht auf Vergessen I“, Rn. 102 f..

sondern sogar in besonderen Fällen der Kleinkriminalität.[694] Diese Argumentation der Rechtsprechung könnte sich allerdings mit der Zeit auch ändern.

5. Technische Umsetzung

Die vollständige Löschung der Daten in einem „offenen System" wie dem Internet, in dem die Informationen, auch personenbezogene Daten, für die Öffentlichkeit verfügbar sind, ist eigentlich unmöglich.[695] Privatpersonen oder Unternehmen können digitale Kopien der Daten anfertigen und speichern, ohne dass die betroffenen Personen dies kontrollieren oder sogar von der Speicherung oder von dem Ort der Speicherung Kenntnis haben können.

Die Agentur der Europäischen Union für Cybersicherheit (**E**uropean **N**etwork and **I**nformation **S**ecurity **A**gency - ENISA) hat anhand von vier Argumenten die technischen Herausforderungen identifiziert, die das Recht auf Vergessenwerden umsetzen:

- die Erlaubnis einer Person ihre personenbezogenen Daten zu identifizieren und zu lokalisieren;
- die Identifikation aller Kopien personenbezogener Daten und der Informationen, die davon abgeleitet werden;
- die Bestimmung, ob eine Person berechtigt ist, einen Löschanspruch zu haben;
- der effektive Schritt, alle Daten oder davon abgeleitete Kopien zu löschen oder zu entfernen.[696]

Auch auf nationaler Ebene gab es Versuche, das Recht auf Vergessenwerden technisch umzusetzen. „X-pire" ist eine Software-Lösung für soziale Netzwerke, die wie ein„ digitales Radiergummi" für Dateibilder funktionieren soll. Dieses Projekt wurde von der deutschen Bundesregierung unterstützt und bietet ein Verfallsdatum für die Bilder an.[697] Dennoch besteht bei einem solchen Programm die Gefahr,

---

694 BVerfG, Beschluss v. 25.1.2012 - 1 BvR 2499/09, 1 BvR 2503/09 - Ochsenknecht in NJW 2012, 1500 (1501), Rn. 35 - die Söhne eines berühmten Schauspielers, die selbst bekannt waren, waren involviert; BGH, Urt. v. 30.10. 2012 - VI ZR 4/12 - Gazprom, Rn. 24, 33 - Ein ehemaliger Mitarbeiter des Ministeriums der Staatssicherheit der DDR und führender Gazprom-Manager hat unzutreffend über seine Vergangenheit in Bezug auf das Ministerium gesprochen. Das Unternehmen spielt eine große Rolle für die Energieversorgung Deutschlands und die Aufarbeitung der Stasi-Vergangenheit wäre noch nicht abgeschlossen, weswegen ein Interesse der Öffentlichkeit bestehe.

695 Zur Unterscheidung zwischen „geschlossene" und „offene" Systeme in ENISA, The right to be forgotten - between expectations and practice, 2012, S. 9 ff..

696 ENISA, The right to be forgotten - between expectations and practice, 2012, S. 8.

697 Beschreibung des Projektes des CISPA-Professors, *Michael Backes,* abrufbar unter: https://arxiv.org/abs/1112.2649. Das Projekt wurde stark kritisiert. Siehe

dass eine (berechtigte) Person das Bild fotografiert oder einen Screenshot davon macht, bevor es verfällt, dann kann das Bild weiter verwendet werden.

Es ist technisch unmöglich, Informationen, die schon im Internet veröffentlicht wurden, komplett zu löschen. Wenn der Zugang zu diesen Informationen eingeschränkt wird,[698] indem Suchmaschinenbetreiber auf Anfrage konsequent im Interesse der betroffenen Person Suchergebnislisten bearbeiten, kann der Betroffenen „fast" ein effektives Recht auf Vergessenwerden genießen. Deswegen müssen die Anträge der Betroffenen auf Löschung der Indexierung der Ergebnisse umgehend von den Suchmaschinenbetreibern überprüft und gelöscht werden. Die nationalen Datenschutzbehörden müssen zusammenarbeiten und auch die Sanktionsmechanismen ausnutzen, um eine effektive Durchsetzung des Rechts auf Vergessenwerden zu erreichen.

Zukunftsperspektiven

Das Recht auf Vergessenwerden könnte durch eine Klage von Google France gegen ein Bußgeld vom 10. März 2016 von Commission Nationale de l'Informatique et des Libertés (CNIL) erweitert werden. Der Conseil d'Etat hat in einem Vorabentscheidungsersuchen dem EuGH Fragen vorgelegt, anhand derer analysiert werden sollte, ob die Suchmaschinenbetreiber nicht nur Inhalte in Bezug auf europäische Bürger von „national registrierten" Domains entfernen sollten, sondern das Löschungsrecht weltweit, also mit einer Reichweite außerhalb der Europäischen Union, für eine effektive Durchsetzung gewährleisten sollte.

In diesem Fall wird die Richtlinie 95/46/EG ausgelegt, da das Bußgeld vor der Anwendung der DS-GVO erhoben wurde.[699] Diese Forderung von CNIL wird kritisiert, weil die Meinungsfreiheit gefährdet wäre und dadurch, laut Google, totalitäre Staaten das Recht auf Meinungsfreiheit zensierten.[700] Der Vorschlag des

---

z.B. Beitrag in https://netzpolitik.org/2011/zum-vergessen/; Beispiele von anderen Software-Lösungen: Ephemerizer, Vanish, EphCOM System, FaceCloak in ENISA, The right to be forgotten - between expectations and practice, 2012, S. 12 f..

698 ENISA, The right to be forgotten - between expectations and practice, 2012, S. 13. Wenn die Informationen schwer auffindbar sind, geraten die Daten auch in Vergessenheit. Auch wenn die Informationen ab der 3. Seite der Sucherergebnisse gezeigt werden, wäre es genauso effektiv wie die Löschung der Einträge, weil die wenigsten so weit in den Suchmaschinen suchen.

699 *Generalanwalt Maciej Szpunar,* Schlussantr. v. 10.1.2019 - C-507/17 - Google/CNIL, Rn. 32.

700 Google Case Asks: Can Europe Export Privacy Rules World-Wide?, 9.9.2018, abrufbar unter: https://www.wsj.com/articles/local-internet-laws-threaten-to-go-global-1536490801; *Generalanwalt Maciej Szpunar,* Schlussantr. v. 10.1.2019 - C-507/17 - Google/CNIL, Rn. 35.

Generalanwaltes Szpunar an den EuGH war die Entfernung von Links, die durch die Betreiber vorgenommen werden muss, nur innerhalb des Gebiets der Europäischen Union zu gewährleisten, weil die Richtlinie 95/46/EG keine Wirkung über die Grenzen der (damals) 28 Mitgliedstaaten entfaltet.[701]

Nach der heutigen Rechtsprechung, etabliert durch das Google-Spain-Urteil[702], werden bei der Zustellung eines Antrags auf Entfernung von Inhalten auf google.de Inhalte nur genau dort gelöscht und nicht aus anderen Suchanfragen, die beispielsweise über google.com ausgeführt werden. Das Grundrecht auf Vergessenwerden muss in jedem Einzelfall gegen das berechtigte Interesse der Öffentlichkeit, Zugang zu Informationen zu haben sowie gegen die Grundrechte auf Datenschutz und auf Privatleben abgewogen werden.[703] Dennoch bleibt die Frage, wie eine effektive Löschung der Inhalte durch die Suchmaschinenbetreiber erfolgen soll, wenn die Inhalte auf google.com abrufbar sind, besonders weil die Internet-Nutzer die Möglichkeit haben, aus einem der EU-Mitgliedstaaten über andere Suchmaschinen die Inhalte desselben Betreibers zu suchen. Warum sollte der Nutzer diese Möglichkeit nicht ausnutzen?

II. Vorratsdatenspeicherung

Für die Vorratsdatenspeicherung können viele Gründen gefunden werden, aber die angemessene und rechtmäßige Speicherung der Daten erfolgt nur unter bestimmten Voraussetzungen und soll mit den europäischen Grundrechten vereinbar sein. Die Londoner Polizei und der britische Inlandsgeheimdienst MI5 haben zum Schutz der öffentlichen Sicherheit Daten über ausländische Bürger, die nach Großbritannien eingereist sind, gesammelt, um die Fehler des Ersten Weltkriegs nicht zu wiederholen, als Daten über die sogenannten „enemy aliens“ fehlten.[704] Viele ausländische Bürger waren betroffen und viele personenbezogene Daten wurden in einem Melderegister gespeichert.[705] Das ist ein Beispiel für eine Vorratsdatenspeicherung, die bis 1960 gesetzlich erlaubt war. 2014 hat sich der EuGH aber zur Vorratsdatenspeicherung geäußert und ein solches Gesetz für unionsrechtswidrig

---

701 *Generalanwalt Maciej Szpunar,* Schlussantr. v. 10.1.2019 - C-507/17 - Google/CNIL, Rn. 48 f.. Die Fälle im Bereich des Wettbewerbsrechts oder des Markenrechts haben eine extraterritoriale Wirkung, aber diese sei mit dem Internet nicht vergleichbar, besonders wegen seines globalen Wesens und in gewisser Weise überall. Siehe *Generalanwalt Maciej Szpunar,* Schlussantr. v. 10.1.2019 - C-507/17 - Google/CNIL, Rn. 52 f.

702 Urt. v. 13.5.2014 - C-131/12 - Google Spain.

703 *Generalanwalt Maciej Szpunar,* Schlussantr. v. 10.1.2019 - C-507/17 - Google/CNIL, Rn. 59 ff..

704 *Reinecke,* Grenzen der Freizügigkeit, Teil III, 2. Registrierte Mobilität, S. 290.

705 *Reinecke,* Grenzen der Freizügigkeit, Teil III, 2. Registrierte Mobilität, S. 290.

erklärt. In allen EU-Mitgliedstaaten waren solche Gesetze in Kraft und nach dieser Entscheidung mussten deren Regelungen geändert werden.

Zum Kern der unionsrechtswidrigen Vorratsdatenspeicherung gehören eine allgemeine, systematische und permanente Datenspeicherung, ohne dabei zwischen verschiedenen Aktivitäten oder verdächtigen Aspekten zu unterscheiden, die eine betroffene Person für die Behörden überwachungsbedürftig machen würden. Alle Bürger hätten dann ein „diffuses Gefühl des Überwachtwerdens".[706] Zum Zweck der Bekämpfung von Straftaten könnte unter Umständen jedoch eine Vorratsspeicherung erlaubt werden, wenn nur für eine begrenzte Zeit, nach einer Abwägung in jedem Einzelfall und für bestimmte Personen die Verkehrs- und Standortdaten der Teilnehmer und registrierten Nutzer in Bezug auf alle elektronischen Kommunikationsmittel vorgesehen werden, unter der Berücksichtigung der Grundrechte der Betroffenen.[707]

III. Anonymität

1. Anonymisierung oder Pseudonymisierung?

Der Begriff „Anonymität" stammt aus dem Altgriechischen und bedeutet „namenlos" oder „ungenannt".[708] „Pseudonym" bedeutet „mit falschem Namen".[709] Die Differenzierung zwischen den Begriffen „Anonym" und „Pseudonym" ist nicht nur aus technischer Sicht bedeutsam,[710] sondern auch aus datenschutzrechtlicher Perspektive, indem die Anonymisierung der Pseudonymisierung zugunsten des Nutzers vorgezogen wird. Das Internet ermöglicht dem Nutzer, Informationen zu verbreiten oder zu erhalten und dabei anonym bleiben.[711] Die Anonymität spielt

---

706 *Generalanwalt Pedro Cruz Villalón*, Schlussantr. v. 12.12.2013 - C-293/12 und C-594/12, Digital Rights Ireland Ltd/Minister for Communications, Marine and Natural Resources and others, Kärntner Landesregierung, Michael Seitlinger, Christof Tschohl u. a., Rn. 72.

707 Vgl. EuGH, Urt. v. 21.12.2016 - C-203/15 u. C-698/15 - Tele2 Sverige AB/Post- och telestyrelsen u. Secretary of State for the Home Department v- Tom Watson, Peter Brice, Geoffrey Lewis u.a., Rn. 108, Rn. 134.

708 *Schaar*, Datenschutz im Internet, Rn. 157; die Studie des BSI „Das Ende der Anonymität", v. 22.10.2001, Punkt 1.1., abrufbar unter:https://www.bsi.bund.de/DE/Publikationen/Studien/Anonym/wasistanonymitaet.html? nn=6624308.

709 Siehe dazu *Schaar*, Datenschutz im Internet, Rn. 161.

710 Siehe zu der Trennung zwischen Anonymität und Nutzung von Pseudonymen, *Pfitzmann/Hansen*, Terminology, S. 21, abrufbar unter: https://dud.inf.tu-dresden.de/literatur/Anon_Terminology_v0.34.pdf.

711 Die Ubiquität des Internets und der Stand der Technik schaffen verschiedene Grade der Anonymität. Vgl. dazu *Brunst*, Anonymität im Internet, 2009, S. 24ff..

rechtlich eine Rolle, nur wenn ein bestimmtes Verhalten oder Sachverhalte mit einer zu identifizierenden Person verbunden werden können.[712]

Die Pseudonymisierung betrifft die Verschleierung der Identität der betroffenen Person, um weitere Daten über sie zu sammeln, ohne ihre Identität erkennbar zu machen.[713] Die pseudonymisierten Daten werden als „indirekt bestimmbare Informationen über Personen“ betrachtet, aber es besteht eine geringe Gefahr, dass bei solchen Daten, Datenschutzverletzungen auftreten.[714] Der Verantwortliche, der die Pseudonymisierung der Daten vornimmt, könnte die Pseudonyme der Personen zuordnen und wenn die Informationen als personenbezogene Daten umgewandelt werden, dann ist das Datenschutzrecht anwendbar.[715] Die pseudonymisierten Daten könnten intermediäre Daten zwischen personenbezogenen und anonymen Daten sein,[716] weil die Daten personenbezogene Daten verschleiern. Sie werden anonym, wenn sie nicht mehr entschlüsselt werden können, d.h. dass es technisch unmöglich wird, die betroffenen Personen zu identifizieren.

Der Versuch, den Begriff „Pseudonym“ zu einem Teil der Richtlinie 95/46/EG zu machen, scheiterte. Deswegen wollte der Berichterstatter des EU-Parlaments für die DS-GVO, Jan Philipp Albrecht, eine legale Definition des Begriffs für den europäischen Rechtsakt hinzufügen.[717] Der Änderungsantrag wurde in der Literatur als zu unklar betrachtet, aber trotzdem gelobt, weil dadurch der Unterschied zwischen den Daten, die sich unter dem Schutz des europäischen Datenschutzrechts befinden und den Daten, die von anderen Regelungen geschützt werden, beleuchtet

712 Vgl. dazu *Federrath/Pfitzmann,* in: Roßnagel, Hdb. Datenschutzrecht, Kap. 2.2., Rn. 68.

713 Vgl. dazu Artikel-29-Datenschutzgruppe, Stellungnahme 4/2007 zum Begriff „personenbezogene Daten“, WP 136, v. 20.6.2007, S. 21; auch die Pseudonymität hat verschiedene Stufe, siehe in *Roßnagel/Scholz,* MMR 2000, 721 (727).

714 Vgl. dazu Artikel-29-Datenschutzgruppe, Stellungnahme 4/2007 zum Begriff „personenbezogene Daten“, WP 136, v. 20.6.2007, S. 21.

715 Vgl. dazu Artikel-29-Datenschutzgruppe, Stellungnahme 4/2007 zum Begriff „personenbezogene Daten“, WP 136, v. 20.6.2007, S. 22.

716 *Zanfir*, „Persoana vizată“, titularul dreptului la protecţia datelor personale: anonimizarea şi pseudonimizarea, Revista de Ştiinţe Juridice, No. 1/2013, S. 9.

717 Der Text des Änderungsantrags 85 für die Einführung des Abs. 2a des Art. 4, im Original: "*pseudonym* means a unique identifier which is specific to one given context and which does not permit the direct identification of a natural person, but allows the singling out of a data subject" und die Übersetzung im Entwurf eines Berichts über den Vorschlag für eine Verordnung des Europäischen Parlaments und des Rates zum Schutz natürlicher Personen bei der Verarbeitung personenbezogener Daten und zum freien Verkehr (Datenschutz-Grundverordnung), Ausschuss für bürgerliche Freiheiten, Justiz und Inneres, 2012/0011(COD), 17.12.2012.

würde.[718] Diese Definition hätte auch allen EU-Mitgliedstaaten ein einheitliches Verständnis des Begriffs ermöglichen können.

Der Erwägungsgrund 26 der DS-GVO weist auf die Differenzen zwischen den Pseudonymen und Anonymen hin, aber auch die Kriterien zur Identifizierung einer Person werden allgemein erwähnt, um zu bestimmen, ob die Informationen vom Datenschutzrecht gewährleistet werden. Die Pseudonyme beziehen sich auf eine identifizierbare natürliche Person, aber die Pseudonymisierung der personenbezogenen Daten kann hilfreich für den Verantwortlichen oder für einen Dritten sein, um als Hüter der Daten zu agieren und deren Datenschutzpflichten zu erfüllen.[719] Es besteht dann die Gefahr, dass diese Fähigkeit vom Verantwortlichen oder von einem Dritten ausgenutzt werden könnte.

Der Verantwortliche muss bei der Veröffentlichung der Inhalte mit personenbezogenen Daten im Internet beachten, dass die besonderen Daten, die Daten, die die Intim- und Geheimsphäre bestimmen, einen besonders hohen Schutz genießen und er muss dies entsprechend gewährleisten.[720] In manchen Situationen können durch die Pseudonymisierung sensible Daten verdeckt werden und wertvolle Ergebnisse, z.B. in der medizinischen Forschung durch Interviews oder Berichte, an die Öffentlichkeit gebracht werden und trotzdem ist der Schutz der Identität der Patienten gewährleistet. Durch Pseudonymisierung wurde eine geeignete Maßnahme ergriffen, um personenbezogene Daten zu schützen, die zu einem anderen Zweck erhoben wurden, laut Art. 6 Abs. 4 lit. e DS-GVO.

2. *Anonyme Daten*

Die DS-GVO verweist im Erwägungsgrund 26 auf die anonymen Daten und Pseudonymisierung personenbezogener Daten. Anonyme Daten werden verwendet, damit keine personenbezogenen Daten einer natürlichen Person zugeordnet werden können. Deswegen wird die Verarbeitung anonymer Daten auch für statistische oder für Forschungszwecke nicht unter dem Schutz der DS-GVO stehen, im Gegensatz zur Pseudonymisierung personenbezogener Daten, die zur Identifizierung einer betroffenen Person eingesetzt werden kann. Im Vergleich zur Begründung aus der ehemaligen DS-RL 45/46/EG erfolgt mit dem Erwägungsgrund 26 der DS-GVO keine Verbesserungen der Definition zu anonymen Daten.

Darüber hinaus bestimmt die Datenschutzrichtlinie für die elektronische Kommunikation (Richtlinie 2002/58/EG) im Erwägungsgrund 26, dass die Verkehrsdaten nach der Bereitstellung des Dienstes gelöscht oder anonymisiert werden sollten. Dies wird dann weiter in Art. 6 der RL 2002/58/EG zu den Verkehrsdaten bestätigt, wenn die Daten nicht mehr benötigt werden. In Art. 9 der RL 2002/58/

718 Siehe dazu *Tene/Wolf*, White Paper. The Definition of Persona Data: Seeing the Complete Spectrum, Jan. 2013, Future of Privacy Forum, S. 3.

719 Siehe dazu die ErwG. 26 und 28 der DS-GVO.

720 *Schulz*, in: Gola, DS-GVO, Art. 6, Rn. 194.

EG heißt es, dass die Standortdaten nur verarbeitet werden können, wenn sie anonymisiert werden oder die Einwilligung der betroffenen Personen gegeben wurde. Diese Regelungen weisen darauf hin, dass die Anonymisierungstechniken auch wie das Löschen personenbezogener Daten endgültig wirken sollen.[721]

Die Umsetzungsgesetze der DS-RL 45/46/EG aus Deutschland und Rumänien verweisen beide auf die Anonymität. Sowohl der rumänische als auch der deutsche Gesetzgeber liefern Definitionen der Begriffe „anonyme Daten“ bzw. „anonymisieren“ in Art. 3 lit. i) des Gesetzes 677/2001 bzw. § 3 Abs. 6 BDSG.

Laut Art. 3 lit. i) des ehemaligen rumänischen Gesetzes 677/2001 zum Schutz personenbezogener Daten sind die „anonymen Daten“ „die Daten, die wegen der Herkunft oder der spezifischen Verarbeitungsmöglichkeit nicht mit einer identifizierenden oder identifizierbaren Person assoziiert werden können“.[722] Die spezifischen Verarbeitungsmöglichkeiten wurden im Gesetz nicht ausdrücklich aufgelistet oder vorgesehen. Es wurde dem Verantwortlichen überlassen, Methoden nach dem Stand der Technik zu nutzen, unter der Bedingung, dass die Bestimmungen in Bezug auf die Zulässigkeit der Verarbeitung von Daten des Art. 7 der DS-RL 45/46/EG bzw. Art. 4[723] des Gesetzes 677/2001 und § 4 BDSG respektiert werden.

Das rumänische Gesetz zum Schutz personenbezogener Daten enthält mehrere Regelungen, die die anonymen Daten bestimmen, obwohl die DS-RL 45/46/EG für diese Daten vorschreibt, dass die Datenschutzprinzipien nicht anwendbar sind.[724] Gem. Art. 5 Abs. 2 g) des Gesetzes 677/2001 ist die Einwilligung der betroffenen Person nicht mehr erforderlich, wenn die Verarbeitung der personenbezogenen Daten zu statistischen, historischen oder wissenschaftlichen Recherchezwecken verwendet wird, wenn die Daten während der Verarbeitung anonym bleiben. Diese Regelung gilt nicht mehr, seitdem die Anpassungsgesetze zu der DS-GVO in Kraft sind. Eine solche Vorschrift hätte auch nicht mehr den Anforderungen der DS-GVO zur Einwilligung der betroffenen Person entsprochen. Denn dem Betroffenen sollte es laut dem Erwägungsgrund 32 erlaubt sein, seine Einwilligung nur für bestimmte Forschungsbereiche oder Teile von Forschungsprojekten zu erteilen.

Im rumänischen Recht gab es durch die alten Regelungen zum Schutz personenbezogener Daten auch andere Verweise auf die anonymen Daten, die offensichtlich

---

721 Vgl. dazu die Artikel-29-Datenschutzgruppe, Stellungnahme 05/2014 zu Anonymisierungstechniken, WP 216, v. 10.4.2014, S. 6.

722 Siehe den originalen Text auf Rumänisch, Art. 3 i) „date anonime - date care, datorită originii sau modalității specifice de prelucrare, nu pot fi asociate cu o persoană identificată sau identificabilă.“

723 Der Artikel 4 enthält die Merkmale der personenbezogenen Daten bei der Verarbeitung im rumänischen Recht.

724 Vgl. dazu auch *Zanfir*, „Persoana vizată“, titularul dreptului la protecția datelor personale: anonimizarea și pseudonimizarea, Revista de Științe Juridice, No. 1/2013, S. 7.

veraltet waren: durch den Art. 6 Abs. 1 lit. c) des Gesetzes 677/2001 zur Anonymisierung der Daten nach der Beendigung der Verarbeitung, wenn die Daten ausschließlich für statistische, historische oder wissenschaftliche Zwecke verwendet werden. Durch den Art. 14 lit. b) desselben Gesetzes wurde bestimmt, dass der Betroffene das Recht auf Anonymisierung seiner Daten hat, wenn die Verarbeitung nicht rechtmäßig war.[725]

Die legale Definition der Anonymisierung im deutschen Recht ist extensiver und deskriptiver als die im rumänischen Recht und sogar als im europäischen Recht. § 3 Abs. 4 Nr. 3 BDSG a.F. enthielt eine Legaldefinition für die Praxis, die die Begriffe „Übermittlung" und „anonymisierte Übermittlung" vorgesehen hat, was weder in der DS-GVO noch in der aktuellen Fassung des BDSG der Fall ist.[726] Das Verb „anonymisieren" wird so definiert, um eine präzise und klare Erklärung zu gewähren und es wird vermieden, das definierte Wort in der Definition zu wiederholen. Der deutsche Gesetzgeber betonte in § 3 Abs. 6 BDSG a.F., dass eine natürliche Person nicht mehr identifizierbar sein kann oder ein unverhältnismäßig großer Aufwand an Zeit, Kosten und Arbeitskraft erforderlich sein soll, um die betroffene Person zu identifizieren. Der Verweis auf den unverhältnismäßig großen Aufwand, um den Betroffenen wieder zu identifizieren ist ein besonderes Merkmal im deutschen Recht.[727]

Es stellt sich auch die Frage, ob die Anonymisierung Teil der Verarbeitung der Daten ist. In der Stellungnahme zur Anonymisierungstechniken der Artikel-29-Datenschutzgruppe wird darauf hingewiesen, dass trotz der Tatsache, dass die anonymen Daten nicht in den Anwendungsbereich der europäischen Datenschutzregelungen fallen, der Schutz der betroffenen Person auch durch andere Vorschriften gewährleistet werden kann. Darüber hinaus wird die Anonymisierung als weitere Verarbeitung personenbezogener Daten betrachtet.[728]

Die DS-GVO hätte die Verantwortlichen rechtlich mehr ermuntern sollen, die personenbezogenen Daten zu anonymisieren und pseudonymisieren. BITKOM

---

725 Siehe auch *Zanfir*, „Persoana vizată", titularul dreptului la protecţia datelor personale: anonimizarea şi pseudonimizarea, Revista de Ştiinţe Juridice, No. 1/2013, S. 7 f..

726 *Rücker/Dienst*, in: Gola/Heckmann, BDSG, § 38, Rn. 41 ff.. Die „Übermittlung" ist „das bekanntgeben gespeicherter oder durch Datenverarbeitung gewonnener personenbezogener Daten an einen Dritten in der Weise, dass a) die Daten an den Dritten weitergegeben werden oder b) der Dritte zur Ansicht oder zum Abruf bereitgehaltene Daten einsieht oder abruft." Und die „anonymisierte Übermittlung" ist die Übermittlung von Daten ohne Personenbezug.

727 Dieses Merkmal besteht auch in anderen nationalen Rechtssystemen, z.B. in Italien und Slowenien. Vgl. dazu die Artikel-29-Datenschutzgruppe, Stellungnahme 05/2014 zu Anonymisierungstechniken, WP 216, v. 10.4.2014, Fn. 3, S. 6.

728 Vgl. dazu die Artikel-29-Datenschutzgruppe, Stellungnahme 05/2014 zu Anonymisierungstechniken, WP 216, v. 10.4.2014, S. 3.

verweist auf zwei wichtige Beispiele, in denen Anonymisierung und Pseudonymisierung eine große Rolle für die Entwicklung, aber auch für den Schutz des Einzelnen spielen: die Standortdaten für die Verkehrslenkung und die Auswertung der Krankheitsverläufe von Patienten für die medizinische Forschung.[729] Die Artikel-29-Datenschutzgruppe erkennt den Wert der Anonymisierung für „open data" für den Einzelnen und für die Gesellschaft, aber es wird auch betont, wie schwierig es sein kann, personenbezogene Daten tatsächlich zu anonymisieren.[730]

3. *IP-Adressen*

Die Nutzer wollen mehr Kontrolle über ihre Daten haben und sie legen viel Wert darauf, wer Zugang zu ihren personenbezogenen Daten hat.[731] Sie haben das Recht auf Anonymität im Internet, aber dieses Recht ist heutzutage in großer Gefahr.[732] Dennoch wird zur Kommunikation im Internet jedem Rechner eine IP-Adresse vergeben und diese ermöglicht die Identifizierung des Nutzers,[733] deswegen können auch die IP-Adressen personenbezogene Daten werden, wenn sie mit anderen Informationen kombiniert werden.[734]

Mit der neuen Generation der IP-Adressen, IPv6[735], besonders mit der Vergabe der statischen IP-Adresse wird die Möglichkeit der Identifizierung des Nutzers

729 Vgl. dazu BITKOM, Umfrage: Internetnutzer gehen pragmatisch mit Datenschutz um, v. 22.9.2015, abrufbar unter: https://www.bitkom.org/Presse/Presseinformation/Internetnutzer-gehen-pragmatisch-mit-Datenschutz-um.html.

730 Vgl. dazu die Artikel-29-Datenschutzgruppe, Stellungnahme 05/2014 zu Anonymisierungstechniken, WP 216, v. 10.4.2014, S. 3.

731 Das wird auch von den Ergebnissen des Special Eurobarometer 431 Data Protection Report bestätigt. Der Bericht vom 15.6.2015, abrufbar unter: http://ec.europa.eu/public_opinion/archives/ebs/ebs_431_en.pdf; Rumänien http://ec.europa.eu/public_opinion/archives/ebs/ebs_431_fact_ro_en.pdf; Deutschland http://ec.europa.eu/public_opinion/archives/ebs/ebs_431_fact_de_en.pdf.

732 Die Anonymität kann verschiedene Grade haben; absolute und relative Anonymität und die Kategorien, die dazwischen sind. Vgl. *Brunst*, Anonymität im Internet, 2009, S. 24 ff..

733 Siehe dazu *Köhntopp/Köhntopp*, CR 4/2000, 248 (248); über die Identifizierbarkeit (identifiability) als Kriterium der (fehlenden) Anonymität – in *Nietsch*, Anonymität und die Durchsetzung urheberrechtlicher Ansprüche im Internet, S. 14 ff..

734 EuGH, Urt. v. 19.10.2016 - C-582/14 - Patrick Beyer/Deutschland. Das Urteil war auch in Einklang mit der Stellungnahme des Generalanwalts v. Mai 2016.

735 IPv6-Adressen sind der Nachfolger der IP-Adressen IPv4. Diese wurden entwickelt, weil die Zahl der IP-Adressen IPv4 demnächst erschöpft sein wird. Die neue Version der IP-Adressen verwendet 128 Bit zur Speicherung im Vergleich zu 32 Bit von IPv4. Vgl. dazu *Köhler/Arndt/Fetzer*, Recht des Internet, S. 5 ff..

vereinfacht und damit wird die Anonymität gefährdet.[736] Außerdem kann über Cookies die Identität des Nutzers festgestellt werden,[737] wenn diese Dateien beim Besuch einer Internetseite auf dem Rechner des Nutzers eingesetzt werden.[738] Eine andere Gefahr für die Anonymität des Nutzers im Internet ist auch das Social Plugin „Gefällt mir" (Like-Button) von Facebook, das die Identifizierung der Webseitenbesucher[739] und die Erstellung der Profile der Nutzer ermöglicht, um in der Folge gezielte Werbung zu schicken. Hinter vielen erfolgreichen kostenlosen Geschäftsmodellen verbergen sich Nutzungsprofile[740].

Die fortschrittlicheren Technologien ermöglichen und unterstützen die Anonymität der Benutzer. Die Proxy-Server wie WiTopia, Cryptohippie oder Identity Cloaker „verstecken" die IP-Adresse des Computers, von dem eine Information gesendet wurde. Tor, eine Anonymitätssoftware, hält die originale IP-Adresse geheim, so dass„ traffic analysis" verhindert wird und dadurch wird die Kommunikation über mehrere Netze und Servers vermittelt.[741] Die Entwickler von Tor sind auf zahlreiche Probleme gestoßen, weil Geheimdienste Schwachstellen der Software finden wollen, um die Identität der Nutzer herauszufinden.[742]

4. *Anonymität: Freund oder Feind?*

Die Anonymität könnte die Gefahr von Rechtsverletzungen unterstützen oder die Rechtsverletzer stützen sich auf die Anonymität, um Rechtsverletzungen

---

736 *Hoeren*, ZRP 2010, 251 (252 f.); *Freund/Schnabel*, MMR 2011, 495 (498 f.).

737 Der Personenbezug wird aber nur im Zusammenhang mit anderen personenbezogenen Daten hergestellt. Vgl. dazu *Schmitz*, in: Hoeren/Sieber/Holznagel (Hrsg.), Multimedia-Recht-HdB, Teil 16.2, Rn. 117.

738 Dies kann verhindert werden, wenn der Nutzer die Funktion „Cookies abweisen" in seinem Browser wählt oder die Cookies löscht. Außer wenn der Dienstanbieter Supercookies benutzt. Vgl. dazu http://www.heise.de/newsticker/meldung/Super cookies-Verizon-zahlt-Millionenstrafe-3130186.html.

739 Der Dienstanbieter hat die Profilbilder der Nutzer gespeichert, nicht nur die Zahl der Fans, aber auch die IP-Adressen, die als personenbezogene Daten betrachtet werden, und der Browserstring der Webseitenbesucher wurde durch das Plugin erhoben und verwendet. Siehe dazu LG Düsseldorf Urt. v. 9.3.2016 - 12 O 151/15, S. 4, ab S. 11 die Gründe; Urt. abrufbar unter: http://www.verbraucherzentrale.nrw/mediabig/239773A.pdf.

740 Siehe dazu die Artikel-29-Datenschutzgruppe, Stellungnahme 2/2010 zur Werbung auf Basis von Behavioural Targeting, WP 171, v. 22.6.2010, abrufbar unter: https://www.vzbv.de/sites/default/files/downloads/art29gruppe_stn_werbung_behaviou ral_targeting_juni_2010.pdf.

741 *Andrews*, I know who you are and I saw what you did, S. 66.

742 Beitrag *Porup* v. 31.8.2016, abrufbar unter: http://arstechnica.co.uk/security/2016/08/building-a-new-tor-that-withstands-next-generation-state-surveillance/.

zu begehen. Anonyme Äußerungen und Äußerungen, bei denen der Name des Äußernden bekanntgegeben wird, sollten denselben Wert haben.[743] Sollte die Identität aufgedeckt sein, könnte dies den Äußernden daran hindern,[744] unbequeme, negative oder provozierende Aussagen zu machen. Wenn zusätzlich noch Sanktionen dafür drohen oder Loyalitäts- und Vertrauensverhältnisse beeinträchtigt wären, dann ist die Anonymität die einzige Lösung.[745] Da in einem Gespräch face-to-face zwei Personen für Übergriffe gehemmt wären, ist im Netz die Wirkung umgekehrt.[746]

Wenn die Nutzer verpflichtet wären, ihre Meinungen nur unter Angabe ihres Klarnamens zu äußern, dann könnten die Einschüchterungseffekte, die sog. „chilling effects", spürbar sein.[747] Dennoch hat das BVerfG in der Entscheidung zur Vorratsdatenspeicherung die Einschüchterungseffekte und das Gefühl des Überwachtwerdens angesprochen, aber den Zusammenhang zwischen den Einschüchterungseffekten und der Vorratsdatenspeicherung als „diffus" bezeichnet.[748] Durch das Netzwerkdurchsetzungsgesetz[749] (NetzDG) wurde ein Hemmungseffekt für die Meinungsfreiheit befürchtet,[750] wenn die Nutzer sich gar nicht mehr äußern würden, wenn deren nicht nur offensichtlich rechtswidrige Inhalte von den sozialen Netzwerken vorsorglich gelöscht oder gesperrt werden, um die hohen Geldbußen bis zu fünf Millionen Euro zu vermeiden, laut § 4 Abs. 2 NetzDG.[751]

---

743 BGH, Urt. v. 23.6.2009 - VI ZR 196/08 - Spickmich, Rn. 38, 42; diff. demgegenüber *Bernreuther*, AfP 2011, 218 (219f.).

744 *Starck*, in: Mangoldt/Klein/Starck (Hrsg.), GG, Bd. 1, Art. 5, Rn. 32.

745 *Härting*, CR 2009, 21 (23); *Ohly*, AfP 2011, 428 (436); *Bernreuther*, AfP 2011, 218 (219f.).

746 *Henrichs*, ZRP 2011, 155(155).

747 *Ohly*, AfP 2011, 428 (436); Der aus dem Englischen stammende Begriff „chilling effect" bezieht sich besonders auf den abschreckenden Einfluss auf die Meinungsäußerung. Siehe dazu eine kurze legale Definition, abrufbar unter: http://law.yourdictionary.com/chilling-effect.

748 BVerfG, 2.3.2010 - 1 BvR 256/08, 1 BvR 263/08, 1 BvR 586/08, BVerfGE 125, 260. Die Einschüchterungseffekte werden auch als nur unterstellt und nicht empirisch belegt qualifiziert. Siehe kritisch dazu *Kühling*, Die Europäisierung des Datenschutzrechts, S. 29.

749 Gesetz zur Verbesserung der Rechtsdurchsetzung in sozialen Netzwerken, v. 1.9.2017, BGBl. I, S. 3352.

750 Overblocking und die schwierige Durchsetzung des NetzDG wurden auch vom OSZE-Beauftragten für die Medienfreiheit angesprochen. Pressemitteilung der OSZE v. 4.10.2017, abrufbar unter: https://us6.campaign-archive.com/?e=9c84ccc40e&u=b11aceda364f8f9afa6cadbbb&id=2f96f827a0.

751 Im § 4 Abs. 1 NetzDG werden acht Fälle aufgelistet, wann die Normadressaten, die Anbieter der sozialen Netzwerke, ordnungswidrig handeln. Siehe ausführlich zu den

Die staatliche Überwachung kann eine erhebliche einschüchternde Wirkung auf die Ausübung der Grundrechte des Einzelnen haben,[752] was in Ländern wie Rumänien geschehen ist, wenn man sich die geschichtlichen Ereignisse in der Ceauşescu-Zeit anschaut, als die Grundrechte, wie z.B. die Meinungsfreiheit, stark unterdrückt und verletzt wurden. Die Meinungsäußerungen genießen einen Rechtsschutz, solange sie sich innerhalb der Privatsphäre befinden, sonst ist es legitim, das Recht auf Anonymität des Äußernden im Falle der Auskunftsansprüche zu beeinträchtigen.[753]

Besonders in den Internetsachverhalten wird die Abwägung zwischen Ehrenschutz und Meinungsfreiheit gemacht und die Frage gestellt, ob das Recht auf Anonymität gewährleistet werden sollte.[754] Die Schwierigkeit der Verfolgung und der Rechtsdurchsetzung werden in den Fällen betroffen, wenn Ehrenverletzungen unter dem Schirm der anonymen Internetnutzung begangen werden.[755] Fraglich ist, ob es tatsächlich eine Verbindung oder eine Steigerung der Internetkriminalität mit dem Recht auf Anonymität gibt.

5. Das Recht auf Anonymität

Das Recht auf Anonymität wird weder ausdrücklich in der Verfassung genannt noch als eigenständiges Grundrecht von einem hohen Gericht anerkannt. Nach dem deutschen Recht gehört Anonymität zur Persönlichkeitsentfaltung und ist auch ein Bestandteil der informationellen Selbstbestimmung, der Meinungsfreiheit und des Schutzes der Privatheit des Einzelnen.[756]

Dieses Grundrecht kann hergeleitet werden aus Art. 1 I GG i.V.m. Art. 2 I GG sowie Art. 5 I GG, Art. 10 GG und Art. 13 GG. Die Anonymität steht in Einklang mit der informationellen Selbstbestimmung, deswegen kann jeder selbst entscheiden, welche Daten er im Internet hinterlassen und welche er preisgeben will.[757] Das Recht auf Anonymität gewährleistet dem Nutzer, dass ohne seine Einwilligung keine Informationen über ihn selbst bekannt werden.

Geldbußen: NetzDG-Bußgeldleitlinien: Leitlinien zur Festsetzung von Geldbußen im Bereich des NetzDG v. 22.3.2018.

752 Laut einer Studie zensieren sich die Internetnutzer aus Angst der Überwachung, indem sie bestimmte Wikipedia-Beiträge nicht mehr lesen. Siehe dazu *Penney, Jon*, Chilling Effects: Online Surveillance and Wikipedia Use (2016). Berkeley Technology Law Journal, 2016, Studie abrufbar unter: http://ssrn.com/abstract=2769645.

753 *Spindler*, Gutachten 69. DJT, 2012, F. 25.

754 *Heckmann*, NJW 2012, 2631 (2632).

755 Vgl. *Heckmann*, NJW 2012, 2631 (2632).

756 *Wieczorek*, AfP 2012, 14 (14). Siehe zur Möglichkeit der anonymen Internetnutzung die Spickmich-Entscheidung, BGH, Urt. v. 23.6.2009 - VI ZR 196/08, BGHZ 181, 328.

757 Vgl. *Heckmann*, NJW 2012, 2631 (2632).

Die Einschränkungen dieses Rechtes werden von Art. 2 I GG, die Rechte Dritter, und von Art. 5 II GG, das Recht der persönlichen Ehre, bestimmt. Die Anonymität erlaubt aber dem Einzelnen nicht, andere Nutzer im Internet zu beleidigen, zu verleumden oder zu verletzen. Unter diesen Umständen wird der Staat verpflichtet, die erforderlichen Maßnahmen zu ergreifen und die Identifizierung des Verletzenden durchzuführen. Der Nutzer kann ein anonym gepostetes Werturteil im Internet abgeben, auch wenn dies als eine negative Bewertung auf einem Bewertungsportal betrachtet wird. Wenn die Bewertung nur die berufliche Tätigkeit als Sozialsphäre und nicht die Privatsphäre des Bewerteten tangiert, dann bleibt die Bewertung im Internet.[758]

Im rumänischen Recht hat Anonymität eine große Relevanz in Bezug auf Organspenden, besonders seitdem der rumänische Cod Civil in Art. 67 und Art. 68 i.V.m. Art. 141 Abs. 1 des Gesetzes Nr. 95/2006[759] vorsieht, dass Organspenden von lebendigen Spendern nur für ein Transplantat und nicht ausdrücklich für Forschungszwecke unter bestimmten Voraussetzungen gemacht werden. Dennoch geben Art. 146 Abs. 8 und 9 des Gesetzes Nr. 95/2006[760] dem Spender und dem Empfänger die Möglichkeit, anonym zu bleiben, egal ob dies gegenüber einander oder gegenüber Dritten erfolgt.[761]

Das Recht am eigenen Bild, als eigenständige Ausprägung des Persönlichkeitsrechts, verankert in Art. 73 Cod Civil, ermöglicht jedem Abgebildeten, die Nutzung des eigenen Bildes zu zensieren, als Teil der individuellen Selbstbestimmung.[762] Dies geschieht, um die Freiheit, die Intimität und sogar die Sicherheit einer Person zu gewährleisten, die anonym und nicht in der Öffentlichkeit bekannt sein und

---

758 OLG Hamm, Urt. v. 3.8.2011 - I-3 U 196/10.

759 Das Gesetz Nr. 95/2006 zur Gesundheitsreform, ergänzt und neuveröffentlicht in M.Of. Nr. 652 v. 28.8.2015. Art. 141 Abs. 1 besagt, dass „die Spende und Transplantation von Organen, Geweben und Zellen menschlichen Ursprungs zu therapeutischen Zwecken erfolgt, unter der Gewährleistung bestimmter Standards. Qualität und Sicherheit unter den Bedingungen dieses Titels gewährleisten ein hohes Maß an Schutz der menschlichen Gesundheit." (eigene Übersetzung)

760 Art. 146 Abs. (8): Die Daten über den Spender und den Empfänger, einschließlich genetischer Informationen, auf die der Dritte möglicherweise Zugriff haben könnte, werden anonym übermittelt, sodass weder der Spender, noch der Empfänger identifiziert werden können. Art. 146 Abs. (9): Wenn der Spender seine Identität nicht preisgeben möchte, wird die Vertraulichkeit der Spende gewahrt, es sei denn, die Identität ist gesetzlich vorgeschrieben.

761 In der rumänischen Literatur wird die Meinung vertreten, dass die Anonymität bei Organspenden im Prinzip gegenüber Dritten bleiben sollte. Siehe dazu *Ungureanu/Munteanu*, Drept civil, S. 36; *Cristea*, Respectul datorat fiinţei umane şi drepturilor ei inerente, S. 97.

762 *Cristea*, Respectul datorat fiinţei umane şi drepturilor ei inerente, S. 146.

bleiben will.[763] Deswegen kann die Veröffentlichung eines Bildes im Internet dazu beitragen, dass die Anonymität i.V.m. dem Recht am eigenen Bild in großer Gefahr ist.

Die technischen Mittel zur Identifizierung der Täter dürfen aber nur unter bestimmten Umständen benutzt werden. Amerikanische Behörden, wie das US-Heimschutzministerium, das FBI und das Pentagon, verwenden Softwareentwicklungen, die durch die Analyse der Texte und Kommentare in den sozialen Netzwerken oder auf Blogs zur Identifizierung einer bestimmten Person führen können.[764] Seit 2011 wurden einzelne Personen, die die USA betreten oder verlassen haben, gezielt durch das System *Passenger Module* überprüft, um zu schauen, welche davon zusätzlich kontrolliert werden müssen.[765] Es ist eine offensichtliche Einschränkung des Rechts auf Anonymität, wo der Staat selbst die Online-Durchsuchung von jeder Person führen kann. Jeder ist dadurch unter Verdacht und das Individuum könnte keinen Schutz im Internet erwarten.

6. In der Praxis

Im rumänischen Recht wurde auch eine wichtige Entscheidung in Bezug auf die Herausgabe der Informationen im öffentlichen Interesse mit anonymisierten personenbezogenen Daten getroffen. Der Oberste Kassations- und Gerichtshof (ICCJ) bestimmte, dass der Name und Vorname als personenbezogene Daten im Sinne von Art. 3 Abs. 1 a) Gesetz Nr. 677/2001 betrachtet werden sollen. Dennoch wird der Zugang zu den Informationen im öffentlichen Interesse unter der Bedingung gewährt, dass personenbezogene Daten anonymisiert werden, unabhängig von der Form oder von dem Format ihres Ausdrucks.[766] Diese Entscheidung kann auch weiter ausgelegt werden, nämlich dergestalt, dass auch die Informationen, die personenbezogene Daten enthalten und im Internet veröffentlicht werden, ebenfalls anonymisiert zur Verfügung gestellt werden sollten.

Zukunftsperspektiven

Eine mögliche Lösung für Cybermobbing könnte eine Art Anonymitätsfolgenausgleich sein, der nicht die Anonymität beendet.[767] Die Aufklärung in den Schulen

763 *Ungureanu/Munteanu*, Dreptul, S. 67, Pkt. 11; In der Rechtsprechung wurde darauf hingewiesen, dass durch die Veröffentlichung eines Bildes bei dem Abgebildeten Angst und Unsicherheit potenziert werden. Siehe dazu Judecătoria Sectorului 2 Bukarest, Urt. v. 29.4.2011 - 5759, endgültiges Urteil, unveröffentlicht.

764 Siehe dazu *Stirn*, Digitale Rasterfahndung in SZ Nr. 59, 2012.

765 Siehe dazu 2011 DHS Data Mining Report, S.11f..

766 Siehe dazu Decizia ÎCCJ (Complet DCD/CAF) Nr. 37/2015 v. 7.12.2015 und der Sitzungsprotokoll Nr. 37 im Dosar Nr. 3306/1/2015.

767 Vgl. *Heckmann*, NJW 2012, 2631 (2633).

und im Internet bezüglich der Rücksichtnahme und der Verantwortung bei der Internetnutzung ist erforderlich, um Fälle des Mobbings zu konterkarieren. Mobbingfälle können auch durch Verbesserung der Medienkompetenzen sowie durch Solidarisierung und Unterstützung der Opfer verhindert werden. Für die Mobbingopfer soll psychologisch kompetente und adäquate Hilfe gewährleistet werden. Die Entwicklung der „safe"-Internetumgebungen und die Einsetzung der Schützer (Ombudsleute) bei sozialen Internetdiensten können auch dazu beigetragen, dass die Anonymität, aber auch die Meinungsfreiheit nebeneinander bestehen können.

Das Recht auf Anonymität wird *per se* nicht mit diesen Begriffen im rumänischen Recht verwendet, aber im Bereich der Organspenden gibt es schon eine stark entwickelte Praxiserfahrung. Deswegen könnte man weiter gehen und diesen Bereich mit der Datenspende, besonders für Verstorbene, weiterentwickeln, so dass die Spende zugunsten Anderer zu therapeutischen Zwecken, aber auch zu Forschungszwecken verwendet werden könnte. Das Thema „Datenspende" („data donation") wird heutzutage ethisch, juristisch[768] und technisch untersucht. In manchen Ländern, wie z.B. Deutschland, ist die Akzeptanz sehr groß.[769] Ein Datenspendeausweis wird sogar als App[770] angeboten, die dazu beiträgt, die eigenen Gesundheits- und Fitnessdaten zu verstehen. Dafür muss der Betroffene seine Daten mit Dritten teilen: mit Familienangehörigen, Ärzten und Forschungsprojekten.

IV. Profilbildung

Heutzutage werden Gewohnheiten und Vorlieben weniger durch das persönliche Verhältnis zum Metzger, Buchhändler oder Schneider bekannt.[771] Zu

768 Siehe ausführlich in *Krutzinna/Floridi,* The ethics of medical data; und davon besonders die Beiträge *Harbinja*, Posthumous Medical Data Donation: The Case for a Legal Framework, S. 97 ff.; *Sorbie*, Medical Data Donation, Consent and the Public Interest After Death: A Gateway to Posthumous Data Use, S. 115 ff..

769 Mehr als drei Viertel, 79 % der befragten Deutschen bei einer FORSA-Umfrage im Auftrag der Technologie- und Methodenplattform für die vernetzte medizinische Forschung e.V. (TMF), die bei einem Workshop der Medizininformatik-Initiative (MII) zum Thema Patientenpartizipation am 27.8.2019 in Berlin vorgestellt wurde, sind bereit, ihre Gesundheitsdaten anonym und unentgeltlich digital für die medizinische Forschung zur Verfügung zu stellen. Darunter würde eine Mehrheit der Befragten die Daten zeitlich unbegrenzt bereitstellen, knapp drei Viertel, 73 %, mindestens für die nächsten fünf Jahre. Die Zusammenfassung und die Umfrage auf Englisch, verfügbar unter: https://www.tmf-ev.de/News/articleType/ArticleView/articleId/4456.aspx.

770 Die App „Analyse Genomes" wurde vom Hasso-Plattner-Institut entwickelt. Das Projekt ist abrufbar unter: https://we.analyzegenomes.com/apps/data-donation-pass/.

771 *Schmale/Tinnefeld,* Privatheit im digitalen Zeitalter, S. 53.

Werbungszwecken auf dem Bildschirm und in der Mailbox verwenden die Internethändler oder die Suchmaschinenbetreiber Algorithmen, die manchmal mehr über die Vorlieben der Konsumenten herausfinden, als man denkt. Bisweilen werden dadurch auch die Gewohnheiten und Vorlieben manipuliert. Das New York Times Magazine hat 2012 über einen bekannten Fall berichtet, in dem ein Vater sich bei der amerikanischen Supermarktkette „Target" beschwert hat, dass seine junge Tochter, noch Schülerin, Werbung und Coupons für Schwangere bekommen hat. Es hat sich herausgestellt, dass die Algorithmen richtige Ergebnisse gegeben haben und dass die Tochter tatsächlich schon schwanger war.[772] Damit wurde ein Profil der Tochter erstellt.

Der Schutz des Profils wird von dem allgemeinen Persönlichkeitsrecht des Art. 2 I i.V.m. Art. 1 I GG umfasst.[773] Im Internet werden Profile der Nutzer durch die Erhebung und Verarbeitung personenbezogener Daten erstellt: in den sozialen Netzwerken, über die heruntergeladenen Apps oder in den Online-Shops.[774]

Verschiedene Geräte, wie z.B. der amerikanische kabellose Aktivitäts-Tracker „Fitbit"[775], verfolgen jeden Schritt,[776] den man macht, und speichern alle Daten auf diesem Weg. Wer hat Zugang zu diesen Daten? Wer kontrolliert, dass nur diese Daten gespeichert werden und nicht an Dritte weitergegeben werden? In der Datenschutzerklärung solcher Geräte gibt es keine Hinweise zu einem effektiven Rechtsschutz bezüglich der personenbezogenen Daten.

Internetdienstanbieter haben einen großen technischen Fortschritt gemacht und bieten verschiedene Dienste an, beispielsweise als Suchmaschinenbetreiber, soziale Netzwerke, File-hosting-Dienstleister, Onlineversandhändler oder Zahlungssysteme. Solche Businessmodelle finanzieren sich durch maßgeschneiderte

---

772 Ganz einfach: Anhand von 25 Produkten ermittelte „Target" „Schwangerschaftspunkte". Wenn eine junge Frau mit Kundenkarte unparfümierte Körperlotion, eine neue Umhängetasche, die auch als Wickeltasche benutzt werden könnte, oder Zink- und Magnesiumtabletten kauft, so erhöht sich der Wert der Punkte. Ab einem gewissen Punktestand bekommt die Kundin durch die Algorithmen Werbung für Babybedarf. Durch die Analyse dieser Daten wird sogar behauptet, dass irgendwann der Geburtstermin vorhergesagt werden könne. Siehe dazu: http://www.zeit.de/2016/16/computer-algorithmen-macht-buerger-stadt/komplettansicht.

773 Vgl. BVerfG, Urt. v. 15.12.1983 - 1 BvR 209/83, 1 BvR 484/83, 1 BvR 440/83, 1 BvR 420/83, 1 BvR 362/83, 1 BvR 269/83 - Volkszählungsurteil, BVerfGE 65, 1 (42).

774 Ein Persönlichkeitsprofil ist grundsätzlich erlaubt, solange der Betroffene dazu ausdrücklich seine Einwilligung gegeben hat. Vgl. *Bull*, NVwZ 2011, 257 (262) erklärt, dass inkriminierend ein umfangreiches Persönlichkeitsprofil beim geschäftsmäßigen Handeln oder ein ehrverletzendes Profil wird.

775 https://www.fitbit.com/de;

776 Schritte, Kalorien, Treppen, die man steigt; zusammenfassend über die Funktionen des Gerätes vgl. dazu *Greengard*, The Internet of Things, S. 39.

Werbung anhand des Profiling durch die personenbezogenen Daten, die die Benutzer den Diensten zur Verfügung gestellt haben. Durch die künstliche Intelligenz und Algorithmen werden die Profilangaben der Nutzer ausführlicher und verbessert generiert und die Entwicklung in diesem Bereich soll auf der europäischen Ebene durch zivilrechtliche Regelungen im Bereich Robotik unterstützt werden.[777]

V. Cybermobbing

1. Einleitung

Gerry und Liza Dalton haben zusammen mit ihrem Sohn Südafrika verlassen und sind 2010 nach Kells, eine kleine Stadt im County Mealth, in Irland gezogen. Dort hatten sie gehofft, ein ruhiges Leben zu führen, was jedoch nicht der Fall war, da der zehnjährige Sohn wegen seines südafrikanischen Akzentes schikaniert wurde. Die physische Belästigung und psychische Unterdrückung führten zu einer Angststörung und das Kind musste in der Folge von zu Hause unterrichtet werden. Die Situation eskalierte, als das Haus der Dalton Familie mit Orangen beworfen wurde, die Weihnachtsdekoration der Familie von den *bullies* geklaut wurde und eine Facebook-Seite eingerichtet wurde, um das Kind mit rassistischen Beschimpfungen zu verhöhnen.[778]

Die Mobbing-Situation der Familie Dalton ist kein Einzelfall. Mobbing passiert überall in der Welt und es gibt zahlreiche Familien mit Migrationshintergrund, die mit Akzent reden.[779] Diese Geschichte beweist, dass Mobbing überwältigend und unkontrollierbar sein kann. Die Konsequenzen dieses Phänomens sind nicht überschaubar. Wie das Internet benutzt wird, kann wie ein Zauber des Netzes gesehen werden,[780] aber wenn es missbraucht wird, dann wird es zum Alptraum.

Cybermobbing umfasst Beleidigungen, Verleumdungen, Stalking im Internet und repräsentiert eine signifikante Fallgruppe des Persönlichkeitsschutzes im Internet. Das Problem des Ehrenschutzes im Internet hat Durchsetzungsschwierigkeiten. Die Identifizierung des Urhebers der ehrverletzenden Inhalte wird erschwert, weil er sich unter dem Schutz der Anonymität der Internetnutzung versteckt.

---

777 Entschließung des EU-Parlaments v. 12.2.2019 zur umfassenden europäischen Industriepolitik in Bezug auf künstliche Intelligenz und Robotik (2018/2088(INI)).

778 Die ganze Geschichte abrufbar unter: http://nobullying.com/what-we-can-all-learn-from-the-gerry-dalton-bullying-case/.

779 Von den insgesamt 8,2 Millionen Familien in Deutschland haben 2,8 Millionen eine Einwanderungsgeschichte, d.h. 34 %. Siehe dazu ausführlich in „Gelebte Vielfalt: Familien mit Migrationshintergrund in Deutschland" v. 3.1.2019. In Rumänien arbeiten laut einer Studie der Arbeitsinspektion 40.000 Mitarbeiter mit Migrationshintergrund.

780 Vgl. dazu *Hafner/Lyon*, Arpa Kadapdra, S. 259.

Ein anderes Problem ergibt sich bei der Abwägung des Ehrenschutzes und der Meinungsfreiheit, die bei den Sachverhalten in Bezug auf das Internet eine große Rolle spielen und neue rechtliche Fragen werden gestellt.

Für „Cybermobbing“ gibt es eine rechtliche Bestandsaufnahme in mehreren Rechtssystemen, darunter auch im deutschen und rumänischen Recht. Zu diesem Thema wurde auch ein Ansatz der Europäischen Union geschaffen. Der Schutz der persönlichen Ehre im Internet ist bei der fehlenden Durchsetzbarkeit der Unterlassungs- und Schadenersatzansprüche eine große Herausforderung.[781]

Das Phänomen Mobbing findet man am Arbeitsplatz, in der Schule, im Sportverein und im Internet. Die Entwicklung der Technologie macht unser Leben einfacher, aber manchmal kommt dies zu einem Preis, der zu zahlen ist. Diese neue Art von„ bullying”, nämlich„ cyberbullying”, wurde durch die Entwicklung der Aktivitäten im Netz geboren.

Bullying bezieht sich auf wiederholte, absichtliche, schädigende Handlungen, die gegenüber einem oder mehreren Opfern ausgeführt werden und dessen oder deren Schwachstellenzustand in dem er oder sie sich befinden, ausgenutzt wird.[782] In den letzten Jahren bekam Cyberbullying durch den Boom des Internets, wegen der technologischen Entwicklung und besonders wegen der zahlreichen tragischen Teenager-Suizide mehr Aufmerksamkeit.

2. Begriff

„Cyber“ leitet sich von „cybernetics“ und dies wiederum vom altgriechischen Wort „kybernetes“ ab. Norbert Wiener hat diesen Begriff bereits 1948 im Titel seines Buchs[783] verwendet. Mobbing wird definiert als„ gezielte Beeinträchtigung am Arbeitsplatz durch Kollegen“[784] oder als„ alle Handlungen, durch die ein Mitarbeiter von seinen Kollegen schikaniert und gequält wird, so dass er schließlich krank wird und kündigt“[785]. Im Schwedischen wurde das englischen Wort *„mobbing“*

781 *Schliesky/Hoffmann/Luch/Schulz/Borchers,* Schutzpflichten und Drittwirkung im Internet, S. 5.

782 Zeitschrift für Psychologie/Journal of Psychology 2009, Vol. 217(4), S. 180.

783 *Norbert Wiener,* Cybernetics, or control and communication in the animal and the machine, Wiley, 1948.

784 Kluge, Etymologisches Wörterbuch der deutschen Sprache, S. 625.

785 Die ungewöhnliche Geschichte dieses Wortes beginnt mit dem Verhaltensforscher *Konrad Lorenz,* der beschreibt, wie Kleinvögel durch Massenangriffe größere Raubvögel u.a. vertreiben können. Er benutzt dabei den deutschen Ausdruck *hassen auf (Kleinvögel hassen auf Eulen).* Dieses Verhalten der Kleinvögel wird im Englischen als *mobbing* bezeichnet. Das in den 80er-Jahren als *Psycho-Terror* bezeichnete Verhalten wurde dann von dem Deutsch-Schweden *Heinz Leyman* und dem Schweden *Peter Paul Heinemann* erforscht. http://de.thefreedictionary.com/mobbing.

benutzt und durch den Einfluß Leymanns verbreitete sich diese Bezeichnung auch in Deutschland und in der deutschsprachigen Fachliteratur.

Der Begriff wird jedoch weder im deutschen noch im rumänischen Recht gesetzlich definiert. Cybermobbing oder Cyberbullying wird in der deutschen Literatur auch als „die Beleidigung, Bedrohung, Bloßstellung oder Belästigung von Personen mit Hilfe neuer Kommunikationsmedien über E-Mails, Websites, Foren und Chats“[786] definiert.

3. *Maßnahmen auf der europäischen Ebene*

Die Europäische Kommission hat 2009 die Kampagne gegen Cybermobbing angefangen und damit auch die Unterschiede zum face-to-face Mobbing hervorgehoben, die durch das Internet geschaffen werden, nämlich die Anonymität, das breitere Publikum, die Verantwortungslosigkeit der Bullies und die Angst der Opfer, darüber zu reden und die Fälle bei den öffentlichen Behörden zu melden.[787] Tatsächlich sind die Risiken für die Opfer im Internet größer als in einer Konfrontation face-to-face, deswegen sollten auch die Maßnahmen intensiv und durch die Kooperation von allen relevanten Akteuren umgesetzt werden.

Laut eines Berichtes[788] der „EU Kids Online“ ist Rumänien auf der Liste der europäischen Mitgliedstaaten, in dem die Gefahren für die Kinder im Internet sehr groß sind. Deutschland ist auf der Liste der Länder mit einem geringeren Risiko. Die Risiken im Internet bestehen aus verschiedenen Handlungen mit Leuten, die zum ersten Mal Online kennengelernt wurden: im Kontakt mit solchen Leuten sein, ihnen ein Foto oder ein Video von sich selbst senden, sich für eine ganz andere Person ausgeben u.ä..[789]

Auf der europäischen Ebene gelten für Cybermobbing eine Reihe rechtsverbindlicher Maßnahmen des Europarates: die Europäische Konvention zum Schutz der Menschenrechte und Grundfreiheiten sowie die Europäische Sozialcharta, die den Schutz der Kinder vor Gewalt zusichern. Der Begriff „Jugendliche“ wird ausdrücklich in Art. 6 Abs. 1 EMRK zum Recht auf ein faires Verfahren erwähnt. Art. 5 Satz 2 des Protokolls Nr. 7 der Konvention zum Schutz der Menschenrechte und Grundfreiheiten besagt, dass der Artikel den Staaten nicht verwehrt, die im

---

786 Bundesministerium für Familie, Senioren, Frauen und Jugend, Beitrag „Was ist Cybermobbing?“, veröffentlicht auf der Website der BMFSFJ v. 20.6.2018; *Glaser*, NVwZ 2012, 1432.

787 Safer Internet Day 2009: Commission starts campaign against cyber-bullying, Pressemitteilung der Europäischen Kommission v. 10.2.2009.

788 *Helsper/Kalmus/Hasebrink/Sagvari/de Haan*, Country classification: opportunities, risks, harm and parental mediation. EU Kids Online, The London School of Economics and Political Science, London, 2013, S. 22.

789 *Livingstone/Ólafsson*, „Risky communication online“, LSE Publishing, EU Kids Online, 2011, S. 3.

Interesse der Kinder notwendigen Maßnahmen treffen zu müssen. Darüber hinaus sind das Übereinkommen über Cyberkriminalität,[790] das Übereinkommen zum Schutz des Menschen bei der automatischen Verarbeitung personenbezogener Daten[791] und das Übereinkommen zum Schutz von Kindern vor sexueller Ausbeutung und sexuellem Missbrauch[792] relevante Maßnahmen, die zum Schutz der Kinder bei Cybermobbing führen.

Im Bereich Cybermobbing spielt die Europäische Union nur eine „ergänzende" Rolle, die darin besteht, die von den Mitgliedstaaten auf innerstaatlicher Ebene ergriffenen Initiativen zu unterstützen, zu koordinieren oder zu ergänzen. Die EU ist jedoch befugt, Bereiche zu regeln, die direkt oder indirekt mit den Rechten des Kindes gemäß Art. 2 EUV i.V.m. Art. 3 Abs. 3 EUV und laut Art. 24 der GRCh zusammenhängen. Derzeit gibt es auf europäischer Ebene keine spezifischen Rechtsinstrumente gegen Cybermobbing. Die EU hat jedoch eine Reihe von gesetzlichen Bestimmungen verabschiedet, die für Cybermobbing relevant sind, wie beispielsweise die Richtlinie zur Bekämpfung des sexuellen Missbrauchs von Kindern[793] und die Richtlinie über die Rechte der Opfer.[794]

4. Besonderheiten im deutschen und im rumänischen Recht

a) Zivilrechtliche Konsequenzen

Bei der Verletzung der Persönlichkeitsrechte stehen den Betroffenen verschiedene zivilrechtliche Maßnahmen zur Verfügung. Obwohl es weder in Rumänien noch in Deutschland spezifische zivilrechtliche Ansprüche in Bezug auf Cybermobbing für die betroffenen Personen gibt,[795] können sie für die verschiedenen Formen von Cybermobbing zivilrechtliche Ansprüche erheben, wie z.B. die Unterlassung, die Berichtigung oder den Schadenersatz.

Das Opfer oder dessen Eltern können zuerst eine informelle Aufforderung an den Bully und an den Anbieter einer Website oder App erteilen, dass die

---

790 Gegenzeichnet in Budapest am 23.11.2001.

791 Gegenzeichnet in Straßburg am 28.1.1981.

792 Gegenzeichnet in Lanzarote am 25.10.2007.

793 Die Richtlinie 2011/92/EU des Europäischen Parlaments und des Rates v. 13.12.2011 zur Bekämpfung des sexuellen Missbrauchs und der sexuellen Ausbeutung von Kindern sowie der Kinderpornografie sowie zur Ersetzung des Rahmenbeschlusses 2004/68/JI des Rates, ABl. L335, S. 1.

794 Die Richtlinie 2012/29/EU des Europäischen Parlaments und des Rates v. 25.10.2012 über Mindeststandards für die Rechte, die Unterstützung und den Schutz von Opfern von Straftaten sowie zur Ersetzung des Rahmenbeschlusses 2001/220/JI, ABl. L315, S. 57.

795 Laut dieser Studie gibt es in keinem EU-Mitgliedstaat solche zivilrechtliche Maßnahmen. Siehe dazu Cyberbullying among young people, Juli 2016, S. 63.

schädigenden Inhalte so schnell wie möglich entfernt werden und weiteres Mobbingverhalten unterlassen werden soll. Das Opfer oder dessen Eltern haben ein Recht auf Löschung der schädigenden Einträge, Fake-Accounts, Fotos u.a.. Wenn der Unterlassungsaufforderung nicht nachgekommen wird, kann das Opfer eine Abmahnung einsetzen und eine Unterlassungserklärung abgeben.[796]

Der BGH hat sich mit der Frage auseinandergesetzt, welche Pflichten die Betreiber der Internetplattformen bei ehrverletzenden Äußerungen haben. So wurden durch die Urteile zur Haftung eines Host-Providers für Persönlichkeitsverletzungen und zur Auto-Complete-Funktion der Suchmaschine Google wichtige Leitsätze für die virtuelle Welt festgelegt.[797] Nach der Rechtsprechung des BGH ist der Provider einer Plattform verpflichtet, wenn er Kenntnis von einer ehrverletzenden Äußerung erlangt, den entsprechenden Kommentar, das Video oder das Bild zu entfernen.

Die Wirkungen des Cybermobbings können auch mit finanziellen und nichtfinanziellen Entschädigungen gemildert werden. Die von Cybermobbing geschädigte Person kann einen Anspruch auf Schadenersatz und die Wiedergutmachung für moralische, biologische oder existenzielle Schäden nach dem rechtswidrigen Handeln des Schädigenden geltend machen. In Rumänien kann die beschädigte Person zusätzlich zu einer Entschädigung auch einen Anspruch auf die Wiederherstellung des Rechtes haben, das eingeschränkt oder verletzt wurde, um die rechtswidrige Handlung zu beenden oder den verursachten Schaden zu beheben, gemäß Art. 253 Abs. 3 lit. b) Cod Civil.

b) Strafrechtliche Konsequenzen

Die technischen Entwicklungen des Internets und die neuen Phänomen, seien es Shitstorms oder Fake News, bringen auch herausfordernde juristische Fragen bezüglich der Persönlichkeitssphären, der Reichweite der Einwilligung von Betroffenen zur Veröffentlichung und dem „Teilen" von Inhalten in den Online-Medien, aber auch zu Sorgfaltspflichten in den sozialen Netzwerken.[798] Auch die kulturellen Unterschiede spielen eine große Rolle bei dem Umgang mit den Online-Entwicklungen und der Antwort der Rechtsprechung und der Rechtslage dazu.

---

796 Das Opfer kann auch eine einstweilige Verfügung gegen den Betreiber der sozialen Netzwerke oder der Online-Angebote beantragen, wenn der Täter nicht bekannt ist. Siehe dazu „Rechtliche Aspekte zu Cybermobbing" vom Landesmedienzentrum Baden-Württemberg. Ausführlich zu diesen Aspekten in Kap. IV. dieser Arbeit.

797 BGH, Urt. v. 25.10.2011 - VI ZR 93/10 - Prüfpflichten für Hostprovider - Blogspot; BGH, Urt. v. 27.2.2018 - VI ZR 489/16: danach ist Google nicht verpflichtet, sich vor der Anzeige eines Suchergebnisses darüber zu vergewissern, ob die aufgefundenen und verlinkten Inhalte Persönlichkeitsrechtsverletzungen beinhalten.

798 *Gounalakis,* in: Götting/Schertz/Seitz, Handbuch des Persönlichkeitsrechts, § 24, Rn. 21.

Die aktuelle Rechtslage bezüglich Cybermobbing in Rumänien scheint nicht ausreichend an die Straftaten im Internet angepasst zu sein, obwohl das aktuelle Strafgesetzbuch im Februar 2014 in Kraft getreten ist. Bis dahin wurde Belästigung nicht bestraft und die Fälle aus der Praxis haben die Notwendigkeit der Einführung dieser Vorschrift begründet. Darüber hinaus ist dies auch kein eigener Straftatbestand. Dennoch sind einzelne Formen von Cybermobbing strafbar.

Aber wären strafrechtlichen Konsequenzen der richtige Ansatz, Cybermobbing zu bekämpfen? Wenn es um minderjährige Täter geht, könnte eine Inhaftierung für mehrere Jahre für die Tat, i.e. Belästigung, Verleumdung, Anprangerung des Opfers oder unerlaubte Datennutzung im Internet, unverhältnismäßig sein.[799] Dennoch sind die Minderjährigen sowohl in Rumänien als auch in Deutschland mit 14 strafmündig. In Deutschland ist für Minderjährige das Jugendgericht zuständig, in Rumänien hingegen ist dafür nach Art. 107 Cod Civil das Vormundschafts- und Familiengericht zuständig, wo der Fokus auf den Jungendlichen oder Minderjährigen liegt. Allerdings wurden die Vorgaben dieser Vorschrift nur in einer einzigen rumänischen Stadt umgesetzt: Einzig in Kronstadt existiert ein „Gerichtshof für Jugendliche und Familie“ genanntes Vormundschaftsgericht.[800] Grundsätzlich werden Rechtsstreitigkeiten mit Minderjährigen vor Familiengerichten verhandelt, gemäß Art. 76 des Gesetzes 76/2012[801] und Art. 35 Abs. 2 des Gesetzes 304/2004[802] zur Justizorganisation.

In Deutschland gäbe es laut einer Aussage des Bundesministers der Justiz keine Notwendigkeit, Regelungen zu Cybermobbing einzuführen, weil die aktuelle Rechtslage ausreichend sei.[803] In Rumänien wurde eine solche Diskussion nicht einmal in die Öffentlichkeit gebracht.

Art. 208 Abs. 2 des rumänischen Strafgesetzbuches Cod penal[804] zur Belästigung sieht auch strafrechtliche Konsequenzen vor, auch im Falle „der Kommunikationen

799 Ausführliche Argumente gegen die Kriminalisierung des Cyberbullyings in *Lidsky*, Garcia, 'How Not to Criminalize Cyberbullying', University of Florida Levin College of Law, (2012) 77, S. 693-726; *Luna*, 'The Overcriminalization Phenomenon', American University Law Review, [2005] (54) 3, S. 703-743.

800 „Tribunalul pentru familie si minori“ aus Kronstadt hat laut eines Berichtes des Obersten Magistratsrates (Consiliul Superior de Magistratură) über den Stand der Justiz in den letzten drei Jahren ein geringes Tätigkeitsvolumen, nämlich 318 Fälle im Jahr im Vergleich zum nationalen Durchschnitt von 600 Fällen. Bericht v. April 2018.

801 Das Gesetz Nr. 76 v. 24.5.2012 für die Umsetzung des Gesetzes Nr. 134/2010 zur Zivilprozessordnung.

802 Das Gesetzes Nr. 304 v. 28.6.2004, wiederveröffentlicht in M.Of., I.Teil, v. 20.7.2018.

803 Der Bundesminister für Justiz sagte, dass „cyberbullying cannot be combatted through criminal law alone“. Aussage gemacht bei Second International Congress on Cyberbullying (2. Cybermobbing Kongress), Berlin, 18.1.2016.

804 Cod penal v. 17.7.2009, Gesetz Nr. 286/2009, veröff. in M.Of. Nr. 510 v. 24.7.2009.

mittels Fernübertragung, die einer Person aufgrund ihrer Häufigkeit oder ihres Inhalts Angst machen, mit einer Freiheitsstrafe von einem bis zu drei Monaten oder mit einer Geldstrafe bestraft wird, wenn sich kein anderes schwerwiegenderes Verbrechen darstellt." Darüber hinaus gibt es in Rumänien sogar eine starke Verbindung zwischen Cybermobbing und Verbrechen in Bezug auf Diskriminierung einschließlich Hassreden im Internet.[805]

Im rumänischen Strafgesetzbuch werden in Art. 77 Cod penal erschwerende Umstände in Bezug auf Straftaten aufgelistet: die Handlung von drei oder mehr Personen zusammen; Begehung des Verbrechens durch Ausnutzung des Zustands der offensichtlichen Verwundbarkeit des Opfers aufgrund von Alter, Gesundheitszustand, körperlicher oder geistiger Einschränkung oder anderen Ursachen; aus Gründen, die mit Rasse, Nationalität, ethnischer Zugehörigkeit, Sprache, Religion, Geschlecht, sexueller Orientierung, Meinung oder politischer Zugehörigkeit, Wohlstand, sozialer Herkunft, Alter, Behinderung, chronischer nicht ansteckender Krankheit oder HIV/AIDS-Infektion oder mit anderen Umständen zusammenhängen.

5. „Shitstorms"

Wir alle verbringen Zeit im Internet, egal welches Alter, welchen Beruf, welche Erziehung oder welchen sozialen Status man hat. Auf Internetplattformen besteht für die Nutzer, einzelne Personen oder Unternehmen, die Gefahr, an den Pranger gestellt zu werden. In den Online-Medien haben sich dadurch auch neue Phänomene entwickelt, wie z.B. Fake News, d.h. die Verbreitung bösartiger, unrichtiger Informationen, die meistens Shitstorms, also eine Welle von verletzenden Kommentaren, verursachen.

Der Duden definiert einen Shitstorm als „Sturm der Entrüstung in einem Kommunikationsmedium des Internets, der zum Teil mit beleidigenden Äußerungen einhergeht". In Deutschland waren öffentliche Persönlichkeiten wie Dieter Nuhr[806], Til Schweiger[807] oder Angela Merkel[808] Opfer von Shitstorms. In Rumänien wurden Shitstorms in den sozialen Netzwerken meistens in Bezug auf

805 Studie zu Cyberbullying among young people, Juli 2016, S. 62.

806 Analyse abrufbar unter: http://www.golem.de/news/kritik-an-dieter-nuhr-wir-alle-sind-der-shitstorm-1507-115314.html.

807 Beitrag abrufbar unter: https://www.faktenkontor.de/krisen-pr-blog-mediengau/til-schweiger-shitstorm-verpisst-euch-von-meiner-seite/.

808 Eine Sammlung der Inhalte, die einen Shitstorm ausgelöst haben, abrufbar unter: https://www.watson.de/digital/politik/340055985-noch-nicht-durchschrittenes-terrain-merkel-tappt-ein-letztes-mal-in-die-neuland-falle.

politischen Themen ausgelöst, gegen den rumänischen Präsidenten[809] oder gegen einen rumänischen staatlichen Wachkörper: die Jandarmeria.[810]

Shitstorms und Cybermobbing sind Beispiele für negative Äußerungen bei denen das Internet zum virtuellen Pranger werden kann. Shitstorms, Fake News und Hate Speech stellen das Recht auf der nationalen und auf der europäischen Ebene vor große Herausforderungen. Unter diesen Umständen stellt sich die Frage, wie die verschiedenen Persönlichkeitssphären abgegrenzt werden können oder welche Sorgfaltspflichten für die Betreiber sozialer Netzwerke gelten.

Cybermobbing hat noch keine direkten und ausdrücklichen Regelungen, aber Bullying oder Mobbing im Internet wird trotzdem bestraft. Fälle von Nachstellung über das Handy, E-Mail oder Messenger werden in der Offline-Welt berücksichtigt. Beleidigungen, üble Nachrede und Verleumdung im Internet werden auch bestraft. Durch das Aufnehmen und Verbreitung von peinlichen Fotos können das Urhebergesetz oder das Kunsturhebergesetz oder das Recht am eigenen Bild verletzt werden.

6. *Online-Pranger*

Der Begriff „Online-Pranger" beschreibt das Phänomen, jemanden im Internet nach mittelalterlichem Muster bloßzustellen und vorzuführen. Diese Metapher ist rumänischen Nutzern unbekannt, nicht aber die Erscheinungsformen. In sozialen Netzwerken gibt es oft Fahndungsaufrufe durch Strafverfolgungsbehörden bezogen auf aktuelle Straftaten.[811] Solche Aktionen sind im Interesse der Öffentlichkeit und der Strafverfolgung zulässig, besonders wenn es um Online-Fahndungen für Straftaten von erheblicher Bedeutung geht, wie terroristische Aktivitäten,[812] Morde, Vergewaltigungen oder Betrugsaktivitäten. Im deutschen Recht ist in solchen Fällen, wo es nicht um geringfügige Straftaten geht, die Einwilligung des Abgebildeten für die Verbreitung, Vervielfältigung und öffentliche Zurschaustellung des Bildnisses nicht erforderlich, gemäß § 24 KUG und § 131b StPO.[813] In Rumänien wird eine solche Fahndung durch Art. 75 Abs. 2 Cod Civil zulässig,[814]

---

809 Nach der Entlassung der obersten rumänischen Korruptionsermittlerin Laura Kövesi, Siehe Zusammenfassung, abrufbar unter: https://www.mdr.de/heute-im-osten/johannis-rumaenien-korruption-koevesi-100.html.

810 Nach den regierungskritischen Protesten in Bukarest, die zu gewaltsamen Auseinandersetzungen mit der Jandarmeria am 10.8.2018 führten, schlug dieser auf ihrer Facebook-Seite für jeden Post eine Welle der Empörung entgegen.

811 Vgl. *Schiffbauer*, NJW 2014, 1052 (1052 ff.).

812 Damit wurde auch nach den Verdächtigen terroristischer Aktivitäten in Frankreich gefahndet.

813 Vgl. *Gounalakis*, in: Götting/Schertz/Seitz, Handbuch des Persönlichkeitsrechts, § 24 Rn. 135.

814 Es gibt keine Vorschriften im rumänischen Strafgesetzbuch oder in der Strafprozessordnung, weder unter den Rechten des Angeklagten, aufgelistet in Art. 83

der besagt, dass Einschränkungen der Persönlichkeitsrechte erlaubt sind, wenn sie ausdrücklich im Gesetz vorgesehen werden. Dennoch wird laut Art. 4 Cod Civil i.V.m. Art. 53 Abs. 1 der rumänischen Verfassung eine Einschränkung eines Rechtes erlaubt, wenn dies notwendig u.a. für die Durchführung strafrechtlicher Ermittlungen ist. Eine Online-Fahndung ist dadurch in Rumänien nach den Vorschriften des Cod Civil erlaubt.

Private Fahndungsaufrufe, die aus der Veröffentlichung eines Bildes oder der Bilder vermeintlicher Verdächtiger online bestehen, sind sowohl in Deutschland als auch in Rumänien häufig. Ein bekannter Fall eines privaten Fahndungsaufrufs in Deutschland ist der in Bezug auf die Ausschreitungen beim G20-Gipfel in Hamburg aus dem Jahr 2017.[815] Ein privater Online-Fahndungsaufruf wird in Deutschland durch die Grundsätze der Verdachtsberichterstattung begründet,[816] aber die Grundsätze gelten nicht für soziale Netzwerke, da die Laienjournalisten nicht an Sorgfaltspflichten gebunden sind.[817] In den sozialen Netzwerken in Rumänien werden häufiger private Fahndungsaufrufe wegen Betrugs, Vergewaltigungen, Kindesmissbrauch oder Raub durch die Opfer oder deren Verwandte geführt. Die Polizei hat sogar öffentlich bekanntgegeben, dass solche Aktionen bei den Ermittlungen durch Beweismaterialien oder schnelleres Finden der Täter hilfreich waren.

Fraglich ist, ob in Bezug auf Cybermobbing die Anforderungen an die Einwilligung zur (Weiter-)Verwendung von personenbezogenen Daten, Bildern, Namen oder anderen Inhalten strenger sein müssten, wenn die Auswirkungen Minderjährige betreffen.

Zukunftsperspektiven

In Rumänien wurde 2016 eine soziologische Studie zum Mobbing bei Kindern veröffentlicht, in der die Bekanntgabe und Verbreitung des Phänomens in Schulen, aber auch die Reaktionen der Kinder und der Eltern dazu untersucht wurden. Das Internet kommt nur als Informationsmittel für den Begriff in Betracht,[818] aber in

---

Strafprozessordnung oder unter den Rechten des Verdächtigen, gem. Art. 78 Strafprozessordnung.

815 Die Zeitung „Bild" hat Online den Beitrag „Wer kennt diese Verbrecher?" v. 9.7.2017 veröffentlicht.

816 Bei schwerer Kriminalität sind auch die Bekanntgabe des Namens und des Bildes zulässig. Vgl. *Gounalakis,* in: Götting/Schertz/Seitz, Handbuch des Persönlichkeitsrechts, § 24 Rn. 136.

817 Vgl. *Gounalakis,* in: Götting/Schertz/Seitz, Handbuch des Persönlichkeitsrechts, § 24 Rn. 142.

818 Studie „Bullying-ul în rândul copiilor-studiu sociologic la nivel național" Salvați copiii Save the Children Romania, 2016, S. 12.

dieser Studie wird Cyberbullying nur knapp als eine der Dimensionen des Phänomens dargestellt.[819]

Es ist dringend notwendig, die zunehmend verbreiteten Auswirkungen dieses Phänomens zu beseitigen und man braucht dafür eine Beteiligung auf mehreren Ebenen: juristisch, soziologisch und wirtschaftlich, aber auch auf nationalem, europäischem und internationalem Niveau. Die Aktivitäten der europäischen Initiative „klicksafe“[820], die Apps, Broschüren und Projekte für mehrere Zielgruppen anbieten, sind bemerkenswert. Die neue Erste-Hilfe-App bei Cybermobbing ist die moderne Lösung von Jugendlichen für Jugendliche, um sich gegen Cybermobbing zu wehren.[821]

Das Potenzial der zahlreichen im Bereich von Informatik talentierten Jugendlichen in Rumänien könnte auch genutzt werden zur Entwicklung einer App zur Hilfe Betroffener von Cybermobbing auf Rumänisch. Das Projekt sigur.info trägt in Rumänien zur Erfüllung der Ziele des europäischen Projekts „Safer Internet“ bei.

Durch die Umsetzung der Vorgaben des Artikels 107 Cod Civil und die Einführung der spezialisierten Gerichte für Rechtsangelegenheiten, in die Minderjährige involviert sind, wären hilfreich nicht nur für Fälle von (Cyber)Mobbing, sondern z.B. auch für Fälle, bei denen es um häusliche Gewalt, Adoption, Rechtsstreitigkeiten in Bezug auf Mutterschaft oder Vaterschaft oder den Schutz des Minderjährigen in schwierigen Situationen geht. Dennoch sollte das Verfahren für solche Fälle schnell laufen und die Urteile dazu auch schnell veröffentlicht werden zur Umsetzung des Grundsatzes des Kindeswohls, verankert in Art. 263 Cod Civil.

Zusammenfassung

Das Internet, aber besonders die sozialen Netzwerke, bergen viele Gefahren für ihre Nutzer in sich. Da Facebook nach der rumänischen Rechtsprechung ausdrücklich als „öffentlicher Raum“ eingestuft wurde, sollte dazu beigetragen werden, dass

819 Studie „Bullying-ul în rândul copiilor-studiu sociologic la nivel național“ Salvați copiii Save the Children Romania, 2016, S. 8.

820 Dieses Projekt setzt das europäische „Safer Internet Programme“ um und dient der Aufklärung im Umgang mit dem Internet und neuen Medien. In Deutschland wird das Projekt von der Landeszentrale für Medien und Kommunikation Rheinland-Pfalz koordiniert und in Zusammenarbeit mit der Landesanstalt für Medien Nordrhein-Westfalen verwaltet. Siehe mehr dazu auf der offiziellen Internetseite der Initiative, abrufbar unter: http://www.klicksafe.de/ueber-klicksafe/die-initiative/projektinfo/wer-ist-klicksafe/.

821 Die App ist mittlerweile auf Deutsch und auf Englisch in den App Stores verfügbar. Unter Info findet sich auch eine kurze Beschreibung des Phänomens Cybermobbing und es werden jene Paragraphen aufgezählt, die als Rechtsgrundlage für eine Klage benutzt werden können.

die Nutzer vorsichtiger mit den Inhalten umgehen, die sie auf Facebook zur Verfügung stellen.

Die DS-GVO ist seit Mai 2018 unmittelbar in den nationalen Rechtsordnungen der Mitgliedstaaten anwendbar, um eine Rechtsvereinheitlichung auf der europäischen Ebene zu schaffen. Damit werden neue Konzepte eingeführt oder ältere Rechtsinstitute gestärkt. Die mühsame Arbeit zur Umsetzung der Vorschriften der DS-GVO kann für manche lästig sein, wenn man z.B. sogar für die Veröffentlichung eines Bildes auf der Website eines Lehrstuhls die schriftliche Einwilligung der abgebildeten Person braucht, aber letztendlich ist dies ein kleiner Schritt zur Gewährleistung des Schutzes der Persönlichkeitsrechte. Finanziell kann es auch für klein- und mittelständische Unternehmen oder Nichtregierungsorganisationen belastend sein, sich mit datenschutzrechtlichen Fragen zu beschäftigen. Im Endeffekt soll aber nicht nur bei Großunternehmen oder Behörden, sondern auch bei jedem Einzelnen das Bewusstsein gefördert werden, dass im Internet die Vorschriften zum Daten- und Persönlichkeitsschutz umgesetzt und eingehalten werden.

Das Recht auf Vergessenwerden verkörpert soziale, technische und juristische Aspekte, die für eine effektive Anwendbarkeit dieses Rechts betrachtet werden müssen. Der Zweck, die Daten zu erheben und zu speichern, sollte auch *mutatis mutandi* ausgelegt werden, dass die Daten auch effektiv gelöscht werden könnten.

Es bleibt die Verantwortung der Unternehmen, die Anonymisierung und Pseudonymisierung technisch weiterzuentwickeln und die juristischen Vorgaben, also die datenschutzrechtlichen Regelungen, wenn es um identifizierbare Informationen, wie bei den Pseudonymen, geht, anzuwenden. Heutzutage werden Aggregation, Differential Privacy, k-Anonymität oder andere Anonymisierungstechniken[822] eingesetzt, aber die Verantwortlichen und die Auftragsverarbeiter werden ihre Anonymisierungslösungen immer nach dem Stand der Technik anpassen müssen, um den Schutz der Privatsphäre der betroffenen Personen zu gewährleisten, die europäischen Regelungen ordnungsgemäß einzuhalten und den Ruf als Fortentwickler weiter zu pflegen und zu entwickeln.

Bei der Durchsetzung des Persönlichkeitsschutzes im Internet bilden Löschansprüche und Anonymität eine Herausforderung. Vorratsdatenspeicherung, Profilbildung und Cybermobbing beinhalten große Gefahren für viele Ausprägungen der Persönlichkeitsrechte, sowohl für erfahrene Nutzer, als auch für kollaterale Nutzer, die abgebildet werden, sogar ohne dies zu wissen und ihre Einwilligung dazu gegeben zu haben. Besonders Minderjährige werden zu einfachen Opfern der Angebote im Internet. Deren Eltern, Behörden oder andere Interessenten müssen kooperieren, um durch effektive Maßnahmen deren Schutz sicherzustellen.

---

822 Siehe dazu ausführlich die Grundsätze, Stärken und Schwächen der aktuellen Anonymisierungstechniken in Artikel-29-Datenschutzgruppe, Stellungnahme 05/2014 zu Anonymisierungstechniken, WP 216, v. 10.4.2014.

Kapitel IV Mögliche Lösungen und deren Besonderheiten

Einleitung

Im Internet gibt es viele rechtsverletzende Inhalte: Videos, Bilder oder Texte. Facebook-Nutzer beispielsweise haben jedoch die Möglichkeit, das rechtsverletzende Material zu melden. Die Meldung wird von Facebook innerhalb von 72 Stunden überprüft.[823] Bedenklich ist, ob dieser Zeitraum in einer Zeit angemessen ist, wenn ein Inhalt innerhalb weniger Stunden mehrfach geteilt werden und erheblichen Schaden verursachen kann.

Heutzutage zahlen die Nutzer mit ihren Daten für eine kostenlose Mitgliedschaft auf einer Internetplattform. Durch die Daten, die der Nutzer selbst eingibt, durch die Suchangaben, durch die Likes und Freundschaften, die man z.B. auf Facebook schließt, kann es zu folgenden Vorschlägen z.B. von Freunden kommen, die der Nutzer kennen könnte. Zudem kann durch all diese Daten zielgruppenabhängige Werbung angeboten und damit der Umsatz von Facebook erhöht werden. Eine strengere Rechtsprechung, aber auch ein höheres Datenschutzniveau sollten soziale Netzwerke verpflichten, datenschutzfreundlich(er) zu werden.

Es gibt immer noch sehr wenig Rechtsprechung zu Persönlichkeitsverletzungen auf Facebook auf Nutzerebene, obwohl regelmäßig Nutzer die Rechte anderer verletzen. Meistens geht es um Cybermobbing-Fälle, die entweder nicht öffentlich gemacht oder außergerichtlich gelöst werden. Es geht auch oft um Verletzungen des Rechts am eigenen Bild, Beleidigungen, üble Nachrede oder Verleumdung.

In Rumänien hat ein Minderjähriger einen gefälschten Facebook-Account für einen Staatssekretär im Gesundheitsministerium erstellt und Einträge mit Äußerungen zu verschiedenen Themen gepostet. Deswegen hat der Staatssekretär eine Strafanzeige gegen den Facebook-Nutzer gestellt.[824]

Eine langjährige Angestellte wurde gekündigt, nachdem sie den Pinnwandeintrag ihres Partners likte, in dem ihr Chef beleidigt wurde. Laut ArbG Dessau-Roßlau wäre eine Abmahnung statt einer Kündigung erforderlich gewesen und die

---

823 Facebook antwortet zu dem gemeldeten Beitrag innerhalb 72 Stunden. Siehe dazu den Beitrag von Facebook v. 21.6.2012, abrufbar unter: https://www.facebook.com/notes/facebook/was-passiert-nach-anklicken-von-melden/452825074730336/.

824 Der rumänische Staatssekretär Raed Arafat hat bereits 2014 eine Strafanzeige gestellt. Siehe eine kurze Zusammenfassung dieses Falls in einem Artikel, abrufbar unter: http://www.b1.ro/stiri/eveniment/plangere-penala-depusa-de-raed-arafat-secretarul-de-stat-din-mai-nemultumit-de-conturile-false-facute-pe-facebook-cu-numele-lui-video-160244.html.

Angestellte sollte nicht für den Eintrag ihres Partners verantwortlich gemacht werden. Die Facebook-Nutzer klicken meistens spontan, ohne sich zu viele Gedanken darüber zu machen und eine solche Aktion sollte nicht überbewertet werden.[825]

Ein 72-jähriger Besitzer von zwei Motels hat gegen einen Facebook-Nutzer eine Zivilklage vor dem District Court New South Wales auf Schadenersatz wegen Verleumdung eingereicht, nachdem der Beklagte auf seiner Facebook-Pinnwand falsche, beleidigende Äußerungen über den Kläger gemacht hat.[826] Es wurde entschieden, dass der Kläger $150,000 Schadenersatz erhalten soll.[827]

Neuartige Gefährdungslagen in den Online-Medien werfen auch Fragen[828] nach einer effektiven Durchsetzung auf. Wie kann der Urheber von anonym oder unter Pseudonym veröffentlichten persönlichkeitsverletzenden Inhalten identifiziert werden? Was sind die besten Maßnahmen zur Geltendmachung eines Rechts auf Löschung? Welche Reichweite kann die Verantwortlichkeit von Providern, Intermediären und Plattformbetreibern oder für das Setzen eines Links haben? Sind besondere Rechtsbehelfe in den Online-Medien notwendig? Welches Gericht ist im Falle eines Rechtsstreits zuständig? Welche Unterschiede gibt es zwischen der deutschen und der rumänischen Rechtsordnung beim Schutz der Persönlichkeitsrechte im Internet?

A. Allgemeine Lösungen für die rechtlichen Probleme

Bevor die spezifischen Lösungen für die Rechtsfragen im Internet in Bezug auf die Nutzer und Betreiber geschildert werden, werden allgemeine Lösungsvorschläge für die Probleme im Internet erörtert.

I. Kostenlose und entgeltpflichtige Mitgliedschaft

Ein soziales Netzwerk mit einer entgeltpflichtigen Mitgliedschaft und ohne Werbung, das sich auch an die europäischen datenschutzrechtlichen Vorschriften hält und einen Server in einem der EU-Mitgliedstaaten oder in einem Staat, der

---

825 ArbG Dessau-Roßlau, Urt. v. 21.3.2012 - 1 Ca 148/11, Rn. 34.

826 Es wurde behauptet, dass die Motels des Klägers als Wohnräume für Pädophile benutzt werden. Der endgültige Text wird im Para. 1 des Urteils erläutert. Rothe v Scott (No. 4) [2016] New South Wales District Court (NSWDC) 160, v. 5.8.2016, der Text des Urteils, abrufbar unter: https://www.caselaw.nsw.gov.au/decision/57a42537e4b058596cb9e279; Siehe auch eine Kurzfassung des Urteils, abrufbar unter: http://www.sydneycriminallawyers.com.au/blog/facebook-troll-ordered-to-pay-150000-in-damages/.

827 Rothe v. Scott (No. 4) [2016] NSWDC 160, v. 5.8.2016. Para. 161.

828 Zu Fragen in der deutschen Literatur, *Gounalakis,* in: Götting/Scherz/Seitz, Handbuch des Persönlichkeitsrechts, § 24, Rn. 33.

dem EU-Datenschutzniveau entspricht, hat, könnte die Voraussetzungen erfüllen, datenschutzfreundlich zu sein und einem sozialen Netzwerk wie Facebook Konkurrenz machen.

Wenn der Nutzer sich freiwillig verpflichtet, sich auf einer Plattform zu registrieren, um sie zu nutzen, ist das Ausdruck der bindenden Erklärung, so dass die beiden Parteien ihren Rechtsbindungswillen geäußert haben.[829] Dadurch wird ein Vertrag zwischen dem Nutzer und dem sozialen Netzwerk geschlossen werden, der als ein vertragliches Schuldverhältnis nach der Rom I-VO ausgelegt werden kann.[830]

Die Einordnung dieses Rechtsgeschäfts zur (unentgeltlichen) Nutzung der IT-Infrastruktur ist im deutschen Recht umstritten.[831] Der aktuelle Meinungsstand gliedert das Nutzungsverhältnis in den Abschluss eines Rechtsgeschäfts zur unentgeltlichen Nutzung der Plattform und die Erteilung der Einwilligung zur Verwendung der personenbezogenen Daten zu Werbezwecken.[832]

Das professionelle Netzwerk Xing bietet zwei Möglichkeiten für die Nutzer an: eine kostenlose Basis-Mitgliedschaft und eine entgeltpflichtige Premiummitgliedschaft. Die Daten der Premiummitglieder werden nicht für Werbezwecke genutzt.[833] Xing ist ein gutes Beispiel dafür, dass ein Unternehmen mit einer solchen entgeltlichen Alternative sich an die Datenschutzregeln hält, trotzdem auch einen hohen Jahresumsatz hat und 23.000 neue zahlende Mitglieder innerhalb von wenigen Monaten gewinnen kann.[834]

Würden aber die Nutzer Unternehmen wie Facebook, YouTube oder Google vertrauen und glauben, dass sie tatsächlich keine Daten mehr speichern, wenn sie eine entgeltliche Premiummitgliedschaft einführen würden? Wahrscheinlich

---

829 LG München I, Urt. v. 25.10.2006 - 30 O 11973/05 in BeckRS 2007, 05767; *Härting*, Internetrecht (2014), Rn. 771; *Redeker*, in: Hoeren/Sieber/Holznagel, Multimedia-Recht-Hdb, Teil 12, Rn. 422.

830 Vgl. dazu *Gläser*, MMR 2015, 699 (699), Siehe auch zur Rechtsnatur des Internationalen Vertragsrecht, *Martiny* in MüKo. Bd. 10, 6. Aufl. 2015, Art. 1 Rom I-VO, Rn. 7.

831 Zur Einordnung als Auftragsverhältnis, siehe dazu *Redeker*, in: Hoeren/Sieber/Holznagel, Multimedia-Recht-Hdb. (52. EL 2020), Teil 12, Rn. 423 f., für einen Leihvertrag jedoch, wenn man mietrechtliche Aspekte im Vordergrund sieht; Ansicht zurecht kritisiert und als falsch betrachtet, siehe dazu *Bräutigam*, MMR 2012, 635 (636); a.A. als Dienstleistungsvertrag in *Jandt/Roßnagel*, MMR 2011, 637, 639, Fn. 24.

832 Vgl. dazu *Bräutigam*, MMR 2012, 635 (636).

833 Siehe dazu alle Vorteile für die Premiummitgliedschaft im Detail im Vergleich zu der kostenlosen Basis-Mitgliedschaft, abrufbar unter: https://www.xing.com/premium.

834 Siehe dazu die Pressemitteilung des Finanzberichtes für das 1. Quartal 2016 für das Unternehmen Xing AG, abrufbar unter: https://corporate.xing.com/index.php?id=112&tx_ttnews%5Btt_news%5D=1586&tx_ttnews%5Bpointer%5D=0&tx_ttnews%5BbackPid%5D=0&cHash=0&cat=0&L=0.

wäre das eher eine Lösung für ein neues soziales Netzwerk, das die europäischen Datenschutzanforderungen gegen einen monatlichen Beitrag erfüllt. Der Instant-Messaging-Dienst Threema hat eine solche Geschäftsidee angewendet und obwohl die Nutzung der datenschutzfreundlichen App[835] kostenpflichtig ist, wird der Dienst sehr beliebt. Die Nachrichten werden ausschließlich durch eine Ende-zu-Ende-Verschlüsselung verschickt und die Nutzer genießen völlige Anonymität durch eine zufällige Threema Identifikationsnummer.[836] Das Unternehmen hat seinen Server in der Schweiz und unterliegt dem datenschutzfreundlichen schweizerischen Bundesgesetz über den Datenschutz. Laut der Entscheidung der EU-Kommission entspricht die Schweiz dem europäischen Datenschutzniveau,[837] darüber hinaus hat die Schweiz am 20.12.2007 auch das Zusatzprotokoll 181[838] des Europarates ratifiziert. Das neue Datenschutzgesetz soll auch ein Zeichen der Beibehaltung des strengen Datenschutzniveaus sein und seine Vorschriften sollen im Einklang mit der EU-Datenschutzreform stehen.[839]

---

835 Laut eines Tests der Datenschutzbewertung, in dem fünf Apps von der Stiftung Warentest verglichen wurden, wurde Threema als die datenschutzfreundlichste Alternative von diesen gewählt. Siehe dazu den Schnelltest vom 26.2.2014, abrufbar unter: https://www.test.de/WhatsApp-und-Alternativen-Datenschutz-im-Test-4675013-0/?mc=kurzurl.messenger.

836 Siehe dazu den Bericht vom cnlab security AG: External Audit – Security Statement, vom 2.11.2015, abrufbar unter: https://threema.ch/press-files/2_documentation/external_audit_security_statement.pdf.

837 Die Entscheidung der Kommission K(2000) 2304 v. 26.7.2000 gem. der Richtlinie 95/46/EG des Europäischen Parlaments und des Rates über die Angemessenheit des Schutzes personenbezogener Daten in der Schweiz, ABl. L 281 v. 23.11.1995, Art. 1, S. 31; siehe dazu ausführlich die Angemessenheitsentscheidung der Kommission, abrufbar unter: http://eur-lex.europa.eu/legal-content/DE/TXT/PDF/?uri=CELEX:32000D0518&from=EN.

838 Zusatzprotokoll zum Übereinkommen zum Schutz des Menschen bei der automatischen Verarbeitung personenbezogener Daten bezüglich Kontrollstellen und grenzüberschreitendem Datenverkehr (SEV Nr. 181). Das Zusatzprotokoll ist dann am 1.4.2008 in Kraft getreten. Details zum Vertrag Nr. 181, abrufbar unter: http://www.coe.int/de/web/conventions/full-list/-/conventions/treaty/181.

839 Das Eidgenössische Justiz- und Polizeidepartement (EJPD) wurde vom schweizerischen Bundesrat beauftragt, die EU-Datenschutzreform und die überarbeitete Konvention 108 des Europarats beim Verfassen des Entwurfs zum neuen Datenschutzpaket zu berücksichtigen. Siehe dazu die Medienmitteilung des Bundesrates „Der Datenschutz soll gestärkt werden“ v. 1.4.2015, abrufbar unter: http://www.ejpd.admin.ch/ejpd/de/home/aktuell/news/2015/2015-04-010.html.

II. Erwachsene Nutzer

Der Nutzer sollte die Kontrolle über seine Daten haben, um selber entscheiden zu können, ob er seine personenbezogenen Daten preisgeben will. Das wäre auch im Sinne der Prinzipien der DS-GVO, um notwendiges Vertrauen in die digitale Wirtschaft aufzubauen.[840]

Man braucht aber auch einheitliche, klare und transparente Vorschriften in allen EU-Mitgliedstaaten für die beteiligten Parteien, sprich Internetprovider, IT-Unternehmen und soziale Netzwerke, die sie dazu verpflichten, rechtskonform mit den personenbezogenen Daten der natürlichen Personen umzugehen. Diese Notwendigkeit wurde auch den europäischen Akteuren bekanntgemacht und durch die neuen Vorschriften der DS-GVO umgesetzt.[841] So könnten die Unternehmen auch das Vertrauen der Nutzer behalten. Zudem würden sich dadurch auch ihre Umsätze erhöhen und sie hätten ebenfalls die Möglichkeit, neue Nutzer zu gewinnen.

Es ist erforderlich, das Bewusstsein für das Problem der Verwendung der Daten für Werbezwecke zu schärfen und den Nutzern deutlich zu machen, welche Ausmaße dies angenommen hat. Die Nutzer sollten regelmäßig durch umfassende Kampagnen oder als Teil des Bildungsprogramms informiert werden, in welchem Umfang und zu welchen Zwecken ihre Daten gesammelt, verarbeitet, gespeichert und verwendet werden und wie sie ihre Rechte schützen können. Vielleicht wären dadurch die Nutzer auch bereit, einen monatlichen Betrag zugunsten des Schutzes ihrer Daten zu zahlen.

III. Minderjährige Nutzer

Wäre eine kostenpflichtige Mitgliedschaft für Minderjährige bei verschiedenen Online-Plattformen vorstellbar? Eine solche Variante würde den Erziehungsberechtigten ermöglichen, mehr Informationen über die besuchten sozialen Netzwerke zu haben und sowohl den Erziehungsberechtigten als auch dem minderjährigen Nutzer wären die Gefahren der sozialen Netzwerke bewusst(er).[842]

Es gibt sowohl Vorteile als auch Nachteile für eine kostenpflichtige Mitgliedschaft für Minderjährige. Dennoch könnten auf einer Seite solche Plattformen zu anderen Zwecken verwendet werden, wie z.B. Kinderpornographie, Kriminalität

840 Vgl. dazu den ErwG. 7 der DS-GVO, in dem die Notwendigkeit der Kontrolle des Nutzers über seine Daten im aktuellen Rechtsrahmen im Bereich des Datenschutzes in der EU beschrieben wird; siehe auch ErwG. 68, in dem betont wird, dass die datenschutzrechtlichen Prinzipien zur Datenverarbeitung beachtet werden sollten, so dass der Nutzer die Kontrolle über seine Daten besitzen kann.

841 Vgl. dazu ErwG. 13 der DS-GVO.

842 Vgl. dazu die Lösungsvorschläge für die minderjährigen Nutzer in *Verheijden*, Rechtsverletzungen auf Youtube und Facebook, S. 310.

oder Verschulden von Seiten der Minderjährigen, die die finanzielle Unterstützung der Erziehungsberechtigten nicht haben. Auf der anderen Seite könnte Cybermobbing unter Beobachtung und Kontrolle gehalten werden, wenn die Einbindung der Erziehungsberechtigten regelmäßig gefördert würde, wie z.B. durch Updates oder neue Zahlungen.

Die minderjährigen Nutzer sollten einen besonderen Schutz von Seiten der Plattformen genießen, deswegen sollten die Unternehmen, wie z.B. Facebook, mit den personenbezogenen Daten der Minderjährigen noch sorgfältiger umgehen. Die Weitergabe der Daten von Personen unter 16 Jahren sollte untersagt oder stark eingeschränkt werden. Es ist fraglich, ob Minderjährige bis 14 Jahre oder sogar zwischen 14 und 16 Jahren tatsächlich eine wirksame Einwilligung geben können und einsichtsfähig sind, besonders weil die Auswirkungen eines Vertrages mit den sozialen Netzwerken oder anderen Internet-Plattformen nicht überschaubar sind.[843] Überdies werden die Daten über die Minderjährigen und deren Bilder, unabhängig vom Alter, von anderen Nutzer auf Facebook veröffentlicht und zur Verfügung gestellt und von Facebook gesammelt, gespeichert und (weiter)verwendet. Dies beschränkt die Möglichkeit des Schutzes der Minderjährigen und es gibt auch keine klare Angaben, wie Facebook die Daten verwendet. Jene Bilder könnten sogar zum Testen und für die Entwicklung der künstlicher Intelligenz benutzt werden[844] und weder die Minderjährigen noch deren Erziehungsberechtigte würden das mitbekommen.

IV. Notice-and-Take-Down

Wegen des rechtsverletzendes Materials wäre die Überprüfung der Inhalte vor dem Hochladen auf Internetplattformen erforderlich. Der Zeitraum von 72 Stunden, den Facebook vorgibt zu benötigen, um rechtsverletzende Inhalte nach Meldung durch einen Nutzer zu überprüfen, ist in Anbetracht der Tatsache, dass das fragliche Material innerhalb weniger Minuten mehrmals gespeichert oder weiterverbreitet und somit zahlreichen weiteren Nutzer zugänglich gemacht werden kann, unangemessen. Nach der Meldung sollte der Inhalt sofort gesperrt werden und erst danach sollte entschieden werden, ob dieser tatsächlich rechtsverletzend war oder nicht. Eine externe, unabhängige Beratungskommission aus juristischen und technischen Sachverständigen könnte die Meldung beurteilen und eine Entscheidung

---

843 Vgl. *Spindler/Schuster/Spindler/Nink*, BDSG §4a Rn. 4; siehe auch *Arlt*, MMR 2007, 683 (684); allgemein zu der datenschutzrechtlichen Einwilligung im Internet in *Schaar*, MMR 2001, 644 (644ff.).

844 Facebook verfügt über 500 Millionen Bilder seiner Nutzer. Eine neue Plattform „Facebook Kids" würde Minderjährigen im Alter zwischen 6 und 13 Jahren ermöglichen, das soziale Netzwerk zu benutzen. Siehe einen Artikel dazu, abrufbar unter: https://mashable.com/article/children-facebook-baby-photos-privacy-risk/?europe=true.

treffen. Ein solches Gremium könnte auch auf Landes-, Europa- oder auf internationaler Ebene eingeführt werden.[845]

Das Notice-and-Take-Down-Prinzip beinhaltet die Meldung (notice) des Betreibers über die rechtswidrige Handlung oder über den rechtsverletzenden Inhalt und die Entfernung oder das Sperren (take-down) des rechtsverletzten Materials.[846] Der BGH hat diese Art der Konsultations- oder Notice-and-Take-Down-Verfahren 2011 entwickelt.[847] Der Betreiber haftet für den Dritten dann nicht, wenn er die rechtswidrigen Inhalte entfernt, nachdem er darauf hingewiesen wurde.[848]

Der Betreiber könnte eine automatische, präventive Kontrolle einführen, um den Inhalt vor der Veröffentlichung zu filtern, wie es Google im Mai 2008 zur Identifizierung von angebotenen, urheberrechtlich geschützten Inhalten anhand der YouTube Content ID gemacht hat.[849] Unter Einsatz verschiedener Algorithmen und mit Hilfe eines Ausschusses aus mindestens zwei fachqualifizierten Mitarbeitern mit juristischen Kenntnissen könnte geprüft werden, ob die blockierten Inhalte tatsächlich verletzend sind. Dennoch ist die Gefahr des Overblockings groß, wenn der Dienstanbieter im Zweifelsfall eine beanstandete Internetseite aus dem Suchindex löscht, um weitere Auseinandersetzungen zu vermeiden und sich nicht haftbar zu machen, wenn er nicht unverzüglich die Internetseite löscht oder

845 Vgl. dazu den Experten-Beirat von Google, deren Mitglieder die Anfragen bezüglich des Rechts auf Vergessenwerden und des Rechts der Öffentlichkeit auf Information abwägen, um die Anforderungen des Urteils des EuGH von Mai 2014 zu erfüllen. Info über den Experten-Beirat und die Ergebnisse seiner Sitzungen, abrufbar unter: https://www.google.com/intl/de/advisorycouncil/; siehe auch den Beitrag zum Vorschlag eines niederländischen Internetdienstanbieters, eine Beratungskommission für die verschiedenen Rechtsverletzungen einzuführen in *Verheijden*, Rechtsverletzungen auf Youtube und Facebook, S. 331 f..

846 Dieses Verfahren wird in Bezug auf die Störerhaftung benutzt. Siehe dazu *Rücker*, CR 2005, 347 ff.; *Hetmank*, Internetrecht, S. 189 f.; in Bezug auf den sozialen Netzwerken siehe auch *Redeker*, IT-Recht, Rn. 1289.

847 BGH, Urt. des VI. Zivilsenats v. 25.10.2011 - VI ZR 93/10 - Blog-Eintrag, Rn. 27.

848 Siehe dazu in der deutschen Rechtsprechung: OLG Hamburg, ITRB 2011, 73; aber auch Urteile zur Vorsorge, um solche Verletzungen zu vermeiden in BGH, Urt. v. 11.3.2004 - I ZR 304/01 - Internetversteigerung I; BGH, Urt. v. 19.4.2007 - I ZR 35/04 - Internetversteigerung II; BGH, Urt. v. 30.4.2008 - I ZR 73/05 - Internet-Versteigerung III; BGH, Urt. v. 17.8.2011 - I ZR 57/09 - Stiftparfüm, Rn. 21; BGH, Urt. v. 12.7.2012 - I ZR 18/11 – Alone in the Dark; BGH, Urt. v. 15.8.2013 - I ZR 80/12 - File-Hosting-Dienst, Rn. 30; BGH, Urt. v. 16.5.2013 - I ZR 216/11 - Kinderhochstühle II, Rn. 34; ähnlich auch EuGH, Urt. v. 12.7.2011 - C-324/09 - L'Oréal/eBay, Rn. 144.

849 Siehe zum Einsatz von Filtersoftware in *Verheijden*, Rechtsverletzungen auf Youtube und Facebook, S. 304 f..

sperrt.[850] Dennoch wäre die Zensur der verschiedenen Meinungsäußerungen auch ein großes Problem, wenn der Betreiber direkt den Beitrag sperren würde.

V. Moderne angepasste Ausbildung

Jeder rumänische Jura-Student sollte auch die Möglichkeit haben, Vorlesungen zum Internet- und Datenschutzrecht oder ein Masterprogramm mit der Spezialisierung IT-Recht zu besuchen. Auch Berufstätigen sollte ermöglicht werden, einen Master oder eine Weiterbildung in diesem Bereich zu absolvieren.

Rumänien hat viele sehr gute Informatiker, deswegen sollte auch ein Ausbildungsgang eingerichtet werden, um Interessenten eine Spezialisierung im Datenschutz anzubieten. Nicht nur Informatiker, sondern auch Juristen könnten Experten im Datenschutzbereich werden. Vielleicht wäre es übertrieben zu behaupten, dass Rumänien das Silicon Valley Europas werden könnte, aber die wachsende Zahl der internationalen IT-Unternehmen und IT-Startups sind ein Zeichen dafür, dass es sich lohnen würde, in einen digital vernetzten Weltmarkt zu investieren, sowohl von Seiten der rumänischen Behörden, als auch von Seiten rumänischer oder internationaler Geldgeber.

Deutschland ist ein Vorbild für die Organisation der juristischen Ausbildung und schon vor Jahren wurden die Fächer Informations- und Datenschutzrecht in das Studienangebot aufgenommen. Es wäre noch sinnvoller, Fächer wie „Data Protection Law" auf Englisch für die Bachelor- und Masterstudierenden sowohl bei den deutschen als auch bei den rumänischen Rechtswissenschaftlichen Fakultäten anzubieten, besonders seitdem im aktuellen Kontext die gesetzlichen Regelungen der DS-GVO in allen EU-Mitgliedstaaten einheitlich angewendet werden. Englisch könnte dadurch die gemeinsame Sprache für die Vertragspartner aus allen EU-Mitgliedstaaten sein und so könnten die Spezialisten mit der englischen Rechtsterminologie vertraut sein. Denn viele EU-Rechtsakte werden in englischer Sprache ausgearbeitet, ausgehandelt und abgestimmt. Wenn ein Rechtsanswender wegen der Übersetzung eines Rechtsaktes in die Muttersprache im Zweifel ist und eine falsche Auslegung eines Begriffes vermeiden möchte, kann er direkt im originalen Text die Bedeutung überprüfen.[851] Außerdem können Kenntnisse der Fremdsprachen die Erfolgschancen im Berufsleben steigern.

Der Wissenschaftliche Dienst des Deutschen Bundestags könnte ein Vorbild für Rumänien sein, indem Empfehlungen von Juristen mit Erfahrung aus der Praxis und der Wissenschaft zur Beratung des rumänischen Parlaments bei

---

850 BGH, Urt. v. 27.2.2018 - VI ZR 489/16, Rn. 35.

851 Dies wurde auch vom ehemaligen Abgeordneten des Europäischen Parlaments Jan Philipp Albrecht im Rahmen eines Vortrages unter dem Titel „Das „Europa des gemeinsamen Datenschutzes" – Sicherheit der Daten im digitalisierten Zeitalter" am 8.6.16 an der Universität des Saarlandes empfohlen. Dieser Ratschlag wurde in Bezug auf die DS-GVO gegeben.

herausfordernden Fragen mit einbezogen werden. Wichtig wäre, dass die Wissenschaftler profunde Kenntnisse der Rechtsprechung des EuGH und EGMR haben, um eine effektive beratende Funktion ausüben zu können. Da das juristische Ausbildungssystem in Rumänien allerdings nur im letzen Studienjahr eine Vorlesung zur Rechtsprechung des EGMR und nur ein Jahr lang Vorlesungen in Europarecht enthält, zeigt sich ein Defizit an solchen Kenntnissen zur Verstärkung des *acquis communitaire* und der Umsetzung der europäischen Urteile.

B. Ansprüche des Betroffenen

Die Leistungen der neuen Medien eröffnen nicht nur technische Möglichkeiten, sondern auch einen neuen Modus Operandi der Prosumenten für Rechtsverletzungen im Internet. Eingriffe in das allgemeine Persönlichkeitsrecht können durch Dritte vorgenommen werden, indem verletzende Nutzerkommentare in Meinungsforen veröffentlicht wurden,[852] persönlichkeitsrechtswidrige Suchwortergänzungsvorschläge erschienen sind[853] oder Hyperlinks in den Suchergebnissen bei Eingabe von Personennamen in den Suchmaschinen angezeigt wurden.[854]

Die Rechtsordnung gewährleistet dem Einzelnen zahlreiche Rechtsschutzmöglichkeiten, wenn im Internet durch eine Veröffentlichung, einen Beitrag, ein Bild oder einen Kommentar die Persönlichkeitsrechte berührt oder verletzt werden.[855] Bei einer Persönlichkeitsverletzung kann der Einzelne geschützt werden, indem die Situation im Einzelfall betrachtet wird und die Interessen und Grundrechte abgewogen werden. Der Einzelne hat die Möglichkeit, zivilrechtlich, aber im Fall von bestimmten Ausprägungen des Persönlichkeitsrechts auch strafrechtlich vorzugehen. Es ist Aufgabe der Streitparteien, die Sachverhalte zu schildern. Da bei einem Geldentschädigungsanspruch das Gewicht der Persönlichkeitsverletzung im Internet die Höhe der Entschädigung bestimmen kann, ist es notwendig festzustellen, welche und wie viele Nutzer den verletzenden Inhalt angeklickt haben.[856]

Die häufigsten Persönlichkeitsverletzungen im Internet bestehen aus negativen Äußerungen. Meinungs- und Informationsfreiheit stehen häufig im Spannungsfeld und es ist erforderlich, eine Abwägung der beiden geschützten Rechte vorzunehmen und zu analysieren, ob ihre Einschränkungen rechtmäßig und verhältnismäßig sind. Laut BGH muss eine solche Abwägung auch auf die Zulässigkeit der Speicherung und Übermittlung der personenbezogenen Daten verweisen.[857] Wenn

852 EGMR, Urt. v. 10.10.2013 - 64569/09 - Delfi AS/Estland, NLMR 5/2013-EGMR; BGH, Urt. v. 27.3.2007 - VI ZR 101/06; LG Köln, Urt. v. 26.11.2003 - 28 O 706/02.

853 BGH, Urt. v. 14.05.2013 - VI ZR 269/12 - Autocomplete Funktion.

854 EuGH, Urt. v. 13.5.2014 - C-131/12 - Google Spain/Google.

855 Ausführlich über die zivilrechtlichen Rechtsfolgen des Betroffenen in *v. Hütten,* in: Götting/Schertz/Seitz, Handbuch des Persönlichkeitsrechts, § 47 ff..

856 Vgl. *Seitz,* in: Hoeren/Sieber/Holznagel, Multimedia-Recht-HdB, Teil 8, Rn. 17.

857 BGH, Urt. v. 23.6.2009 - VI ZR 196/08 - Spickmich, Rn. 43.

Unternehmen wie Facebook eine solche Gesamtabwägung vornehmen und eine Fehlentscheidung treffen, macht sich der Dienstanbieter dafür haftbar. Heutzutage stellt sich die Frage, ob der Host-Provider tatsächlich die Rolle einer unabhängigen Instanz übernehmen und über die Gesamtabwägung der kollidierenden Rechte entscheiden sollte.

I. Verantwortlichkeit von Providern, Intermediären und Plattformbetreibern

Jeder[858] ist, sei es als natürliche oder juristische Person, als Inhaber von Persönlichkeitsrechten legitimiert, gegen denjenigen, der eine Rechtsverletzung begangen hat oder droht zu begehen[859], sei es alleine oder als Mittäter, Anstifter, Gehilfe nach § 830 BGB oder juristische Person, Ansprüche zu haben. Auch Provider, Intermediäre und Plattformbetreiber können für Persönlichkeitsverletzungen haften.

Im deutschen Recht gibt es für die Haftung des Content-Providers, der eigene oder zu eigen gemachte Informationen zur Nutzung bereithält, gem. § 7 TMG, für Persönlichkeitsverletzungen im Internet verschiedenen Grundlagen, festgelegt nach den allgemeinen Gesetzen. Ein Beschädigter kann einen deliktischen Anspruch auf Schadenersatz nach § 823 BGB oder einen Anspruch auf Beseitigung und Unterlassung nach § 1004 BGB analog gegen den Content-Provider als Störer geltend machen.[860]

Wenn der Rechtsverletzer nicht identifiziert werden kann, können Hostprovider, Plattformbetreiber und andere Intermediäre, wie soziale Netzwerke, Suchmaschinen, Videoportale oder Fotoplattformen, für die Mitverursachung der Rechtsbeeinträchtigung als Störer auf Unterlassung und Beseitigung verantwortlich im Rahmen der Störerhaftung sein.[861] Auch ein mittelbarer Störer kann haften, obwohl er selbst nicht eine Rechtsverletzung absoluter Rechte begangen hat, aber trotzdem in irgendeiner Weise willentlich und adäquat kausal dazu beigetragen hat.[862] Es gibt keine einheitliche Ansicht des BGH zum Begriff „Störer",[863] aber

858 Zur Aktivlegitimation siehe ausführlich *Ziegenaus,* in: Bräutigam/Rücker, E-Commerce, 2. Teil, D. Rn. 2ff..

859 Zur Passivlegitimation eines Rechtsverletzers siehe ausführlich *Ziegenaus,* in: Bräutigam/Rücker, E-Commerce, 2. Teil, D. Rn. 3f..

860 *Gounalakis* in Götting/Schertz/Seitz, Handbuch des Persönlichkeitsrechts, § 24, Rn. 174.

861 Dazu siehe *Sören,* Störerhaftung im Immaterialgüter und Persönlichkeitsrecht, S. 73 ff.; *Hoeren,* Internetrecht, S. 552 ff.; *Eifert,* NJW 2017, 1450 (1450 ff.); *Hetmank,* Internetrecht, S. 179ff..

862 *Ziegenaus,* in: Bräutigam/Rücker, E-Commerce, 2. Teil, D. Rn. 6.

863 Der IV. Zivilsenat des BGH wendet einen weiten Störerbegriff an im Vergleich zu dem I. Zivilsenat. Allgemein zum Störerbegriff anhand der Urteile des BGH v.

nach dem allgemeinen Zivilrecht werden für den Störerbegriff entweder § 1004 BGB oder der Täter-/Verletzerbegriff nach §§ 823 ff., 830, 840 BGB als Anspruchsgrundlagen verwendet.[864] Bei den Persönlichkeitsverletzungen wird der Störer ab Kenntnis der möglichen Rechtsverletzungen haften.[865] Laut BGH werden nach einer objektiven Gesamtbetrachtung alle Umstände berücksichtigt, wenn sich ein Provider, Plattformbetreiber oder Intermediär Inhalte zu eigen macht.[866]

Der Betroffene einer rechtsverletzenden Internetäußerung kann zivilrechtliche Ansprüche auf Unterlassung, Auskunft, auf Schadenersatz, also Ersatz des materiellen und immateriellen Schadens, und Bereicherung nach dem deutschen Recht haben.[867] Die Schädigungen können zu einem Schmerzensgeldanspruch gem. § 253 Abs. 2 BGB wegen Verletzung des Körpers, der Gesundheit, der Freiheit und der sexuellen Selbstbestimmung oder zu einem Geldentschädigungsanspruch wegen Verletzung des Persönlichkeitsrechts berechtigen.[868]

Wenn die Einstellungen eines rechtsverletzenden Inhalts gegen ein Schutzgesetz verstößt, hat der Verletzte im deutschen Recht einen Anspruch aus § 823 Abs. 2 BGB. Normen des StGB und Datenschutzregelungen können als Schutzgesetze betrachtet werden, d.h. dies betrifft alle Rechtsnormen, welche nach ihrem Zweck und Inhalt dazu bestimmt sind, den Einzelnen oder einzelne Personenkreise gegen die Verletzung eines bestimmten Rechtsguts i.S.v. § 823 Abs. 2 BGB zu schützen[869]. Die Haftung des Täters nach § 823 Abs. 2 BGB i.V.m. den Bestimmungen des BDSG kommt im Falle eines Verstoßes gegen das BDSG in Betracht.

1. *Cod Civil*

Die Verfasser des neuen Cod Civil haben in der Begründung darauf hingewiesen, dass ein Zivilgesetzbuch das Sozialsystem eines Staates spiegelt. Deswegen bieten die Vorschriften dem Individuum Prinzipien, um das Leben unter allen Aspekten, nämlich spirituell, finanziell, biologisch und besonders sozial, mit sich selbst und

19.3.2015 - I ZR 94/13 - Hotelbewertungsportal und BGH v. 14.5.2013 - IV ZR 269/12 - Google Autocomplete, siehe *Krüger*, ZUM 2016, 335 ff..

864 *Seitz,* in: Hoeren/Sieber/Holznagel, Multimedia-Recht, Teil 8, D. I. Rn. 49.

865 *Gounalakis,* in: Götting/Schertz/Seitz, Handbuch des Persönlichkeitsrechts, § 24, Rn. 187; kritisch dazu *Härting*, CR 2013, 443 ff..

866 BGH, Urteil v. 12.11.2009 - I ZR 166/07 - Marions-Kochbuch.de. Der Betreiber des Internet-Portals Marions-Kochbuch.de musste für die Veröffentlichung der Rezepte nach den allgemeinen Vorschriften haften, wenn er vor der Veröffentlichung oder vor der Freischaltung überprüft hat, ob die Rezepte vollständig und richtig waren und damit hat er sich die Inhalte zu eigen gemacht.

867 Vgl. *Ziegenaus,* in: Bräutigam/Rücker, E-Commerce, 2. Teil, D. Rn. 1.

868 *Seitz,* in: Hoeren/Sieber/Holznagel, Multimedia-Recht-HdB, Teil 8, D. I. Rn. 48.

869 *Sprau,* in: Palandt, BGB § 823 Rn. 57.

mit anderen zu normieren.[870] Deswegen sind effektive und effiziente Rechtsschutzmöglichkeiten im Falle einer Verletzung notwendig, um die interpersonellen Verhältnisse wiederherzustellen und dem Einzelnen die Möglichkeit zu geben, sein Leben weiterzuentwickeln. Im rumänischen Recht war die Theorie der Persönlichkeitsrechte Ergebnis der Lehre zur komplexen Realität, die in der Rechtsprechung ausgelegt wurde.[871] In der rumänischen Rechtsordnung kam allerdings dies später als in Deutschland, dafür hat der Gesetzgeber aber eine ausdrückliche Rechtslage bestimmt.

Im rumänischen Recht werden die Möglichkeiten zum Schutz der Persönlichkeitsrechte der natürlichen Person ausdrücklich geregelt in den Artt. 252 - 254 des Cod Civil. Art. 252 Cod Civil ist die generelle Norm, in der die Werte des Menschen aufgelistet werden, deren Schutz gewährleistet wird. Art. 253 Abs. 1 Cod Civil sieht die folgenden Schutzmöglichkeiten einer natürlichen Person bei Verletzung oder Bedrohung der Nichtvermögensrechte vor: das Verbot der unzulässigen Handlung bei einer unmittelbaren Gefahr, die Beendigung und das Verbot der Verletzung sowie die Feststellung der unzulässigen Handlung, wenn sie noch andauert. Dennoch bestimmt Art. 253 Abs. 2 Cod Civil auch den Schutz der Ausübung des Rechts auf Meinungsäußerung. Art. 253 Abs. 3 Cod Civil gewährt dem Richter einen Entscheidungsspielraum, ob der Verletzer zu einer anderen Maßnahme zur Wiedergutmachung der verletzen Rechte verurteilt werden sollte. Diese sind die Veröffentlichung des Urteils auf eigenen Kosten oder sonstige erforderliche Maßnahmen zur Beendigung der unzulässigen Handlung oder der Ersatz des verursachten Schadens. Der Gesetzgeber gewährt sowohl den Ersatz des materiellen, als auch des immateriellen Schadens unter der Bedingung, dass die Rechtsverletzung dem Schädigenden zuzurechnen ist, laut Art. 253 Abs. 4 Cod Civil. Art. 254 Cod Civil verankert den Schutz des Namensrechts zur Anerkennung und das Verbot der Verletzung. Sogar der Möglichkeit, ein Pseudonym zu benutzen, wird der gleiche Schutz wie dem Namensrecht gewährleistet, gem. Art. 254 Abs. 3 Cod Civil.

2. *Netzwerkdurchsetzungsgesetz*

In Deutschland soll das Netzwerkdurchsetzungsgesetz[872] (NetzDG) eine schnellere und effektivere Erledigung der Beschwerden von Nutzerinnen und Nutzern über Hasskriminalität und strafbare Inhalte, Cybermobbing oder Shitstorms über die sozialen Netzwerke gesetzlich verankern. Der Anbieter eines sozialen Netzwerks muss bei einer Beschwerde unverzüglich prüfen, ob der in der Beschwerde gemeldete Inhalt rechtswidrig ist und wenn dies der Fall ist, dann muss der Inhalt

870 Begründung zum neuen Cod Civil, Pkt. 1.1, abrufbar unter: http://www.cdep.ro/proiecte/2009/300/00/5/em305.pdf.

871 Vgl. dazu *Chelaru*, in: Baias/Chelaru/Constantinovici/Macovei, Noul Cod Civil, 2012, S. 62, Rn. 1.

872 NetzDG, v. 1.9.2017, BGBl. 2017 I S. 3352; in Kraft seit dem 1.1.2018.

entfernt oder der Zugang zu dem Inhalt gesperrt werden, gem. § 3 Abs. 2 Satz 1 Nr. 1 NetzDG. Das NetzDG[873], die rechtliche Lösung zur Verbesserung der Rechtsdurchsetzung in sozialen Netzwerken könnte einen tiefgreifenden Einfluss auf den Persönlichkeitsschutz im Internet haben.[874]

Der Nutzer ist derjenige, der aktiv handeln und zur Entfernung oder Sperrung rechtswidriger Inhalte eine Beschwerde beim Anbieter einlegen muss. Erst danach kann laut § 3 Abs. 1 Satz 1 NetzDG „ein wirksames und transparentes Verfahren" erfolgen, d.h. dass der Anbieter „ein leicht erkennbares, unmittelbar erreichbares und ständig verfügbares Verfahren zur Übermittlung von Beschwerden über rechtswidrige Inhalte zur Verfügung stellen" sollte.

In § 3 Abs. 2 NetzDG werden die Vorgaben für ein wirksames Verfahren einer Beschwerde ausgestaltet: eine unverzügliche Prüfung (Nr. 1) und die Entfernung oder Sperrung des Zugangs zu einem offensichtlich rechtswidrigen Inhalt innerhalb von 24 Stunden. Die Strafverfolgungsbehörde soll auch involviert werden und einen längeren Zeitrahmen für die Prüfung der Beschwerde mit dem Anbieter vereinbaren (Nr. 2). Grundsätzlich kann die Prüfung eines verletzenden und vermuteten rechtswidrigen Inhalts innerhalb von sieben Tagen erfolgen, nach Nr. 3a und b NetzDG.

Wenn die Maßnahmen des NetzDG nicht oder nur teilweise durchgeführt oder eingehalten werden, gibt es Bußgeldvorschriften in § 4 NetzDG, die deren Einhaltung sichern und dem Opfer der Persönlichkeitsverletzungen im Internet die Möglichkeit gewährleistet, Ansprüche zu erheben.

a) Compliance-Regeln

Die Vorschriften führen für die Anbieter der sozialen Netzwerke weitreichende gesetzliche Compliance-Regeln ein: eine gesetzliche Berichtspflicht über den Umgang mit Beschwerden zur Hasskriminalität und zu anderen rechtswidrigen Inhalten (§ 2 NetzDG); ein wirksames Beschwerdemanagement (§ 3 NetzDG); bei Verstößen gegen die Pflichten droht ein Bußgeld in Höhe von bis zu fünf Millionen Euro (§ 4 NetzDG); die Benennung eines inländischen Zustellungsbevollmächtigten (§ 5 NetzDG); die Erteilung von Bestandsdaten von Verletzern durch die Dienstanbieter an die Opfer von Persönlichkeitsverletzungen im Netz (§ 14 Abs. 3 bis 5 TMG).[875]

---

873 Gesetzentwurf der Fraktionen der CDU/CSU und SPD, Drucksache 18/12356 v. 16.5.2017.

874 Vgl. dazu *Seitz,* in: Hoeren/Sieber/Holznagel, Multimedia-Recht-HdB, Rn. 1.

875 Vgl. BT-Drs. 18/12356, S. 2, B. Lösung; *Seitz,* in: Hoeren/Sieber/Holznagel, Multimedia-Recht-HdB, Rn. 1c.

b) Anwendungsbereich

Das Gesetz richtet sich ausschließlich an Betreiber der sozialen Netzwerke. § 1 Satz 1 NetzDG enthält eine legale Definition der sozialen Netzwerke, nämlich als die Telemediendienstanbieter, die mit Gewinnerziehlungsabsicht Plattformen im Internet betreiben, so dass Nutzer beliebige Inhalte teilen oder der Öffentlichkeit zugänglich machen können. In den folgenden zwei Sätzen des § 1 Abs. 1 NetzDG werden Betreiber von Plattformen mit journalistisch-redaktionell gestalteten Angeboten oder solchen zur Verbreitung spezifischer Inhalte von der Anwendung der Bestimmungen des Gesetzes ausgeschlossen. Deswegen gilt das NetzDG nicht für die beruflichen Netzwerke, Fachportale, E-Mail- oder Messengerdienste.[876]

Der Anwendungsbereich des NetzDG wird in § 1 Abs. 3 NetzDG auf bestimmte Straftaten beschränkt, die die Straftatbestände erfüllen und keine Rechtfertigungsgründe enthalten. Besonders relevant für den Persönlichkeitsschutz im Internet sind die strafrechtlichen Bestimmungen zu Beleidigung (§ 185 StGB), übler Nachrede (§ 186 StGB), Verleumdung (§ 187 StGB) und Verletzung des höchstpersönlichen Lebensbereichs durch Bildaufnahmen (§ 201a StGB).[877] Die Schadenersatzpflicht trifft die Verletzer, die gegen den Schutz der oben genannten strafrechtlichen Bestimmungen verstoßen, gem. § 823 Abs. 2 BGB.

Art. 2 NetzDG zur Änderung des TMG sieht in der Ergänzung des § 14 mit drei Absätzen (3 bis 5) vor, dass die Dienstanbieter berechtigt sind, Auskunft über die Bestandsdaten der Täter zu geben. Diese Vorschrift war vor dem Inkrafttreten dieses Gesetzes dafür gedacht, dass sie zu einer erleichterten Durchsetzung zivilrechtlicher Ansprüche führen sollte, da der Zugang zu den Bestandsdaten der Verletzer sehr schwierig war. Ob dies tatsächlich in der Praxis geschieht, muss noch beobachtet werden.

c) Kritik

Das NetzDG wird in der deutschen Literatur stark kritisiert.[878] Die Argumente beziehen sich auf die Gefährdung der Meinungsfreiheit wegen einer faktischen Zensur durch Private, die Betreiber der sozialen Netzwerke. Die Vertreter sozialer Netzwerke müssen als private Richter handeln, weil sie Entscheidungsträger zu den Inhalten sind, die auf ihren Diensten veröffentlicht werden dürfen.

876 NetzDG-Bußgeldleitlinien Leitlinien zur Festsetzung von Geldbußen im Bereich des Netzwerkdurchsetzungsgesetzes (NetzDG) v. 22.3.2018, S. 3 f..

877 Auch Volksverhetzung (§ 130 StGB) ist Teil des Anwendungsbereichs des § 1 NetzDG.

878 *Gounalakis,* in: Götting/Schertz/Seitz, Handbuch des Persönlichkeitsrechts, § 24, Rn. 209 ff.; *Gounalakis,* Oberhessische Presse (OP) v. 28.6.2017, S. 13; *Spindler,* K&R 2017, 533 (533 ff.).

Auch wenn die Betreiber sozialer Netzwerke kooperieren und die Daten eines Rechtsverletzers herausgeben würden, sogar seine IP-Adresse, gibt dies leider immer noch nicht die Sicherheit, dass der Rechtsverletzer identifiziert werden kann.[879] Dies beweist, dass die technischen Möglichkeiten zur Identifizierung eines Verletzers existieren.

Allerdings darf das soziale Netzwerk nicht zusätzliche personenbezogene Daten sammeln, um die natürliche Person zu identifizieren, aber es kann zusätzliche Informationen von der betroffenen Person annehmen, um die digitalen Spuren der Verletzer zu finden.[880] Eine Person kann im Internet durch andere Kennzeichen als den Namen „singularisiert" werden. Durch die Analyse des Verhaltens des Geräts und seines Nutzers und mithilfe sozio-ökonomischer, psychologischer, philosophischer oder anderer Aspekte lässt sich problemlos die Identität der betroffenen Person einordnen.[881] Diese Situation beweist, dass ein Auskunftsanspruch sinnvoller als eine Sperr- oder Entfernungsanforderung wäre, wenn die Anonymität eines Rechtsverletzers aufgedeckt werden soll. Bei der Auslösung eines Konfliktes zwischen dem Persönlichkeitsschutz und der Meinungsfreiheit wäre das erste Ziel, eine Lösung für den Rechtsverletzer und den Geschädigten zu finden. Erst danach sollten die Verpflichtungen im Rahmen der Störerhaftung eingesetzt werden.[882]

Art. 2 Abs. 2 Nr. 8 NetzDG sieht einen Zeitrahmen von 24 oder 48 Stunden, von einer Woche oder einen noch größeren Zeitrahmen vor, während dessen das soziale Netzwerk nach dem Beschwerdeeingang den (rechtswidrigen) Inhalt löschen oder sperren kann. Das NetzDG ist die Inspirationsquelle für das französische Gesetz zur Hassrede. Dies enthält auch eine ähnliche Vorschrift: Art. 6-2-I Gesetz Nr. 310[883] zur Pflicht der Internetdienstanbieter zur Löschung und Sperrung

879 Im ErwG. 30 der DS-GVO wird darauf hingewiesen, dass die Online-Kennungen, wie IP-Adressen und Cookie-Kennungen, Spuren hinterlassen und dies zusammen mit anderen eindeutigen Kennungen oder anderen vom Server gesammelten Informationen zur Identifizierung des Einzelnen verwendet werden kann.

880 Es wird auch darauf hingewiesen, dass die digitale Identifizierung einer betroffenen Person, wie z.B. durch Authentifizierungsverfahren, dieselben Berechtigungsnachweise wie die betroffene Person benutzen sollten. Vgl. dazu den ErwG. 57 der DS-GVO.

881 Vgl. dazu die Stellungnahme 4/2007 zum Begriff „personenbezogenen Daten", von Artikel-29-Datenschutzgruppe, WP 136 v. 20.6.2007, S. 16.

882 *Gounalakis,* in: Götting/Schertz/Seitz, Handbuch des Persönlichkeitsrechts, § 24, Rn. 213.

883 Das Gesetz Nr. 310 der Assemblée Nationale v. 9.7.2019 zur Hassrede im Internet wird auch „Avia" genannt, benannt nach der französischen Abgeordnete Laetitia Avia, Berichterstatterin für den Gesetzesvorschlag. Das Gesetz wird vom Article 19, EDRI, Reporter ohne Grenzen und von den Gewerkschaften der Journalisten stark kritisiert.

der offensichtlich rechtswidrigen Inhalte innerhalb 24 Stunden ab dem Erhalt der Beschwerde. Die kurze Zeitspanne für eine angemessene Abwägung durch die Dienstanbieter statt durch eine staatliche Behörde oder ein Gericht ist einer der Kritikpunkte an den deutschen und französischen Gesetzen, besonders wegen der Gefahr für die Meinungsfreiheit oder der Gefahr einer generellen Überwachung. Dies kann jedoch durch eine Beeinträchtigung des Wohlbefindens der Betroffenen begründet werden.

Darüber hinaus gibt Art. 1 II. 1° des französischen Gesetzes zur Hassrede dem Betroffenen die Möglichkeit, seinen Beschwerdeantrag zu begründen und zu erklären, warum der rechtswidrige Inhalt gelöscht oder gesperrt werden sollte. Dies gilt als Fortschritt im Vergleich zu den deutschen Vorschriften dadurch, dass den Betroffenen ein faires Verfahren gewährleistet werden kann.

II. Besonderheiten der Ansprüche im deutschen Recht

Sowohl staatliche Institutionen als auch Private können Beeinträchtigungen der Persönlichkeitsrechte verursachen. Die Unterlassungs- und Folgenbeseitigungsansprüche bieten den Betroffenen die Möglichkeit, gegen die Beeinträchtigungen der staatlichen Institutionen vorzugehen.[884]

Die Verletzungen der Persönlichkeitsrechte durch die Privaten sind aber in den meisten Fällen überwiegend.[885] Vielleicht stehen deswegen auch mehrere Schutzmechanismen zur Verfügung. Für den Betroffenen bestehen je nach Art und Schwere der Verletzung des Persönlichkeitsrechts im Internet folgende zivilrechtliche Ansprüche: Gegendarstellung, beziehungsweise Berichtigung, gem. § 1004 BGB, und Beseitigung, Widerruf und Richtigstellung, Auskunft, Schadenersatz, gem. § 823 Abs. 1 BGB i.V.m. dem allgemeinen Persönlichkeitsrecht als „sonstiges Recht", und Geldentschädigung.[886]

1. *Gegendarstellung*

In Deutschland gibt es eine Vielfalt von gesetzlichen Regelungen der Gegendarstellung, weil die Gesetzgebungsbefugnis im Bereich der Presse den Landesgesetzgebern obliegt.[887] Der Bund hätte nach Art. 75 Abs. 1 Nr. 2 GG ein

884 Siehe näher dazu die Grundlagen, Voraussetzungen und die prozessuale Geltendmachung in *Mauer,* Allgemeines Verwaltungsrecht, 2011, § 30.

885 *Müller-Terpitz,* in: Hornung und Müller-Terpitz (Hrsg.), Rechtshandbuch Social Media, S. 173, Rn. 27.

886 Siehe zu den Voraussetzungen dieser Ansprüche auch *Fechner,* Medienrecht, 4. Kap. Rn. 122 ff.; *Söder,* in: Gersdorf/Paal, Informations- und Medienrecht, § 823 Rn. 270 ff..

887 *Kment,* in: Jarass/Pieroth, GG, Art. 74, Rn. 4.

Rahmengesetz erlassen können, aber diese Möglichkeit ist seit dem 1.9.2006 aufgehoben.[888]

Die Gegendarstellung im Internet ist im deutschen Recht nach § 56 Rundfunkstaatsvertrag (RStV) für Telemedien mit journalistisch-redaktionell gestalteten Angeboten seit dem 1.3.2007 geregelt. Es ist offen, ob „der von der Verfassung wegen bestehende Regelungszwang für Gegendarstellungsansprüche auch für den Persönlichkeitsschutz vor Internetäußerungen" gilt.[889] Es gibt allerdings keine wesentlichen Unterschiede zu der Gegendarstellung in Presse und Rundfunk.[890] Der Betroffene wird laut dem Prinzip „audiatur et altera pars" rechtliches Gehör erhalten und der Grundsatz der Waffengleichheit ist gewährleistet.[891]

Gem. § 56 Abs. 1 Satz 1 RStV werden nur Anbieter von Telemedien mit journalistisch-redaktionell gestalteten Angeboten, in denen insbesondere vollständig oder teilweise Inhalte periodischer Druckerzeugnisse in Text oder in Bild wiedergegeben werden, verpflichtet, unverzüglich eine Gegendarstellung der Person oder Stelle, die durch eine Tatsachenbehauptung betroffen wurde, ohne Kosten für den Betroffenen in ihr Angebot ohne zusätzliches Abrufentgelt aufzunehmen.

Der Gegendarstellungsanspruch wird nicht unmittelbar verfassungsrechtlich gewährleistet. Anspruchsberechtigt können jede natürliche Person oder Personenvereinigung und sonstige Personengruppen sowie Behörden und andere Einheiten sein.[892] Der Zweck dieses Anspruchs ist der Schutz der Selbstbestimmung der betroffenen Person über die Darstellung der eigenen Person, die von der verfassungsrechtlichen Garantie des allgemeinen Persönlichkeitsrechts abgedeckt wird. Der Einzelne muss die Möglichkeit haben, seine eigene Darstellung im Medium einer anderen entgegenzustellen.[893]

Auf Internetseiten kann man seit Kurzem anhand sog. „Disclaimer", Texte, nach denen der Äußernde keine Haftung für die Inhalten auf seiner Seite übernehmen will und so versucht, eine Haftung für Äußerungen im Internet auszuschließen, im Impressum platzieren.[894] Das kann der Fall bei Förderungen durch die Europäische

888 Gesetz zur Änderung des Grundgesetzes v. 28.8.2006, BGBl. I S. 2034. Siehe dazu *Jarass/Kment,* in: Jarass/Pieroth, GG, Art. 75, Rn. 1.

889 Siehe dazu *Seitz*, Gegendarstellungsanspruch, 1. Kap. Rn. 12.

890 Vgl. dazu *Sedelmeier,* in: Löffler, Presserecht, § 11 LPG Rn. 287; den gleichen Sinn, Zweck und grundsätzliches Normgehalt in *Ory*, AfP, 465 (466).

891 *Barton*, MMR 1998, 294 (294); *Koch*, Rechtsschutz durch Gegendarstellung in Deutschland und Frankreich, S. 1 m.w.N.

892 Ausführlicher in Brose/Grau, in BeckOK InfoMedienR 15 Ed. 1.2.2017 BGB § 1004 Rn. 29 ff..

893 Vgl. dazu *Seitz*, Gegendarstellungsanspruch, 1. Kap. Rn 1 ff.; 12. Kap. Rn. 9 f..

894 Ein Disclaimer kann keine Haftung für Äußerungen im Internet ausschließen, sondern sich nur davon distanzieren. Siehe OLG München, Urt. v. 17.5.2002 - 21 U 5569/01 in MMR 2002, 611. Wenn der Text ein Beitrag zum Markt der Meinungen wäre und der Text auch Gegenargumente beinhalten würde, wäre die Haftung

Union sein, z.B. wenn derjenige, der gefördert wird und Inhalte auf seiner Website veröffentlicht, darauf hinweisen will, dass seine Arbeit nicht unbedingt die Ansicht der Europäischen Union darstellt.

Die Veröffentlichung einer Gegendarstellung im Internet hat auch den Vorteil, dass die Inhalte zu geringen Kosten, einfach und technisch erreichbar wie die Ausgangsaussage, verfügbar gemacht werden können.[895] Im Internet wird überwiegend angenommen, dass die Verknüpfung von Erstmitteilung und Gegendarstellung durch Hyperlink ausreichend ist.[896] Der Betroffene kann nach Belieben auch in den sozialen Netzwerken zu Wort kommen und der Medienanbieter kann auf diese Darstellung verlinken, obwohl er keine rechtliche Pflicht dazu hat.[897]

a) Anspruchsvoraussetzungen

Im deutschen Recht müssen dieselben materiellen Voraussetzungen des Gegendarstellungsanspruchs erfüllt werden, unabhängig von den benutzen Medien und Technologien.[898] Die Gegendarstellung soll an presseäquivalente journalistisch-redaktionelle Telemedien nur gegen Tatsachenbehauptungen, nicht gegen Werturteile gerichtet sein, die Betroffenheit einer Person oder Stelle betreffen, bei fehlendem berechtigtem Interesse und bei unangemessenem Umfang ausgeschlossen[899] sein, keine strafbaren Inhalte enthalten und unverzüglich schriftlich erfolgen.

Die Gegendarstellung ist für die Betroffenen kostenlos, aber den Rezipienten sollen derselbe Zugang, ohne ein „zusätzliches Abrufentgelt“, wie für die Erstmitteilung gewährleistet werden, laut § 56 Abs. 1 Satz 1 RStV. Wenn die Erstmitteilung in einer entgeltlichen digitalen Zeitschrift oder als Teil eines Internetauftritts erschienen ist, dann muss die Gegendarstellung in der nächsten Ausgabe oder im nächsten Teil genauso veröffentlicht werden.[900]

---

ausgeschlossen. Siehe dazu *Seitz,* in: Hoeren/Sieber/Holznagel, Multimedia-Recht, Teil 8, III. 5. Rn. 29.

895 *Fiedler,* in: BeckOK InfoMedienR, RStV § 56 Rn. 2.

896 *Ory,* AfP 1998, 465 (468); Rauschhofer, JurPC Web-Dok. 241/2000, Abs. 52.

897 *Fiedler,* in: BeckOK InfoMedienR, RStV § 56 Rn. 3.

898 In der Literatur werden die Voraussetzungen als „medien- und technologieneutral“ betrachtet. Vgl. dazu *Fiedler,* in: BeckOK InfoMedienR, RStV § 56 Rn. 1.

899 Nennenswert ist auch der Ausschluss bei wahrheitsgetreuen Berichten über öffentliche Sitzungen parlamentarischer und gesetzgeberischer Organe (Abs. 4), wenn durch den Bericht ein zutreffendes Bild erzeugt wird, unabhängig von der Tatsache, ob die Äußerungen wahr oder unwahr sind. Siehe dazu mehr in *Fiedler,* in: BeckOK InfoMedienR, RStV § 56 Rn. 26.

900 Siehe dazu mehr in *Fiedler,* in: BeckOK InfoMedienR, RStV § 56 Rn. 27f..

b) Anspruchsverpflichteter

Laut § 56 Abs. 1 Satz 1 RStV kann Anspruchsverpflichteter jeder Anbieter von Telemedien mit journalistisch-redaktionell gestalteten Angeboten sein, in denen insbesondere vollständig oder teilweise Inhalte periodischer Druckerzeugnisse wiedergegeben werden. Im deutschen Recht gibt es eine legale Definition für die Dienstanbieter in § 2 Nr. 1 TMG und sie umfasst die natürlichen und juristischen Personen, die eigene oder fremde Telemedien zur Nutzung bereithalten oder den Zugang zur Nutzung vermitteln. Es wird durch den Begriff des journalistisch-redaktionell gestalteten Angebots § 56 RStV auch auf die elektronische Presse hingewiesen,[901] obwohl diese Vorschrift dies nicht ausdrücklich erwähnt, weil wahrscheinlich dem Gesetzgeber diese Möglichkeit noch unbekannt war. Sowohl die hybriden Publikationen, die gedruckt und digital erscheinen, als auch die rein digitalen periodischen Publikationen werden von der Definition des § 56 Abs. 1 Satz 1 erfasst.[902]

Hinzu kommt, dass auch die Rubriken der Webseiten eines Freiberuflers wie „TopNews für Anleger", „Aktuelles" u.a. in denen über Kapitalmarktanfragen oder die ausgeübte Tätigkeit der verantwortlichen Person berichtet wird, als digitale Presse i.S.d. § 56 Abs. 1 Satz 1 anerkannt werden.[903]

Die passive Legitimation gehört in erster Linie dem Verlag, der in seiner Eigenschaft als Verlag des Druckerzeugnisses nach dem einschlägigen Landespressegesetz oder in seiner Eigenschaft als Dienstanbieter für die Online-Ausgabe auf der Basis des RStV betrachtet werden kann.[904] Die Verantwortung des zuständigen Redakteurs ist dennoch nicht vorgesehen, obwohl sie von manchen Landespressegesetzen genannt wird.[905] Der deutsche Gesetzgeber erfasst in dieser Vorschrift nur die Gegendarstellung gegen die Angebote des Content-Providers und schließt fremde Inhalte von Access- und Hostprovidern aus.[906]

---

901 Ausführlich in *Mann/Smid,* in: Spindler/Schuster, 7. Teil. Presserecht im Internet und „elektronische Presse", Rn. 9ff..

902 Vgl. dazu *Fiedler,* in: BeckOK InfoMedienR, RStV § 56 Rn. 6.

903 Siehe dazu ein Urteil in Bezug auf einen Gegendarstellungsanspruch wegen der Äußerungen auf der Internetseite einer Rechtsanwaltskanzlei: OLG Bremen NJW 2011, 1611 (1612).

904 Auch die Firmen- oder Kanzleiwebseiten können für die Veröffentlichung und Übernahme der Nachrichten aus der Print-Ausgabe in Anspruch genommen werden. Vgl. dazu *Mann,* in: Spindler/Schuster, RStV § 56, Rn. 9.

905 LPG NRW § 11 Abs. 1; LPG Hessen, § 10 Abs. 1; LPG Rheinland-Pfalz, § 11 Abs. 1; Siehe dazu *Mann,* in: Spindler/Schuster, RStV § 56, Rn. 10; *Fiedler,* in: BeckOK InfoMedienR, RStV § 56 Rn. 16.

906 Der Wortlaut „in ihrem Angebot aufgestellten Tatsachenbehauptungen" klärt diese Frage der Verantwortlichkeit. Vgl. dazu *Mann,* in: Spindler/Schuster, RStV § 56, Rn. 14; *Fiedler,* in: BeckOK InfoMedienR, RStV § 56 Rn. 17.

c) Ausschlussgründe

aa) Kein rechtswidriger Eingriff

Das Prinzip „Tatsache gegen Tatsache" bedeutet, dass die Gegendarstellung ausschließlich gegen Tatsachenbehauptungen zulässig ist, nicht aber gegen Meinungsäußerungen. Die deutsche Rechtsprechung hat die Definitionen und Differenzierung zwischen den Tatsachenbehauptungen als „objektive Beziehung zwischen der Äußerung und Realität" und Werturteilen als „subjektive Beziehung des Einzelnen zum Inhalt seiner Aussage" entwickelt.[907] Für Internetäußerungen, beispielsweise auf Facebook, ist von einer Tatsachenbehauptung auszugehen. Wenn es um einen Minderjährigen geht, müssen auch andere Merkmale berücksichtigt werden, nämlich die Breitenwirkung eines beleidigenden Eintrags und die Wirkung auf den Minderjährigen selbst.[908]

Da im deutschen Recht die Rechtswidrigkeit bei Eingriffen in das allgemeine Persönlichkeitsrecht nicht indiziert wird, muss sie positiv begründet werden und dies ist die Rechtsfolge der Ausstrahlung der Kommunikationsrechte in Art. 5 GG.[909] Weder für Tatsachenbehauptungen noch für Meinungsäußerungen oder Werturteile bestehen Besonderheiten im Hinblick auf Internetäußerungen. Für die Beurteilung von Äußerungen spielt in jedem Einzelfall ein Richter eine große Rolle.[910]

bb) Berechtigtes Interesse

Der Ausschlussgrund bei fehlendem berechtigtem Interesse wird in § 56 Abs. 2 Nr. 1 RStV erfasst, wonach eine Gegendarstellung in folgenden Fällen abgelehnt werden kann: wenn die Gegendarstellung offen- oder gerichtskundig falsch oder irreführend ist, wenn eine Richtigstellung oder ein Widerruf schon veröffentlicht wurde oder im Falle von strafbaren und beleidigenden Inhalten.[911]

---

907 Siehe dazu BVerfG NJW 1999, 483 (484); zur Definition der Tatsache vgl. BVerfG 94, 1 (8), NJW 1996, 1529; OLG Bremen NJW 2011, 1611; zur Definition der Meinungen als Ausprägung der Stellungnahme, des Dafürhaltens oder Meinens, vgl. BVerfGE 85, 1 (8), NJW 1996, 1529; zur Überprüfung der Tatsachenbehauptungen mit Mitteln des Beweises BGH NJW 2010, 760 ff.; zur Betrachtung der Äußerungen im Kontext, siehe BVerfG in NJW 2013, 217 (218).

908 Zum ehrverletzenden Facebookeintrag im deutschen Recht siehe BGH, MMR 2016, 847 (m. Anm. v. *T. Koch*) - Asozialer Abschaum.

909 Bei der Verletzung der Rechte aus § 823 Abs. 1 BGB wird die Rechtswidrigkeit indiziert. Zu dieser Problematik ausführlich in *Sprau,* in: Palandt, BGB § 823 Rn. 95.

910 *Seitz,* in: Hoeren/Sieber/Holznagel, Multimedia-Recht-HdB, Teil 8 C III. 2 Rn. 24 ff.

911 Siehe dazu ausführlicher *Brose/Grau,* in: BeckOK InfoMedienR, BGB § 1004 Rn. 34 ff..

cc) *Unangemessener Umfang*

Die Gegendarstellung hat die Erstmitteilung als Maßstab, indem die Antwort auf die konkrete Tatsachenbehauptung beschränkt wird. Es wird bestimmt, dass die Unangemessenheitsklauseln der Pressegesetze als Maßstab für § 56 RStV genommen werden sollten.[912] Obwohl technisch die Möglichkeit besteht, mehr Platz auf einer Internetseite als in der gedruckten Presse zu schaffen, könnten längere Antworten des Betroffenen als ein Eingriff in die Medienfreiheit betrachtet werden.[913]

d) *Form und Frist*

Die digitale, selbstständige Veröffentlichung wird wie ein Buch, ein Essay oder ein Flugblatt als nicht gegendarstellungspflichtig gesehen, weil kein natürliches Recht besteht, denjenigen, der sich über andere äußert, zu einer Gegenäußerung zu verpflichten. Dennoch wird für rechtswidrige Inhalte eine Ausnahme gemacht.[914] Trotzdem stehen dem Betroffenen auch andere juristische Möglichkeiten zur Verfügung, bei einer Klage Schadenersatz oder das Löschen des Beitrages zu verlangen, wenn er im Internet auffindbar ist.

Wenn § 56 Abs. 1 Satz 1 weiter ausgelegt wäre, könnten auch die journalistisch-redaktionellen Abrufvideos gegendarstellungspflichtig sein, wenn solche Videos Teil einer Folge sind, die täglich oder mindestens regelmäßig dem Publikum Informationen vermitteln.[915] Der Charakter der journalistisch-redaktionellen Videos kann auch in mehreren Medien entfaltet sein, wie z.B. auf Facebook, wenn es um eine Seite eines Unternehmens, einer Kanzlei oder Internet-Sender geht, oder auf YouTube, wenn regelmäßig und fortlaufend berichtet und informiert wird.

Die Pressegesetze sehen eine Gegendarstellungspflicht für die gedruckte Presse vor, die regelmäßig bis zu sechs Monate erscheint, und diese Regelung könnte auch ein angemessener Maßstab für die digitale Presse sein.[916] Diese Frist kann im Sinne der Ziele der Gegendarstellung zur Wiederherstellung des Schutzes des Persönlichkeitsrechtes, aber auch zur Information der Leser betrachtet werden. Deswegen können die digitalen Ausgaben von Zeitungen und Zeitschriften, die

---

912 LG Aschaffenburg, Urt. v. 21.2.2011 - 34 O 48/11, BeckRS 2011, 14165.

913 Sowohl die digitalen als auch die gedruckten Varianten der Zeitschriften und Zeitungen haben dasselbe Ziel, nämlich den Lesern die gleichen inhaltlichen Sachzwänge anzubieten. Vgl. dazu *Fiedler,* in: BeckOK InfoMedienR, RStV § 56 Rn. 23; Siehe auch *Schulz,* in: Hahn/Vesting, Rundfunkrecht, 3. Aufl. 2012, RStV § 56, Rn. 28.

914 Vgl. dazu *Fiedler,* in: BeckOK InfoMedienR, RStV § 56 Rn. 8.

915 Die Dokumentarfilme im Kino, auf Netflix oder Amazon oder aus einer Online-Videothek, die nur eigenständig veröffentlicht wurden und nicht Teil einer Serie oder periodisch sind, fallen nicht unter die Gegendarstellungspflicht. Vgl. dazu *Fiedler,* in: BeckOK InfoMedienR, RStV § 56 Rn. 15.

916 Vgl. dazu *Fiedler,* in: BeckOK InfoMedienR, RStV § 56 Rn. 9.

wenigstens halbjährlich erscheinen und Artikelsammlungen fortlaufend ergänzen, wie beispielsweise auf Homepages mancher Kanzleien, gegendarstellungspflichtig sein.[917]

e) Rechtsfolgen

Eine Gegendarstellung muss vollständig und unverändert übernommen werden und dem Prinzip „Alles oder Nichts" folgen. Darüber hinaus muss die Gegendarstellung in gleicher Aufmachung erfolgen und mit der Erstmitteilung unmittelbar verknüpft sein. Die Veröffentlichung der Gegendarstellung schließt allerdings die Geltendmachung anderer Ansprüche, wie die Unterlassung und/oder den Widerruf in demselben Sachverhalt, aus.[918]

f) Bedeutung des Gegendarstellungsanspruchs

In der Praxis werden sowohl der Gegendarstellungsanspruch als auch der Unterlassungsanspruch am häufigsten als zivilrechtliche Rechtsfolgen von den Betroffenen im einstweiligen Verfügungsverfahren verwendet, insbesondere da diese Instrumente einen schnellen und effektiven Rechtsschutz anbieten.[919] Der Gegendarstellungsanspruch sieht nicht nur den Schutz der Persönlichkeit vor,[920] sondern dies dient auch zur Information der Öffentlichkeit.[921] Obwohl der Gegendarstellungsanspruch wieder die ursprüngliche verletzende Behauptung an die Öffentlichkeit bringt und dadurch benachteiligend sein kann, kann diese Notwendigkeit in manchen Fällen bewiesen werden, weil es eigentlich um die Aufdeckung der Wahrheit vor den Augen der Öffentlichkeit und der betroffenen Personen geht.[922]

---

917 Die Gegendarstellungspflicht besteht für die digitalen Ausgaben, unabhängig davon, ob die Artikel auch in einer gedruckten Ausgabe veröffentlicht werden. Der Betroffene hat dann einen Anspruch auf Gegendarstellung sowohl in den digitalen, als auch in den gedruckten Versionen der Veröffentlichungen. Vgl. dazu *Fiedler,* in: BeckOK InfoMedienR, RStV § 56 Rn. 13 f..

918 Vgl. dazu *Seitz,* Gegendarstellungsanspruch, 1. Kap. Rn. 24.

919 Vgl. dazu *v. Hutten,* in: Götting/Schertz/Seitz, Handbuch des Persönlichkeitsrechts, § 47. Der Unterlassungsanspruch, Rn. 1.

920 Siehe zum Beispiel zum Schutz des guten Rufs in EGMR, Urt. v. 3.4.2012 - Nr. 43206/07 - Kaperzynski/Polen, Rn. 66.

921 Allgemeine Einführungen zum Gegendarstellungseinspruch in *Renner,* in: Wandtke/Ohst (Hrsg.), Praxishandbuch Medienrecht, Band 4, S. 66, Rn. 53 ff.; *Seitz,* in: Götting/Schertz/Seitz, Handbuch des Persönlichkeitsrechts, § 48. Der Gegendarstellung ausführlich in *Seitz,* Gegendarstellungsanspruch.

922 Vgl. dazu *Seitz,* in: Götting/Schertz/Seitz, Handbuch des Persönlichkeitsrechts, § 48, Rn. 3.

Zwischen dem Spannungsverhältnis des Art. 5 GG zur Freiheit der Medien und Art. 2 Abs. 1 i.V.m. Art. 1 Abs. 1 GG zum Schutz der Persönlichkeit des Einzelnen befindet sich die Gegendarstellung, die eine Garantie des Gegengewichts der Meinungsfreiheit und des Schutzes des Einzelnen vor Äußerungen bedeutet.[923] Die Auslegung dieser Regelungen erfolgt im deutschen Recht durch die höchsten Instanzen und damit werden Einschränkungen der Freiheit der Medien zugunsten des Schutzes der Persönlichkeit des Einzelnen vor Äußerungen als zulässig betrachtet.[924] Der BGH hat auch in der Rechtsprechung den Zweck der Gegendarstellung bestimmt, dass der Persönlichkeitsschutz erreicht wird, indem der Betroffene an gleicher Stelle und mit entsprechendem Publizitätsgrad zur ihn betreffenden Darstellung durch seine Wortmeldung seine Facette des Sachverhalts darstellen kann.[925]

2. Unterlassung und Beseitigung

Im deutschen Recht hat der Betroffene Unterlassungs-[926] und Berichtigungsansprüche[927] für alle absoluten Rechte, einschließlich für die im Internet geschützten Rechte, insbesondere das Persönlichkeitsrecht und das Recht am eigenen Bild, laut § 1004 Abs. 1 BGB analog i.V.m. § 823 Abs. 1, 2 BGB als allgemeine Gesetze.[928] Der Zweck der Unterlassungsansprüche und Hauptinteresse des Verletzten ist die Anordnung der Unterlassung einer zukünftigen wiederholten verletzenden Äußerung.[929] Wenn ein rechtswidriger Eingriff im Internet in ein Recht, Rechtsgut oder einen geschützten Individualbereich besteht, muss der Anbieter die rechtswidrigen Inhalte löschen oder gegen Abruf sperren oder irreführende generierte Verknüpfungen löschen.[930]

---

923 Vgl. dazu Seitz, Gegendarstellungsanspruch, 1. Kap., Rn. 14.

924 Siehe dazu z.B. BGH Urt. v. 6.4.1976 - VI ZR 246/74 - Panorama in NJW 1976, 1198 (1201); BVerfG, Beschl. v. 4.11.2013 - 1 BvR 2102/12, 1 BvR 1660/13 - Aufmacherfragen.

925 BVerfG, Beschl. v. 8.2.1983 - 1 BvL 20/81, BVerfGE 63, 131; BGH Urt. v. 6.4.1976 - VI ZR 246/74, BHGZ 66, 182 (195).

926 Siehe dazu BVerfG, Urt. v. 25.10.2005 - 1 BvR 1696/98 – Stolpe/IM Sekretär; BGH, Urt. v. 3.5.1977 - VI ZR 36/74 - Abgeordnetenbestechung, BGHZ 68, 331 (335); *Soehring,* in: Soehring/Hoene, Presserecht, § 30 Unterlassungsanspruch, Rn. 1 ff.; *Burkhardt,* in: Wenzel, Das Recht der Wort- und Bildberichterstattung, Kap. 12 Unterlassungsanspruch, Rn. 1.

927 BVerfG, Urt. v. 3.6.1980 - 1 BvR 185/77 – Eppler, BVerfGE 54, 148 (155); BVerfG, Urt. v. 3.6.1980 - 1 BvR 797/78 – Böll, BVerfGE 54, 208 (217); BVerfG, Beschl. v. 14.1.1998 - 1 BvR 1861/93, 1 BvR 1864/96, 1 BvR 2073/97 – Caroline von Monaco I, BVerfGE 97, 125 (148 f.); *Gamer,* in: Wenzel, Das Recht der Wort- und Bildberichterstattung, Kap. 13 Berichtigungsanspruch, Rn. 21.

928 *Spindler/Volkmann,* in: Spindler/Schuster, § 1004 BGB, Rn. 2.

929 *Ziegenaus,* in: Bräutigam/Rücker, E-Commerce, 2. Teil, D. Rn. 7.

930 *Freytag,* in: Moritz/Dreier, E-Commerce, Teil D Rz. 173.

a) Voraussetzungen

Der Unterlassungsanspruch für den Schutz der Persönlichkeitsrechte nach § 1004 Abs. I Satz 2 BGB analog muss nach erfolgloser Abmahnung vier Voraussetzungen erfüllen.[931]

1. Der Anspruch muss ein geschütztes Rechtsgut betreffen, hier das Allgemeine Persönlichkeitsrecht als „sonstiges Recht", gem. § 823 Abs. 1 BGB.
2. Ein Eingriff musste vorgenommen werden, d.h. eine gegenwärtige Beeinträchtigung des Allgemeinen Persönlichkeitsrechts durch einen „Störer". Dies könnte durch eine unrichtige oder ehrverletzende Tatsachenbehauptung, Veröffentlichung eines rechtswidrigen Inhalts, wie z.B. Bilder oder Videos ohne Einwilligung des Abgebildeten oder eines Minderjährigen, erfolgen.
3. Der Eingriff muss rechtswidrig sein, d.h. dass auch kein Rechtfertigungsgrund besteht, wie z.B. das Informationsinteresse der Öffentlichkeit. Dies soll durch eine umfassende Abwägung zwischen dem Informationsinteresse und dem geschützten Rechtsgut in jedem Einzelfall erfolgen. Es gibt keinen Rechtfertigungsgrund für die Unterlassung, wenn der Störer eine unwahre Tatsachenbehauptung abgegeben hat, ein Verstoß gegen die Privatsphäre des Betroffenen besteht, besonders wenn es um die Intimsphäre des Betroffenen geht, oder wenn Inhalte veröffentlicht wurden, wie z.B. Bilder oder Videos, ohne Einwilligung des Abgebildeten oder eines Minderjährigen, ohne dass es um Personen der Zeitgeschichte geht oder die Abgebildeten an einer öffentlichen Veranstaltung teilgenommen haben oder zufällig als Beiwerk auf einem Bild abgelichtet wurden.
4. Verschulden ist kein Tatbestandsmerkmal für einen Unterlassungsanspruch, aber die Wiederholungsgefahr ist eine wichtige Voraussetzung laut § 1004 Abs. 1 Satz 2 BGB, wenn der Eingriff ernsthaft droht wiederholt zu werden.[932] Erforderlich und ausreichend ist eine objektive Rechtsverletzung, die dem Verletzer zuzurechnen ist.[933] Da beim Unterlassungsanspruch die Möglichkeit einer zügigen Durchsetzung durch eine einstweilige Verfügung besteht und kein Verschulden erforderlich ist, ist in der Praxis der Unterlassungsanspruch sehr relevant.[934]

Die Voraussetzungen für einen durchsetzbaren Unterlassungsanspruch sind eine Verletzungshandlung, ein bereits erfolgter Verletzungsunterlassungsanspruch

931 Siehe auch *Gounalakis,* in: Götting/Schertz/Seitz, Handbuch des Persönlichkeitsrechts, § 24, Rn. 214.

932 *Seitz,* in: Hoeren/Sieber/Holznagel, Multimedia-Recht-HdB, Teil 8, III Rn. 55.

933 *Freytag,* in: Moritz/Dreier, E-Commerce, Teil D Rn. 161.

934 *Spindler/Volkmann,* in: Spindler/Schuster, § 1004 Rn. 1; Die Unterlassungsansprüche werden selten im Hauptsacheverfahren geltend gemacht. Siehe auch in *Freytag* in Moritz/Dreier, E-Commerce, Teil D Rn. 177.

oder ein vorbeugender Unterlassungsanspruch und eine (Wiederholungs- oder Erst-)Begehungsgefahr.[935]

Die Wiederholungsgefahr ist im deutschen Recht eine materiell-rechtliche Bedingung des Unterlassungsanspruchs.[936] Nach dem Wortlaut des § 1004 Abs. 1 Satz 2 liegt die Darlegungs- und Beweislast für das Bestehen der Wiederholungsgefahr beim Verletzten. Dennoch gibt es nach der Rechtsprechung des BGH eine tatsächliche Vermutung für das Bestehen der Wiederholungsgefahr.[937] Der Verletzer kann diese Vermutung durch die Abgabe einer strafbewehrten Unterlassungserklärung widerlegen.[938] Es gelten dieselben Regelungen für die herkömmlichen Medien- wie für Internetäußerungen.

Im Vergleich zur Wiederholungsgefahr wird die Erstbegehungsgefahr nicht vermutet, d.h. dass der Verletzte die Verletzung beschreiben und beweisen muss.[939] Im Falle einer sog. Erstbegehungsgefahr zum Persönlichkeitsrecht könnte dem potenziell Verletzten ein Unterlassungsanspruch gewährt werden, aber dies wird schwierig sein, wenn noch kein rechtswidriger Eingriff geschehen ist.[940] Dafür soll der potenziell Verletzte Kenntnis von dem drohenden und verletzenden Verhalten des Eingreifers haben.[941]

b) Unterlassungs- und Beseitigungsansprüche in der Rechtsprechung

Nach der Auffassung des BGH kann von Dienstanbietern, wie z.B. Facebook als Störer bzw. als „Herr des Angebots“ i.S.d. § 1004 Abs. 1 Satz 1 BGB, gefordert werden, die Äußerungen zu unterlassen und zu löschen.[942] Wenn der Dienstanbieter die persönlichkeitsverletzenden Inhalte nicht löscht, nachdem er bereits darüber informiert wurde, sind die verletzten Personen berechtigt, eine Anzeige zu stellen.[943] Wenn der Host-Provider ohne großen Aufwand, nämlich ohne eingehende und tatsächliche Prüfung feststellen kann, dass die Äußerung rechtsverletzend ist, dann ist er verpflichtet, den Beitrag zu löschen oder zu sperren, gem. §§ 9 Satz 1 Nr. 5, 10 Satz 1 Nr. 2 TMG.[944] Wenn es für den Dienstanbieter schwieriger zu

---

935 *Freytag*, in: Moritz/Dreier, E-Commerce, Teil D Rn.160.

936 *Seitz*, in: Hoeren/Sieber/Holznagel, Multimedia-Recht-HdB, Teil 8 D. III. Rn. 59.

937 Ausführlicher Überblick der relevanten Rechtsprechung in Palandt/Sprau, BGB, Einführung Rn. 20 vor § 823.

938 *Seitz*, in: Hoeren/Sieber/Holznagel, Multimedia-Recht-HdB, Teil 8 D. III. Rn. 61.

939 *Freytag*, in: Moritz/Dreier, E-Commerce, Teil D Rn. 171.

940 *Seitz*, in: Hoeren/Sieber/Holznagel, Multimedia-Recht, Teil 8 D. III. Rn. 63.

941 *Freytag*, in: Moritz/Dreier, E-Commerce, Teil D Rn. 171.

942 Dennoch können wegen der Haftungsprivilegierung keine Schadenersatzansprüche von dem Dienstanbieter verlangt werden. Siehe dazu BGH, Urt. v. 23.6.2009 - VI ZR 196/08 - Spickmich, Rn. 14.

943 BGH, Urt. v. 27.3.2007 - VI ZR 101/06, Rn. 11, openJur 2011,8188.

944 BGH, Urt. v. 25.10.2011 - VI ZR 93/10 – Blogspot, Rn. 26.

erkennen ist, ob eine Rechtsverletzung begangen wurde, dann muss diese Entscheidung erst getroffen werden, nachdem eine Gesamtabwägung der kollidierenden Rechte vorgenommen wurde.[945]

Bei den Persönlichkeitsverletzungen im Internet kann auch ein Anspruch auf Beseitigung nach § 1004 Abs. 1 Satz 1 BGB analog geltend gemacht werden. Der BGH hat entschieden, dass der Antrag auf Veröffentlichung von Rubrum und Unterlassungstenor auf Facebook auf Folgenbeseitigung gerichtet ist, die zum Unterlassungsanspruch hinzukommt.[946] Diese Maßnahme ist notwendig, auch wenn nicht kontrollierbar ist, wie viele Nutzer den Eintrag schon gesichtet oder gespeichert haben.

Auf einen Dienstanbieter können in bestimmten Fällen die Vorschriften des Telemediengesetzes (§§ 7 ff. TMG) anwendbar sein, wenn er als Vermittler neutral[947] fremde Inhalte anbietet und auf diese Inhalte keine allgemeine Prüfungspflicht hat, gem. § 7 Abs. 2 Satz 1 TMG. Dennoch ist es schwierig abzugrenzen, ob der Dienstanbieter nur fremde Inhalte vermittelt oder selbst als Content-Provider für die Inhalte als Persönlichkeitsrechtsbeeinträchtigung haftet.

In der Entscheidung zum Google-Autocomplete[948] hat der BGH, anders als in der Vorinstanz[949], Google als Content-Provider angesehen und eine eingeschränkte Störerhaftung bejaht, da die von Google automatisierten Suchwortergänzungsvorschläge mit einem eigenem Computerprogramm durch die Auswertung des Nutzerverhaltens generiert wurde.[950] Google wird vorgeworfen, dass keine hinreichenden Schutzvorkehrungen zur Verhinderung der Verletzung Dritter durch die Generierung der Suchvorschläge getroffen wurden,[951] aber erst nach Anzeige auf eine rechtswidrige Persönlichkeitsverletzung durch den Betroffenen für Google eine Prüfpflicht und damit eine Pflicht auf Unterlassung der Verletzung entsteht.[952]

---

945 BGH, Urt. v. 23.6.2009 - VI ZR 196/08 – Spickmich, Rn. 43.

946 BGH, Urt. v. 16.8.2016 - VI ZB 17/16 - Ehrverletzender Facebookeintrag, Rn. 14.

947 Der Dienstanbieter soll keine aktive Rolle spielen und muss lediglich die Daten der Kunden (ohne Kenntnis oder Kontrolle der Daten) mittels technischer und automatischer Verarbeitung erbringen. EuGH, Urt. v. 12.7.2011 - C-324/09 - L'Oréal/eBay, Rn. 113, 116.

948 BGH, Urt. v. 14.5.2013 - IV ZR 269/12 - Google-Autocomplete.

949 OLG Köln, ZUM 2012, 987 m. Anm. Seitz.

950 BGH, Urt. v. 14.5.2013 - IV ZR 269/12 - Google-Autocomplete, Rn. 20, 26.

951 BGH, Urt. v. 14.5.2013 - IV ZR 269/12 - Google-Autocomplete, Rn. 26.

952 BGH, Urt. v. 14.5.2013 - IV ZR 269/12 - Google-Autocomplete, Rn. 30. Eine präventive Filterfunktion ist für bestimmte Bereiche, wie Kinderpornographie, erforderlich und realisierbar.

c) Bewertungsportale

Die Waffenungleichheit wird besonders kritisiert, weil die Bewerteten sich gegenüber einer anonymen Aussage schwer wehren können. Die Bewertenden genießen Anonymität und dadurch ist es bedenklich, ob man die rechtlichen Verteidigungsmöglichkeiten einsetzen kann. Es bleibt die Frage, wie den Bewerteten ein Schutz der Reputation im Internet gewährleistet werden kann.[953]

Im deutschen Recht gibt es viele Entscheidungen, in denen die Zulässigkeit der Bewertungen im Internet von Ärzten[954], Hochschuldozenten und Lehrkräften in Bezug auf die Haftung des Äußernden oder des Betreibers und die Entfernung der Bewertungen analysiert wurde. Im Falle einer Streitigkeit wird überprüft, in welche Persönlichkeitssphäre eingedrungen wurde und ob es bei der Äußerung um eine Meinungsäußerung oder eine Tatsachenbehauptung geht.

Im Fall Spickmich[955], der Ausgangspunkt der Rechtsprechung zur Haftung des Betreibers eines Bewertungsportals[956] in Deutschland, wurde geprüft, ob das Recht auf Meinungsfreiheit und das Informationsinteresse der Öffentlichkeit überwiegen und dadurch die Speicherung und Übermittlung der personenbezogenen Daten nach § 29 Abs. 1 BDSG zulässig werden oder ob das informationelle Selbstbestimmungsrecht der Klägerin Vorrang hat und sie dann ihren Anspruch auf Löschung der Daten durchsetzen kann.[957] Der BGH hat in diesem Urteil auch die Unterschiede zwischen den Äußerungen erklärt, die die Intim-, Privat- oder Sozialsphäre betreffen. Es wurde dabei gezeigt, dass nur im Falle der Äußerungen in Bezug auf die Sozialsphäre der betroffenen Person die Meinungsfreiheit Vorrang hat.[958] Wenn die Äußerungen eine geringe Aussagekraft und Eingriffsqualität haben, ist der Zugang zu der Internetplattform nur unter bestimmten restriktiven Voraussetzungen erlaubt und diese dürfen nicht über Suchmaschinen auffindbar sein. Unter

---

953 *Gounalakis,* in: Götting/Schertz/Seitz, Handbuch des Persönlichkeitsrechts, § 24, Rn. 25.

954 Zu den Prüfpflichten des Betreibers eines Ärztebewertungsportals - BGH, Urt. v. 1.3.2016 - VI ZR 34/15 - Jameda, CR 2016, 390 m. Anm. *Borges*; Unterlassung der Veröffentlichung der personenbezogenen Daten und des Profils einer Ärztin in einem Ärztebewertungsportal - OLG Köln, Urt. v. 5.1.2017 - 15 U 121/16, GRUR-RS 2017, 100304; Haftung eines Betreibers eines Bewertungsportals für die Äußerungen eines Dritten, wenn er sich diese Äußerungen zu eigen macht. BGH, Urt. v. 4.4.2017 - VI ZR 123/16 - Klinikbewertung in NJW 2017, 2029.

955 Spickmich ist der Name der Internetplattform, auf der die Schüler Bewertungen für deren Lehrer anonym geben könnten, aber auch sozialen Kontakt mit anderen Nutzer haben. Siehe dazu mehr in BGH, Urt. v. 23.6.2009, VI ZR 196/08 – Spickmich, Rn. 1.

956 BGH, Urt. v. 4.4.2017 - VI ZR 123/16, NJW 2017, m. Anm. Lampmann, 2029 (2034).

957 *Verheijden*, Rechtsverletzungen auf Youtube und Facebook, S. 288.

958 BGH, Urt. v. 23.6.2009 - VI ZR 196/08 - Spickmich, Rn. 31.

diesen Umständen ist der Eingriff in das Persönlichkeitsrecht zulässig.[959] Der BGH hat zugunsten der Meinungsfreiheit entschieden, da die Bewertungen die Sozialsphäre der Klägerin betroffen haben, ohne dass die Klägerin Opfer von Schmähkritik war. Dennoch gab es ein legitimes Informationsinteresse der Schüler und ihrer Eltern an den Äußerungen.

Die Äußerungen in einem Ärzte-Bewertungsportal, das im Gegensatz zu dem Spickmich-Fall ohne Registrierung und kostenfrei benutzt werden kann, berühren die Sozialsphäre der Ärzte. Aber das öffentliche Informationsinteresse zur freien Arztwahl überwiegt gegenüber dem Persönlichkeitsschutz des Betroffenen, denn ein Arzt muss sich auf Kritik an seinen Leistungen einstellen.[960]

Diese Urteile haben eine große Bedeutung auch für die Dienstanbieter wie Facebook, Google und Youtube, wenn es um die Löschung von rechtsverletzenden Inhalten geht. Wenn diese die Intim- und/oder die Geheimsphäre berühren, dann müssen die Dienstanbieter umgehend und sorgfältig agieren.

Der BGH hat auch einer Ärztin einen Anspruch auf Unterlassung der Veröffentlichung personenbezogener Daten nach § 823 Abs. 2, § 1004 BGB analog i.V.m. § 4 Abs. 1 BDSG in ihrem Eintrag auf dem Bewertungsportal „Jameda“ gewährt.[961] Durch dieses Verhalten hat die Portalbetreiberin den Ärzten mit einem zu zahlenden Premium-Paket gewisse Vorteile gegenüber den Ärzten mit einem kostenfreien Basis-Paket gewährt. Hier ist die Portalbetreiberin nicht mehr nur eine „neutrale“ Informationsmittlerin geblieben, sondern spielte damit eine aktive Rolle und behandelte die Ärzte nicht gleich.[962]

Die Löschungspflicht gilt dann auch für die sozialen Netzwerke, wenn bestimmte Inhalte, wie z.B. Äußerungen, Bilder oder Videos, rechtsverletzend für die Sozialsphäre des Betroffenen sind und eine große Aussagekraft und Eingriffsqualität besitzen.[963]

---

959 *Gramespacher,* Leitsatz 9 zum BGH Urt. v. 23.6.2009, VI ZR 196/08 - Spickmich.

960 BGH, 23.9.2014 - VI ZR 358/13 - Ärztebewertung II (Jameda I), Rn. 35.

961 BGH, Urt. v. 20.2.2018 - VI ZR 30/17 - Ärztebewertung IV (Jameda III), Rn. 21. Neben dem Profil eines nichtzahlenden Arztes werden die Profilbilder anderer Konkurrenten aus dem gleichen Fach, die sich in der Nähe befinden und deren Noten nicht angezeigt werden, aufgeführt, wie es bei den kostenpflichtigen „Premium“-Nutzer der Fall ist.

962 BGH, Urt. v. 20.2.2018 - VI ZR 30/17 - Ärztebewertung IV (Jameda III), Rn. 19. Deswegen wird bei der Abwägung zwischen dem Grundrecht der Portalbetreiberin auf Meinungs- und Medienfreiheit (Art. 5 Abs. 1 Satz 1 GG, Art. 10 EMRK) und dem Recht der Ärztin auf Schutz der personenbezogenen Daten (Recht auf informationelle Selbstbestimmung, Art. 2 Abs. 1 i.V.m. Art. 1 Abs. 1 GG, Art. 8 Abs. 1 EMRK) das Recht der Ärztin Vorrang haben.

963 *Verheijden,* Rechtsverletzungen auf Youtube und Facebook, S. 289.

Studierende können anonyme Bewertungen von Professoren rumänischer Universitäten abgeben, gem. Art. 194 Abs. 4 des Gesetzes der nationalen Bildung Nr. 1/2011[964]. Die Ergebnisse der Bewertungen werden auf den jeweiligen Webseiten der Universitäten veröffentlicht.[965]

In Rumänien gibt es keine privaten Bewertungsportale oder -plattformen. Bewertungen durch Verbraucher werden im Internet branchenübergreifend auf den Facebook-Seiten der Bewerteten, beispielsweise Fotografen, Anwälte, Lehrende, Gastronomen, abgegeben. Es gibt in Rumänien keine Rechtsprechung in diesem Bereich. Da in Rumänien der Bereich der Bewertungsportale nicht so entwickelt wie in Deutschland ist, können z.B. die Rechtsprechung und Regelungen zur Haftung eine Inspirationsquelle für eine eventuelle rumänische Rechtslage sein.

3. *Widerruf und Richtigstellung*

Der Betroffene hat einen Anspruch auf einen Widerruf, auf eine Richtigstellung oder Ergänzung der Behauptung nach § 1004 Abs. 1 Satz 1 BGB analog i.V.m. § 823 Abs. 1 oder Abs. 2 BGB. Dies erfolgt, wenn eine Persönlichkeitsverletzung vorliegt, also das Allgemeine Persönlichkeitsrecht als ein geschütztes Rechtsgut durch einen „Störer" rechtswidrig beeinträchtigt wurde und aus einer unzutreffenden Tatsachenbehauptung besteht, unter den Bedingungen, dass die Äußerung die Persönlichkeit des Einzelnen immer noch beeinträchtigt und die Meldung aktuell ist.

4. *Auskunft*

Der Name des Schädigers ist notwendig, um eine Klage wegen einer Persönlichkeitsverletzung effektiv durchsetzen zu können. Dies kann im Internet schwierig werden. Außerdem ist der Dienstanbieter nach § 13 Abs. 6 TMG verpflichtet, die Nutzung von Telemedien und ihre Bezahlung anonym oder unter Pseudonym zu gewährleisten. Dennoch schließt die Regelung nach § 13 Abs. 6 TMG einen Auskunftsanspruch nach dem Grundsatz von Treu und Glauben (§ 242 BGB) nicht aus.[966]

---

964 Das Gesetz Nr. 1/2011 der nationalen Bildung, veröffentlicht in M.Of. Nr. 18 v. 10.1.2011.

965 Siehe z.B. das Verfahren, die Ergebnisse der Bewertungen pro Semester der Universität „Ovidiu" aus Constanţa, abrufbar unter: http://www.univ-ovidius.ro/studenti/evaluari-cadre-didactice.

966 BGH, Urt. v. 1.7.2014 - VI ZR 345/13, Rn. 4 ff., 11. In diesem Urteil wurde trotzdem kein Auskunftsanspruch gewährt, weil § 14 Abs. 2 TMG a.F. keine Ermächtigung für den Dienstanbieter umfasste. *Schmitz,* in: Spindler/Schmitz/Liesching, TMG mit NetzDG, § 14 TMG, Rn. 30.

§ 14 Abs. 1 TMG regelt, welche Daten eines Nutzers der Dienstanbieter befugt ist zu erheben und zu verwenden: Es geht nur um die Bestandsdaten[967], d.h. die Daten, die „für die Begründung, Ausgestaltung oder Änderung eines Vertragsverhältnisses über die Nutzung von Telemediendiensten erforderlich sind“[968].

Darüber hinaus werden nach § 14 Abs. 2 TMG die Bestands- und Nutzungsdaten ohne andere Ausnahmen nur übermittelt bei einer Strafverfolgung im Falle der Gefahrenabwehr durch die Polizeibehörden der Länder, der Erfüllung der gesetzlichen Aufgaben der Verfassungsschutzbehörden des Bundes und der Länder, des Bundesnachrichtendiensts (BND) oder des Militärischen Abschirmdienstes (MAD) oder des BKA zur Abwehr von Gefahren des internationalen Terrorismus oder zur Durchsetzung der Rechte am geistigen Eigentum.[969] Allerdings geht es nicht um eine Pflicht des Dienstanbieters und diese Vorschrift enthält keine eigene Ermächtigungsgrundlage für Auskünfte.[970]

a) Auskunftsansprüche bei den sozialen Netzwerken

Die Vorgaben des § 14 Abs. 3-5 TMG wurden durch die Angaben des Art. 2 NetzDG ergänzt, so dass die sozialen Netzwerke die Beschwerden zur Auskunftserteilung wegen der schwerwiegenden Verletzungen „anderer absoluter geschützter Rechte“[971] schneller und besser bearbeiten können. Die Auskunftserteilungen nach § 14 Abs. 3-5 TMG sind eine datenschutzrechtliche Grundlage für einen wirksamen und durchsetzbaren Anspruch auf Feststellung der Identität des Rechtsverletzers bei Rechtsverletzungen im Internet.[972]

---

967 Art. 7 lit. f DS-RL unterscheidet nicht zwischen Nutzungs- und Bestandsdaten, sondern verlangt generelle Geltung, deswegen wird § 14 TMG ergänzt. EuGH, Urt. v. 19.10.2016 - C-582/14; BGH, Urt. v. 16.5.2017 - VI ZR 135/13.

968 Typische Beispiele für Nutzungs- und Bestandsdaten nach § 14 TMG sind Name (des Nutzers), Anschrift, IP-Adresse, E-Mail-Adresse, Rufnummer, Kenn- und Passwörter, Leistungsmerkmale des verwendeten Nutzersystems, Zahlungsart und Zahlungsdaten. *Schmitz,* in: Spindler/Schmitz/Liesching, TMG mit NetzDG, § 14 TMG, Rn. 12.

969 Siehe dazu Anm. *Krupna,* ZD 2014, 520 (522 ff.)

970 *Schmitz,* in: Spindler/Schmitz/Liesching, TMG mit NetzDG, § 14 TMG, Rn. 28. Für die Access-Provider gibt es andere Regelungen nach §§ 1, 11, 14, 15 TKG und der Zugriff auf Verkehrsdaten i.S.v. § 3 Nr. 30 TKG für die Durchsetzung der Rechte am geistigen Eigentum wird nach der ePrivacy-RL geregelt.

971 Der Begriff umfasst alle Rechte i.S.v. § 823 Abs. 1 BGB, nämlich das Leben, den Körper, die Gesundheit, die Freiheit, das Eigentum oder ein sonstiges Recht eines anderen und das Recht am eingerichteten und ausgeübten Gewerbebetrieb. *Spindler,* ZUM 2017, 473 (486). Die Beschlussempfehlung und Bericht BT-Drs. 18/13013 enthalten keine Angaben dazu.

972 Vgl. BT-Drs. 18/13013, S. 23 zur Änderung von § 14 Abs. 3-5 TMG.

Nur im Falle von Hass-Veröffentlichungen (auch „Hass-Postings“ gennant) oder Hasskommentaren im Internet werden Auskunftserteilungen erlaubt und ein Auskunftsanspruch kann nach § 242 BGB gewährt werden.[973] Die nationalen Richter sind weiterhin diejenigen, die bestimmen können, ob und wann ein Auskunftsanspruch gewährt wird.[974] § 14 Abs. 4 TMG enthält einen Richtervorbehalt[975] zum Schutz der Meinungsäußerung nach Art. 5 Abs. 1 Satz 1 GG. Dieser sieht vor, welche Regelungen für das Zivilverfahren anwendbar sind. Nach § 14 Abs. 5 TMG wird der Dienstanbieter zu dem Zivilverfahren hingezogen und der Dienstanbieter darf den betroffenen Nutzer über den Auskunftsanspruch informieren.

Bei Facebook wird allerdings in den Nutzungsbestimmungen festgelegt, dass die Registrierung mit dem Namen erfolgen soll, den man im täglichen Leben verwendet.[976] Die Nutzung eines Pseudonyms ist nicht gestattet, weil dies nicht die Namensrichtlinien von Facebook erfüllt[977], das kann auch zur Sperrung des Nutzers führen. Im deutschen Recht wurde die Frage der Sperrung einer Facebook-Nutzerin wegen der Verwendung eines Pseudonyms gestellt. Das Verwaltungsgericht Hamburg hat gegen die Anordnung des Datenschutzbeauftragten entschieden und die Anwendbarkeit der Klarnamepflicht nach dem irischen Recht und nicht nach dem deutschen Recht erklärt.[978] Viele Nutzer sind trotzdem mit einem Pseudonym bei Facebook angemeldet.[979] Gäbe es eine Pflicht zur Namensnennung in Deutschland, könnte dies zu einer weiteren Verbreitung des „Chilling effect“ führen.

---

973 *Schmitz,* in: Spindler/Schmitz/Liesching, TMG mit NetzDG, § 14 TMG, Rn. 3.

974 Vgl. BT-Drs. 18/13013, S. 23.

975 Die Auskunft wird nach einer vorherigen gerichtlichen Anordnung erteilt und die Regelung in Abs. 4 orientiert sich an § 101 Abs. 9 UrhG. BT-Drs. 18/13013, S. 24.

976 Unter dem Punkt „Verwalte dein Konto“ von Facebook wird darauf hingewiesen, dass der Nutzer auch einen Ausweis oder andere Dokumente hochladen sollte, um seine Identität zu bestätigen. Siehe dazu auch die Nutzungsbedingungen von Facebook bezüglich des Namens, abrufbar unter: https://www.facebook.com/help/www/958948540830352/?helpref=hc_fnav.

977 Siehe dazu die Namensrichtlinie von Facebook, abrufbar unter: https://de-de.facebook.com/help/www/112146705538576?helpref=faq_content.

978 Das europäische Prinzip bezüglich der engsten Verbindung der streitigen Datenverarbeitung indiziert das anwendbare Recht. Die Niederlassung von Facebook ist in Irland und deswegen findet das irische Recht Anwendung. Die deutsche Niederlassung wird in Bezug auf Werbung betrachtet. Siehe dazu ausführlicher in Verwaltungsgericht Hamburg, Eilantrag v. 3.3.2016 - 15 E 4482/15 m. Anm. *Hänold,* ZD-Aktuell 2016, 05062.

979 Facebook speichert alle Namen, die der Nutzer seit der Registrierung hatte, so dass seine Identifizierung erleichtert wird. Siehe dazu den Beitrag des österreichischen Vereins Europe-v-Facebook zum Datenbestand Facebooks unter dem Punkt „Name Changes“, abrufbar unter: http://www.europe-v-facebook.org/DE/Datenbestand/datenbestand.html#NameChange.

Bei Youtube[980] oder bei Bewertungsportalen gibt es keine Klarnamepflicht, deswegen ist es auch schwieriger herauszufinden, wer der Verletzer der Persönlichkeitsrechte ist. Dennoch muss man eine gültige E-Mail-Adresse eingeben, so dass die Nutzer sich erfolgreich registrieren können. Die Host-Provider sammeln viele Informationen über ihre Nutzer, die aber nicht offensichtlich personenbezogen sind. Wenn sie aber miteinander verbunden werden, kann dadurch doch die Identität des Verletzers enthüllt werden.[981] Geschieht dies, dann stellt sich die Frage, ob die Dienstanbieter diese personenbezogenen Daten weitergeben dürfen, und wann und an wen. Im deutschen Recht gibt es keine ausdrückliche Regelung, die die Durchsetzung eines Auskunftsanspruchs gegen einen Host-Provider wegen der Persönlichkeitsverletzungen vorsieht. Dennoch könnten die Vorschriften §§ 242, 259, 260 BGB weiter ausgelegt und als Rechtsgrundlage für einen solchen Auskunftsanspruch verwendet werden.[982]

Der Auskunftsanspruch bei Persönlichkeitsverletzungen hat aufgrund einer Entscheidung des BGH, in der der Betreiber eines Bewertungsportals nicht befugt war, ohne Einwilligung des Nutzers dessen personenbezogene Daten zur Erfüllung des Auskunftsanspruchs wegen einer Persönlichkeitsverletzung an die betroffene Person weiterzugeben, viele Debatten in Deutschland ausgelöst.[983] Es wurde entschieden, dass der Betreiber eines Internetportals in Ermangelung einer gesetzlichen Ermächtigungsgrundlage i.S.d. § 12 Abs. 2 TMG grundsätzlich nicht berechtigt ist, ohne Einwilligung des Betroffenen dessen personenbezogenen Daten zur Erfüllung eines Auskunftsanspruchs wegen einer Persönlichkeitsbeeinträchtigung an den Verletzten herauszugeben.[984]

b) Vorschlag des Bundesrats

Dieser Vorschlag des Bundesrats beruht auch auf dem BGH-Urteil zur Ärztebewertung I, das sich mit den Auskunftsansprüchen eines Arztes durch persönlichkeitsverletzende Kommentare auf einem Internetportal zur Bewertung von Ärzten

980 Siehe dazu mehr im Blog-Eintrag von YouTube v. 29.6.2012, abrufbar unter: https://youtube.googleblog.com/2012/06/choosing-how-youre-seen-on-youtube.html.

981 Vgl. *Verheijden*, Rechtsverletzungen auf Youtube und Facebook, S. 290.

982 BGH, Urt. v. 17.5.2001 - I ZR 291/98, S. 9, BGHZ 148, 26; Vgl. dazu auch *Verheijden*, Rechtsverletzungen auf Youtube und Facebook, S. 290. Auskunftsansprüche werden für Urheberrechtsverletzungen nach § 101 UrhG gewährleistet. Auch zur Verletzung der Rechte am geistigen Eigentum werden beschränkte Auskunftsansprüche ermöglicht, gem. § 140b PatG, § 24b GebrMG, § 19 MarkenG, § 46 GeschmMG und § 37b SortSChG. *Gounalakis,* in: Götting/Schertz/Seitz, Handbuch des Persönlichkeitsrechts, § 24, Rn. 145.

983 BGH, Urt. v. 1.7.2014 - VI ZR 345/13 – Ärztebewertung I.

984 BGH, Urt. v. 1.7.2014 - VI ZR 345/13 – Ärztebewertung I, Rn. 9.

befasste.[985] Im Urteilstext wurde der Gesetzgeber ermuntert, eine Gesetzesänderung zu diesem Thema vorzunehmen.[986]

Der Bundesrat hat in diesem Zusammenhang vorgeschlagen, dass der Anbieter eines sozialen Netzwerks oder Bewertungsportals gesetzlich von den Telemediendiensten gezwungen werden kann, im Falle einer Persönlichkeitsbeeinträchtigung die Daten der Nutzer zur Verfügung zu stellen. Als Antwort auf die Anforderung sowohl der Wissenschaft als auch der Praxis wurde empfohlen, dass § 14 Abs. 2 TMG auch das Wort „Persönlichkeitsrechte" enthalten sollte.[987] Durch diesen neuen Paragraphen würden die Bestands- und Nutzungsdaten zum Schutz der Persönlichkeitsrechte herausgegeben.

Die Bundesregierung war mit einer Auskunftserweiterung grundsätzlich einverstanden. In ihrer Stellungnahme wurde auch auf die DS-GVO und ihre Schlussfolgerungen hingewiesen, die die deutsche datenschutzrechtliche Rechtslage beeinflussen werden.[988] Mehrere Vorschriften des TMG könnten durch die neuen europäischen Regelungen geändert werden, aber obwohl es sinnvoll ist, zugunsten der Rechtssicherheit und Konstanz nicht so häufig die Rechtslage zu ändern, war die DS-GVO eine notwendige Anpassung an den Stand der Technik.

Die Ablehnung der Auskunftsanspruchserweiterung ist ein Gewinn für die Grundrechte, besonders für das Recht auf Anonymität und für das Recht auf Meinungsäußerung der Bürger.[989] Es gehört dazu, das Internet anonym zu nutzen, wenn man sich die Begründung des BGHs im Urteil Spickmich anschaut.[990] Die Angst vor Repressalien oder anderen negativen Konsequenzen führt dazu, dass der Einzelne seine Meinung nicht mehr in der Öffentlichkeit äußert, dadurch wird er sich selbst zensieren.[991]

---

985 Vgl. dazu den Entwurf eines zweiten Gesetzes zur Änderung des Telemediengesetzes, BR-Drs. 440/1/15, v. 23.10.15, S. 9.

986 BGH, Urt. v. 1.7.2014 - VI ZR 345/13 – Ärztebewertung I, BGHZ 201, 386, Rn. 17.

987 Siehe den Entwurf eines zweiten Gesetzes zur Änderung des Telemediengesetzes, BR-Drs. 440/1/15, v. 23.10.15, S. 9.

988 Siehe den Gesetzentwurf der Bundesregierung v. 18.11.2015, BT-Drs. 18/6745, S. 17.

989 Zustimmend *Buermeyer*, siehe dazu einen Beitrag v. 6.12.2015, abrufbar unter: http://www.heise.de/newsticker/meldung/Kommentar-Verbot-der-Netz-Anonymitaet-legt-die-Axt-an-die-Demokratie-3032799.html; u. auch *Regnery*, ZD-aktuell 2016, 05040; a.A. *Spindler*, der die Anonymität als „heilige Kuh für viele Nerds" sieht, die „aber auch mal geschlachtet" werden soll. Siehe dazu einen Beitrag v. 2.12.2015, abrufbar unter: http://www.heise.de/newsticker/meldung/Urheberkonferenz-Heilige-Kuh-der-Anonymitaet-gehoert-geschlachtet-3029833.html.

990 „Die anonyme Nutzung ist dem Internet immanent." In BGH, Urt. v. 23.6.2009 - VI ZR 196/08 – Spickmich, Rn. 38.

991 Vgl. dazu *Ballhausen/Roggenkamp*, K&R 2008, 403 (406).

Der Einschüchterungseffekt auf die Meinungsfreiheit der Nutzer soll durch den Richtervorbehalt verhindert werden,[992] so dass die Verpflichtung der Dienstanbieter, die Bestandsdaten bei zivilrechtlichen Ansprüchen herauszugeben, nicht zur Gefahr von Overblocking und unberechtigten Löschungen führt.[993]

5. *Schadenersatz*

Der Anspruch auf Ersatz des immateriellen Schadens wird von der Rechtsprechung nur bei besonders schweren Verletzungen des Persönlichkeitsrechts geltend gemacht.[994] Nennenswert ist die Tatsache, dass die Anerkennung des Anspruchs auf Ersatz des immateriellen Schadens erstmals 1958 in der Herrenreiter-Entscheidung gewährt wurde.[995] Ähnlich wie im rumänischen Recht wurde ein finanzieller Anspruch auf Ersatz der immateriellen Schäden bei Persönlichkeitsverletzungen nicht von Anfang an anerkannt und sogar 1956 vom BGH abgelehnt.[996] Der BGH hat aber 1958 zugegeben, dass der Persönlichkeitsschutz ohne die Gewährung einer Entschädigung für immaterielle Schäden „weitgehend unwirksam wäre".[997]

Die Richter der Kammer des Ersten Senats des BGHs haben in der Entscheidung Caroline von Monaco I[998] den Zweck des immateriellen Schadenersatzanspruches zur Prävention in den Vordergrund gestellt,[999] im Gegensatz zu früheren Entscheidungen, wo meist die Genugtuung der betroffenen Person für die Verletzung im Vordergrund stand.[1000]

Die Höhe der Geldentschädigung soll einen echten Hemmeffekt für den Verletzer haben,[1001] deswegen kann das Ziel der Prävention erreicht werden, wenn

---

992 BT-Drs. 18/13013, S. 24.

993 A.A. BT-Drs. 18/13013, S. 18. Die Fraktion DIE LINKE betonte, dass trotz Richtervorbehalt die Gefahr bestünde, dass z.B. die Verpflichtung weiterhin zur Einschüchterung, etwa von Aktivisten gegen Rechtsextremismus, missbraucht werden könnte.

994 BVerfG, Urt. v. 14.2.1973 - 1 BvR 112/65 – Soraya-Urteil, BVerfGE 34, 269 (285).

995 Siehe dazu *Martin,* Das allgemeine Persönlichkeitsrecht in seiner historischen Entwicklung, S. 238.

996 BGH, Urt. v. 8.5.1956 - I ZR 62/54, BGHZ 20, 345 (352f.). Ein bezeichnendes Zitat für die Begründung der Ablehnung ist: „Es ist anerkannten Rechts, daß auch die Verletzungen von Persönlichkeiten vermögensrechtliche Ersatzansprüche auslösen kann. Schaden freilich, der nicht Vermögensschaden ist, kann nach geltendem Recht nicht zu einem Geldersatzanspruch führen (...)."

997 BGH, Urt. v. 14.2.1958 - I ZR 151/56, BGHZ 26, 349 (356).

998 BGH, Urt. v. 15.11.1994, BGHZ 128, 1.

999 BGHZ 128, S. 1 (16).

1000 Die frühere Rechtsprechung seit BGHZ 35, S. 363 (369), z.B. in BGH, Urt. v. 19.9.1961 - VI ZR 259/60, BGHZ 35, 363, Rn. 13 ff..

1001 Vgl. BGH, Urt. v. 5.12.1995 – VI ZR 332/94 - Caroline von Monaco II in NJW 1996, 984 (985).

dem Betroffenen eine fühlbare Geldentschädigung gezahlt wird. Weitere Persönlichkeitsverletzungen können vermieden werden, wenn, wie im Falle des Urteils zu der nicht bewilligten Veröffentlichung der Bilder von Herzogin Catherine[1002], der Höchstbetrag als Entschädigung bezahlt werden soll. Das Tribunal de grande instance de Nanterre hat den höchsten gesetzlich zulässigen Betrag zur Zahlung gefordert: 100.000 Euro als Schadenersatz. Sowohl der Herausgeber als auch der Inhaber der Zeitung, in der die Bilder veröffentlicht wurden, mussten jeweils 45.000 Euro für die Verletzung der Privatsphäre zahlen.

Nach § 10 Satz 1 Nr. 1 und 2 TMG hat der Betroffene einen Anspruch auf Schadenersatz gegen einen Dienstanbieter, wenn dieser nicht sofort reagiert, um den Inhalt zu löschen oder den Zugang dazu zu sperren, obwohl er bereits über dessen persönlichkeitsverletzenden Charakters Kenntnis erlangt hat. Dadurch verliert er die Haftungsprivilegien, die von den §§ 8-10 TMG bestimmt werden. Der Dienstanbieter kann bei bewusster, grober Fahrlässigkeit im Falle der evidenten Persönlichkeitsverletzungen haften.[1003]

Die Bedingungen der Schadenersatzhaftung im deutschen Recht wurden strenger ausgelegt als in den Vorschriften der e-Commerce-Richtlinie[1004] (ECRL), in der nur auf das Bewusstsein der Rechtswidrigkeit bei evidenten Rechtsverletzungen hingewiesen wurde.[1005] Bei rechtsverletzenden Internetäußerungen kommen auch die Kontrollpflichten von Providern in Betracht. Laut § 7 Abs. 2 Satz 1 TMG, der Art. 15 Abs. 1 ECRL umsetzt, werden Dienstanbieter „nicht verpflichtet, die von Ihnen übermittelten oder gespeicherten Informationen zu überwachen oder nach Umständen zu forschen, die auf eine Tätigkeit hinweisen".

Es gibt keinen Maßstab für die Summen, die die persönlichkeitsverletzenden Schäden ersetzen können. Nach dem Verständnis des BGH könnten die Internet-Dienstanbieter zur Zahlung von Schmerzensgeld an die Betroffenen verpflichtet werden, wenn das Löschen oder Sperren nicht umgehend erfolgte.[1006]

6. Geldentschädigung

Im deutschen Recht ist der Anspruch auf Geldersatz für immaterielle Beeinträchtigungen oder der Geldentschädigungsanspruch nach § 823 Abs. 1 BGB i.V.m. Art. 2

1002 Tribunal de grande instance de Nanterre, Urt. v. 5.9.2017. Obwohl ein Schadenersatz in Höhe von 2 Millionen Pfund verlangt wurde, haben die französischen Richter nach französischem Recht und französischer Rechtsprechung den Höchstbetrag von der Seite des Verletzers gefordert.

1003 Vgl. dazu *Hoffmann,* in: Spindler/Schuster TMG § 10 Rn. 33.

1004 Richtlinie (EG) 2000/31 des Europäischen Parlaments und des Rates v. 8.6.2000 über bestimmte rechtliche Aspekte der Dienste der Informationsgesellschaft, insbesondere des elektronischen Geschäftsverkehrs, im Binnenmarkt, ABl. L 178.

1005 Vgl. dazu *Hoffmann,* in: Spindler/Schuster TMG § 10 Rn. 34.

1006 BGH, Urt. v. 14.2.1958 - I ZR 151/56 – Herrenreiter, BGHZ 26, 349, Rn. 23.

Abs. 1 und Art. 1 Abs. 1 GG geregelt. Um einen Geldentschädigungsanspruch geltend zu machen, muss ein schwerer Eingriff in das Persönlichkeitsrecht oder ein Vorsatz vorliegen. Der Anspruch entsteht nur, wenn die Rechtsverletzung nicht durch andere Rechtsbehelfe ausgeglichen wurde, wie z.B. Widerruf, Berichtigung, Richtigstellung oder Gegendarstellung.[1007]

Wenn es bei einer Persönlichkeitsrechtsverletzung Schwierigkeiten gibt, den materiellen Schaden zu messen, weil z.B. die Ehre betroffen wurde, sind die Bemessungskriterien zur Höhe der Geldentschädigung aus der Rechtsprechung hilfreiche Leitlinien. Als schwere Beeinträchtigungen werden schwere Beleidigungen, Eingriffe in die Intimsphäre oder das Unterschieben von Äußerungen[1008] betrachtet. Das schwere Verschulden des Verletzers und das zwangsläufige Bedürfnis für eine Entschädigung sind weitere Voraussetzungen, die erfüllt werden müssen. In der Regel spielen die Genugtuung, die Prävention, die Bedeutung und die Tragweite des Eingriffs, aber auch das Ausmaß der Verbreitung der Veröffentlichung, die Nachhaltigkeit und die Fortdauer der Beeinträchtigung sowie der Verschuldensgrad eine Rolle bei der Bemessung der Höhe für eine immaterielle Beeinträchtigung.[1009] Für Rechtsverletzungen im Internet sind auch die Höhe der Klickzahlen,[1010] große Nachstellungen einer abgebildeten Person, das Einstellen manipulierter Bilddateien der betroffenen Person[1011] oder sogar die missbräuchliche Nutzung eines Facebook-Accounts durch Dritte[1012] zu berücksichtigen. Ein

1007 *Gounalakis,* in: Götting/Schertz/Seitz, Handbuch des Persönlichkeitsrechts, § 24, Rn. 219.

1008 LG Berlin, Urt. v. 13.8.2012 - 33 O 434/11 in openJur 2012, 71725, Rn. 24 ff., in dem eine Teilnehmerin der TV-Show Big Brother eine Geldentschädigung in Höhe von 8000 € bekommen hat, nachdem ein Rapper beleidigende Inhalte über die Teilnehmerin auf seinen Profilen in den sozialen Netzwerken veröffentlicht hat.

1009 Vgl. BGH, Urt. v. 9.7.1985 - VI ZR 214/83, BGHZ 95, 212 214 f.; v. 24.11.2009 – VI ZR 219/08, BGHZ 183, 227 Rn. 11; v. 20.3.2012 – VI ZR 123/11, AfP 2012, 260 Rn. 15, jeweils m.w.N; vgl. auch BVerfG NJW 2004, 591 (592).

1010 BGH, Urteil v. 17. 12. 2013 – VI ZR 211/12, Rn. 58; und nochmal betont, dass „das Ausmaß der Verbreitung der angegriffenen Veröffentlichung als Bemessungsfaktor bei der Festsetzung der Höhe der Geldentschädigung zu berücksichtigen" ist, Rn. 64. *Gounalakis,* in: Götting/Schertz/Seitz, Handbuch des Persönlichkeitsrechts, § 24, Rn. 220.

1011 OLG Oldenburg, Urt. v. 11.8.2015 – 13 U 25/15. Wegen einer Fake-Porno-Fotomontage musste eine Frau nächtliches Klopfen an Fensterscheiben, Klingeln an der Haustür und Telefonanrufe erleiden und sah sich gezwungen, die Stadt, in der sie lebte, zu verlassen (Rn. 6). Die Entschädigung i.H.v. 15000 Euro wird vom Gericht als Genugtuung als angemessen betrachtet (Rn. 7).

1012 OLG Frankfurt a.M., Urt. v. 21.07.2016 - 16 U 233/15 - Verantwortung für Postings auf Facebook-Account. Das Gericht begründete die Entscheidung, dass „hiermit eine missbräuchliche Nutzung durch unberechtigte Dritte etwa für die Begehung

Anspruch auf Geldentschädigung für schwere Beeinträchtigungen der Persönlichkeit sollte dem Betroffenen zustehen, so wie das bei einer Körperverletzung zugebilligte Schmerzensgeld.

III. Besonderheiten der Ansprüche im rumänischen Recht

1. Gegendarstellungsanspruch

a) Bestandsaufnahme

Der Gegendarstellungsanspruch wird im rumänischen Recht nur von einer speziellen Regelung vorgesehen, nämlich in Artt. 49-63 des Rundfunk-Codex' in der Entscheidung 220/2011[1013] zum Regelungskodex für audiovisuelle Inhalte des Nationalen Audiovisuellen Rates (Consiliului Național al Audiovizualului - CNA). Gemäß Art. 49 der Entscheidung 220/2011 wird jeder natürlichen oder juristischen Person ein Gegendarstellungsanspruch gewährleistet, wenn in einem audiovisuellen Programm unwahre Tatsachenbehauptungen gemacht wurden.

Art. 50 sieht vier Ausschlussgründe für den Anspruch auf Gegendarstellung vor. Der erste Ausschlussgrund besteht im Ausdruck von Meinungen und Werturteilen. Die weiteren gesetzlichen Ausschlussgründe, die aufgelistet sind, lauten, wenn das Prinzip „et altera pars audiatur" respektiert wurde, wenn eine Gegendarstellung zu einer Gegendarstellung angefordert wird und wenn der Sender auf einen Vorwurf unter der Bedingung antwortet, dass die Rechte oder die legitimen Interessen eines Dritten nicht beeinträchtigt werden.[1014]

Weiterhin ist in Art. 51 das Berichtigungsrecht geregelt, in dem die betroffene Person durch eindeutige, schwerwiegende falsche Informationen beeinträchtigt wurde. Der CNA hat auch Fristen für die Gegendarstellung gesetzt und Art. 52 regelt, dass die geschädigte Person, die in einem audiovisuellen Programm als geschädigt angesehen wurde, den Sender innerhalb von 15 Tagen ab dem Datum ihrer Ausstrahlung auffordern kann, das Programm zu überprüfen oder zu verhindern, dass der schädigende Beitrag erneut gezeigt wird. Art. 53[1015] dient als eine

---

von Rechtsverletzungen einhergehen kann, welche der Beklagte allein schon durch den sorglosen Umgang mit seinen Zugangsdaten begünstigte, erscheint nicht gänzlich unwahrscheinlich. Damit trifft ihn jedenfalls der Vorwurf der einfachen Fahrlässigkeit." Rn. 56. *Gounalakis,* in: Götting/Schertz/Seitz, Handbuch des Persönlichkeitsrechts, § 24, Rn. 221.

1013 Die Entscheidung Nr. 614 v. 11.6.2019 zur Änderung u. Vervollständigung der Entscheidung des Nationalen Audiovisuellen Rates Nr. 220/2011 zum Regelungskodex für audiovisuelle Inhalte, veröff. in M.Of., I.Teil, Nr. 517 v. 25.6.2019.

1014 Siehe dazu Rundfunk-Codex, Kapitel I, Art. 50 Punkte a) – d) der Entscheidung 220/2011.

1015 Dies wären: a) Name und Anschrift, Telefonnummer oder andere Daten, die eine schnelle und effiziente Kontaktaufnahme ermöglichen; b) der Name der Sendung

Hilfestellung für die betroffene Person und enthält die genauen Angaben einer Gegendarstellung, sogar für Minderjährige.

Die anderen Vorschriften zur Gegendarstellung bestimmen, dass laut Art. 54 die Anfrage zur Gegendarstellung beim Sender schriftlich erfolgen sollte, die Verweigerungsrechte des Senders gem. Art. 55 sowie die Gründe für eine begründete Ablehnung der Anfrage gem. Art. 56. Die Bedingungen für die Veröffentlichung der Gegendarstellung werden in Artt. 57 f. geschildert.

Im 2. Kapitel des Rundfunk-Codex' wird in den Artt. 58-63 geregelt, dass die geschädigte Person sich innerhalb von maximal 30 Tagen ab dem Datum der Ausstrahlung der Sendung, die den Schaden verursacht hat, an den Nationalen Audiovisuellen Rat wenden kann (Art. 59). Art. 63 gewährleistet der betroffenen Person auch die Möglichkeit, den Sender zu verklagen.

b) Vorschlag zur Einführung des Gegendarstellungsanspruchs im rumänischen Cod Civil

Das Gegendarstellungsrecht wurde 1996 in der Entscheidung Nr. 8/1996 als korrelatives Verfassungsrecht mit demselben Wert wie die Meinungsfreiheit anerkannt.[1016] Es gab mehrere Gesetze, in denen die Rechtsgrundlage für den Gegendarstellungsanspruch gestützt wurde.[1017] Bis Juli 2009 wurde die Verletzung der Ehre oder Bedrohung in der Öffentlichkeit, die gegen eine Person gerichtet war oder in Verbindung zu deren Aktivität stand oder so gestaltet war, dass sie eine öffentliche Behörde berührt, in Art. 238 Cod penal vorgesehen. Diese Regelung wurde zugunsten vieler persönlicher Interessen von Politikern und zulasten der rumänischen Presse verwendet.[1018]

Die Begründung zum neuen rumänischen Cod Civil aus dem Jahr 2009 verweist auf die Bedeutung der Vorschriften für die Persönlichkeitsrechte und betont, dass die Prinzipien vom Cod Civil erfasst werden sollten und die detaillierten

---

und das Sendedatum; c) die unwahren Tatsachen, für die das Recht auf Antwort angefordert wird, oder die fehlerhaften Informationen, für die die Berichtigung angefordert wird; d) Motivation der Anfrage; e) der Text der Antwort, der sich nur auf die unwahren Tatsachen beziehen sollte, die in Frage gestellt wurden.

1016 Siehe dazu Curtea Constituţională, Entscheidung Nr. 8/1996, S. 3, veröff. in M.Of., I. Teil, Nr. 129 v. 21.6.1996.

1017 Das Gesetz 3/1974 zur Presse der Sozialistischen Republik Rumänien in Kraft v. 1.5.1974 bis zum 8.7.2012, außer Kraft gesetzt durch das Gesetz 95/2012; das Gesetz 48/1992 zur Organisation des Audiovisuellen in Kraft v. 25.5.1992 bis zum 21.7.2002 und außer Kraft gesetzt sowie ersetzt durch das Gesetz 504/2002; das Gesetz 48/1994 zu den Regelungen für Radio und Fernsehen, besonders relevant zur Gegendarstellung war Art. 14 mit den Absätzen 6, 8, 10. Siehe dazu auch *Coman* in Manual de jurnalism, 2016, S. 28f..

1018 Coman in Manual de jurnalism, 2016, S. 30f..

prozessualen und institutionellen Aspekte in speziellen Gesetzen geregelt werden sollten.[1019] Diese Regelung gilt jedoch nicht für den Gegendarstellungsanspruch, denn diese Ausnahme wird gar nicht in der Begründung erwähnt. In einer anderen Begründung zu dem Projekt zu den neuen zivilrechtlichen Vorschriften wurde der Gegendarstellungsanspruch unter anderen Rechtsschutzmöglichkeiten aufgelistet, wenn das Persönlichkeitsrecht verletzt oder bedroht wäre.[1020] Dies bestätigt, dass beabsichtigt war, dieses Rechtsinstitut vom Cod Civil erfassen zu lassen, aber der Vorschlag ist während der Diskussionen vor dem Inkrafttreten gescheitert.

Ein Kritikpunkt zu dem Vorschlag, die Gegendarstellung Teil des aktuellen rumänischen Cod Civil werden zu lassen, besteht darin, dass eine Einmischung des Staates in die Meinungs- und Pressefreiheit eine Gefahr für die Selbstständigkeit der Presse wäre. Aber diese Befürchtung kann in einem demokratischen Staat durch angemessene Kontrollen und Mechanismen bewältigt werden. Dafür kann auch die Regelung des Rechts auf Gegendarstellung im deutschen Recht als Vorbild genommen werden, die als angemessenes und ausgeglichenes Rechtsmittel für die Meinungsfreiheit und das öffentliche Interesse zu richtiger Information und für das Recht auf Selbstbestimmung über die öffentliche Darstellung der eigenen Person beschrieben wird.

Laut BVerfG entsteht auf der Seite des Gesetzgebers eine Pflicht, ein effektives Gegendarstellungsrecht zu gewährleisten.[1021] Dies entspricht dem Sinn des Gesetzgebungsverfahrens, in dem die allgemein verbindlichen staatlichen Entscheidungen durch demokratisch legitimierte Vertreter des Volkes und nach einem geregelten und transparenten Beratungsverfahren verabschiedet werden.[1022] Ein effektives und beschleunigtes Gesetzgebungsverfahren in einem demokratischen Rechtsstaat basiert auf den Themen, die in einem Gesetzentwurf vorgestellt werden, umfänglich informierten Abgeordneten, einem Ausgleich der beteiligten Interessen und der Belehrung der Öffentlichkeit, der Verstärkung der Rechtssicherheit sowie der Legitimation durch eine Mehrheitsentscheidung.[1023]

Außerdem ist das Gegendarstellungsrecht als „ein den Gegebenheiten der modernen Massenkommunikationsmittel angepasstes, für das Sondergebiet des Medienrechts näher ausgestaltetes Mittel zum Schutz des Einzelnen gegen

---

1019 Siehe Expunere de motive 305/2009, S. 4.

1020 Siehe die Entscheidung Nr. 277 v. 11.3.2009 für die Bewilligung der Thesen zu dem Gesetzesentwurf für einen neuen Cod Civil der rumänischen Regierung, veröff. in M.Of. Nr. 213 v. 2.4.2009.

1021 BVerfG, Urt. v. 8.2.1983 - 1 BvL 20/81, BVerfGE 63, 131 und openJur 2011, 118336, Rn. 41 f. Vgl. dazu Seitz, in: Götting/Schertz/Seitz, Handbuch des Persönlichkeitsrechts, § 48, Rn. 7.

1022 Vgl. dazu Kloepfer/Greve, Staatsrecht kompakt, Rn. 307.

1023 Siehe dazu auch Kloepfer/Greve, Staatsrecht kompakt, 1.Teil: Staatsorganisationsrecht, Rn. 151 ff..

Einwirkungen der Medien auf seine Individualsphäre anerkannt." Hinzu kommt, dass der Anspruchsteller an gleicher Stelle, mit derselben Publizität und vor demselben Publikum seine eigene Erläuterung vorstellen kann. Dadurch wird neben den zivil- und strafrechtlichen Persönlichkeitsschutzmitteln ein zusätzlicher Schutzmechanismus durchgesetzt, indem die Öffentlichkeit es geschafft hat, die Angelegenheiten in einem Labyrinth des Vergessens verschwinden zu lassen.[1024]

Das BVerfG befand auch, dass der Einzelne durch dieses Rechtsinstitut selbst bestimmen sollte, wie er vor der Öffentlichkeit abgebildet wird, was seinen sozialen Geltungsanspruch umfassen soll und ob oder inwieweit Dritte seine Persönlichkeit überhaupt einordnen können, indem diese als Gegenstand öffentlicher Erörterung betrachtet wird.

Die Argumente dieser Entscheidung des BVerfG spiegeln die Bedeutung des Gegendarstellungsanspruchs für eine demokratische Gesellschaft und sie könnten als ein maßgebendes Beispiel für den rumänischen Gesetzgeber angenommen werden, einen Gesetzesentwurf dazu vorzulegen. Laut BVerfG ist die Aufgabe des Gesetzgebers, den Rahmen eines effektiven Gegendarstellungsrechts zu sichern. Dies wäre auch in der rumänischen Rechtsordnung eine Befugnis des Parlaments als die einzige legislative Institution gem. Art. 61 (1) der rumänischen Verfassung.

Tatsächlich gibt es wesentliche Unterschiede zwischen den rumänischen und den deutschen Regelungen zu diesem Rechtsinstitut. Es gibt 50 gesetzliche Regelungen zum Gegendarstellungsanspruch in Deutschland[1025] und trotzdem immer noch Lücken im System in Bezug auf dieses Rechtsinstitut.[1026] Deswegen könnte dies als Gegenargument verwendet werden, aber es muss auch anerkannt werden, dass sich in Deutschland schon eine Tradition in diese Richtung entwickelt hat sowie dass dieser Anspruch schnell und effektiv angewendet wird.

Es ist auch fraglich, ob eine Regelung zur Gegendarstellung für jedes Medium, d.h. die Presse, der Rundfunk und das Internet, einzuführen wäre. Es würde dann die Gefahr bestehen, dass Schwierigkeiten bei den Formulierungen entstehen könnten, wenn verschiedene Medien nur in einer konvergenten Regelung erfasst wären.[1027] Wird aber der Gegendarstellungsanspruch nach der aktuellen

---

1024 Vgl. dazu auch Seitz, in: Götting/Schertz/Seitz, Handbuch des Persönlichkeitsrechts, § 48, Rn. 8.

1025 Trotz der zahlreichen Regelungen bestehen zwischen diesen nur unwesentliche Unterschiede. Vgl. dazu Seitz, in: Götting/Schertz/Seitz, Handbuch des Persönlichkeitsrechts, § 48, Rn. 12.

1026 Nach der Wiedervereinigung Deutschlands waren mehrere Rechtsgrundlagen in der Diskussion, die für den Gegendarstellungsanspruch festgelegt werden könnten. Vgl. dazu Seitz, in: Götting/Schertz/Seitz, Handbuch des Persönlichkeitsrechts, § 48, Rn. 10.

1027 Als Beispiele für die konvergenten Gegendarstellungsregelungen werden die Mediengesetze der Bundesländer Rheinland-Pfalz, nämlich das Landesmediengesetz v.

Rechtslage tatsächlich durchgesetzt werden können? Würden die Vorschriften die aktuellen Entwicklungen widerspiegeln? Diese Fragen und weitere könnten durch einen neuen Gesetzentwurf zur Einführung des Gegendarstellungsanspruchs beantwortet werden. Darüber hinaus sollte ein solches Projekt öffentlich mit den Vertretern der Presse, des Nationalen Audiovisuellen Rates und besonders auch mit Vertretern der Bürgerinitiativen zur Meinungsfreiheit, Pressefreiheit und mit anderen Interessenten diskutiert werden.

2. *Schadenersatz*

Die rumänischen Richter sollten auch die französische Herangehensweise übernehmen und öfter Höchstbeträge für schwere Persönlichkeitsrechtsverletzungen verhängen auch zum Schutz von Bürgerlichen und nicht nur von Adligen, wie beispielsweise Caroline von Monaco oder die britische Herzogin Catherine. Darüber hinaus dienen die Hemmeffekte eines deutlichen Schadenersatzanspruches der Prävention zugunsten des Persönlichkeitsschutzes und sollten auch im rumänischen Recht durchgesetzt werden.

Nach dem Cod Civil wäre der höchstmögliche gesetzliche Betrag für einen Schadenersatzanspruch im Vergleich zu den deutschen oder französischen wesentlich niedriger. Dies sollte nicht der Fall sein, da der Schutz der Persönlichkeit nicht vom Land abhängig einen unterschiedlichen Wert haben sollte, insbesondere in Mitgliedstaaten der Europäischen Union. Es sollte der höchstmögliche gesetzliche Betrag als Entschädigung durchgesetzt werden, besonders wenn der Verletzer in Zeitschriften oder Zeitungen die Persönlichkeitsrechte vorsätzlich mit dem Ziel der Auflagensteigerung, der Gewinnmaximierung und der Zwangskommerzialisierung der Betroffenen missachtet hat.[1028]

4.2.2005, veröff. in GVBl, S. 23, und das Saarländische Mediengesetz v. 27.2.2002 gegeben.

1028 Vgl. dazu Martin, Das allgemeine Persönlichkeitsrecht in seiner historischen Entwicklung, S. 250; Der Kommentar bezieht sich auf den Ersatz des immateriellen Schadens wegen der unwahren Tatsachenbehauptungen in einem erfundenen Interview mit der Prinzessin Caroline von Monaco. BGH v. 15.11.1994 – Caroline von Monaco I (Erfundenes Exclusiv-Interview), BGHZ 128, S. 1 ff..

C. Ansprüche im europäischen Recht

I. Europäisches und internationales Gegendarstellungsrecht

Das Gegendarstellungsrecht ist in Art. 10 EMRK verankert und steht im Zusammenhang mit der Meinungsfreiheit.[1029] Bereits 2008 hat der EGMR in dem Urteil *Vitrenko v. Ukraine* betont, dass eine positive Verpflichtung des Staates besteht, eine angemessene Gelegenheit zu einem Gegendarstellungsanspruch zu gewährleisten, wenn die Personen verleumdet wurden.[1030] Für ein wirksames Recht auf Gegendarstellung wird gefordert, dass dieselben Bedingungen wie für die rechtsverletzenden Beiträge erfüllt werden, in Übereinstimmung mit den Richtlinien der vom Ministerrates des Europarates 1974 verabschiedete Resolution (74) 26 zum Recht auf Gegendarstellung: „On the Right of Reply – Position of the Individual in Relation to the Press". Laut dieser Prinzipen sollte der betroffenen Person bei den Verletzungen der Würde, der Ehre und des Rufes eine effektive Möglichkeit auf Korrektur der falschen Tatsachenbehauptungen unter Vermeidung unangemessener Verzögerungen gewährleistet werden.[1031]

Darüber hinaus enthält ein Appendix zu dieser Resolution Mindestanforderungen bezüglich des Rechts auf Gegendarstellung, die von den Mitgliedstaaten des Europarats in deren Rechtsordnungen eingefügt werden können. Es wird auch empfohlen, die Einsetzung eines Gerichts zu berücksichtigen, um eventuelle Konflikte zu beheben, die Durchsetzung und die erfolgreiche Geltendmachung der Gegendarstellung zu gewähren.

Die große Bedeutung des Gegendarstellungsrechts für eine freie und demokratische Gesellschaft wurde diesem in zahlreichen Beschlüssen und Resolutionen des Europarats verliehen,[1032] um zu betonen, dass „eine nicht gut informierte Gesellschaft eine Gesellschaft ist, die nicht wirklich frei ist."[1033] Ein effektiver

---

1029 Siehe dazu den Befund des IAGMR im Gutachten OC-7/86, Rn. 25; ausführlicher in Seidl, Meinungsfreiheit in der Rechtsprechungspraxis des Interamerikanischen Gerichtshofs für Menschenrechte, S. 134 ff..

1030 Vgl. dazu EGMR, Urt. v. 16.12.2008, Vitrenko and others/Ukraine, Nr. 23510/02, S. 11.

1031 Siehe die Punkte 1 und 2 der Entschließung, verabschiedet am 2.7.1974.

1032 Einige nennenswerte Beispiele: European Code of Deontology on Journalism, der aus der Resolution 1003 und der Recommendation 1215 on the Ethics of Journalism der Parlamentarischen Versammlung des Europarats besteht, verabschiedet am 1.7.1993; die Empfehlung des Ministerrats zum Hate Speech, Recommendation No. R (97) 20, angenommen vom Ministerrat am 30.10.1997; Recommendation 2014 (16) on the right of reply in the new media environment, angenommen vom Ministerrat am 15.12.2004.

1033 Siehe IAGMR, Gutachten OC-5/85, Rn. 69.

Rechtsschutz des Einzelnen durch ein Gegendarstellungsrecht ist auch ein Zeichen einer demokratischen Gesellschaft, indem der Zweck eines ausgleichenden Gegengewichtes zwischen der Meinungsfreiheit der Medien in Wort, Schrift und Bild und dem Schutz der betroffenen Person vor Äußerungen in den Medien erreicht wird.[1034]

Am 5. Mai 1989 wurde vom Europarat ein Europäisches Übereinkommen über das grenzüberschreitende Fernsehen beschlossen (European convention on transfrontier television) und das Recht auf Gegendarstellung wurde im Artikel 8 ausdrücklich normiert und anerkannt.[1035] Dadurch wurde im Art. 8 Abs. 1 des Übereinkommens sichergestellt, dass „jede natürliche oder juristische Person ungeachtet ihrer Staatsangehörigkeit oder ihres Wohnorts, bzw. Sitzes die Möglichkeit hat, im Hinblick auf Sendungen, die durch einen ihrer Rechtshoheit i.S.d. Artikels 5 unterliegenden Rundfunkveranstalter verbreitet werden, ein Recht auf Gegendarstellung auszuüben oder andere vergleichbare gerichtliche oder verwaltungsrechtliche Mittel in Anspruch zu nehmen."

Es wurde auch bestimmt, dass die Mitgliedstaaten des Europarats für die Einhaltung der vorgesehenen Fristen und sonstiger Modalitäten zu einer wirksamen Ausübung des Rechts auf Gegendarstellung sorgen und dennoch eine „wirksame Inanspruchnahme dieses Rechts oder anderer vergleichbarer gerichtlicher oder verwaltungsrechtlicher Mittel, sowohl hinsichtlich der Fristen als auch hinsichtlich der Anwendungsmodalitäten" sichergestellt wird.

In der Europäischen Gemeinschaft wurde die Richtlinie zur Koordinierung bestimmter Rechts- und Verwaltungsvorschriften der Mitgliedstaaten über die Ausübung der Fernsehtätigkeit beschlossen, aber auch mehrmals und erheblich geändert.[1036] Hauptziel dieser EG-Fernsehrichtlinie war, einen Binnenmarkt für alle audiovisuellen Mediendienste zu schaffen, so dass sie frei zirkulieren können.[1037] Zwischen dem europäischen Übereinkommen über grenzüberschreitendes

---

1034 Vgl. dazu auch die Perspektive der Gegendarstellung im deutschen Recht in Seitz, Gegendarstellungsanspruch, 1. Kapitel, Rn. 14.

1035 Siehe dazu mehr in Fink/Cole/Keber, Europäisches und internationales Medienrecht, Rn. 79 f. u. Rn. 275; Fink/Keber/Roguski, ZUM 2011, 292 (292 ff.).

1036 Die Richtlinie (EG) 89/552/EWG des Rates v. 3.10.1989 zur Koordinierung bestimmter Rechts- und Verwaltungsvorschriften der Mitgliedstaaten über die Ausübung der Fernsehtätigkeit (EG-Fernsehrichtlinie), ABl. 1989 L 298, S. 23. Die Richtlinie basiert auf dem Grünbuch über die Errichtung des gemeinsamen Marktes für den Rundfunk, insbesondere über Satellit und Kabel, der Kommission „Fernsehen ohne Grenzen", v. 14.6.1984, KOM(84) 300 endg.; Änderungen der EG-Fernsehrichtlinie durch: die Richtlinie 97/36/EG (ABl. 1997 L 202, S. 60); vgl. dazu die Richtlinie 2007/65/EG, ABl. 2007 L 332, S. 27.

1037 Siehe die Entschließung des Europäischen Parlaments v. 22.5.2013 zur Anwendung der Richtlinie über audiovisuelle Mediendienste (2012/2132(INI)).

Fernsehen und der EG-Fernsehrichtlinie besteht ein enges Verhältnis, da beide Rechtsakte die Harmonisierung des Rundfunkrechts beabsichtigten.[1038] Am 10. März 2010 wurde eine neue Richtlinie zur Koordinierung bestimmter Rechts- und Verwaltungsvorschriften der Mitgliedstaaten über die Bereitstellung audiovisueller Mediendienste erlassen, um Klarheit und Übersichtlichkeit im Bereich der audiovisuellen Mediendienste sicherzustellen.[1039] Art. 28 Abs. 1 der Richtlinie über die audiovisuellen Mediendienste enthält den Ausdruck „ein Recht auf Gegendarstellung oder gleichwertige Maßnahmen", dadurch wird darauf hingewiesen, dass das Gegendarstellungsrecht nicht notwendig für eine Harmonisierung in den EU-Mitgliedstaaten ist.[1040] Dennoch gilt diese Regelung nur für das Fernsehen.

Man könnte sagen, dass die Experten der EU-Kommission von der Empfehlung des Europäischen Parlaments und des Rates inspiriert wurden, die 2006 die Notwendigkeit eines Gegendarstellungsrechts erkannt haben. Die zwei Institutionen haben eine Empfehlung an die EU-Mitgliedstaaten ausgesprochen, um ein Recht auf Gegendarstellung oder gleichwertige Abhilfemaßnahmen bei allen audiovisuellen Diensten und Online-Informationsdiensten für den Schutz Minderjähriger und der Menschenwürde in deren nationaler Rechtslage hinzuzufügen.[1041] Aber laut Art. 288 AEUV Satz 1 und 5 sind die Empfehlungen keine verbindlichen EU-Rechtsakte.[1042] Deswegen liegt auch keine Pflicht der Staaten zu Rechtsfolgen vor und in vielen EU-Mitgliedstaaten, darunter auch Rumänien, wurde dieser Empfehlung nicht gefolgt.

1038 Zu diesem Verhältnis näher in Engel, Europäische Konvention über grenzüberschreitendes Fernsehen, ZRP 1988, S. 204 ff.; Delbrück, ZUM 1989, 373.

1039 Vgl. dazu den 1. ErwG. der Richtlinie (EU) 2010/13 des Europäischen Parlaments und des Rates vom 10.3.2010 zur Koordinierung bestimmter Rechts- und Verwaltungsvorschriften der Mitgliedstaaten über die Bereitstellung audiovisueller Mediendienste (Richtlinie über audiovisuelle Mediendienste) – AVMD-RL, ABl. L 95, S. 1.

1040 Vgl. dazu auch die Auslegung der „gleichwertigen Maßnahmen" in Seitz, Gegendarstellungsanspruch, 15. Kapitel, Rn. 23.

1041 Empfehlung 2006/952/EG des Europäischen Parlaments und des Rates v. 20.12.2006 über den Schutz Minderjähriger und den Schutz der Menschenwürde und über das Recht auf Gegendarstellung im Zusammenhang mit der Wettbewerbsfähigkeit des europäischen Industriezweiges der audiovisuellen Dienste und Onlinedienste, ABl. L 378 v. 27.12.2006, abrufbar unter: http://www.europarl.europa.eu/oeil/popups/ficheprocedure.do?lang=en&reference=2004/0117(COD).

1042 Art. 288 AEUV enthält in fünf Sätzen kurze gesetzliche Definitionen der Rechtsakte der Europäischen Union.

II. Europäisches Auskunftsrecht

Nach europäischem Recht kann ein Auskunftsanspruch mit der Meinungsfreiheit vereinbar sein.[1043] Art. 12 DSRL regelte das Auskunftsrecht der betroffenen Person und bestimmte die freie Ausübung des Auskunftsrechts in angemessenen Abständen ohne unzumutbare Verzögerung oder übermäßige Kosten. Der Betroffene war berechtigt, gem. Art. 12 a) DSRL eine Bestätigung über die Datenverarbeitung, ihre Zwecke, die Kategorien der Daten und die Gegenstände und Informationen über die Empfänger der personenbezogenen Daten zu bekommen. Diese Regelung sah auch vor, dass die Bekanntgabe solcher Informationen in verständlicher Form erfolgen musste.

Im Falle eines Anspruchs gegen einen Access-Provider wird die ePrivacy-RL anwendbar, aber diese Richtlinie sieht keinen Auskunftsanspruch über Nutzungsdaten vor.[1044] Nach Art. 15 Abs. 2 ECRL[1045] können die Mitgliedstaaten Anbieter von Diensten der Informationsgesellschaft dazu verpflichten, dass diese Informationen über ihre Nutzer an die zuständigen nationalen Behörden herausgeben.

In der Rechtssache C-553/07 des EuGH wurde bestimmt, dass die personenbezogenen Daten, die eine Identifizierung ermöglichen können, in einem Format gespeichert werden sollten, die es den betroffenen Personen erlaubt, ihr Auskunftsrecht auszuüben.[1046] Darüber hinaus sind die Mitgliedstaaten verpflichtet, eine Frist zur Aufbewahrung von Informationen festzulegen. Dadurch soll eine gerechte Abwägung der Interessen der Verantwortlichen für die Datenverarbeitung und der Rechte der Betroffenen gewährleistet werden.[1047]

Laut EuGH sollen Host-Provider sicherstellen, dass die Rechtsverletzten ein Recht auf einen wirksamen Rechtsbehelf haben. Die Plattformbetreiber könnten dann angemessene Maßnahmen durchführen, um die Identifizierung des Rechtsverletzers zu ermöglichen. Es wurde auch entschieden, dass gesetzliche Vorschriften zulässig sind, wenn es im Rahmen eines zivilrechtlichen Vorgehens erforderlich wird, dass die Provider Auskunft über rechtsverletzende Nutzer geben. Die Mitgliedstaaten sollen sicherstellen, dass bei einer richterlichen Anordnung und bei

---

1043 Gounalakis, in: Götting/Schertz/Seitz, Handbuch des Persönlichkeitsrechts, § 24, Rn. 152; a.A. Bernheuther, AfP 2011, 218 (220).

1044 Schmitz, in: Spindler/Schmitz/Liesching, TMG mit NetzDG, § 14 TMG, Rn. 65.

1045 Richtlinie (EG) 2000/31 des Europäischen Parlaments und des Rates v. 8.6.2000 über bestimmte rechtliche Aspekte der Dienste der Informationsgesellschaft, insbesondere des elektronischen Geschäftsverkehrs, im Binnenmarkt („Richtlinie über den elektronischen Geschäftsverkehr"), ABl. L 178, S. 1.

1046 EuGH, Urt. v. 7.5.2009 - C-(553/07 - College van burgemeester en wethouders van Rotterdam/M. E. E. Rijkeboer, Rn. 49.

1047 EuGH, Urt. v. 7.5.2009 - C-553/07 - College van burgemeester en wethouders van Rotterdam/M. E. E. Rijkeboer, Rn. 70.

einer gesetzlichen Vorschrift ein angemessenes verhältnismäßiges Gleichgewicht zwischen den Grundrechten und den Interessen vorliegt.[1048]

III. Haftung und Recht auf Schadenersatz nach der Datenschutz-Grundverordnung

1. Einleitung

Die zivilrechtliche Haftung spielt eine große Rolle im Bereich des Datenschutzes und besonders in der Datenschutz-Grundverordnung 2016/679 (EU) (DS-GVO)[1049]. Um die Haftung des Verantwortlichen oder des Auftragsverarbeiters nach der DS-GVO festzustellen, müssen die Pflichten identifiziert werden, denen nicht nachgekommen wurde oder die nicht beachtet wurden oder ob gegen Anweisungen gehandelt wurde.

Die Haftung und das Recht auf Schadenersatz sind ausdrücklich im Art. 82 DS-GVO geregelt. Laut Art. 82 Abs. 2 Satz 1 DS-GVO haftet der Verantwortliche, wenn er die Regeln der DS-GVO zur Verarbeitung personenbezogener Daten nicht beachtet. Für die Haftung des Auftragsverarbeiters sieht Art. 82 Abs. 2 Satz 2 DS-GVO weitere andere Fälle vor. Der Auftragsverarbeiter haftet auch, wenn er die von der DS-GVO zugewiesenen Pflichten nicht erfüllt oder die vom Verantwortlichen für die Datenverarbeitung erteilten Anweisungen nicht beachtet oder gegen die Anweisungen gehandelt hat.

Die Vorschriften der DS-GVO bestimmen Regeln für verschiedene Bereiche, in denen Haftungsfälle für die Verarbeitung von Daten auftreten können. Dazu gehören Big Data, die automatisierte Verarbeitung, Profiling, die Kollision zwischen dem Recht auf Datenschutz und anderen Rechten, internationale Datenübertragung, das Recht auf Vergessenwerden und missbräuchliche Vertragsklauseln. Der

---

1048 EuGH, Urt. v. 12.7.2011, C-324/09 - L'Oreal/eBay, Rn. 144; EuGH, Urt. v. 29.1.2008 - C-275/06 - Promusicae/Telefónica, Rn. 70.

1049 Verordnung (EU) 2016/679 v. 27.4.2016 zum Schutz natürlicher Personen bei der Verarbeitung personenbezogener Daten, zum freien Datenverkehr und zur Aufhebung der Richtlinie 95/46/EG, ABl. L 119. Der Schutz natürlicher Personen bei der Verarbeitung personenbezogener Daten durch die Institutionen der Europäischen Union wurde in der Verordnung (EU) 2018/1725 verankert, die die Verordnung (EG) Nr. 45/2001 ersetzte, und steht in Einklang mit dem neuen Datenschutzreformpaket, bestehend aus DS-GVO und der Richtlinie für den Datenschutz in Polizei und Justiz. Richtlinie (EU) 2016/680 des Europäischen Parlaments und des Rates v. 27.4.2016 zum Schutz natürlicher Personen bei der Verarbeitung personenbezogener Daten durch die zuständigen Behörden zum Zwecke der Verhütung, Ermittlung, Aufdeckung oder Verfolgung von Straftaten oder der Strafvollstreckung sowie zum freien Datenverkehr und zur Aufhebung des Rahmenbeschlusses 2008/977/JI des Rates, ABl. L 119, S. 89.

hohe Standard des europäischen Datenschutzrechtes ist ein Vorbild für andere Rechtssysteme[1050] und enthält in Art. 45 Abs. 2 DS-GVO strenge Kriterien für die Prüfung der Angemessenheit des Datenschutzniveaus in Drittländern beim Datenaustausch.[1051] Deswegen ist die in der DS-GVO verankerten Haftung der Verantwortlichen und Auftragsverarbeiter ein Beweis dafür, dass ein Fehlverhalten in Bezug auf den Schutz der personenbezogenen Daten von Betroffenen nicht nur administrative, sondern auch zivilrechtliche Konsequenzen in allen europäischen Mitgliedstaaten haben kann.

2. *Haftungskonzept in der DS-GVO*

Die DS-GVO zeichnet sich für die Verankerung der Haftung durch Folgendes aus[1052]:

- Das Recht auf Schutz der personenbezogenen Daten ist kein uneingeschränktes Recht und die Grenzen dieses Rechts werden in Artt. 5-7 und Artt. 12-22 DS-GVO gesetzt. Die Besonderheit dieser Regelung ist, dass dieses Recht in Einklang mit allen von der Charta anerkannten Grundrechte sein muss, insbesondere mit der Achtung des Privat- und Familienlebens, der Wohnung und der Kommunikation, der Gedanken-, Gewissens- und Religionsfreiheit, der Freiheit der Meinungsäußerung und Informationsfreiheit, der unternehmerischen Freiheit, dem Recht auf einen wirksamen Rechtsbehelf und auf ein faires Verfahren.[1053]
- Die Rechte der Betroffenen in Bezug auf den Schutz der personenbezogenen Daten bringen Pflichten für die Verantwortlichen oder Auftragsverarbeiter mit sich. Ein gutes Beispiel ist die Ausübung des Rechts auf Löschung des Betroffenen. Das bedeutet, dass der Verantwortliche verpflichtet ist, die personenbezogenen Daten unverzüglich zu löschen, gem. Art. 17 Abs. 1 DS-GVO, und die anderen Verantwortlichen, die die personenbezogenen Daten verarbeiten, zu informieren, dass sie die Daten löschen sollen, vgl. Art. 17 Abs. 2 DS-GVO.

1050 Kühling, Die Europäisierung des Datenschutzrechts, S. 35 f..

1051 Der EuGH hat detaillierte Vorgaben zu der Angemessenheitsentscheidung der Europäischen Kommission in der Entscheidung zum US/EU-Safe-Harbor-Abkommen gemacht. Siehe EuGH, Urt. v. 6.10.2015 - C-362/14 - Maximillian Schrems/Data Protection Commissioner. Art. 45 Abs. 2 DS-GVO beschreibt drei Regelungsbereiche zur Angemessenheitsprüfung: Rechtsnormen, Berufsregeln, Rechtsbehelfe und die Rechtsprechung (lit. a); die Notwendigkeit unabhängiger Datenschutzaufsichtsbehörden (lit. b); Einhaltung internationaler Verpflichtungen von dem Drittland und von der internationaler Organisation (lit. c). Vgl. Schröder, in: Kühling/Buchner, DS-GVO/BDSG, Art. 45 DS-GVO, Rn. 14.

1052 Ausführlicher in Popa, RRDP 1/2018, S. 157.

1053 ErwG. 4 DS-GVO.

- Die Pflichten zur rechtmäßigen Datenverarbeitung sind an öffentliche und private Verantwortliche adressiert und dadurch wird eine horizontale und vertikale Direktwirkung erzielt. Die Verantwortlichen und Auftragsverarbeiter, seien es Unternehmen oder öffentliche Institutionen, müssen die Vorschriften der DS-GVO einhalten.
- Eine effektive zivilrechtliche Haftung für Datenschutzverstöße wird ausdrücklich in Art. 82 DS-GVO geregelt.

Das Recht auf Schutz personenbezogener Daten beinhaltet auch zahlreiche positive und negative Verpflichtungen. Die betroffene Person kann von dem Verantwortlichen verlangen, seine positive Pflicht zu erfüllen, d.h. die personenbezogenen Daten zu löschen, gem. Art. 17 Abs. 1 DS-GVO. Darüber hinaus sieht die DS-GVO auch vor, dass der Verantwortliche nach Art. 17 Abs. 2 verpflichtet ist, andere, die die personenbezogenen Daten verarbeiten, darüber zu informieren, dass eine betroffene Person von ihnen die Löschung der Links zu den personenbezogenen Daten oder Kopien und Replikationen dieser Daten gefordert hat.

Dennoch gewährleistet Art. 82 DS-GVO eine Haftung des Verantwortlichen oder des Auftragsverarbeiters und gewährt der betroffenen Person ein Recht auf Schadenersatz. Art. 82 DS-GVO könnte als der Ausdruck einer unmittelbar-horizontalen Grundrechtswirkung betrachtet werden, da das Recht auf Datenschutz, geregelt in Art. 8 GRCh, an die Privatpersonen, ein Verantwortlicher oder Auftragsverarbeiter, gerichtet ist und diese Wirkung entfaltet sich nur durch die Pflicht des Staates bzw. der Institutionen der Europäischen Union, einen rechtlichen Rahmen zu schaffen, um den Schutz des Rechts zu gewährleisten.[1054] Dies wurde durch den Erlass der DS-GVO erreicht. Die mittelbare Drittwirkung wird im Falle des Datenschutzrechts durch die offenen Klauseln der DS-GVO zum Ausdruck gebracht, da den EU-Mitgliedstaaten überlassen bleibt, manche Regelungen hinzuzufügen oder anzupassen.[1055] Verantwortliche oder Auftragsverarbeiter sollten durch Art. 6 Abs. 1 lit. f DS-GVO ein berechtigtes Interesse an einer Verarbeitung der Daten haben.

3. *Die Haftung der Verantwortlichen oder Auftragsverarbeiter*

a) *Verankerung in Artt. 82, 80 DS-GVO*

Durch das Inkrafttreten der DS-GVO wurden zahlreiche neue Rechte natürlicher Personen, wirksame verwaltungsrechtliche und gerichtliche Rechtsbehelfe zur Verwirklichung und Umsetzung dieser Rechte und im Kapitel VIII in den Artt. 77-84 die Möglichkeit strenger Sanktionen gegen Verantwortliche oder Auftragsverarbeiter eingeführt. Dadurch unterscheiden sich die Vorschriften der DS-GVO von den Vorschriften der DS-RL, die im III. Kapitel nur in den Artt. 22-24

1054 A.A. Johlen, in: Stern/Sachs, EU GRCh, S. 214, Nr. 21.
1055 Ausführlicher in Popa, RRDP 1/2018, S. 158f..

die Möglichkeit bereithielt, Rechtsbehelfe einzulegen, Schadenersatz zu bekommen und Sanktionen zu fordern. Die neue Verordnung beinhaltet klarere Regeln und zahlreiche Maßnahmen zum Schutz der Verarbeitung der personenbezogenen Daten: mögliche Beschwerde bei einer Aufsichtsbehörde (Art. 77), wirksame gerichtliche Rechtsbehelfe sowohl gegen die Aufsichtsbehörde (Art. 78), wie auch gegen Verantwortliche und Auftragsverarbeiter (Art. 79).

Es gibt zwei zentrale Regelungen zur zivilrechtlichen Haftung in der DS-GVO, die einen effektiven Schutz personenbezogener Daten garantieren sollen. Art. 82 DS-GVO normiert die Schadenersatzpflicht des Verantwortlichen und des Auftragsverarbeiters für Verstöße gegen die DS-GVO. Laut Art. 80 DS-GVO könnten die Rechtsbehelfe nach Artt. 77-79 sowie nach Art. 82 DS-GVO auch durch eine eventuelle Verbandsklage geltend gemacht werden.[1056]

Für das rumänische Recht ist die Regelung des Art. 82 DS-GVO keine Neuerung. Die Vorschriften zu der zivilrechtlichen Haftung des Cod Civil, verankert in Art. 1349 f. (generelle Angaben zu der deliktischen und vertraglichen Haftung), Art. 1351 ff. (haftungsbefreiende Gründe), Art. 1530 ff. (Anspruch auf Schadenersatz), Art. 219 f. (Haftung juristischer Personen), Artt. 221-224 (Haftung öffentlicher juristischer Personen), Art. 252 ff. (Schutz der Privatsphäre), bleiben im Bereich der Haftung weiterhin anwendbar, auch wenn sie nicht ausdrücklich den Schutz personenbezogener Daten erwähnen.[1057] Im deutschen Recht gab es in §§ 823, 1004 BGB allgemein zivilrechtliche Haftungsregeln und gem. § 83 BDSG Vorschriften zur Haftung bei Datenschutzverstößen und Sanktionen.[1058]

b) Die Haftung für die Verarbeitung personenbezogener Daten

Art. 82 DS-GVO wird in der deutschen Literatur als das Herzstück zur praktischen Durchsetzung der Schutzvorschriften der DS-GVO betrachtet und gewährleistet eine Ergänzung zu dem individuellen Rechtsschutz, normiert in den Artt. 77-79 DS-GVO.[1059] Art. 82 Abs. 1 DS-GVO begründet einen einheitlichen Schadenersatzanspruch für Verstöße gegen Datenschutzregeln in allen EU-Mitgliedstaaten. In

1056 Nebel, in: Roßnagel (Hrsg.), Das neue Datenschutzrecht, § 2 Grundlagen, Rn. 132; Boehm, in: Simitis/Hornung/Spiecker gen. Döhmann, Datenschutzrecht, Art. 80 DS-GVO, Rn. 1. Die betroffene Person kann sich im verwaltungsrechtlichen und/oder gerichtlichen Verfahren vertreten lassen (Abs. 1) und den Verbänden wird ein eigenständiges Beschwerde- und Klagerecht eingeräumt. (Abs. 2)

1057 Popa, RRDP 1/2018, S. 160.

1058 Sogar in § 7 BDSG a.F. wurde die Haftung für Datenschutzverstöße vorgesehen und die Ersatzpflicht des Verantwortlichen entfiel, wenn er die gebotene Sorgfalt hatte. Vgl. Laue/Nink/Kremer, Das neue Datenschutzrecht in der betrieblichen Praxis, S. 301, Rn. 1.

1059 Boehm, in: Simitis/Hornung/Spiecker gen. Döhmann, Datenschutzrecht, Art. 82 DS-GVO, Rn. 1.

Abs. 2 werden verschiedene Haftungsmaßstäbe bestimmt, in Abs. 3 ist ausdrücklich eine Exkulpationsmöglichkeit vorgesehen. Die Vorschrift enthält eine gesamtschuldnerische Haftung bei mehreren Verantwortlichen und Auftragsverarbeitern (Abs. 4) und einen Innenausgleich zwischen den Gesamtschuldnern (Abs. 5) und überschneidet sich mit Verträgen zur Datenverarbeitung oder den nationalen zivilrechtlichen Vorschriften,[1060] im deutschen Recht mit den Regelungen des BGB und im rumänischen Recht mit den Regeln des Cod Civil. In Abs. 6 werden die Zuständigkeiten bestimmt und damit sichergestellt, dass für den Schadenersatzanspruch gegen den Verantwortlichen oder Auftragsverarbeiter dieselbe gerichtliche Zuständigkeit wie für alle anderen Ansprüche, denselben Datenverarbeitungsvorgang, die Rechtmäßigkeit der Datenverarbeitung o.a. gilt.[1061]

Art. 22 ePrivacy-VO-E[1062] (ePVO-E[1063]) gewährleistet die Haftung des Schädigers und einen Entschädigungsanspruch und verweist am Ende der Vorschrift darauf, dass sie in Einklang mit Art. 82 DS-GVO sein sollte. Nach Art. 22 ePVO-E hat jeder Endnutzer elektronischer Kommunikationsdienste im Falle eines Verstoßes gegen die Vorschriften der ePVO-E einen eigenen Anspruch auf Schadenersatz für den erlittenen materiellen oder immateriellen Schaden. ePrivacy-VO-E ist als lex specialis zur DS-GVO für die elektronischen Kommunikationsdaten konzipiert.[1064]

c) Inhalt der Regelung

aa) Schaden

Der Verstoß gegen die DS-GVO muss einen Schaden verursacht haben (vgl. ErwG. 146 Satz 6 DS-GVO). Der Begriff des „Schadens“ wird dabei gemäß der

---

1060 Bergt, in: Kühling/Buchner, DSGVO/BDSG, Art. 82 DSGVO, Rn. 12.

1061 Boehm, in: Simitis/Hornung/Spiecker gen. Döhmann, Datenschutzrecht, Art. 82 DS-GVO, Rn. 37.

1062 Article 22 ePrivacy-VO-E: Right to compensation and liability Any end-user of electronic communications services who has suffered material or non-material damage as a result of an infringement of this Regulation shall have the right to receive compensation from the infringer for the damage suffered, unless the infringer proves that it is not in any way responsible for the event giving rise to the damage in accordance with Article 82 of Regulation (EU) 2016/679. EUCO, v. 18.9.2019 - 12293/19. Der Verweis auf die Exkulpationsmöglichkeit in Einklang mit Art. 82 DS-GVO wurde von der finnischen Ratspräsidentschaft gestrichen.

1063 Vorschlag für eine Verordnung (EU) des Europäischen Parlaments und des Rates über die Achtung des Privatlebens und den Schutz personenbezogener Daten in der elektronischen Kommunikation und zur Aufhebung der Richtlinie (EG) 2002/58 - ePrivacy-RL (Verordnung über Privatsphäre und elektronische Kommunikation), v. 10.1.2017, COM(2017) 10 final 2017/0003(COD).

1064 EUCO, v. 18.9.2019 - 12293/19, ErwG. 2a, S. 5.

Rechtsprechung des EuGH weit ausgelegt, um einen „vollständigen und wirksamen Schadenersatz“[1065] zu gewährleisten.

Art. 82 Abs. 1 DS-GVO umfasst sowohl materielle als auch immaterielle Schäden. In den Erwägungsgründen 75 und 85 der DS-GVO werden verschiedene Beispiele für Verletzungshandlungen aufgelistet, „die zu einem physischen, materiellen oder immateriellen Schaden führen könnte[n], insbesondere wenn die Verarbeitung zu einer Diskriminierung, einem Identitätsdiebstahl oder -betrug, einem finanziellen Verlust, einer Rufschädigung, einem Verlust der Vertraulichkeit von dem Berufsgeheimnis unterliegenden personenbezogenen Daten, der unbefugten Aufhebung der Pseudonymisierung oder anderen erheblichen wirtschaftlichen oder gesellschaftlichen Nachteilen führen kann.“ Der Ausdruck „wie etwa“ im Erwägungsgrund 85 der DS-GVO signalisiert, dass die Liste nicht endgültig ist.

Im Falle der immateriellen Schäden steht den EU-Mitgliedstaaten ein großer Ermessensspielraum zu. Um einen wirksamen und abschreckenden Schadenersatzanspruch zu gewähren, müssen die EU-Mitgliedstaaten das Gewicht der Rechtsverletzung und den objektiven Umfang der Beeinträchtigung der betroffenen Person berücksichtigen.[1066] Bei der Berechnung der Höhe des Ersatzes immaterieller Schäden sollten Genugtuung und Abschreckung als Faktoren mit einbezogen werden.[1067] Im deutschen Rechtssystem wäre es eine Form der Ungleichbehandlung im Verhältnis zu anderen Ansprüchen, wenn die Höhe des Ersatzes für Datenschutzverletzungen höher wäre als für andere immaterielle Schäden, aber ein Katalog mit der Höhe des Ersatzes immaterieller Schäden würde europaweit einen einheitlichen Schutz der Betroffenen gewährleisten.[1068] Denn die Schadenersatzhöhe unterscheidet sich wesentlich in den einzelnen EU-Mitgliedstaaten. In Rumänien[1069] werden die Summen niedriger als in

1065 ErwG. 146 S. 6 DS-GVO.

1066 Kreße, in: Sydow (Hrsg.), EU DS-GVO, Artikel 82 DS-GVO, Rn. 6.

1067 Nemitz, in: Ehmann/Selmayr, DS-GVO, Art. 82, Rn. 18.

1068 Geminn, in: Jandt/Steidle (Hrsg.), Datenschutz im Internet, S. 474, Rn. 56; Krätschmer/Bausewein, in: Wybitul, DS-GVO, Art. 82, Rn. 20.

1069 2010 musste das Rathaus Bukarest Schadenersatz in Höhe von 10.000 Euro für die Veröffentlichung im Internet einer Liste mit personenbezogenen Daten von HIV-Patienten, die ermäßigte U-Bahn-Fahrkarten bekommen haben, zahlen. Judecătoria Sector I, Urt. v. 16.3.2009 - Nr. 19326/299/2008, bestätigt durch Tribunal Bukarest Zivilabteilung, Urt. v. 10.2.2010 - Nr. 275. Anm. in Zanfir, Protecţia datelor personale. Drepturile persoanei vizate, S. 304 ff.. Da es keine legalen Richtlinien zu den Summen gibt, wird in der Rechtsprechung betont, dass der Richter einen Pauschalbetrag schätzen muss, um den Betroffenen zu entschädigen. Es gibt keine Liste, die die Beträge vorgibt. Curtea de Apel Bukarest, IV. Zivilabteilung, Urt. v. 19.2.2014 - Nr. 352R; Curtea de Apel Bukarest, IV. Zivilabteilung, Urt. v. 5.11.2013 - Nr. 1862R. Ausführlich in Cristea, Respectul datorat fiinţei umane şi drepturilor ei inerente,

Deutschland[1070] angesetzt und insgesamt sind diese in Europa niedriger als z.B. in den USA[1071], wo es um Millionenbeträge geht.

Im Falle eines Schadens aufgrund einer Datenverarbeitung hat die betroffene Person einen Schadenersatzanspruch. Dieser wird gewährt, wenn die Verarbeitung durch den öffentlichen oder privaten Verantwortlichen oder Auftragsverarbeiter nicht den Vorschriften der DS-GVO oder den erlassenen delegierten Rechtsakten und Durchführungsrechtsakten entspricht.

Weiterhin wird auch auf die Möglichkeit eines Rückgriffsverfahrens verwiesen, wenn der Verantwortliche oder der Auftragsverarbeiter den vollen Schadenersatz geleistet hat und der Geschädigte einen Ausgleichsanspruch im Innenverhältnis gegen den Mitschuldner hat.[1072] Beispiele in der deutschen Literatur für den Schadenersatzanspruch von Geschädigten umfassen Situationen, wenn ein Stellenbewerber eine Stelle nicht bekommt, die er sonst bekommen hätte, wenn falsche Daten von ihm verarbeitet wurden[1073], wenn der Geschädigte seine Stelle aufgrund des Verarbeiters verloren hat[1074] oder wenn ihm ein günstiger Kredit nicht gewährt wurde und er deswegen einen Kredit zu ungünstigeren Konditionen aufnehmen muss.[1075] Dies beweist, dass die Liste nicht endgültig ist. In der Praxis werden sicherlich verschiedene neue Fälle in Frage kommen, in denen Verstöße zu Schadenersatzansprüchen führen.

Wenn ein Verantwortlicher oder Auftragsverarbeiter den vollständigen Schadenersatz gezahlt hat, aber an den erlittenen Schäden mehrere Verantwortliche oder Auftragsverarbeiter beteiligt waren, dann ist er berechtigt, nur den Anteil des Schadenersatz zurückzufordern und zu bekommen, der seiner Verantwortung für den Schaden entspricht, gem. Art. 82 Abs. 5 DS-GVO. Es muss sichergestellt werden, dass der Geschädigte den vollständigen und wirksamen Schadenersatz erhält. Im Falle einer anteiligen Verurteilung wird nicht jeder für den gesamten verursachten Schaden haften. Das Ausfallrisiko verbleibt beim Geschädigten, wenn der erste Schuldner in der Zeit, wenn die betroffene Person den Anteil bei den anderen

---

S. 283 f.. Der Ersatz immaterieller Schäden sollte aber eine faire Ausgleichszulage und nicht nur symbolisch sein. Ungureanu/Munteanu, Drept civil, S. 96 f..

1070 Eine Liste mit Beispielen von Geldentschädigungen ab 1200 Euro bis zu 1.000.000 Euro erstellt von Seitz, in: Götting/Schertz/Seitz, Handbuch des Persönlichkeitsrechts, § 46, Rn. 45 f..

1071 Im amerikanischen Schadenersatzsystem werden exorbitante Schadenersatzsummen bis zu 200 Millionen US-Dollar gezahlt. Ausführlich in Ropski/Cooperman, GRUR Int. 1990, 411 ff..

1072 ErwG. 146 Satz 3 der DS-GVO.

1073 Bergt, in: Kühling/Buchner, DSGVO, Art. 82, Rn. 19.

1074 Laue/Nink/Kremer, Das neue Datenschutzrecht in der betrieblichen Praxis, S. 302, Rn. 7.

1075 Bergt, in: Kühling/Buchner, DSGVO, Art. 82, Rn. 19.

Gesamtschuldnern einfordert, insolvent wird.[1076] Es wird aber auch als angemessen angesehen dass, wenn einer der Gesamtschuldner nicht zahlen kann, sein Anteil auf die anderen Gesamtschuldner verteilt werden sollte.[1077]

Was als Innenausgleich im deutschen Recht, verankert in § 426 BGB, oder als Recht auf Regress im rumänischen Recht, geregelt in Art. 1384 Cod Civil, bekannt ist, wird im Erwägungsgrund 146 Satz 9 DS-GVO als Rückgriffsverfahren bezeichnet. Das Rückgriffsverfahren aus Art. 82 Abs. 5 DS-GVO geht den nationalen Vorschriften zum Innenausgleich oder Regress vor,[1078] da die DS-GVO ein spezielles Gesetz ist.

bb) Verstoß gegen die Regelungen der DS-GVO

Art. 82 Abs. 1 DS-GVO enthält keine Liste, gegen welche Vorschriften verstoßen werden muss, um ein Recht auf Schadenersatz zu haben. In Abs. 2 Satz 1 wird aber vorausgesetzt, dass „von einer nicht dieser Verordnung entsprechende(n) Verarbeitung“ die Rede ist, d.h. dass ein Verstoß durch eine verordnungswidrige Verarbeitung vorliegen muss.[1079] Die Verarbeitung wird in Art. 4 Nr. 2 DS-GVO legal definiert und demnach ist der Begriff des Verstoßes weit auszulegen. Er umfasst jeden Vorgang in Zusammenhang mit personenbezogenen Daten. Dies bezieht sich auch auf die Verstöße gegen Rechtsakte der EU-Mitgliedstaaten, die der Durchführung der DS-GVO[1080] oder der Präzisierung von Bestimmungen der Verordnung dienen.[1081] Die Verletzungshandlung wird nicht nur auf die Verarbeitung der Daten begrenzt, sondern kann auch z.B. in der fehlenden Bestellung eines Datenschutzbeauftragten oder der mangelnden Durchführung einer Datenschutzfolgenabschätzung bestehen.[1082]

Wie kann der Anspruchsteller die Unzulässigkeit einer Verarbeitung darlegen? Es ist davon auszugehen, dass der „Anspruchsteller die Unzulässigkeit einer Verarbeitung nur soweit darzulegen hat, wie ihm dies als außerhalb des

---

1076 Boehm, in: Simitis/Hornung/Spiecker gen. Döhmann, Datenschutzrecht, Art. 82 DS-GVO, Rn. 34.

1077 Bergt, in: Kühling/Buchner, DSGVO, Art. 82, Rn. 61.

1078 Boehm, in: Simitis/Hornung/Spiecker gen. Döhmann, Datenschutzrecht, Art. 82 DS-GVO, Rn. 35.

1079 Bergt, in: Kühling/Buchner, DSGVO, Art. 82, Rn. 42.

1080 Frenzel, in: Paal/Pauly, DSGVO/BDSG, Art. 82 DS-GVO, Rn. 9; Bergt, in: Kühling/Buchner, DSGVO, Art. 82, Rn. 24.

1081 ErwG. 146 der DS-GVO, S. 5. Der Begriff „Präzisierung“ bedeutet, dass der nationale Gesetzgeber die Mindeststandards der DS-GVO beim Erlass der nationalen Rechtsvorschriften beachten muss. Siehe Geminn, in: Jandt/Steidle (Hrsg.), Datenschutz im Internet, S. 473, Rn. 51.

1082 Vgl. Boehm, in: Simitis/Hornung/Spiecker gen. Döhmann, Datenschutzrecht, Art. 82 DS-GVO, Rn. 10; ähnlich auch Lauer/Nink/Kremer, § 11 Rn. 4.

Verantwortlichen stehende Person, ohne Einblick in die internen Datenverarbeitungsprozesse, möglich ist."[1083] Bei einem erlittenen Schaden ist der Antragsgegner zur vollen Kooperation und Transparenz verpflichtet, damit die Zulässigkeit oder Unzulässigkeit der Verarbeitung überprüft werden kann.

cc) Anspruchsberechtigte und Anspruchsgegner

Anspruchsberechtigte

Geschädigter, der einen Anspruch auf Schadenersatz hat, kann jede Person sein, die sich in ihren in der DS-GVO gewährleisteten Rechten verletzt sieht.[1084] Weiterhin stellt der Erwägungsgrund 146 Satz 6 der DS-GVO ausdrücklich fest, dass die betroffenen Personen einen vollständigen und wirksamen Schadenersatz erhalten sollten. „Eine betroffene Person" wird gem. Art. 4 Abs. 1 DS-GVO als natürliche Person verstanden. Deswegen sind vom Anwendungsbereich des Art. 82 DS-GVO nur natürliche Personen und nicht juristische Personen erfasst.[1085] Juristische Personen werden im deutschen Recht durch §§ 823 ff. BGB oder durch die Vorschriften im Wettbewerbsrecht geschützt.[1086] Es ist umstritten, ob Art. 82 DS-GVO als Anspruchsgrundlage für Schadenersatzansprüche Dritter in Frage kommt. Auch Dritte können von den Auswirkungen eines Verstoßes gegen die Vorschriften der DS-GVO betroffen sein.[1087]

Ein vertraglicher Haftungsausschluss ist nicht zulässig,[1088] aber eine vertragliche Haftungsbeschränkung kann vereinbart werden.[1089]

Anspruchsgegner

Laut Art. 82 Abs. 1 DS-GVO besteht der Anspruch auf Schadenersatz gegen den Verantwortlichen oder gegen den Auftragsverarbeiter, unabhängig davon, ob es sich um eine private oder eine öffentliche Stelle handelt. Die DS-GVO enthält Legaldefinitionen zu den Begriffen „Verantwortlicher" und „Auftragsverarbeiter"

1083 Gola/Piltz, in: Gola, DS-GVO, Art. 82, Rn. 15.

1084 ErwG. 142 und Art. 82 Abs. 1 der DS-GVO.

1085 Gola/Piltz, in: Gola, DS-GVO, Art. 82 Rn. 10. Bergt, in: Kühling/Buchner, DSGVO, Art. 82, Rn. 13 ff..

1086 Boehm, in: Simitis/Hornung/Spiecker gen. Döhmann, Datenschutzrecht, Art. 82 DS-GVO, Rn. 8.

1087 A.A. Frenzel, in: Paal/Pauly, Art. 82, Rn. 7: Dritte kommen als Anspruchsberechtigte nicht in Betracht; Schantz, in: Schantz/Wolff, Datenschutzrecht, Rn. 1247: Dritte können nur bei materiellen Schäden Anspruchsberechtigte sein; Dafür Boehm, in: Simitis/Hornung/Spiecker gen. Döhmann, Datenschutzrecht, Art. 82 DS-GVO, Rn. 9: Nur weil der Schadenersatzanspruch für den Umgang mit Daten der betroffenen Person entsteht, heißt das nicht, dass keiner sonst geschützt werden kann.

1088 Bergt, in: Kühling/Buchner, DSGVO, Art. 82, Rn. 56.

1089 Krätschmer/Bausewein, in: Wybitul, DSGVO, Art. 82, Rn. 38 f..

in Art. 4 Nr. 7 und 8[1090]. Besonders erwähnenswert ist, dass dem Geschädigten kein Anspruch aus Art. 82 DS-GVO gegen andere Personen, wie den Datenschutzbeauftragten oder die Mitarbeiter des Verantwortlichen oder Auftragsverarbeiters, zusteht.[1091]

Gem. Art. 82 Abs. 2 DS-GVO muss dem Verantwortlichen die Verletzungshandlung nicht zugerechnet werden können. Eine Beteiligung an der Verarbeitung ist ausreichend und der Begriff der „Beteiligung" wird weit ausgelegt, um dem Geschädigten einen umfassenden Schadenersatzanspruch zu gewährleisten.[1092] Nach Art. 4 Nr. 7 DS-GVO muss auch berücksichtigt werden, ob der Verantwortliche alleine oder gemeinsam mit anderen über die Zwecke und Mittel der Verarbeitung von personenbezogenen Daten bestimmt hat. Dies würde den Erfordernissen einer gesamtschuldnerischen Haftung nach Art. 24 DS-GVO für eine verordnungswidrige Verarbeitung entsprechen.[1093] Die gesamtschuldnerische Haftung verdrängt andere nationale Haftungsgrundlagen,[1094] wie z.B. § 840 BGB im deutschen Recht oder Art. 1382 Cod Civil im rumänischen Recht.

Die Haftung des Auftragsverarbeiters ist nach Art. 82 Abs. 2 Satz 2 DS-GVO auf drei gesetzliche Alternativen beschränkt: wenn er seinen Pflichten nicht nachgekommen ist (1. Alt.), er die erteilten Anweisungen des Verantwortlichen nicht beachtet (2. Alt.) oder gegen diese gehandelt hat (3. Alt.). Die DS-GVO sieht in Art. 32 und Art. 33 Abs. 2 die Pflichten des Auftragsverarbeiters vor. Die Nichtbeachtung der Anweisungen des Verantwortlichen für den Auftragsverarbeiter oder das Zuwiderhandeln gegen solche Anweisungen können in einem aktiven Tun oder Unterlassen des Auftragsverarbeiters bestehen. Der Begriff „Anweisung" ist sehr weit auszulegen und umfasst auch bloße Vereinbarungen.[1095] Wenn der Auftragsverarbeiter einen Unterauftragsverarbeiter – auch Auftragsverarbeiter i.S.v.

1090 Art. 4 Nr. 7 DS-GVO: „Verantwortlicher" die natürliche oder juristische Person, Behörde, Einrichtung oder andere Stelle, die allein oder gemeinsam mit anderen über die Zwecke und Mittel der Verarbeitung von personenbezogenen Daten entscheidet; sind die Zwecke und Mittel dieser Verarbeitung durch das Unionsrecht oder das Recht der Mitgliedstaaten vorgegeben, so kann der Verantwortliche beziehungsweise können die bestimmten Kriterien seiner Benennung nach dem Unionsrecht oder dem Recht der Mitgliedstaaten vorgesehen werden; Art. 4 Nr.8 DS-GVO: „Auftragsverarbeiter" eine natürliche oder juristische Person, Behörde, Einrichtung oder andere Stelle, die personenbezogene Daten im Auftrag des Verantwortlichen verarbeitet.

1091 Bergt, in: Kühling/Buchner, DSGVO, Art. 82, Rn. 16.

1092 Boehm, in: Simitis/Hornung/Spiecker gen. Döhmann, Datenschutzrecht, Art. 82 DS-GVO, Rn. 16.

1093 Kreße, in: Sydow (Hrsg.), EU DS-GVO, Artikel 82 DS-GVO, Rn. 13.

1094 Art. 82 Abs. 4 DS-GVO; ErwG. 146 S. 7 DS-GVO.

1095 Kreße, in: Sydow (Hrsg.), EU DS-GVO, Artikel 82 DS-GVO, Rn. 14ff..

Art. 4 Nr. 8 DS-GVO – anstellt, haftet er nur gegenüber den Verantwortlichen für die Einhaltung der Pflichten des Unterauftragsverarbeiters.[1096]

Der Verantwortlichkeits- und Verschuldensbegriff werden nach den Maßstäben des EuGH ausgelegt[1097] und nicht nach den Maßstäben des nationalen Rechts, wie z.B. nach § 276 Abs. 1 BGB oder nach Art. 16 Cod Civil. Die Begriffe können auch mit unterschiedlichen Nuancen in den Rechtsordnungen der Mitgliedstaaten ausgelegt werden. In Art. 83 Abs. 2 lit. b DS-GVO wird bei der Entscheidung über die Verhängung einer Geldbuße zwischen Verschulden und Fahrlässigkeit unterschieden. Da die anderen Begriffe auch weit ausgelegt werden, um den Sinn und Zweck der Vorschriften zu erfüllen und den Schadenersatzanspruch durchsetzen zu können, umfasst diese Vorschrift Vorsatz und alle Formen der Fahrlässigkeit.

dd) Haftungsbefreiung

Der Verantwortliche oder der Auftragsverarbeiter werden von der Haftung befreit, wenn er Nachweise erbringen kann, dass er in keinerlei Hinsicht für den Schaden verantwortlich ist, gem. Art. 82 Abs. 3 DS-GVO. Die Exkulpation bedeutet, dass die Verschuldensquote bei 0 % liegt, d.h. dass alle Vorschriften der DS-GVO eingehalten werden, keine Kausalität zwischen Schaden und Verstoß besteht oder dass der Schaden in einem Fall der höheren Gewalt nicht vermieden werden konnte.[1098]

Der Verantwortliche oder der Auftragsverarbeiter können sich bei Fehlverhalten der eigenen Mitarbeiter nicht exkulpieren. Sei es bei der Unterlassung, Sicherungsmaßnahmen zu ergreifen, wenn dadurch Dritte unbefugt Zugang zu Daten bekommen haben oder wenn die Mitarbeiter selbst nicht berechtigt sind, Daten zu verarbeiten.[1099] Dennoch haftet der Verantwortliche, wenn er die geeigneten technischen und organisatorischen Maßnahmen nicht gem. Art. 24 Abs. 1 DS-GVO umgesetzt hat, er keine Sicherheit des Datentransfers oder der Speicherung der Daten gewährleistet hat oder eine unbefugte dritte Person Zugang zu den Daten hatte.

1096 Boehm, in: Simitis/Hornung/Spiecker gen. Döhmann, Datenschutzrecht, Art. 82 DS-GVO, Rn. 17.

1097 EuGH, Urt. v. 22.11.1977, C-43-77, Rn. 22/27: Der EuGH bestimmt, dass die Qualifizierungen der ordentlichen und außerordentlichen Rechtsbehelfe zu unterschiedlichen Einteilungen in den Mitgliedstaaten führen können; EuGH, Urt. v. 28.10.1982 - C-135/81, Rn. 10: Die Begriffe in den europäischen Verträgen und in den Rechtsordnungen der Mitgliedstaaten müssen nicht notwendigerweise übereinstimmen.

1098 *Geminn*, in: Jandt/Steidle (Hrsg.), Datenschutz im Internet, S. 474, Rn. 59.

1099 Bergt, in: Kühling/Buchner, DSGVO, Art. 82, Rn. 55; Frenzel, in: Paal/Pauly, Art. 82, Rn. 15.

ee) Kausalität

Die Verletzungshandlung muss für den Schaden kausal gewesen sein. Im europäischen Recht ist wie im deutschen Recht eine conditio-sine-qua-non Formel notwendig.[1100] Der EuGH erkennt die Bestimmung der Kausalität nach den Maßstäben des nationalen Rechts in Ermangelung europäischer Vorschriften an. Dennoch muss dabei der Äquivalenz- und Effektivitätsgrundsatz berücksichtigt werden, um eine wirksame Anwendung des Europarechts zu gewährleisten.[1101] Der Kausalitätsbegriff i.S.v. Art. 82 DS-GVO muss deswegen weit ausgelegt werden.[1102]

Die DS-GVO regelt nicht ausdrücklich, wer die Beweislast dafür trägt, dass die Rechtsverletzung kausal für den eingetretenen Schaden war. Grundsätzlich muss der Anspruchssteller den erlittenen Schaden beweisen.[1103] Der fehlende kausale Zusammenhang zwischen dem Schaden und dem Verstoß muss vom Verantwortlichen oder vom Auftragsverarbeiter bewiesen werden.[1104]

ff) Konkurrierende Ansprüche

Art. 82 DS-GVO sieht keine konkurrierenden Ansprüche aus Unionsrecht, nationalem Recht oder Verträgen vor und dies wird auch durch den Erwägungsgrund 146 Satz 4 DS-GVO bestätigt.[1105]

4. *Jüngste Rechtsprechung in Deutschland*

In Deutschland wurde Art. 82 DS-GVO bereits als Anspruchsgrundlage für einen immateriellen Schaden verwendet. Das Landgericht Karlsruhe[1106] hat einen Anspruch aus Art. 82 Abs. 1 DS-GVO aber abgelehnt, da ein Verstoß gegen die DS-GVO nicht belegt wurde. Das Gericht bestimmte, dass nach dem eindeutigen Wortlaut von Art. 82 DS-GVO keine schwere Verletzung des Persönlichkeitsrechts nötig ist, um einen immateriellen Schaden geltend zu machen, so wie es auch in

1100 Weitenberg, Der Begriff über die Kausalität in der haftungsrechtlichen Rechtsprechung der Unionsgerichte, 2014, S. 364ff..

1101 EuGH, Urt. v. 5.6.2014 - C-557/12 - Kone AG, Otis GmbH, Schindler Aufzüge und Fahrtreppen GmbH, Schindler Liegenschaftsverwaltung GmbH, ThyssenKrupp Aufzüge GmbH/ÖBB-Infrastruktur AG, Rn. 24ff..

1102 Boehm, in: Simitis/Hornung/Spiecker gen. Döhmann, Datenschutzrecht, Art. 82 DS-GVO, Rn. 14.

1103 Geminn, in: Jandt/Steidle (Hrsg.), Datenschutz im Internet, S. 474, Rn. 58.

1104 Bergt, in: Kühling/Buchner, DSGVO, Art. 82, Rn. 47; a.A. Wybitul/Haß/Albrecht, NJW 2018, 113(117).

1105 Siehe auch Boehm, in: Simitis/Hornung/Spiecker gen. Döhmann, Datenschutzrecht, Art. 82 DS-GVO, Rn. 32.

1106 LG Karlsruhe, Urt. v. 2.8.2019 - 8 O 26/19, BeckRS 2019, 17459, Rn. 12.

der deutschen Literatur vertreten wird.[1107] Außerdem wird damit begründet, dass man nicht davon ausgehen dürfe, dass jeder Verstoß gegen die DS-GVO allein aus generalpräventiven Gründen zu einer Ausgleichspflicht führen müsse. Das Gericht fügt hinzu, dass eine konkrete und insoweit tatsächliche Persönlichkeitsverletzung für die Verpflichtung zum Ausgleich eines materiellen Schadens erforderlich ist.[1108]

Dies könnte eine restriktive Auslegung des Art. 82 DS-GVO sein, weil die Möglichkeit, einen Schaden nach einem Verstoß gegen die DS-GVO mit einer Persönlichkeitsverletzung verbinden zu müssen, nicht aus dem Wortlaut des Art. 82 DS-GVO hervorgeht. In diesem Fall, in dem ein Kreditvertrag durch ein Kreditinstitut abgelehnt wurde, weil die Einschätzung der Bonität der Klägerin durch eine Auskunftei unvorteilhaft war, hat das Gericht den Anspruch auf Schadenersatz verneint.

Der Schadensbegriff soll nach dem Erwägungsgrund 146 Satz 3 im Lichte der Rechtsprechung des EuGH ausgelegt werden und die Wiedergutmachungsfunktion[1109], aber auch die präventive Wirkung[1110] des Schadenersatzes beachten. Die materielle Geldbuße soll den Schädiger davon abhalten, sich schädigend zu verhalten.[1111] Es gibt dadurch keine Angaben im Art. 82 DS-GVO, dass eine Persönlichkeitsverletzung notwendig wäre, um einen materiellen Schaden zu erhalten.

In einem Beschluss[1112] des Amtsgerichts Bochum wurde über einen Schadenersatzanspruch aus Art. 82 DS-GVO entschieden. Das Gericht hat sich mit der Frage beschäftigt, welche Beweismittel der Geschädigte für eine Datenschutzverletzung bereitstellen sollte, um einen wirksamen Schadenersatzanspruch geltend zu machen. Die Antragsgegnerin war die Betreuerin des Antragstellers und hat ihn in Vermögensangelegenheiten, Wohnungsangelegenheiten und gegenüber Behörden und Sozialversicherungsträgern vertreten. Die Antragsgegnerin hätte personenbezogene Daten und Informationen bzgl. des Antragstellers an dessen Vermieter und an andere Behörden weitergegeben. Für diese Information gab es keinen Beweis

---

1107 LG Karlsruhe, Urt. v. 2.8.2019 - 8 O 26/19, BeckRS 2019, 17459, Rn. 17; Vgl. Plath/Becker, DSGVO, Art. 82 Rn. 4 c; Gola/Piltz in Gola, DS-GVO, Art. 82, Rn. 13.

1108 LG Karlsruhe, Urt. v. 2.8.2019 - 8 O 26/19, BeckRS 2019, 17459, Rn. 17. Als Beispiel wird die Bloßstellung des Betroffenen nach einer unrechtmäßigen Zugänglichmachung der Daten gegeben.

1109 EuGH, Urt. v. 2.8.1993 - C-271/91 - M. H. Marshall/Southampton and South West Hampshire Area Health Authority, I-4400, Rn. 31. In diesem Fall ging es um die völlige Wiedergutmachung nach einer Entlassung aufgrund von Diskriminierung.

1110 EuGH, Urt. v. 11.10.2007 - C-460/06 - Paquai, I-8513, Rn. 45. Maßnahmen zur Herstellung der Gleichheit sollen einen tatsächlichen und wirksamen Rechtsschutz gewähren und eine abschreckende Wirkung haben.

1111 Boehm, in: Simitis/Hornung/Spiecker gen. Döhmann, Datenschutzrecht, Art. 82 DS-GVO, Rn. 26.

1112 AG Bochum, Urt. v. 11.3.2019 - 65 C 485/18.

und die Übermittlung dieser Daten wäre kein Verstoß gegen die Datenschutzvorschriften oder die Schweigepflicht gewesen. Die Übermittlung wäre im Rahmen der rechtlichen Verpflichtungen aus der Betreuung erfolgt.[1113] Daher hatte der Antragsteller keinen Anspruch aus Art. 82 DS-GVO. Das Gericht bestimmte, dass die Übersendung der Bestellurkunde als unverschlüsselte E-Mail an den Anwalt des Antragstellers gegen Art. 32 DS-GVO verstoßen könnte, aber es keinen Beweis eines erlittenen materiellen oder immateriellen Schadens gebe.[1114]

Fraglich ist, welche Beweise für den Schaden und in welchem Umfang diese Beweise dem Schädiger oder Geschädigten vorgelegt werden können. Es wird auch unterschiedliche Auslegungen von Beweismitteln in den einzelnen EU-Mitgliedstaaten geben. Deswegen wird eine Auslegung des EuGH erforderlich sein, um europaweit das gleiche Schutzniveau zu erreichen.

Dennoch müssen die Datenverarbeiter ihre Dokumentationspflichten erfüllen, weil nur so im Falle einer Klage bewiesen werden kann, ob eine verordnungsgemäße Datenverarbeitung tatsächlich stattgefunden hat oder stattfindet.[1115] Großunternehmen haben die finanziellen Möglichkeiten und das qualifizierte Personal, um eine verordnungskonforme Verarbeitung personenbezogener Daten zu gewährleisten und dies technisch zu protokollieren. Für kleine und mittelständische Unternehmen ist das herausfordernd, besonders was die lückenlosen Nachweise anbelangt.[1116]

5. *Kollision mit anderen Rechten: mittelbare Haftung?*

a) *Haftung in der Informatik*

Das Recht auf Schutz der personenbezogenen Daten, das durch Art. 16 AEUV, Art. 8 Abs. 1 GRCh und durch die Vorschriften der DS-GVO gewährleistet wird, kann mit anderen Grundrechten kollidieren, die auch vom europäischen Recht geschützt werden. Die Problematik der Haftung für die Verarbeitung personenbezogener Daten kann auch kollidierende Rechte betreffen und es stellt sich die Frage, ob der Verantwortliche, sei es ein Internetprovider, ein Suchmaschinenbetreiber, ein Betreiber eines sozialen Netzwerks, ein Forenbetreiber, ein Bewertungsportalbetreiber o.ä., gegenüber einem Betroffenen oder einem Dritten haften soll. Die Rechtsprechung des EuGH und des BGH enthalten in den Entscheidungen Lösungsansätze zur Auslegung der europäischen und deutschen Vorschriften zur Haftung eines Verantwortlichen oder von Dritten.

1113 AG Bochum, Urt. v. 11.3.2019 - 65 C 485/18, Rn. 4.

1114 AG Bochum, Urt. v. 11.3.2019 - 65 C 485/18, Rn. 5.

1115 Bergt, in: Kühling/Buchner, DSGVO, Art. 82, Rn. 46; Wybitul/Haß/Albrecht, NJW 2018, 113 (116).

1116 Geminn, in: Jandt/Steidle (Hrsg.), Datenschutz im Internet, S. 475, Rn. 60.

b) Rechtsprechung zu geistigen Eigentumsrechten versus Datenschutz

In der Entscheidung Promusicae[1117] wurde die Verletzung der Urheberrechte durch ein Programm zum Datenaustausch (peer-to-peer) analysiert. Die Frage, ob die EU-Mitgliedstaaten im Hinblick auf einen effektiven Schutz des Urheberrechts nach dem Unionsrecht verpflichtet seien, im Rahmen eines zivilrechtlichen Verfahrens die personenbezogenen Daten des Verletzenden mitzuteilen, wurde vom EuGH verneint.[1118] Die Weitergabe von Nutzerdaten durch einen Internetanbieter, hier Telefonica, an Betroffene, hier Promusicae, stellte kein faires Verhältnis zwischen Urheberrechten und Datenschutz dar.

Der EuGH hat in einer Entscheidung[1119] gegen Google France die Idee der neutralen oder aktiven Rolle des Anbieters angesprochen und die Verantwortung des Anbieters abgelehnt, weil der Anbieter keine aktive Rolle gespielt hat und dadurch keine Kenntnis der gespeicherten Daten oder eine Kontrolle über diese hatte. Außerdem hat der EuGH 2011 die Idee der neutralen Rolle des Anbieters nochmals in der Entscheidung L'Oréal gegen Ebay[1120] ausgeführt. Wenn der Betreiber eines Online-Marktplatzes Hilfestellung leistet, er z.B. dazu beiträgt, die Präsentation der betreffenden Verkaufsangebote zu optimieren oder diese Angebote zu bewerben, dann spielt dieser eine aktive und keine neutrale Rolle im Verkaufsprozess.

Die Entscheidung des EuGH Scarlet Extended[1121] zeigt die Pflichten der Anbieter von Internetzugangsdiensten gegenüber ihren Kunden auf. SABAM, eine Verwertungsgesellschaft, die Autoren, Komponisten und Herausgeber von Werken der Musik vertritt, indem sie die Verwendung von deren geschützten Werken durch Dritte genehmigt, hat vom Anbieter Scarlet die personenbezogenen Daten der Kunden verlangt, die über das Internet Werke über „Peer-to-Peer"-Netze

---

1117 EuGH, Urt. v. 29.1.2008 - C-275/06 - Productores de Música de España (Promusicae)/ Telefónica de España SAU.

1118 EuGH, Urt. v. 29.1.2008 - C-275/06 - Promusicae, Rn. 49. Die Ausnahmen von der Pflicht zur Wahrung der Vertraulichkeit der Verkehrsdaten beziehen sich gemäß Art. 13 Abs. 1 der Richtlinie 95/46 auf die nationale Sicherheit (d.h. die Sicherheit des Staates), die Landesverteidigung, die öffentliche Sicherheit sowie die Verhütung, Ermittlung, Feststellung und Verfolgung von Straftaten oder des unzulässigen Gebrauchs von elektronischen Kommunikationssystemen; Rn. 70.

1119 EuGH, Urt. v. 23.3.2010 - C-236/08 - Google France SARL, Google Inc./Louis Vuitton Malletier SA, Rn. 120.

1120 EuGH, Urt. v. 12.7.2011 - C-324/09 - L'Oréal/Ebay, Rn. 116 - wird die Definition einer neutralen und nicht aktiven Rolle gegeben, i.e. wenn der Betreiber eines Online-Marktplatzes die Verkaufsangebote auf seinem Server speichert, die Modalitäten für seinen Dienst festlegt, für diesen eine Vergütung erhält und seinen Kunden Auskünfte allgemeiner Art erteilt.

1121 EuGH, Urt. v. 24.11.2011 - C-70/10 - Scarlet Extended SA/Société belge des auteurs, compositeurs et éditeurs SCRL (SABAM).

heruntergeladen haben, ohne dazu eine Genehmigung zu haben und ohne Gebühren zu zahlen. Zum Abstellen und Verhindern der Urheberrechtsverletzungen hat SABAM Scarlet aufgefordert, Sperr- und Filtersysteme zu verwenden. Der EuGH hat darauf hingewiesen, dass die Einrichtung des Filtersystems den Dienstanbieter zur generellen Überwachung der Daten aller Kunden verpflichten würde, um präventiv der Verletzung des geistigen Eigentums vorzubeugen, was nach Art. 15 Abs. 1 der Richtlinie 2000/31[1122] verboten sei.[1123] Außerdem muss der Schutz des Grundrechts auf Eigentum gegen den Schutz anderer Grundrechte abgewogen werden.[1124] Der EuGH hat die Anordnung an den Internetanbieter, ein Filtersystem einzusetzen, als unionsrechtswidrig erklärt, wenn der Internetanbieter die kompletten, seine Dienste durchlaufenden elektronischen Kommunikationsaktivitäten präventiv auf eigene Kosten und zeitlich unbegrenzt überwachen müsste, insbesondere bei der Verwendung von „Peer-to-Peer"-Programmen, was unterschiedslos auf alle Kunden anwendbar wäre.

Der EuGH hat in der Entscheidung Netlog[1125] bekräftigt, dass die Einrichtung eines Filtersystems durch einen Hosting-Anbieter nicht mit dem Unionsrecht vereinbar wäre.[1126] Der Host-Provider hätte eine aktive Rolle einnehmen müssen, um sämtliche Daten all seiner Kunden aktiv zu überwachen, um künftigen Verletzungen von Rechten des geistigen Eigentums vorzubeugen.[1127]

1122 Richtlinie (EG) 2000/31 des Europäischen Parlaments und des Rates v. 8.6.2000 über bestimmte rechtliche Aspekte der Dienste der Informationsgesellschaft, insbesondere des elektronischen Geschäftsverkehrs, im Binnenmarkt („Richtlinie über den elektronischen Geschäftsverkehr"), ABl. L 178, S. 1. Auch als e-Commerce RL gennant.

1123 EuGH, Urt. v. 24.11.2011 - C-70/10 - Scarlet Extended SA/Société belge des auteurs, compositeurs et éditeurs SCRL (SABAM), Rn. 40.

1124 EuGH, Urt. v. 24.11.2011 - C-70/10 - SABAM, Rn. 44. Das Grundrecht beinhaltet die anknüpfenden Rechte des geistigen Eigentums. Die Notwendigkeit der Abwägung solcher Grundrechte hat der EuGH schon im Fall Promusicae C-275/06 erläutert.

1125 EuGH, Urt. v. 16.2.2012 - C-360/10 - Belgische Vereniging van Auteurs, Componisten en Uitgevers CVBA (SABAM)/Netlog NV. Der Streitpunkt ist, dass die Nutzer von Netlog die Möglichkeit hatten, über ihr Profil musikalische und audiovisuelle Werke aus dem Repertoire von SABAM zu verwenden, indem sie diese Werke der Öffentlichkeit zur Verfügung gestellt haben, dass andere Nutzer dieses Netzwerks Zugang zu ihnen erhielten, ohne dass SABAM hierzu ihre Zustimmung erteilt hatte und ohne dass Netlog hierfür eine Vergütung entrichte. (Rn. 18)

1126 EuGH, Urt. v. 16.2.2012 - C-360/10 - Netlog, Rn. 33.

1127 EuGH, Urt. v. 16.2.2012 - C-360/10 - Netlog, Rn. 34.

6. Die Haftung der Online-Intermediäre

Die Haftung der Online-Intermediäre fokussiert sich auf die legale Haftung der Internet Service Providers (Verwendung des englischen Begriffs, abgekürzt ISP) bei rechtswidrigen Handlungen von Dritten im Internet.[1128] Die Richtlinie 2000/31/EG über den elektronischen Geschäftsverkehr, auch e-Commerce Richtlinie (ECRL) genannt, schließt Fragen in Bezug auf Datenschutz aus, gem. Art. 1 Abs. 5 b) ECRL.

Als die ECRL und die DS-RL diskutiert und verabschiedet wurden, waren Online-Intermediäre wegen der Entwicklung des Internets zu dieser Zeit eher Host-Anbieter für kurze Texte und kleine Bilder, die keine Daten oder Inhalte gespeichert und verarbeitet haben.[1129] Dies hat sich im Laufe der Jahre geändert: Internetdienstanbieter sind heute nicht länger neutral, sondern spielen eine aktive Rolle als Verantwortlicher. Die zwei europäischen Rechtsakte haben verschiedene Schwerpunkte. Die Online-Intermediäre könnten als Verantwortliche haften, wenn sie bestimmen, welche Daten zu welchen Zwecken verarbeitet werden, aber auch wenn es um den Schutz des freien Verkehrs von Diensten der Informationsgesellschaft geht.[1130]

Daten und sogar personenbezogene Daten befinden sich überall, besonders in den Bereichen, in denen die Online-Intermediäre ihre Dienstleistungen anbieten. Deswegen ist die Strategie für einen digitalen Binnenmarkt der Europäischen Kommission in Einklang mit den Bedürfnissen der Realität.[1131] Einer der Legislativvorschläge ist die Verordnung 2019/1150[1132] zur Förderung von Fairness und Transparenz für gewerbliche Nutzer von Online-Vermittlungsdiensten, die dazu beitragen soll, dass das Vertrauen der Verbraucher in die Online-Plattformwirtschaft erhöht wird,[1133] und damit eines der 16 Ziele zur Rolle der Online-Plattformen in einem fairen, offenen und sicheren europäischen digitalen Binnenmarkt verstärkt.

1128 De Gregorio, The e-Commerce Directive and GDPR: Towards Convergence of Legal Regimes in the Algorithmic Society?, EUI Working Paper RSCAS 2019/36, S. 1.

1129 Zur Entwicklung der Online-Anbieter siehe Taddeo, The New Civic Responsibilities of Online Service Providers, S. 1 ff. in: Taddeo/Floridi (Eds.), The Responsibilities of Online Service Providers.

1130 De Gregorio, The e-Commerce Directive and GDPR: Towards Convergence of Legal Regimes in the Algorithmic Society?, EUI Working Paper RSCAS 2019/36, S. 1.

1131 Der Plan zur Schaffung eines digitalen Binnenmarkts wurde am 6.5.2015 von der Europäischen Kommission vorgestellt, sodass die Europäische Union Teil der digitalen Revolution ist und für Menschen und Unternehmen Möglichkeiten in der digitalen Welt schafft. Ausführlich siehe die Pressemitteilung der EU-Kommission v. 6.5.2015, abrufbar unter: https://europa.eu/rapid/press-release_IP-15-4919_de.htm.

1132 Verordnung (EU) 2019/1150 des Europäischen Parlaments und des Rates v. 20.6.2019, AbL. L 186/57.

1133 ErwG. 3 der VO 2019/1150 zur Förderung von Fairness und Transparenz für gewerbliche Nutzer von Online Vermittlungsdiensten.

Online-Plattformen fördern die datengesteuerte Innovation sowie die Steigerung des Verbraucherwohls und erleichtern den Zugang zu Informationen.[1134] Damit verbunden sind weitere legislative Herausforderungen, besonders im Bereich der Haftung der Online-Plattformen.

Zukunftsperspektiven

Die ECRL muss ersetzt werden, da ihre Vorschriften, insbesondere Artt. 14 und 15 zu Hosting und zur fehlenden allgemeinen Überwachungspflicht, überholt sind und für den elektronischen Rechtsverkehr seit 2000 neue technische und juristische Herausforderungen bewältigt werden müssen. Der Digital Service Act soll laut einem Papier[1135] der EU-Kommission die ECRL ersetzen und die komplette Neufassung der Regulierung für die Online-Plattformen werden. Der neue Rechtsakt soll Regeln für Online-Hassrede und Desinformation enthalten und die Rechtsgrundlage für die Einrichtung einer neuen europäischen Behörde für die Regulierung der Online-Dienstleistungen darstellen. Der Vorschlag zu einem neuen Rechtsakt sollte eine bindende Funktion der Empfehlungen der Kommission für wirksame Maßnahmen im Umgang mit illegalen Online-Inhalten[1136] gewährleisten und dies somit von einem *soft law* in einen verbindlichen Rechtsakt umwandeln.

Das deutsche Netzwerkdurchsetzungsgesetz[1137] (NetzDG), das französische Avia Gesetz[1138] zur Hassrede im Internet und das britische Papier[1139], in dem die

---

1134 Mitteilung der Kommission an das Europäische Parlament, den Rat, den Europäischen Wirtschafts- und Sozialausschuss und den Ausschuss der Regionen, Online-Plattformen im digitalen Binnenmarkt Chancen und Herausforderungen für Europa, COM(2016) 288 final, S. 3.

1135 Ein durchgesickertes Dokument der Generaldirektion für Kommunikationsnetze, Inhalte und Technologie v. Juni 2019 ist ein Papier mit Diskussionen über einen eventuellen Vorschlag der neuen Kommission zur Ersetzung der e-Commerce Richtlinie. Papier abrufbar unter: https://cdn.netzpolitik.org/wp-upload/2019/07/Digital-Services-Act-note-DG-Connect-June-2019.pdf.

1136 Empfehlung der Kommission v. 1.3.2018 - C(2018) 1177 final.

1137 Gesetz zur Verbesserung der Rechtsdurchsetzung in sozialen Netzwerken, v. 1.9.2017, BGBl. I, S. 3352.

1138 Das Gesetz Nr. 310 der Assemblee Nationale v. 9.7.2019 zur Hassrede im Internet wird auch „Avia" benannt nach der französischen Abgeordneten Laetitia Avia, Berichterstatterin für den Gesetzvorschlag. Das Gesetz wird stark kritisiert vom Article 19, EDRI, Reporter ohne Grenzen und von der Gewerkschaften der Journalisten.

1139 Der Begriff „online harms" hat eine breite Definition und beinhaltet Beiträge mit einem rechtswidrigen Inhalt, z.B. Pornographie, Online-Propaganda und Unterstützung terroristischer Angriffe, Verkauf von Waffen, Aufforderung und/oder Aufstacheln zu Gewaltmaßnahmen, aber auch ein verletzendes (aber kein

Notwendigkeit eines Gesetzes, das Sorgfaltspflicht (*duty of care*) und Haftung der Internetanbieter für „Online Harms“ festschreibt, angesprochen wird, werden stark von den zivilgesellschaftlichen Organisationen kritisiert[1140]. Nicht nur beim NetzDG wird ein Hemmungseffekt für die Meinungsfreiheit befürchtet,[1141] sondern auch bei den anderen erwähnten Gesetzen. Nutzer könnten beispielsweise auf Äußerungen gänzlich verzichten und sich selbst zensieren, weil ihre nicht nur offensichtlich rechtswidrigen Inhalte von den sozialen Netzwerken vorsorglich gelöscht oder gesperrt werden, da diese die hohen Geldbußen von bis zu fünf Millionen Euro nach § 4 Abs. 2 NetzDG vermeiden wollen.[1142]

Ob eine neue europäische Regelung sich zu einer direkten und strengeren Haftung der Anbieter an den schon bestehenden Vorschriften orientieren wird, wird erst die Arbeit des neuen, für solche Fragen zuständigen Kommissionsmitgliedes zeigen. Ein neuer Rechtsakt sollte allerdings transparent sein und präzise und genaue Begriffe enthalten, die über das vage „online harms“ hinausgehen, Löschungen oder Sperrungen unter Abwägung aller Umstände und nicht aufgrund einer automatisierten Entscheidung vorsehen und dadurch insbesondere nachvollziehbar und verhältnismäßig sein. Eine europäische Initiative sollte den Trend der DS-GVO fortsetzen und ein hohes Niveau für den Schutz der Rechte der Betroffenen und das Ziel, nämlich die Vermeidung der Verbreitung von rechtswidrigen, verletzenden Inhalten, gewährleisten. Dies kann auch durch ein funktionierendes „notice and action“-System, das nicht nur von Internet-Konzernen zur Löschung

---

rechtswidriges) Verhalten der Nutzer, wie Cybermobbing, frauenfeindliche oder beleidigende Kommentare im Internet gegenüber verschiedenen Menschengruppen oder Menschen mit Behinderung. Online Harms White Paper v. April 2019, CP 57, Department for Digital, Culture, Media and Sport (DCMS) und Home Office, S. 12 ff..

1140 article 19, EDRi, Access Now. Aber auch viele Verbesserungsvorschläge, siehe Protecting free expression in the era of online content moderation Access Now's preliminary recommendations on content moderation and Facebook's planned oversight board, Mai 2019; Fiedler, Kirsten, E-commerce review: Opening Pandora's box?, edri, 20.6.2019.

1141 Overblocking und die schwierige Durchsetzung des NetzDG wurden auch vom OSZE-Beauftragten für die Medienfreiheit angesprochen. Pressemitteilung der OSZE v. 4.10.2017.

1142 Im § 4 Abs. 1 NetzDG werden acht Fälle aufgelistet, wann die Normadressaten, i.e. die Anbieter der sozialen Netzwerke, ordnungswidrig handeln. Siehe ausführlich zu den Geldbußen: NetzDG-Bußgeldleitlinien: Leitlinien zur Festsetzung von Geldbußen im Bereich des NetzDG v. 22.3.2018.

und Sperrung betrieben werden kann, was „Inhalt-Moderation", im Englischen „content moderation"[1143], genannt wird.

Die Reaktion des Internetdiensteanbieters, Maßnahmen zu ergreifen, die nicht nur zur Beendigung der von Benutzern hervorgerufenen Verletzungen, sondern auch zur Vorbeugung gegen erneute derartige Verletzungen beitragen, bedeuten die Erfüllung seiner Pflichten. Fraglich ist, ob es rechtmäßig sein sollte, wenn der Anbieter verpflichtet wäre, auch für eine begrenzte Zeit die Nutzer zu überwachen. Könnte eine unbegrenzte Überwachung als rechtmäßig angesehen werden? Macht es einen Unterschied, ob die Überwachung nur von einem Anbieter ausgeführt wird?

D. Zuständigkeit bei Persönlichkeitsverletzungen im Internet

Die Ubiquität[1144] des Internets wirft die Frage auf, welches Recht für die grenzübergreifenden Streitigkeiten anwendbar ist. Das Recht ist anders als das Netz, denn die Vorschriften eines Rechtssystems gelten grundsätzlich unter bestimmten Voraussetzungen und bis zu bestimmten Grenzen.[1145]

I. Im deutschen Recht

Die Rom-II-Verordnung[1146] enthält keine Regelung zum Ehren- oder Persönlichkeitsschutz, dies wird ausdrücklich in Art. 1 Abs. 2 lit. g für außervertragliche Schuldverhältnisse aufgrund von Persönlichkeitsverletzungen ausgenommen. Deswegen könnte für das deutsche Recht § 40 Abs. 1 Satz 1 EGBGB als die Anwendungsnorm für den Handlungsort für die Persönlichkeitsverletzungen gelten, die in dem Staat geschehen sind, in dem der Ersatzpflichtige gehandelt hat.[1147] Der

1143 Zu dem Begriff, siehe Protecting free expression in the era of online content moderation Access Now's preliminary recommendations on content moderation and Facebook's planned oversight board, Mai 2019, S. 1 ff..

1144 Eine grundlegende Definition für „ubiquitäre digitalisierte Inhalte" bezieht sich auf die Fähigkeit „überall geschaffen zu werden, überallhin bewegt und überall abgerufen werden zu können". Siehe zum Begriff „Ubiquität und Recht" Boehme-Neßler, Unscharfes Recht, S. 102 ff..

1145 Vgl. Boehme-Neßler, Unscharfes Recht, S. 102; Heckmann in NJW, 2012, 2631 (2631).

1146 Verordnung (EG) Nr. 864/2007 des Europäischen Parlaments und des Rates v. 11.7.2007 über das auf außervertragliche Schuldverhältnisse anzuwendende Recht („Rom II"), ABl. L199, S. 40.

1147 Zu den Internetäußerungen siehe dazu Seitz, in: Hoeren/Sieber/Holznagel, Multimedia-Recht-HdB, Teil 8, Rn. 80.

Berechtigte hat auch die Möglichkeit zu verlangen, den Erfolgsort nach § 40 Abs. 1 Satz 2 EGBGB anzuwenden, nach dem Ort, an dem der deliktische Erfolg eingetreten ist.[1148] Im Falle der Internetäußerungen gilt der Erfolgsort nicht,[1149] weil bei den verletzenden Internetäußerungen nicht der Ort, an dem der Server ist, sondern der Ort, wo die Äußerung eingespeist wird, rechtlich relevant ist.[1150]

Die Fälle zu den Persönlichkeitsverletzungen im Internet und die internationale Zuständigkeit haben im deutschen und im europäischen Recht eine große Bedeutung und dies wird durch die Rechtsprechung des BGH und des EuGH bewiesen. Die Komplexität der Klagen hat auch zu verschiedenen Auslegungen in wesentlichen Punkten geführt. Trotzdem folgen beide Gerichte dem gleichen Ziel: dem Schutz der Persönlichkeitsrechte des Einzelnen im Internet.

Die Rechtsprechung des BGH orientiert sich am Marktortprinzip[1151] und ermöglicht dem Kläger einen effektiven Zugang zur deutschen Gerichtsbarkeit, begrenzt die Gefahr des Forum-Shoppings und sieht die Klagemöglichkeit vor unterschiedlichen Gerichten vor.[1152]

Die internationale Zuständigkeit der deutschen Gerichte ist nach § 32 ZPO gegeben. Laut § 32 ZPO genügt es für die Zuständigkeit, wenn der Kläger schlüssig Tatsachen vorlegt, aus denen sich eine im Gerichtsbezirk begangene unerlaubte Handlung ergibt. Die deutschen Gerichte sind zur Entscheidung über Klagen wegen Persönlichkeitsverletzungen durch im Internet abrufbare Veröffentlichungen international zuständig, wenn durch die vom Betroffenen als unzulässig und rechtsverletzend bezeichneten Inhalte einen Bezug zum Inland darstellen und wenn eine Interessenkollision zwischen den Interessen des Betroffenen an der Gewährleistung seines Persönlichkeitsrechts und den Interessen der Beklagten an der Aufrechterhaltung der Inhalte auf ihrer Website, im Inland eingetreten sein kann oder eintreten kann.[1153] Starke Hinweise für den Inlandsbezug und damit für die internationale Zuständigkeit der deutschen Gerichte sind, wenn die Inhalte

---

1148 Ausführlich zu der Norm § 40 EGBGB im Bereich der Persönlichkeitsschutz im Internet in Gounalakis, in: Götting/Schertz/Seitz, Handbuch des Persönlichkeitsrechts, § 24, Rn. 257 ff..

1149 Siehe dazu Seitz, Gegendarstellungsanspruch, 3. Kap. Rn. 19; Siehe die Diskussion zur Ablehnung der Zuständigkeit nach Art. 5 Nr. 3 EuGVVO in Seitz, in: Götting/Schertz/Seitz, Handbuch des Persönlichkeitsrechts, § 59, Rn. 62.

1150 Schulz, in: Hahn/Vesting, § 56 RStV, Rn. 12.

1151 So wie in der deutschen Literatur gefordert wurde. Siehe dazu Spindler, Gutachten F zum 69. DJT, 2012, F 111 für den Datenschutz.

1152 Gounalakis, in: Götting/Schertz/Seitz, Handbuch des Persönlichkeitsrechts, § 24, Rn. 247. Zusammenfassung anhand des BGH Urteils v. 29.3.2011 – VI ZR 111/10.

1153 Siehe aktuell OLG Frankfurt a. M. Urt. v. 6.9.2018 - 16 U 193/17, BeckRS 2018, 21748, Rn. 31; BGH Urt. v. 27.2.2018 - VI ZR 489/16, Rn. 17; grundlegend BGH, Urt. v. 2.3.2010 - VI ZR 23/09 - New York Times, Rn. 20.

in deutscher Sprache verfasst sind, wenn der Betroffene in Deutschland lebt oder arbeitet und sein Name in eine Internet-Suchmaschine eingegeben wird.[1154]

II. Im rumänischen Recht

Wenn die deutsche Auffassung vertreten wird, dass die Grundsätze und Normen zu den klassischen Fällen für die Medienangebote auch in Bezug auf das Internet angewendet werden,[1155] dann könnten die zivilrechtlichen Vorschriften des Cod Civil so ausgelegt werden, dass die Rechtslage für die Fälle mit einem Auslandbezug auch für die Persönlichkeitsverletzungen im Internet anwendbar ist. Gem. Art. 2577[1156] Cod Civil in Bezug auf die Kollisionsfälle im Internationalen Privatrecht ist das nationale Gesetz der natürlichen Person anwendbar. „Das nationale Gesetz" wurde vom rumänischen Gesetzgeber in Art. 2568 Cod Civil legal definiert und das national anwendbare Gesetz wird nach der Nationalität der natürlichen oder juristischen Person festgestellt. Für einen Sachverhalt mit einer Auslandsberührung wird der rumänische Richter, gem. Art. 2568 Cod Civil, das nationale Recht der natürlichen Person für die Feststellung des Rechts und des Inhalts des Rechts anwenden.[1157]

Laut Art. 2642 Cod Civil kann die beschädigte Person im Falle der Persönlichkeitsverletzungen entscheiden, bei welchem Gericht die Schadenersatzansprüche erhoben werden, abhängig davon, a) wo der Beschädigte seinen Wohnort hat, b) wo der Erfolgsort liegt oder c) wo der Verletzer seinen gewöhnlichen Wohnort hat. Für die Varianten a) und b) bestimmt Art. 2642 Cod Civil, dass die Auswahl unter der Bedingung gemacht werden darf, dass der Verletzter hätte wissen oder vorhersehen sollen,[1158] dass die Wirkung seiner Handlung in einem der zwei Staaten

---

1154 OLG Frankfurt a. M. Urt. v. 6.9.2018 - 16 U 193/17, BeckRS 2018, 21748, Rn. 32.; BGH, Urt. v. 27.2.2018 - VI ZR 489/16, Rn. 19; BGH, Urt. v. 2.3.2010 - VI ZR 23/09 - New York Times, Rn. 18ff..

1155 Vgl dazu Damm, GRUR 2010, 891 (891ff.).

1156 Art. 2577 Cod Civil: Die dem Menschen innewohnenden Rechte. Die Existenz und der Inhalt der dem Menschen innewohnenden Rechte unterliegen dem nationalen Recht der natürlichen Person. (eig. Übersetzung)

1157 Die Elemente, die die Auslandsberührung eines Sachverhalts begründen, sind z.B. die ausländische Staatsangehörigkeit einer der Parteien oder der Wohnsitz einer der natürlichen Personen. Siehe dazu ausführlich in Predescu, Drept internaţional privat, S. 200ff..

1158 Der rumänische Gesetzgeber benutzt die Ausdrucksweise „în mod rezonabil" und dies könnte man als angemessen oder vernünftig übersetzen. Dennoch wurde schon seit 2004 in einem Kompendium betont, dass die Bezeichnung „optimal und vorhersehbar" passender wäre, obwohl Art. 6 Abs. 1 Satz 1 EKMR vorsieht, dass für ein faires Verfahren u.a. eine „angemessene Frist" notwendig ist.

erfolgen könnte. Somit haben die rumänischen Richter die legalen Werkzeuge, um den Schutz der Persönlichkeitsrechte der Bürger im Internet zu gewährleisten.

Auch in der weltweiten Rechtsprechung wird auf verschiedene Anknüpfungspunkte verwiesen, in denen die Rechtsstreitigkeiten lokalisiert werden, um beispielsweise die außervertragliche Haftung eines Verlags festzustellen oder eine Klage auf Unterlassung einer verletzenden Veröffentlichung zu erheben.[1159] Dennoch müssen die Fälle weitergehend im Einzelfall ausgelegt und angewendet werden.

Die rumänischen Gerichte haben bis jetzt noch nicht zur Entwicklung der Rechtsprechung zur zuständigen Gerichtsbarkeit bei Rechtsstreitigkeiten mit einem Internetbezug beigetragen. Dennoch gibt es jetzt viele Inspirationsquellen.[1160]

III. Rechtsprechung des EuGH

Für die nationalen Gerichte der EU-Mitgliedstaaten war es eine Herausforderung, die internationale Zuständigkeit bei Persönlichkeitsverletzungen im Falle einer Rechtsstreitigkeit zu bestimmen. Deswegen ist die Doppelentscheidung eDate Advertising/Martinez[1161] des EuGH begrüßenswert. Die Große Kammer des EuGH hat das zuständige Gericht und Art. 5 Nr. 3 EuGVVO a.F. als die Schlüsselnorm für Internetdelikte festgelegt[1162] sowie dank der Besonderheiten von Online-Medien die Rechtsschutzmöglichkeiten des Opfers gegenüber Verletzungen in Presseveröffentlichungen ausgeweitet.[1163] Seit 2015 gilt die Brüssel Ia-VO[1164], die in Art. 7 Nr. 2 wortgleich zu Art. 5 Nr. 3 EuGVVO die internationale Zuständigkeit regelt.

Der EuGH hat die Mosaik-Lösung im Urteil Shevill[1165] im Hinblick auf die Verbreitung von Printmedien entwickelt, nach der sich die Zuständigkeit des Gerichts auf den Schaden beschränkt, der in dem jeweiligen nationalen Hoheitsgebiet entstanden ist. Diese Lösung stellt klar, dass die Ehrverletzung, die in mehreren

1159 Siehe dazu Svantesson, PIL and the Internet; Bertoni, in: Bertoni, Towards an Internet Free of Censorship; Hoare, C.L.Pract. 2004, 4-13.

1160 BGH, Urt. v. 2.3.2010, VI ZR 23/09 - New York Times, BGHZ 184, 313; EuGH, Urt. v. 25.10.2011 - C-509/09, C-161/10 - eDate and Martinez.

1161 EuGH, Urt. v. 25.11.2011 - C-509/09 u. C-161/10 - eDate Advertising/X u. Oliver Martinez, Robert Martinez/MGN Limited.

1162 EuGH, Urt. v. 25.11.2011 - C-509/09 u. C-161/10 - eDate Advertising/X u. Oliver Martinez, Robert Martinez/MGN Limited, Rn. 52.

1163 Gounalakis, in: Götting/Schertz/Seitz, Handbuch des Persönlichkeitsrechts, § 24, Rn. 233.

1164 Verordnung (EU) Nr. 1215/2012 des Europäischen Parlaments und des Rates v. 12.12.2012 über die gerichtliche Zuständigkeit und die Anerkennung und Vollstreckung von Entscheidungen in Zivil- und Handelssachen, ABl. L 351, S. 1-21; gilt seit dem 10.1.2015.

1165 EuGH, Urt. v. 7.3.1995 - C-68/93 - Shevill u. a..

Mitgliedstaaten erfolgt ist, dem Kläger die Möglichkeit gibt, die Schadenersatzklage vor den Gerichten zu erheben an dem Ort der Niederlassung des Herausgebers oder dort, wo das schädigende Ereignis seinen Ausgang genommen hat,[1166] oder an dem Ort der Verbreitung der Veröffentlichung oder dort, wo durch die Ehrverletzung schädigende Auswirkungen für den Betroffenen einstellen.[1167] Diese Rechtsprechung wurde vom EuGH in der eDate Advertising-Entscheidung auf Internetsachverhalte übertragen.

In Vergleich zu den Druckerzeugnissen, die gebietsabhängig verbreitet werden, sind die Inhalte auf einer Website ubiquitär, also von einer unbestimmten Zahl von Nutzern überall auf der Welt und auf jede Distanz von einem Klick abrufbar.[1168] Das Verbreitungskriterium ist bei Veröffentlichungen im Internet nur von begrenztem Nutzen, weil die Verbreitung und der eingetretene Schaden in bestimmten Mitgliedstaaten nicht immer technisch zuverlässig zu quantifizieren ist.[1169] Dennoch sind Verletzungen des Persönlichkeitsrechts im Internet durch die weltweite Verbreitung häufiger.[1170] Das Gericht des Ortes, an dem das mutmaßliche Opfer den Mittelpunkt seiner Interessen hat, ist für den Kläger und für den Beklagten vorhersehbar und entspricht den anerkannten Zielen einer geordneten Rechtspflege.[1171]

Der EuGH hat dem Kläger, d.h. dem Opfer einer Persönlichkeitsverletzung im Internet, die Möglichkeit eröffnet, Ansprüche auf Ersatz des gesamten entstandenen Schadens geltend zu machen, bei den Gerichten des Mitgliedstaats am Sitz des Beklagten oder bei den Gerichten des Mitgliedstaats, in dem sich der Mittelpunkt der Interessen des Klägers befindet oder bei einem Gericht, in dessen Hoheitsgebiet ein im Internet veröffentlichter Inhalt verfügbar ist oder war.[1172]

Wenn sich ein Unternehmen gegen Persönlichkeitsverletzungen im Internet wehrt und einen Anspruch auf Schadenersatz hat, sind die Gerichte des Mitgliedstaats zuständig, in dem das Unternehmen seinen Interessenmittelpunkt hat, laut Art. 7 Nr. 2 der EU Verordnung Nr. 1215/2012[1173], so der EuGH in der Rechtssache

1166 Vgl. EuGH, Urt. v. 7.3.1995 - C-68/93 - Shevill u. a., Rn. 26.

1167 EuGH, Urt. v. 7.3.1995 - C-68/93 - Shevill u. a., Rn. 30 f..

1168 EuGH, Urt. v. 25.11.2011 - C-509/09 u. C-161/10 - eDate Advertising u.a., Rn. 45.

1169 EuGH, Urt. v. 25.11.2011 - C-509/09 u. C-161/10 - eDate Advertising u.a., Rn. 46.

1170 EuGH, Urt. v. 25.11.2011 - C-509/09 u. C-161/10 - eDate Advertising u.a., Rn. 47. Dieses Argument stützt sich auf ein Argument des Generalanwaltes in dessen Schlussanträgen in Rn. 56.

1171 EuGH, Urt. v. 25.11.2011 - C-509/09 u. C-161/10 - eDate Advertising u.a., Rn. 48 u. 50.

1172 Vgl. Zusammenfassung in Gounalakis, in: Götting/Schertz/Seitz, Handbuch des Persönlichkeitsrechts, § 24, Rn. 235.

1173 Verordnung (EU) Nr. 1215/2012 des Europäischen Parlaments und des Rates v. 12.12.2012 über die gerichtliche Zuständigkeit und die Anerkennung und Vollstreckung von Entscheidungen in Zivil- und Handelssachen, ABl. L351, S. 1.

Bolagsupplysningen/Ilsjan.[1174] Deswegen kann ein Gericht die Natur des Schadens nur beurteilen, wenn das Gericht sich in dem Mitgliedstaat des Interessenmittelpunkts des Verletzten befindet, d.h. dem Ort, an dem die tatsächlichen Auswirkungen der Veröffentlichung im Internet erfolgt sind.[1175] Damit setzte der EuGH seine Rechtsprechung zu Zuständigkeiten bei Persönlichkeitsverletzung natürlicher Personen im Internet fort, besonders die Begründungen der eDate Advertising- Entscheidung.[1176]

Im Hinblick auf juristische Personen hat der EuGH als Anhaltspunkt den Ort genannt, an dem das geschäftliche Ansehen „am gefestigtsten" ist und den wesentlichen Ort der Ausübung der wirtschaftlichen Tätigkeit, um den Mittelpunkt der Interessen festzustellen.[1177] Dies wird in der deutschen Literatur kritisiert, weil das geschäftliche Ansehen und der wesentliche Teil der wirtschaftlichen Tätigkeit nicht unbedingt an demselben Ort liegen.[1178] Trotzdem hat der EuGH die Diskussion nicht angestoßen, ob ein Unternehmen Persönlichkeitsrechte hat und auch nicht die Ideen des Generalanwalts Bobek dazu fortgesetzt, die er in seinen Schlussanträgen gestellt hat[1179].

1174 EuGH, Urt. v. 17.10.2017 - C-194/16 - Bolagsupplysningen OÜ, Ingrid Ilsjan/Svensk Handel AB, Rn. 44. Die Bolagsupplysningen OÜ ist eine Gesellschaft mit Sitz in Tallinn, Estland, die die meisten ihrer Geschäfte in Schweden hat. Ingrid Ilsjan ist eine Angestellte der Bolagsupplysningen. Die Svensk Handel AB, eine schwedische Handelsvereinigung, veröffentlichte auf ihrer Website in einem Eintrag über Bolagsupplysningen, dass sie „Betrug und Gaunerei betreibe". Im Diskussionsforum der Website wurden 1000 Kommentare als Reaktion auf die Eintragung in die schwarze Liste veröffentlicht, darunter Aufrufe zur Gewalt gegen Bolagsupplysningen und ihre Beschäftigten. Bolagsupplysningen klagte in Estland und verlangte die Richtigstellung der Einträge, Entfernung der ehrverletzenden Kommentare und Schadenersatz.

1175 EuGH, Urt. v. 17.10.2017 - C-194/16 - Bolagsupplysningen OÜ, Ingrid Ilsjan/Svensk Handel AB, Rn. 37.

1176 EuGH, Urt. v. 25.11.2011 - C-509/09 u. C-161/10 - eDate Advertising u. a., Rn. 52. Die Generalregel zur internationalen Zuständigkeit für Klagen wegen unerlaubter Handlungen nach dem 15. ErwG der Verordnung (EU) Nr. 1215/2012 ist, dass die Klage vor dem Gericht erhoben wird, wo der Beklagte seinen Sitz hat. Die Ausnahme zu dieser Regel ist das Prinzip locus delicti, d.h. dass die Klage in dem EU-Mitgliedstaat erhoben wird, in dem das schädigende Ereignis eingetreten ist oder einzutreten droht, gem. Art. 7 Nr. 2 (in Kapitel II Abschnitt 2 der Verordnung Nr. 1215/2012).

1177 EuGH, Urt. v. 17.10.2017 - C-194/16 - Bolagsupplysningen OÜ, Ingrid Ilsjan/Svensk Handel AB, Rn. 41.

1178 NJW 2017, 3433 (3436) (m. Anm. Bach).

1179 Schlussanträge des Generalanwalts Michal Bobek v. 13.7.2017 - C-194/16 - Bolagsupplysningen OÜ, Ingrid Ilsjan/Svensk Handel AB, Rn. 40 ff.. Es wird ausführlich

Der österreichische Datenschutzaktivist Max Schrems hat versucht, eine Sammelklage auf Art. 16 Abs. 1 EuGVVO a.F. zu stützen.[1180] Der EuGH hat diese jedoch für unzulässig erklärt, da Art. 16 Abs. 1 EuGVVO a.F. „keine Anwendung auf die Klage eines Verbrauchers findet, mit der dieser am Klägergerichtsstand nicht nur seine Ansprüche geltend macht, sondern auch Ansprüche, die von anderen Verbrauchern mit Wohnsitz im gleichen Mitgliedstaat, in anderen Mitgliedstaaten oder in Drittstaaten abgetreten wurde".[1181]

Die Rechtsverletzungen im Internet werden wegen der Natur des Internets grenzüberschreitend verbreitet, deswegen kann die Frage der internationalen Gerichtszuständigkeit und nach dem anwendbaren Recht eine Herausforderung sein.

IV. Europarechtliche Vorgaben der DS-GVO

Art. 3 DS-GVO regelt den räumlichen Anwendungsbereich der DS-GVO und bestimmt drei verschiedene Ansatzpunkte: das Niederlassungsprinzip (Abs. 1), das Marktortprinzip (Abs. 2) und das Prinzip der Anwendung aufgrund völkerrechtlicher Vorgaben (Abs. 3).[1182] Besonders durch das Marktortprinzip sollen alle Sachverhalte mit Unionsbezug einheitlich für inner- und außereuropäische Anbieter gelöst werden.[1183]

Art. 3 Abs. 1 DS-GVO enthält kein Sitz-, sondern ein Niederlassungsprinzip.[1184] Die Betroffenen sind geschützt, wenn es um die Verarbeitung ihren personenbezogenen Daten geht, soweit diese im Rahmen der Tätigkeiten einer Niederlassung eines Verantwortlichen oder eines Auftragsverarbeiters in der Union erfolgt, auch wenn die Verarbeitung von Daten nicht in der Union stattfindet. Die DS-GVO

über die Ausdehnung der Persönlichkeitsrechte auf die juristischen Personen diskutiert und der GA Bobek widerspricht damit auch der Meinung der EU-Kommission (Rn. 39), die aber daran festhält, dass der auf dem Mittelpunkt der Interessen beruhende Gerichtsstand des forum actoris nicht auf juristische Personen ausgedehnt werden sollte, auch wenn in einigen Mitgliedstaaten Persönlichkeitsrechte geschützt seien.

1180 EuGH, Urt. v. 25.1.2018 - C-498/16 - Schrems/Facebook. Der Kläger Max Schrems wollte die Ansprüche von ca. 25000 Facebook-Nutzern wegen Datenschutzverletzungen durch Facebook abtreten und durchsetzen. Stellungnahme von Schrems, v. 25.1.2018, abrufbar unter: http://www.europe-v-facebook.org/sk/CJEU_de.pdf.

1181 EuGH, Urt. v. 25.1.2018 - C-498/16 - Schrems/Facebook, Rn. 49. Nach dem Inkrafttreten der DS-GVO bietet Art. 80 DS-GVO die Grundlage für eine kollektive Datenschutzklage.

1182 Hornung, in: Simitis/Hornung/Spiecker gen. Döhmann, Datenschutzrecht, Art. 3 DS-GVO, Rn. 1.

1183 Albrecht, CR 2016, 88 (90).

1184 Hornung, in: Simitis/Hornung/Spiecker gen. Döhmann, Datenschutzrecht, Art. 3 DS-GVO, Rn. 18.

gewährleistet den Schutz betroffener Personen z.B. auch im Falle von Suchmaschinen oder sozialen Netzwerken, die einen Sitz in einem Drittstaat, aber eine Niederlassung in einem EU-Mitgliedstaat haben.[1185]

Das Marktortprinzip, verankert in Art. 3 Abs. 2 DS-GVO, besagt, dass die Verarbeitung personenbezogener Daten von betroffenen Personen, die sich in der Union befinden, sei es Unionsbürger, Bürger aus Drittstaaten, wie Touristen, Flüchtlinge, Staatenlose[1186], durch einen nicht in der Union niedergelassenen Verantwortlichen oder Auftragsverarbeiter durch die DS-GVO geschützt werden. Dafür ist es notwendig, dass die Datenverarbeitung in Zusammenhang mit dem Angebot von Waren oder Dienstleistungen und mit der Beobachtung von Verhalten in der Union steht. Wenn ein Verantwortlicher oder Auftragsverarbeiter aus einem Drittland das Surfverhalten eines Betroffenen in der Union durch Cookies, Webtracking, Social Plug-ins, wie beispielsweise der Facebook-Like-Button, aufzeichnet, dann gelten die Vorschriften der DS-GVO, auch wenn kein Profil angelegt wird.[1187]

E. Alternative zum Rechtsweg

Der Rechtsweg kann oft langwierig, teuer und zeitaufwendig sein. Sowohl in Rumänien als auch in Deutschland brauchen die Gerichte im Schnitt ungefähr 150 Tage für einen Zivilprozess.[1188] Eine Online-Schlichtungsstelle oder ein Mediationsverfahren könnten kostengünstigere und raschere Optionen zum Rechtsweg als außergerichtliche Lösungen zugunsten des Beschädigten sein. In Deutschland gibt es nach § 15a Abs. 1 Nr. 3 EGZPO eine obligatorische Streitschlichtung für Streitigkeiten über Ansprüche wegen Verletzung der persönlichen Ehre, die nicht in Presse oder Rundfunk begangen worden sind.

I. Online-Schlichtungsstelle

Jeder EU-Mitgliedstaat hat Schlichtungsstellen, insbesondere für den Verbraucherschutz. Dafür ist ein online geschlossener Vertrag notwendig, wenn es um eine Streitigkeit zwischen einem Verbraucher und einem Unternehmen geht und die Schlichtungsstelle eine Lösung erzielen will.

1185 Vgl. Zerdick, in: Ehmann/Selmayr, DS-GVO, Art. 3 Abs. 1, Rn. 11.

1186 Zerdick, in: Ehmann/Selmayr, DS-GVO, Art. 3 Abs. 1, Rn. 17.

1187 Hornung, ZD 2012, 99 (102), a.A. Tinnenfeld/Buchner/Petri/Hof, Einführung in das Datenschutzrecht, S. 221. Die Autoren beziehen sich nur auf die Erstellung von Profilen.

1188 Die Zahlen beziehen sich auf die Dauer der Gerichtsverfahren in Zivil- und Handelssachen bis 2016. 2018 EU Justice Scoreboard Factsheet, Mai 2018, Generaldirektion für Justiz und Verbraucher, S. 2.

Die EU-Kommission hat auch ein Portal für die Streitbeilegungsstellen aller außergerichtlicher Verfahren eingerichtet. Durch ein Online-Formular wird auf Grundlage des Landes der Niederlassung des Unternehmens und nach Beschwerdegrund eine Liste zuständiger Streitbeilegungsstellen erstellt, aus der eine ausgewählt werden kann. In Deutschland gibt es eine ausführliche Liste von Beschwerde-, Ombuds- und Schlichtungsstellen für verschiedene Bereiche, wie z.B. Luftverkehr, Energie, Versicherung, Banken, Post oder Anwaltschaft,[1189] die außergerichtliche Streitbeilegung anbieten. In Rumänien können sich die Verbraucher nur an die Staatliche Behörde für Verbraucherschutz und besonders an die Abteilung für alternative Streitbeilegung (Autoritatea Naţională pentru Protecţia Consumatorilor — Direcţia de Soluţionare Alternativă a Litigiilor) wenden.

Bei Persönlichkeitsverletzungen liegen keine Verträge vor, aber nach dem Modell der Schlichtungsstellen für den Verbraucherschutz könnten Abteilungen der nationalen Datenschutzbehörden eingerichtet werden, die für eine Online-Schlichtung zuständig sein könnten. Diese könnten europaweit gemeinsam mit den Kollegen anderer Datenschutzbehörden auch grenzüberschreitende Fälle schlichten. Im ErwG. 117 DS-GVO wird darauf hingewiesen, dass die nationalen Aufsichtsbehörden bei der Wahrnehmung ihrer Befugnisse völlig unabhängig sein sollten. Im Mittelpunkt der Befugnisse steht, den Schutz natürlicher Personen bei der Verarbeitung personenbezogener Daten zu gewährleisten. Dieses Ziel soll einheitlich in jedem EU-Mitgliedstaat erreicht werden. Das wären starke Argumente für die Fähigkeit der Datenschutzbehörden, neutrale Stellungnahmen im Rahmen der Schlichtung abzugeben. Darüber hinaus könnten grenzüberschreitende Fälle auch im Rahmen der Treffen des Europäischen Datenschutzausschusses[1190] (EDSA) diskutiert werden und dieser könnte auch Leitlinien dazu veröffentlichen.

1189 Allgemeine Verbraucherschlichtungsstelle des Zentrums für Schlichtung e.V.; Anwaltliche Verbraucherschlichtungsstelle NRW e.V.; Außergerichtliche Streitbeilegungsstelle für Verbraucher und Unternehmer e.V.; Kundenbeschwerdestelle beim Bundesverband der Deutschen Volksbanken und Raiffeisenbanken e.V.; Ombudsmann der Privaten Banken; Ombudsmann Immobilien IVD/VPB - Grunderwerb und Verwaltung; Ombudsmann Privaten- und Pflegeversicherung; Ombudsstelle für Investmentfonds; Ombudsstelle für Sachwerte und Investmentvermögen; Schlichtungsstelle Bausparen; Schlichtungsstelle bei der Bundesanstalt für Finanzdienstleistungsaufsicht; Schlichtungsstelle bei der Deutschen Bundesbank; Schlichtungsstelle bei den Deutschen Sparkassen und Giroverband e.V.; Schlichtungsstelle der Rechtsanwaltschaft; Schlichtungsstelle Energie e.V..

1190 Der Europäische Datenschutzausschuss ist seit dem Inkrafttreten der DS-GVO u.a. für die Verstärkung der Kooperation und die Mediation der Konflikte zwischen den nationalen Datenschutzbehörden zuständig, gem. Art. 65 Abs. 1 DS-GVO. Dennoch veröffentlicht dieses Gremium auch Leitlinien und Vorschläge, um eine einheitliche Anwendung der europäischen Datenschutzvorschriften zu gewährleisten.

Die Abteilungen der nationalen Datenschutzbehörden würden unabhängig, unparteiisch und objektiv sein und hätten die fachliche Kompetenz, um Entscheidungen, z.B. über Auskunftsansprüche, zu treffen. Ausführliche Informationen und ein Schlichtungsformular könnten online zur Verfügung gestellt werden, so dass die notwendigen Beweise, d.h. Dokumente, Bilder, Videoaufnahmen etc., hochgeladen werden und die Sachverhalte geschildert werden können. So würden anders als bei einem Prozess für die Parteien, i.e. der Rechtsverletzter und der Beschädigte, keine Kosten entstehen. Die Parteien könnten sich Zeit nehmen, um ihre Argumente zu formulieren.

II. Mediationsverfahren

Auch ein Mediationsverfahren könnte eine Möglichkeit sein, um eine Lösung für eine Streitigkeit über eine Persönlichkeitsverletzung zu finden. Ein Mediator könnte zwischen den Parteien vermitteln und sie dabei unterstützen, zu einem Konsens zu kommen. Wenn der Rechtsverletzer und das Opfer sich kennen und ihre Beweggründe schildern, könnte dies, besonders bei Persönlichkeitsverletzungen, zu einem besseren Verständnis des Konflikts führen.[1191]

Ein einheitliches Mediationsverfahren könnte durch einen europäischen Rechtsakt gewährleistet werden. Der europäische Gesetzgeber hat mit der sog. P2B-VO[1192] (Platform-2-Business) bereits eine Verordnung zur Förderung von Fairness und Transparenz verabschiedet. Im ErwG. 40 der P2B-VO werden die Vorteile einer Mediation geschildert. Die Mediation bietet Anbietern von Online-Vermittlungsdiensten und deren gewerblichen Nutzern eine Möglichkeit, Streitigkeiten zufriedenstellend beizulegen, ohne ein Gerichtsverfahren anstrengen zu müssen, das langwierig und kostspielig sein kann.

Die P2B-VO enthält klare Vorgaben[1193] für die Benennung von zwei Mediatoren und für deren Qualifizierung. Die Mediatoren müssen neutral bleiben, d.h. unparteiisch und unabhängig. Ihre Dienste müssen für gewerbliche Nutzer bezahlbare Honorare haben und sie müssen die Sprache beherrschen, die das Vertragsverhältnis der Parteien regelt. Überdies müssen sie schnell erreichbar sein, d.h. dass sie sich am Ort der Niederlassung oder am Wohnsitz des gewerblichen Nutzers befinden oder sie mittels Kommunikationstechnik aus der Ferne leicht zu erreichen sind, sodass sie unverzüglich ihre Mediationsdienste erbringen können. Ein wichtiger Aspekt für eine gute Zusammenarbeit und eine effektive Mediation

---

1191 Siehe dazu auch den Vorschlag für ein Mediationsverfahren der Persönlichkeits- und Urheberrechtsverletzungen in Verheijden, Rechtsverletzungen auf Youtube und Facebook, S. 349.

1192 Verordnung (EU) 2019/1150 des Europäischen Parlaments und des Rates v. 20.6.2019 zur Förderung von Fairness und Transparenz für gewerbliche Nutzer von Online-Vermittlungsdiensten, ABl. L 186, S. 57. Die VO ist am 12.7.2020 in Kraft getreten.

1193 Siehe dazu ErwG. 40 f.. und Art. 12, 13 der VO (EU) 2019/1150.

besteht aus einem ausreichenden Verständnis der allgemeinen Geschäftsbeziehungen zwischen Unternehmen.

Zusammenfassung

Es gibt zahlreiche Herausforderungen im Netz[1194], wenn es um die effektive Durchsetzung des Ehrenanspruchs, die Enthüllung der Identität von Nutzern, die unter dem Schild eines Pseudonyms oder der Anonymität andere Internetnutzer verletzen, die Durchsetzung des Rechts auf Vergessenwerden, die Prüfung der Verantwortlichkeit von Providern, Intermediären und Plattformbetreibern bei der Verbreitung von Inhalten, die Ansprüche gegenüber sozialen Netzwerken auf Grundlage von DS-GVO und NetzDG und die Besonderheiten der Rechtsbehelfe geht.

Dennoch haben Nutzer sowohl im rumänischen wie auch im deutschen Recht ausreichende Ansprüche die sie durchsetzen können. Auf der europäischen Ebene bieten die Rechtsprechung, zahlreiche Stellungnahmen der zuständigen Behörden, wie z.B. des EDSA, und europäische Rechtsakte, wie z.B. die DS-GVO, Hilfestellungen zum Schutz verschiedener Ausprägungen der Persönlichkeitsrechte.

Die rechtliche Verankerung der zivilrechtlichen Haftung von Verantwortlichen und Auftragsverarbeitern hat sich durch die DS-GVO verstärkt und die Zahl der Schadenersatzklagen könnte schnell zunehmen.[1195] Es gibt noch keine Rechtsprechung des EuGH zur zivilrechtlichen Haftung der Provider gem. DS-GVO, aber der EuGH hat mehrere Aspekte der Haftung der Internet Service Provider auf Grundlage des Unionsrechts durch zahlreiche Entscheidungen ausgelegt und präzisiert. In der Literatur wird betont, dass die Begriffe weit ausgelegt werden sollten, um dem Sinn und Zweck der Norm zur Haftung und dem Recht auf Schadenersatz gerecht zu werden, d.h. dem Geschädigten einen umfassenden Schutz zu gewährleisten.

Die Alternativen zum Rechtsweg, die Online-Schlichtungsstellen oder das Mediationsverfahren, können auch Zeit, Geld und viel Energie sparen, aber trotzdem zu einem effektiven Schutz der Persönlichkeitsrechte führen.

Der Nutzer hat zahlreiche Lösungen zur Verfügung, um seine Persönlichkeitsrechte zu schützen, das heißt aber nicht, dass er nicht präventiv handeln sollte, um Verletzungen zu vermeiden.

1194 Vgl. Gounalakis, in: Götting/Scherz/Seitz, Handbuch des Persönlichkeitsrechts, § 24, Rn. 7.

1195 Geminn, in: Jandt/Steidle (Hrsg.), Datenschutz im Internet, S. 474, Rn. 61.

Schlussfolgerungen

Ausgehend von einem militärischen Experiment im Jahre 1950 ist das Internet im Lauf der Jahre bis heute eine facettenreiche Plattform für Kommunikation, Wirtschaft, Politik, Gerechtigkeit und Demokratie geworden. Obwohl das Internet in Rumänien später als in anderen europäischen Länder eingeführt wurde, war Rumänien bis 2016 das Land mit der schnellsten Internetgeschwindigkeit Europas.[1196] Rumänien könnte daher wegen der Anzahl von Spezialisten, wegen der im Vergleich zu westlichen Länder geringeren Gehälter sowie wegen seiner optimalen Internetinfrastruktur für die Ansiedlung von Servern attraktiv sein.

Die Regelungen, die den Schutz der Persönlichkeit in den Vordergrund stellen, sind Gesetze der Freiheit und Gesetze des inneren Freiraums, die den Einzelnen unterstützen, seine Persönlichkeit frei und verantwortungsvoll entfalten zu können. Frei zu sein bedeutet nicht, befreit von der Kontrolle der Regierung zu sein, sondern „einen freien Willen auszuüben."[1197]

Durch das Inkrafttreten des deutschen Grundgesetzes haben die Menschenwürde in Art. 1 Abs. 1 GG und die freie Entfaltung der Persönlichkeit in Art. 2 Abs. 1 GG eine herausragende Stellung bekommen. Das allgemeine Persönlichkeitsrecht wurde im deutschen Recht durch das Richterrecht mit der Rechtsgrundlage in Art. 1 Abs. 1 GG in Verbindung mit Art. 2 Abs. 1 GG seit seiner Entstehung in den 1950er Jahren zu einer verfassungsrechtlichen und zivilrechtlichen Garantie entwickelt. Durch zahlreiche Urteile der höchsten Instanzen Deutschlands, also Bundesverfassungsgericht und Bundesgerichtshof, wurden zahlreiche Facetten des Persönlichkeitsschutzes entwickelt.

Die Prinzipien der deliktischen Haftung wurden für die Gewährleistung der Ehre, der körperlichen Unversehrtheit und des Rechts am eigenen Bild erst gegen Ende des 19. Jahrhunderts von der rumänischen Rechtsprechung anerkannt. In der rumänischen Verfassung[1198] wird in Art. 1 Abs. 3[1199] zwischen der menschlichen

---

1196 Kapitel I, A. II. Exkurs: Internet in Rumänien – ein Paradox?

1197 Whitman, The Two Western Cultures of Privacy: Dignity versus Liberty, YLJ Nr.113/2004, S. 38f..

1198 Der Text der aktuellen Verfassung wurde 1991 nach dem Ende des Kommunismus legitimiert. 2003 wurde die Verfassung zuletzt geändert.

1199 Art. 1 Abs. 3 Constituția României: Rumänien ist ein Rechtstaat, demokratisch und sozial, wo die menschliche Würde, die Rechte und die Freiheiten der Bürger, die freie Entwicklung der menschlichen Persönlichkeit, Gerechtigkeit und politischer Pluralismus die höchsten Werte sind, im Sinne der demokratischen Traditionen des rumänischen Volkes und der Ideale der Revolution vom Dezember 1989, und diese sind garantiert. (eig. Übersetzung)

Würde und der freien Entwicklung der menschlichen Persönlichkeit als höchste Werte des rumänischen Staates unterschieden. Darüber hinaus wird der Persönlichkeitsschutz durch zahlreiche Vorschriften in der Verfassung gewährleistet: das Recht auf Leben und auf die körperliche und geistige Unversehrtheit (Art. 22), die individuelle Freiheit (Art. 23), das Recht auf Intim-, Familien- und Privatleben (Art. 26 Abs. 1), das Recht auf Selbstbestimmung (Art. 26 Abs. 2), das Briefgeheimnis (Art. 28), die Gewissensfreiheit (Art. 29), die Meinungsfreiheit (Art. 30), die Menschenwürde, die Ehre und das Recht am eigenen Bild (Art. 30 Abs. 6), das Recht auf Information (Art. 31), das Recht auf Bildung (Art. 32) sowie der Zugang zur Kultur (Art. 33).

Obwohl es im rumänischen Recht kaum Urteile der höchsten Instanz, also dem Înalta Curte de Casaţie şi Justiţie, in Bezug auf die Persönlichkeitsrechte gibt, wird das Thema in der rumänischen Rechtsliteratur ausgearbeitet. Der Begriff „Persönlichkeitsrechte“ wurde erstmals in der rumänischen Gesetzgebung in der ersten Variante des neuen Cod Civil aus dem Jahr 2009 verwendet. Das Recht auf Leben, auf Gesundheit, auf körperliche und geistige Integrität, auf Respekt der Privatsphäre sowie am eigenen Bild werden in Art. 58 Cod Civil aufgelistet. Durch die Formulierung „und andere solche Rechte, die vom Gesetz anerkannt werden“ am Ende des Art. 58 Cod Civil hat der Gesetzgeber die Entwicklung weiterer Ausprägungen des Persönlichkeitsrechts ermöglicht.

Im deutschen Recht befindet sich die Privatsphäre zwischen der Intimsphäre und Sozialsphäre und sie ist nur für einen begrenzten Kreis von Personen verfügbar. Die Einschränkungen sind in diesem Bereich erlaubt, solange das Verhältnismäßigkeitsprinzip respektiert wird. Deswegen hat der Begriff„ Privatsphäre“ eine andere Bedeutung als der Begriff „privacy“ im europäischen oder amerikanischen Recht[1200], er bezeichnet nämlich eine bestimmte Schutzsphäre im Rahmen des allgemeinen Persönlichkeitsrechts. Auch bei der Unterscheidung zwischen den Eingriffen oder der Feststellung einer Einschränkung in die Sphären des Persönlichkeitsschutzes muss in jedem Einzelfall abgewogen werden. Obwohl die Einzelfallabwägung in der deutschen Literatur insbesondere wegen einer gewissen Rechtsunsicherheit und wegen der Kosten der Rechtsverfolgung kritisiert wird, gibt es dazu keine Alternative.[1201]

Das Recht auf Privatleben ist in Artt. 71 und 74 des rumänischen Zivilgesetzbuches verankert. Der Schutz dieses Rechts hat auch Wurzeln in der rumänischen Verfassung. Deswegen sind die öffentlichen Behörden Rumäniens dazu verpflichtet, den Schutz des Intim-, Familien- und Privatlebens des Einzelnen zu gewährleisten, gem. Art. 26 Abs. 1 der rumänischen Verfassung. Dadurch wird dem Recht

---

1200 Ausführlicher siehe den 4. Abschnitt des II. Kapitels zu der Abgrenzung zwischen „privacy“ und Privatsphäre.

1201 Gounalakis, in: Götting/Schertz/Seitz, Handbuch des Persönlichkeitsrechts, § 24, Rn. 54.

auf Privatleben und der rumänischen Rechtsordnung sowohl ein verfassungsrechtlicher als auch ein zivilrechtlicher Schutz gewährleistet. Obwohl im rumänischen Recht die Privatsphäre weder in der Literatur noch in der Rechtsprechung nicht so große Diskussionen wie im deutschen Recht auslöst, gibt es eine gesetzlich geregelte Differenzierung zwischen dem Intim-, Privat- und Familienleben, laut Art. 71 Abs. 2 Cod Civil. Das Recht auf Privatsphäre ist nicht absolut. Der Cod Civil sieht in Art. 75 Abweichungen von den Vorschriften zum Recht auf Privatsphäre vor. Die Beeinträchtigungen in diesem Recht sind nicht rechtswidrig, wenn sie gem. Art. 75 Abs. 1 Cod Civil gesetzlich zulässig sind,[1202] aber auch wenn diese gem. Art. 75 Abs. 2 Cod Civil nach dem Grundsatz von Treu und Glauben und mit der Einhaltung der internationalen Pakte und Abkommen, bei denen Rumänien Vertragspartei ist, beachtet werden.

Die Entwicklung der Angebote im Internet ermöglicht zahlreichen Menschen, andauernd überall in der Welt Zugang zu einer riesigen Menge an Informationen zu haben, aber dadurch sind die Nutzer zahlreichen persönlichkeitsverletzenden Aktionen ausgesetzt. Darüber hinaus wird die Kommunikation im Internet durch Plattformen der Internetdienstanbieter ermöglicht. Die Tätigkeiten der Internetdienstanbieter werden laut der Richtlinie 2000/31/EG über den elektronischen Geschäftsverkehr definiert. Diese sog. E-Commerce Richtlinie wurde im deutschen Recht durch das Telemediengesetz (TMG) und im rumänischen Recht durch das Gesetz Nr. 365/2002 umgesetzt. Besonders die Haftungsfragen spielen eine große Rolle, aber die Haftung muss auch nach der Art des Providers differenziert und festgestellt werden. Deswegen kann bei einem Content-Provider eine vollumfängliche Haftung entstehen, der Access-Provider ist gem. § 8 Abs. 1 Satz 1 TMG nicht verantwortlich für fremde Inhalte, solange er bestimmte Voraussetzungen[1203] erfüllt, und der Host-Provider ist gem. § 10 Satz 1 TMG haftungsprivilegiert[1204]. Im rumänischen Recht ist die Haftung der Provider in Artt. 11-15 des Gesetzes Nr. 365/2002 zum elektronischen Geschäftsverkehr geregelt und das Kapitel zur Haftung der Intermediäre-Service-Provider (Liability of intermediary service providers)

1202 Art. 75 Abs. 1 Cod Civil verweist auf nationale Gesetze und auf internationale Abkommen zu Menschenrechten, bei denen Rumänien Vertragspartei ist. Das Gesetz sollte extensiv ausgelegt werden, nach den Regelungen des EGMR.

1203 Er hat 1. die Übermittlung nicht veranlasst; 2. den Adressaten der übermittelten Informationen nicht ausgewählt und 3. die übermittelten Informationen nicht ausgewählt oder verändert.

1204 D.h. dass sie „für fremde Informationen, die sie für einen Nutzer speichern, nicht verantwortlich sind, sofern sie 1. keine Kenntnis von der rechtswidrigen Handlung oder der Information hatten oder sie 2. unverzüglich tätig geworden sind, um die Informationen zu entfernen oder den Zugang zu ihr zu sperren, sobald sie Kenntnis davon erlangt haben."

wurde einfach aus dem Textkörper der E-Commerce Richtlinie übernommen und ins Rumänische übersetzt.

Das Internet sollte in Problemlösungsprozessen involviert sein und nicht als Waffe gegen andere Internetnutzer verwendet werden. Beispiele für den negativen Umgang mit dem Internet sind Cybermobbing-Fälle, die mitunter zu Suizid der Betroffenen führen, aber auch andere Persönlichkeitsverletzungen, die das Recht am eigenen Bild,[1205] den Ruf oder andere Grundrechte der Betroffenen berühren. So ist das Internet auch ein Ort für Fake News, Hassreden, Shitstorms und Cybermobbing geworden.

Cybermobbing umfasst Beleidigungen, Verleumdungen oder Stalking im Internet und repräsentiert eine signifikante Fallgruppe des Persönlichkeitsschutzes im Internet, aber der Begriff hat weder im deutschen noch im rumänischen Recht eine Legaldefinition. Darüber hinaus können die Betroffenen, obwohl es weder in Rumänien noch in Deutschland spezifische zivilrechtliche Ansprüche in Bezug auf Cybermobbing für die betroffenen Personen gibt, für die verschiedenen Formen von Cybermobbing zivilrechtliche Ansprüche erheben, wie z.B. Unterlassung, Berichtigung und Schadenersatz. Die von Cybermobbing geschädigte Person kann einen Anspruch auf Schadenersatz und die Wiedergutmachung für moralische, biologische oder existenzielle Schäden nach dem rechtswidrigen Handeln des Schädigenden geltend machen. In Rumänien kann die beschädigte Person zusätzlich zu einer Entschädigung auch einen Anspruch auf die Wiederherstellung des Rechtes haben, das eingeschränkt oder verletzt wurde, um die rechtswidrige Handlung zu beenden oder den verursachten Schaden zu beheben, gem. Art. 253 Abs. 3 lit. b) Cod Civil.

Das Problem des Ehrenschutzes im Internet hat Durchsetzungsschwierigkeiten. Die Identifizierung des Urhebers der ehrverletzenden Inhalte wird erschwert, weil er den Schutz der Anonymität der Internetnutzung ausnutzt. Ein anderes Problem ergibt sich bei der Abwägung von Ehrenschutz und Meinungsfreiheit, die bei den Sachverhalten in Bezug auf das Internet eine große Rolle spielen. Zudem werden neue rechtliche Fragen gestellt.

Sowohl im deutschen wie auch im rumänischen Recht gibt es für Beleidigungen im Internet eine rechtliche Bestandsaufnahme. Zu diesem Thema wurde auch ein Ansatz der Europäischen Union geschaffen. Dennoch ist der Schutz der persönlichen Ehre im Internet wegen der fehlenden Durchsetzbarkeit der Unterlassungs- und Schadenersatzansprüche eine Herausforderung.

Der Schutz des Persönlichkeitsrechts ist nicht grenzenlos, sondern kann auch eingeschränkt werden. Wenn eines der Persönlichkeitsrechte verletzt wird, dann ist eine konkrete Abwägung im Einzelfall erforderlich. In Deutschland gibt es Bestrebungen, bei einer Abwägung zwischen dem Persönlichkeitsrecht und dem

---

1205 Ein Beispiel dafür wäre die Veröffentlichung von intimen Bildern eines vorherigen Partners nach der Trennung. Siehe dazu BGH, Urt. v. 13.10.2015 - VI ZR 271/14.

Meinungs- und Informationsrecht dem Persönlichkeitsrecht Vorrang zu geben. Das NetzDG ist der Versuch des deutschen Gesetzgerbers zur Verstärkung des Ehrenschutzes und der Privatsphäre im Internet.[1206] In Rumänien gibt es erste Reformanstrengungen durch die Rechtsprechung[1207] und Bemühungen, um mit der Umsetzung der europäischen Rechtsakte Schritt zu halten.

Fraglich ist, ob eine Austarierung neuer Abwägungsleitlinien zu den Gefährdungspotenzialen für den Persönlichkeitsschutz im Internet notwendig wäre. Dies sollte in Anbetracht der neuen Herausforderungen für die möglichen persönlichkeitsverletzenden Inhalte, beispielsweise durch die Verfügbarkeit von Online-Archiven, durch Bewertungsplattformen, durch die Autocomplete-Funktion von Suchmaschinenbetreibern oder in sozialen Netzwerken untersucht werden.[1208] Ist es nur eine Aufgabe der richterlichen Gewalt, durch Auslegung der aktuellen Rechtslage oder Prinzipien innovative Lösungen zu deuten oder sollte der Gesetzgeber Ergänzungen vornehmen?

Besonders anspruchsvoll im Bereich des Persönlichkeitsrechts im Internet sind die Aufdeckung der Identität von Rechtsverletzern, die Geltendmachung des Rechts auf Vergessenwerden, der Umfang der Verantwortlichkeit von Providern, Intermediären und Plattformbetreibern beziehungsweise die Verantwortlichkeit anderer Nutzer für das Setzen von Links, die Besonderheiten der Ansprüche oder Rechtsbehelfe und die grenzüberschreitenden Rechtsverletzungen.[1209] Darüber hinaus kann die erschwerte Durchsetzung der Rechtsvorschriften zum Persönlichkeitsschutz aus verschiedenen Gründen erfolgen, nämlich zu wenig Personal, wie bei den öffentlichen Institutionen in Rumänien, zu niedrige Geldbußen[1210] oder sehr lange Zeit zum Erlass neuer Rechtsakte[1211]. Die ständige und rasende

---

1206 Gounalakis, in: Götting/Schertz/Seitz, Handbuch des Persönlichkeitsrechts, § 24, Rn. 4.

1207 Tribunalul Harghita, Entscheidung Nr. 866 v. 14.11.2018; ICCJ, Secţia a II-a civilă, Entscheidung Nr. 373 v. 24.2.2016; ICCJ, Spruchkörper C7-AP, Entscheidung Nr. 144/43 v. 27.11.2014.

1208 Gounalakis, in: Götting/Schertz/Seitz, Handbuch des Persönlichkeitsrechts, § 24, Rn. 6.

1209 Gounalakis, in: Götting/Schertz/Seitz, Handbuch des Persönlichkeitsrechts, § 24, Rn. 7.

1210 Am 28.10.2019 hat die rumänische Datenschutzbehörde ein Bußgeld i.H.v. 52325,9 RON (11000 Euro) gegen Fan Courier Express SRL verhängt, nachdem mehrere personenbezogene Daten, nämlich Namen, Kartennummern, Anschriften, CVV Nummern, IBAN und genehmigte Kreditrahmen, von 1100 Betroffenen verloren gegangen waren. Das sind dann im Schnitt nur 10 Euro pro Betroffener.

1211 Die ePrivacy-VO, die VO über die Achtung des Privatlebens und den Schutz personenbezogener Daten in der elektronischen Kommunikation und zur Aufhebung der Richtlinie 2002/58/EG (Verordnung über Privatsphäre und elektronische Kommunikation), hätte zusammen mit der DS-GVO in Kraft treten sollen, aber obwohl

Entwicklung der Technik, seien es Cookies, Crawlers, Bots, Live-Übertragungen oder die Tatsache, dass die Nutzer mehr und mehr Zeit im Internet verbringen und Inhalte schnell verbreitet werden, bildet auch neue Gefährdungslagen für die Internetnutzer.

Presse, NGOs und betriebliche Datenschutzbeauftragte spielen eine große Rolle beim Schutz der Persönlichkeitsrechte. Dies sollte weiter von der rumänischen Datenschutzbehörde durch die Pflege der Zusammenarbeit, durch Dialog und durch die Anwendung der Maßnahmen und Rechtsbehelfe gefördert werden, damit Rumänien als vertrauenswürdiger und sicherer wirtschaftlicher und politischer Partner angesehen wird. Rumänien hat das technische und menschliche Potenzial, um ein wichtiger Knotenpunkt in der Entwicklung der Digitalisierung in der Europäischen Union zu werden.

In Deutschland sind Persönlichkeits- und Datenschutz seit vielen Jahren etabliert und mit dem Recht auf informationelle Selbstbestimmung sind sie sogar verfassungsrechtlich verankert. In Rumänien sind die Persönlichkeitsrechte seit 2011 im Cod Civil geregelt. In einigen EU-Mitgliedstaaten gab es vor den Diskussionen um die Verhandlungen der DS-GVO keine praktische Auseinandersetzung mit dem Persönlichkeits- und Datenschutz und Rumänien ist einer davon. Gleichwohl besteht Verbesserungsbedarf bei der Umsetzung der DS-GVO auch in Deutschland, wo 2018 nur ein Viertel der dort ansässigen Unternehmen DS-GVO-konform war.[1212] In Rumänien wurde das Bewusstsein der Betroffenen für die Persönlichkeitsrechte verstärkt und dies wird auch dadurch bewiesen, dass die rumänische Datenschutzbehörde im Jahr 2018 mehr Beschwerden von Betroffenen zu Datenschutzverletzungen meldete als 2017.[1213]

Im Vergleich zu der DS-RL hätte die DS-GVO die Verantwortlichen rechtlich mehr ermuntern sollen, die personenbezogenen Daten zu anonymisieren und zu pseudonymisieren. BITKOM verweist auf zwei wichtige Beispiele, in denen Anonymisierung und Pseudonymisierung eine große Rolle für die Entwicklung, aber auch für den Schutz des Einzelnen spielen: die Standortdaten für die Verkehrslenkung und die Auswertung der Krankheitsverläufe von Patienten für die medizinische Forschung.

---

der erste Entwurf am 10.1.2017 veröffentlicht wurde (COM(2017) 10 final), gibt es immer noch keine Einigung über den Text der VO.

1212 Statistik Bitkom, Pressemitteilung v. 27.9.2018 und Präsentation der Statistik, abrufbar unter: https://www.bitkom.org/Presse/Presseinformation/Kaum-Fortschritt-bei-der-Umsetzung-der-Datenschutz-Grundverordnung.html.

1213 2018 gab es 5260 Beschwerden ggü. 3734 Beschwerden im Jahr 2017. Siehe dazu die Pressemitteilung der rumänischen Datenschutzbehörde: Ein Jahr GDPR v. 31.5.2019, abrufbar unter: https://www.dataprotection.ro/?page=Comunicat_de_presa_statistica_1_an_GDPR&lang=ro.

Die hohen Geldbußen für Unternehmen, Vereine und Selbständige bei Verstößen gegen die DS-GVO haben zu großer Aufmerksamkeit aus der ganzen Welt geführt. Diese Geldbußen sollten wirksam und abschreckend sein, aber auch verhältnismäßig verhängt werden. Letztendlich ist das Ziel der DS-GVO die Erhöhung des Bewusstseins für *die Pflichten und Rechte in Bezug auf den Datenschutz* und nicht die Erhöhung der Kontostände der nationalen Datenschutzbehörden in der EU.

Die rumänische Datenschutzbehörde, aber auch andere, wie z.B. das Parlament und die Regierung, sollten mehr daran arbeiten, das Vertrauen der Bürger in die Schutzmöglichkeiten der Bürgerrechte zu verstärken und mehr Beispiele für die effektive Durchsetzung dieser geben. Der Schutz der Persönlichkeitsrechte im Internet erfolgt in Deutschland vorbildlich und dies wird durch die Rechtsprechung bestätigt. Das Bewusstsein rumänischer Nutzer hinsichtlich ihrer Rechte muss gestärkt werden, damit sich ein Vertrauen in die Behörden entwicklen kann, dass selbige auch durchgesetzt werden.

Die Vorschriften der DS-GVO bestimmen Regeln verschiedener Bereiche, in denen Haftungsfälle für die Datenverarbeitung auftreten können. Dazu gehören Big Data, die automatisierte Verarbeitung, Profiling, die Kollision zwischen dem Recht auf Datenschutz und anderen Rechten, internationale Datenübertragung, das Recht auf Vergessenwerden sowie missbräuchliche Vertragsklauseln. Der hohe Standard des EU-Datenschutzrechtes ist ein Vorbild für andere Rechtssysteme und enthält in Art. 45 Abs. 2 DS-GVO strenge Kriterien für die Prüfung der Angemessenheit des Datenschutzniveaus in Drittländern beim Datenaustausch.[1214] Deswegen ist die Verankerung der Haftung der Verantwortlichen und der Auftragsverarbeiter in der DS-GVO ein Beweis dafür, dass ein Fehlverhalten in Bezug auf den Schutz der personenbezogenen Daten von Betroffenen nicht nur administrative, sondern auch zivilrechtliche Konsequenzen in allen EU-Mitgliedstaaten haben kann.

Immanuel Kant hat in der Schrift „Beantwortung der Frage: Was ist Aufklärung?" die Einladung ausgesprochen, die selbstverschuldete Unmündigkeit hinter sich zu lassen und den Mut zu haben, sich des eigenen Verstandes zu bedienen. Was führt zur Aufklärung der Bürger? Transparenz in der Gesetzgebung und vor

---

1214 Der EuGH hat detaillierte Vorgaben zu der Angemessenheitsentscheidung der EU-Kommission in der Entscheidung zum US/EU-Safe-Harbor-Abkommen gemacht. Siehe EuGH, Urt. v. 6.10.2015 - C-362/14 - Maximillian Schrems/Data Protection Commissioner. Art. 45 Abs. 2 DS-GVO beschreibt drei Regelungsbereiche zur Angemessenheitsprüfung: Rechtsnormen, Berufsregeln, Rechtsbehelfe und die Rechtsprechung (lit. a); die Notwendigkeit unabhängiger Datenschutzaufsichtsbehörden (lit. b); Einhaltung internationaler Verpflichtungen von dem Drittland und von der internationalen Organisation (lit. c). Vgl. Schröder, in: Kühling/Buchner, DS-GVO/BDSG, Art. 45 DS-GVO, Rn. 14.

Gericht, eine offene Demokratie sowie eine faire und unvoreingenommene Presse würden den Mitgliedern der Gesellschaft helfen, in Datenschutz- und Persönlichkeitsschutzthemen aufgeklärt zu werden.[1215] Nur würde auch ein Bewusstsein dafür entstehen, dass Datenschutz und Persönlichkeitsrechte nicht ein Gefallen von jemandem sind, sondern stark verankerte Rechte in den internationalen, europäischen und nationalen Regelungen und durch die Rechtsprechung des EGMR, des EuGH und der nationalen Gerichte wie BGH, BVerfG, Curtea Constituţională oder ICCJ weiterentwickelt werden.

Erzwingen die neuen Gefährdungslagen ein neues Persönlichkeitsrecht? Wird eine effektive Durchsetzung der unterschiedlichen Standards für das Persönlichkeitsrecht, für die geistigen Eigentumsrechte oder für den Datenschutz erreicht? Besonders kontrovers sind im Internet folgende Probleme: die Aufspürung von Urhebern persönlichkeitsverletzender Inhalte, die unter dem Deckmantel der Anonymität oder Pseudonymität handeln; die effektive Durchsetzung eines Löschungsrechts; die Reichweite der Verantwortlichkeit von Providern, Intermediären und Plattformbetreibern; die besonderen Rechtsbehelfe; die gerichtliche Zuständigkeit und das anwendbare Recht.

1215 Vgl. Schmale/Tinnefeld, Privatheit im digitalen Zeitalter, S. 94.

Gesamtergebnis

Beide Rechtssysteme, das deutsche wie das rumänische, enthalten ausreichende Schutzmaßnahmen für die Persönlichkeit eines Betroffenen im Internet. Dennoch müssen wegen der raschen Entwicklungen der Digitalisierung und der Angebote im Internet die Schutzmaßnahmen angepasst werden. Die nationalen Rechtsordnungen müssen das Persönlichkeitsrecht weiter entwickeln, um mit den technologischen, sozialen und wirtschaftlichen Herausforderungen Schritt zu halten. Dennoch wird durch europäische Richtlinien und Verordnungen versucht, die Änderungen zu vereinheitlichen und deren Besonderheiten zu berücksichtigen.

Durch die Formulierung „sonstige Rechte" des § 823 Abs. 1 BGB und durch die Formulierung „und andere Rechte" des Art. 58 Cod Civil wird darauf hingewiesen, dass die Auflistung nicht einschränkend ist, sondern nur als Orientierung dient und weiter ergänzt werden kann.

Obwohl es in Rumänien hinsichtlich des Schutzes des Persönlichkeitsrechtes keine so lange und reiche Tradition wie in Deutschland gibt und erst seit der Verankerung der Persönlichkeitsrechte im Cod Civil ein gewisses Bewusstsein für die Existenz dieses Rechtsinstituts existiert, können langsam, aber sicher Fortschritte in diesem Bereich gemacht werden. Der Begriff„ mittelbare Drittwirkung der Grundrechte" spielt anders als in Deutschland in der rumänischen Rechtsordnung keine Rolle. Jedoch erkennen die rumänischen Gerichte und die Lehre die Wichtigkeit dieses Themas und tragen dazu bei, den Persönlichkeitsschutz auch im Bereich der Privatverhältnisse zu berücksichtigen und weiterzuentwickeln. Die Persönlichkeitsrechte sollten auch in Rumänien mehr Aufmerksamkeit bekommen, so wie dies in anderen Rechtssystemen, z.B. in Deutschland, der Fall ist.

Der Schutz der verschiedenen Facetten der Persönlichkeitsrechte, wie die Privatsphäre, die Familie, die Wohnung, der Schriftverkehr, die Ehre und der Ruf, werden auch durch europäische und völkerrechtliche Rechtsakte gewährleistet. Die EMRK[1216] und GRCh[1217] gewährleisten den Schutz der Menschenrechte auf der

---

1216 Deutschland hat die EMRK am 5.12.1952 ratifiziert und Rumänien ist seit 20.6.1994 Mitglied des Europarats. Die EU ist noch nicht Mitglied des Europarates, obwohl es seit einigen Jahren Diskussionen darüber gibt und viele EU-Mitgliedstaaten die Konvention schon ratifiziert haben. Art. 6 des Lissabonner Vertrages erfordert den Beitritt der EU zur EMRK und auch Art. 59 der EMRK, der durch das Protokoll 14 geändert wurde, sieht den Beitritt vor. Für Erläuterungen und aktualisierte Informationen siehe www.coe.int.

1217 Obwohl die GRCh erst am 7.12.2000 proklamiert wurde, ist sie zusammen mit dem Lissabonner Vertrag am 1.12.2009 in Kraft getreten und hat die vorherige Charta ersetzt. Der Lissabonner Vertrag wurde am 13.12.2007 unter der portugiesischen Ratspräsidentschaft in Lissabon unterzeichnet und trat am 1.12.2009 in Kraft, gem.

europäischen Ebene. Die GRCh regelt dies im I. Kapitel und hat dieselbe Struktur wie das GG und die rumänische Verfassung, indem am Anfang in Art. 7 die Achtung des Privat- und Familienlebens, der Wohnung sowie der Kommunikation, in Art. 8 der Schutz personenbezogener Daten und in Art. 11 die Freiheit der Meinungsäußerung und die Informationsfreiheit dieser Rechte geschützt werden. Die EMRK bestimmt in Art. 8 das Recht auf Achtung des Privat- und Familienlebens und in Art. 10 die Freiheit der Meinungsäußerung. Damit greifen die GRCh und die EMRK weiter als die nationalen Regelungen, insbesondere durch den breiten Anwendungsbereich der EMRK.

Obwohl die EMRK sowohl in Deutschland als auch in Rumänien im Rang eines einfachen Gesetzes steht,[1218] wird die Nichtbefolgung eines Urteils des EGMR von einem Europarat-Mitgliedstaat als eine Konventionsverletzung angesehen.[1219] Die EMRK hat sogar den Rang eines „Übergesetztes" und dadurch haben die Vorschriften der internationalen Abkommen und der EU in der rumänischen Rechtsordnung Vorrang, solange es im rumänischen Recht keine anderen adäquaten Bestimmungen zu den Rechtsinstituten gibt, laut Art. 4f. Cod Civil. Überdies regelt Art. 75d Cod Civil die Einschränkungen des Rechts auf Privatleben und der Menschenwürde in Bezug auf die internationalen Abkommen, indem der Gesetzgeber durch diese Vorschriften ihren Vorrang betont. Die EMRK und ihre Zusatzprotokolle spiegeln sich in einem einfachen deutschen Bundesgesetz, gem. Art. 59 Abs. 2 GG, wider und die unmittelbare Anwendung wird im deutschen Recht gewährleistet. Die EMRK ist im deutschen Recht ein einfaches Bundesgesetz und hat anders als im rumänischen Recht keinen Übergesetzesrang.[1220] Das BVerfG hat sich im Görgülü-Beschluss[1221] grundlegend mit der Wirkung von EGMR-Entscheidungen

Art. 6 Abs. 2 der Schlussbestimmungen. ABl. 2007/C 306/01, veröffentlicht in ABl. 2000/C C 364, S. 1; neuveröffentlicht in ABl. 2016/C 202/02. Die Rechte, Freiheiten und Grundsätze werden anerkannt u. v. 7.12.2000 in der am 12.12.2007 in Straßburg angepassten Fassung niedergelegt. (Art. 6 des Lissabonner Vertrages)

1218 In Rumänien durch das Gesetz Nr. 30 v. 18.5.1994 zur Ratifizierung der EMRK und der Zusatzprotokolle zu der Konvention, veröff. in M.Of. Nr. 135 v. 31.5.1994, und in Deutschland durch das Bundesgesetz über die Konvention zum Schutze der Menschenrechte und Grundfreiheiten Nr. 14 v. 22.8.1952 in BGBl. 1952 II S. 685, ratifiziert.

1219 EGMR, Urt. v. 30.6.2009 - Nr. 32772/02 - Verein/Tierfabriken Schweiz (VgT)/die Schweiz (Nr. 2), S. 40.

1220 BVerfG, Urt. v. 4.5.2011 - 2 BvR 2365/09, BVerfGE 128, 326 - EGMR Sicherungsverwahrung, die Argumente wurden dann weiter in 2 BvR 740/10, 2 BvR 2333/08, 2 BvR 1152/10, 2 BvR 571/10 verfolgt. In der Literatur gab es auch Versuche, den Rang der EMRK im deutschen Recht zu erhöhen. Siehe dazu Giegerich, in: Grote/Marauhn, EMRK/GG, Kap. 2, Rn. 47 ff..

1221 BVerfG, Beschluss v. 14.10.2004 - 2 BvR 1481/04. „Zur Bindung an Gesetz und Recht (Art. 20 Abs. 3 GG) gehört die Berücksichtigung der Gewährleistungen

im deutschen Recht auseinandergesetzt und bestimmt, dass ein deutsches Gericht, das sich nicht mit den EMRK-Vorschriften befasst, gegen Art. 20 Abs. 3 GG verstößt.

Die Urteile des EGMR sollen sowohl in der rumänischen als auch in der deutschen Rechtsordnung ausgelegt und angewendet werden, da die EMRK eine Wirkung inter partes und erga omnes hat. Für die Mitgliedstaaten der EMRK besteht auch eine positive Verpflichtung, die zu Gesetzesänderungen oder zur Anpassung der nationalen Rechtsprechung oder der administrativen Verfahren führen kann, um die Standards derselben zu erreichen.[1222]

Der EuGH beschäftigt sich oft mit Themen, die den Persönlichkeitschutz verschärfen. Da dies jedoch zumeist ein langes Verfahren vorsieht, werden schnelle Lösungen benötigt, die besonders in Deutschland durch Eilverfahren gegeben und durchgesetzt werden.

Die Entwicklung des deutschen Rechtssystems und der deutschen Rechtsprechung beweisen, dass mit dem Ziel gearbeitet wird, dass sich die durch Gestapo und Stasi gemachten Überwachungserfahrungen nicht wiederholen. In Rumänien hat die Securitate tiefe Spuren hinterlassen, deswegen sollte mehr Wert auf den Schutz der Persönlichkeitsrechte gelegt und dem deutschen Modell zur Gewährleistung der Entfaltung vielfältiger Facetten der Persönlichkeit gefolgt werden.

Eine komplette Verhinderung der Persönlichkeitsverletzungen im Internet ist nicht realistisch, aber sowohl in Deutschland als auch in Rumänien gibt es Mittel, deren Auswirkungen zu minimieren. Für Betroffene bestehen in Deutschland je nach Art und Schwere der Verletzung des Persönlichkeitsrechts im Internet folgende zivilrechtliche Ansprüche: Gegendarstellung (beziehungsweise Berichtigung, § 1004 BGB) und Beseitigung, Widerruf und Richtigstellung, Auskunft, Schadenersatz (§ 823 Abs. 1 BGB i.V.m. dem allgemeinen Persönlichkeitsrecht als „sonstiges Recht") und Geldentschädigung.

Darüber hinaus gibt es zwei zentrale Regelungen zur zivilrechtlichen Haftung in der DS-GVO, die einen effektiven Schutz personenbezogener Daten garantieren sollen. Art. 82 DS-GVO normiert die Schadenersatzpflicht des Verantwortlichen und des Auftragsverarbeiters für Verstöße gegen die DS-GVO. Laut Art. 80 DS-GVO könnten die Rechtsbehelfe nach Art. 77ff. sowie nach Art. 82 DS-GVO auch auf dem Wege einer eventuellen Verbandsklage geltend gemacht werden.[1223]

---

der Konvention zum Schutze der Menschenrechte und Grundfreiheiten und der Entscheidungen des Europäischen Gerichtshofs für Menschenrechte im Rahmen methodisch vertretbarer Gesetzesauslegung. Sowohl die fehlende Auseinandersetzung mit einer Entscheidung des Gerichtshofs als auch deren gegen vorrangiges Recht verstoßende schematische ‚Vollstreckung' können gegen Grundrechte in Verbindung mit dem Rechtsstaatsprinzip verstoßen."

1222 Vgl. Cristea, Respectul datorat fiinţei umane şi drepturilor ei inerente, S. 5.

1223 Nebel, in: Roßnagel (Hrsg.), Das neue Datenschutzrecht, § 2 Grundlagen, Rn. 132; Boehm, in: Simitis/Hornung/Spiecker gen. Döhmann, Datenschutzrecht, Art. 80 DS-GVO, Rn. 1. Die betroffene Person kann sich im verwaltungsrechtlichen und/

Für das rumänische Recht ist die Regelung des Art. 82 DS-GVO keine Neuerung. Die Vorschriften zu der zivilrechtlichen Haftung des rumänischen Cod Civil, gem. Art. 1349 f. (generelle Angaben zu der deliktischen und vertraglichen Haftung), Art. 1351 ff. (haftungsbefreiende Gründe), Art. 1530 ff. (der Anspruch auf Schadenersatz), Art. 219 f. (zur Haftung der juristischen Person), Art. 221-224 (zur Haftung der öffentlichen juristischen Personen), Art. 252 ff. (zum Schutz der Privatsphäre), bleiben dann anwendbar im Bereich der Haftung, auch wenn sie nicht ausdrücklich den Schutz personenbezogener Daten erwähnen.[1224] Im deutschen Recht gab es allgemein zivilrechtliche Haftungsregeln, gem. §§ 823, 1004 BGB, und Vorschriften zur Haftung bei Datenschutzverstößen und Sanktionen, gem. § 83 BDSG.[1225]

Die Reputation eines Unternehmens kann aufgrund von (Hass-)Kommentaren oder negativen Bewertungen im Internet beschädigt werden, ganz gleich, ob das Unternehmen in Rumänien, in Deutschland oder in einem anderen EU-Mitgliedstaat ansässig ist. Kunden können das Vertrauen wegen unpassender und unwahrer Kommentare verlieren und dies kann negative Auswirkungen auf die Umsätze des Unternehmens haben. Ein Unternehmenspersönlichkeitsrecht wurde sowohl im deutschen als auch im rumänischen Recht anerkannt. Der BGH erklärte das Unternehmenspersönlichkeitsrecht für ein sonstiges Recht i.S.v. §§ 823 Abs. 1, 1004 BGB neben dem Recht am eingerichteten und ausgeübten Gewerbebetrieb.[1226] Der Ruf eines Unternehmens wird in der deutschen Rechtsordnung auch von zahlreichen Spezialvorschriften geschützt, wie § 8 UWG, § 14 MarkenG und § 97 UrhG, aber auch durch zivilrechtliche Ansprüche aus §§ 823 Abs. 1 und 2 BGB, i.V.m. den strafrechtlichen Vorschriften §§ 185 ff. StGB und §§ 824, 826 BGB.[1227] Die aktuelle rumänische Rechtsprechung hat die Verletzung des Rechts auf Ruf und Schmerzensgeld einer juristischen Person i.S.v. Art. 253 Abs. 4 Cod Civil i.V.m. Art. 257 Cod Civil anerkannt. In Rumänien wird die Abwägung mit der Meinungsfreiheit nicht so stark thematisiert wie in der deutschen Rechtsprechung, die das Unternehmenspersönlichkeitsrecht hinter die Meinungsfreiheit stellt.

Der Oberste Kassations- und Gerichtshof Rumäniens (ICCJ) hat mit der Entscheidung Nr. 144/43 v. 27.11.2014 anerkannt, dass die Profilseite auf Facebook

---

oder gerichtlichen Verfahren vertreten lassen (Abs. 1) und den Verbänden wird ein eigenständiges Beschwerde- und Klagerecht eingeräumt. (Abs. 2)

1224 Popa, RRDP 1/2018, S. 160.

1225 Sogar in § 7 BDSG a.F. wurde die Haftung für Datenschutzverstöße vorgesehen und die Ersatzpflicht des Verantwortlichen entfiel, wenn er die gebotene Sorgfalt hatte. Vgl. Laue/Nink/Kremer, Das neue Datenschutzrecht in der betrieblichen Praxis, S. 301, Rn. 1.

1226 Zur zivilrechtlichen Bedeutung m.w.Nachw. Gounalakis, in: Götting/Schertz/Seitz, Handbuch des Persönlichkeitsrechts, § 24, Rn. 42.

1227 Vgl. Gounalakis, in: Götting/Schertz/Seitz, Handbuch des Persönlichkeitsrechts, § 24, Rn. 43.

als „ein öffentlicher Raum“[1228] betrachtet werden soll. Darüber hinaus schafft das Urteil Nr. 4546/27.11.2014 des ICCJ in Rumänien eine Präzedenz in Bezug auf den öffentlichen Charakter von Facebook. Obwohl es im deutschen Recht kein Urteil gibt, in dem ausdrücklich erklärt wurde, dass die sozialen Netzwerke einen „öffentlichen Raum” darstellen, wurde darauf indirekt durch ein Urteil vom Landgericht Aschaffenburg[1229] aus dem Jahr 2011 hingewiesen.

Sowohl in Deutschland als auch in Rumänien gibt es große Unternehmen, die große Mengen personenbezogener Daten sammeln, verarbeiten und nutzen. Diese Unternehmen, deren Firmensitze sich unter dem deutschen bzw. rumänischen Recht befinden, müssen sich an die nationalen datenschutzrechtlichen Vorschriften halten. Bei der Frage, ob die Unternehmen oder die öffentlichen Institutionen Deutschlands und Rumäniens für mehr Persönlichkeitsverletzungen verantwortlich sind, ist schwierig zu beantworten. Ob in den öffentlichen oder privaten Bereichen mehr gegen europäische und deutsche oder rumänische Datenschutzvorschriften verstoßen wird, sollte sich weiter klären. Nach der Entwicklung der europäischen Datenschutzlage wird es der Rechtsprechung überlassen, die wachsende Divergenz zwischen dem kodifizierten Persönlichkeits- und Datenschutzrecht und den sozialen, politischen und technischen Umwälzungen durch eine effektive und effiziente Durchsetzung auszugleichen.

Es gehört dazu, das Internet anonym zu nutzen, laut der Begründung des BGHs im Urteil „Spickmich“.[1230] Denn die Angst vor Repressalien oder anderen negativen Konsequenzen führt dazu, dass Internetnutzer ihre Meinung nicht mehr in der Öffentlichkeit äußern und sich dadurch selbst zensieren. Der Einschüchterungseffekt auf die Meinungsfreiheit der Nutzer kann durch den Richtervorbehalt verhindert werden, so dass die Verpflichtung der Dienstanbieter, die Bestandsdaten bei zivilrechtlichen Ansprüchen herauszugeben, nicht zur Gefahr von Overblocking und unberechtigten Löschungen führt. Diese Vorgehensweise kann sowohl im deutschen als auch im rumänischen Recht durchgesetzt werden und sogar als eine europäische Lösung übernommen werden.

Die Fälle von Persönlichkeitsverletzungen im Internet und die internationale Zuständigkeit haben im deutschen und im europäischen Recht eine große Bedeutung und dies wird durch die Rechtsprechung des BGH und des EuGH bewiesen. Die Komplexität der Klagen hat auch zu verschiedenen Auslegungen in wesentlichen Punkten geführt. Trotzdem folgen beide Gerichte dem gleichen Ziel: dem Schutz der Persönlichkeitsrechte des Einzelnen im Internet. Die deutschen Gerichte sind zur Entscheidung über Klagen wegen Persönlichkeitsverletzungen durch im Internet abrufbare Veröffentlichungen international zuständig, wenn die vom

1228 Urt. Nr. 21 v. 17.1.2013 v. Berufungsgericht Târgu Mureş, S. 10.

1229 LG Aschaffenburg, Urt. v. 19.8.2011 - 2 HK O 54/11.

1230 „Die anonyme Nutzung ist dem Internet immanent.“ In BGH, Urt. v. 23.6.2009 - VI ZR 196/08 – Spickmich, Rn. 38.

Betroffenen als unzulässig und rechtsverletzend bezeichneten Inhalte einen Bezug zum Inland darstellen und wenn eine Kollision zwischen den Interessen des Betroffenen an der Gewährleistung seines Persönlichkeitsrechts und den Interessen der Beklagten an der Aufrechterhaltung der Inhalte auf ihrer Website im Inland eingetreten sein kann oder eintreten kann.[1231] Starke Hinweise auf einen Inlandsbezug und damit auf eine internationale Zuständigkeit der deutschen Gerichte sind, wenn die Inhalte in deutscher Sprache beschrieben werden, wenn der Betroffene einen Bezug zu Deutschland hat, also in Deutschland lebt oder arbeitet und wenn sein Name erscheint, wenn er in eine Internet-Suchmaschine eingegeben wird. Laut Art. 2642 Cod Civil kann die beschädigte Person im Falle von Persönlichkeitsverletzungen entscheiden, bei welchem Gericht die Schadenersatzansprüche erhoben werden: a) wo der Beschädigte seinen Wohnort hat; b) wo der Erfolgsort liegt; c) wo der Verletzer seinen gewöhnlichen Wohnort hat. Für die Varianten a) und b) bestimmt Art. 2642 Cod Civil, dass eine Auswahl getroffen werden darf, unter der Bedingung, dass der Verletzter hätte wissen oder vorhersehen können,[1232] dass die Wirkung seiner Handlung in einem der zwei Staaten erfolgen könnte. Somit haben die rumänischen Richter die legalen Werkzeuge, um den Schutz der Persönlichkeitsrechte der Bürger im Internet zu gewährleisten. Die rumänischen Gerichte haben bis jetzt noch nicht zur Entwicklung der Rechtsprechung zur zuständigen Gerichtsbarkeit bei den Rechtsstreitigkeiten mit einem Internetbezug beigetragen. Dennoch haben die rumänischen Gerichte jetzt viele Inspirationsquellen, sei es im deutschen Recht, z.B. das Urteil des BGH v. 2.3.2010, VI ZR 23/09 - New York Times, BGHZ 184, 313, oder auf der europäischen Ebene beim EuGH, z.B. das Urteil v. 25.10.2011 - C-509/09, C-161/10 - eDate and Martinez. Der EuGH hat dem Kläger, dem Opfer einer Persönlichkeitsverletzung im Internet, die Möglichkeit eröffnet, Ansprüche auf Ersatz des gesamten entstandenen Schadens bei den Gerichten des Mitgliedstaats am Sitz des Beklagten, bei den Gerichten des Mitgliedstaats, in dem sich der Mittelpunkt der Interessen des Klägers befindet oder bei einem Gericht, in dessen Hoheitsgebiet ein im Internet veröffentlichter Inhalt verfügbar ist oder war, geltend zu machen.

Es gibt Alternativen zum Rechtsweg: die Online-Schlichtungsstellen oder das Mediationsverfahren. Diese können auch Zeit, Geld und viel Energie sparen, aber trotzdem zu einem effektiven Schutz der Persönlichkeitsrechte führen.

1231 Siehe aktuell OLG Frankfurt a. M. Urt. v. 6.9.2018 - 16 U 193/17, BeckRS 2018, 21748, Rn. 31; BGH Urt. v. 27.2.2018 - VI ZR 489/16, Rn. 17; grundlegend BGH, Urt. v. 2.3.2010 - VI ZR 23/09 - New York Times, Rn. 20.

1232 Der rumänische Gesetzgeber benutzt die Ausdrucksweise „în mod rezonabil“ und dies könnte man als angemessen oder vernünftig übersetzen. Dennoch wurde schon seit 2004 in einem Kompendium betont, dass die Bezeichnung „optimal und vorhersehbar“ passender wäre, obwohl Art. 6 Abs. 1 Satz 1 EKMR vorsieht, dass für ein faires Verfahren u.a. eine „angemessene Frist“ notwendig ist.

Thesen

1. Die Haftung der Provider wird in Abhängigkeit von ihrer Art festgestellt. Im Falle einer Rechtsverletzung spielen die Provider eine große Rolle bei der Identifizierung der Rechtsverletzer und bei einer positiven Kenntnis einer rechtswidrigen Handlung müssen sie unverzüglich tätig werden. Dennoch ist eine gründliche Abwägung des Sachverhaltes erforderlich, so dass keine Zensur der veröffentlichten Inhalte eintritt, denn die Provider könnten die Inhalte löschen, um hohe Bußgelder zu vermeiden.
2. Die Weiterentwicklung des allgemeinen Persönlichkeitsrechts oder dessen einzelner Facetten seit den 1950er Jahren durch das Richterrecht haben zu einem umfassenden Schutz in Deutschland beigetragen, deswegen spielt es keine große Rolle, ob diese im BGB oder in anderen Schutzgesetzen verankert werden.
3. Die Entwicklung des Persönlichkeitsschutzes in Rumänien kann nicht nur durch die Verankerung im Cod Civil oder anderen speziellen Gesetzen erreicht werden, sondern auch durch die Rechtsprechung. Dies bedeutet, dass einer wachsenden Zahl rumänischer Bürger zunehmend bewusst wird, welche Persönlichkeitsrechte sie haben und dass sie ein schnelleres Gerichtsverfahren und dadurch einen effektiveren Zugang zum Schutz und zur Durchsetzung ihrer Rechte haben sollten. Dieser Weg wurde in Deutschland bestätigt, indem seit den 1950er Jahren die Persönlichkeitsrechte anerkannt wurden, obgleich nicht im BGB verankert. Nur das Namensrecht wird in § 12 BGB geregelt. Die einzelnen Facetten des Persönlichkeitsrechts werden in anderen Schutzgesetzen bestimmt, wie das Recht auf Achtung der Ehre nach §§ 185 ff. StGB, das Recht am eigenen Bild nach §§ 22 ff. KUG, aber bei Verletzung persönlichkeitsrechtlicher Interessen im Einzelfall können zivilrechtliche Konsequenzen nach § 823 Abs. 2 BGB gezogen werden. Die Rechtsprechung hat das Persönlichkeitsrecht weiter entwickelt, um Schritt mit den technologischen, sozialen und wirtschaftlichen Herausforderungen zu halten.
4. Darüber hinaus sind die Gerichtsverfahren nicht die einzigen Lösungen für die Persönlichkeitsverletzungen. In einem Land wie Rumänien, in dem das Problem eines langjährigen Gerichtsverfahrens sowohl in Zivilverfahren als auch in Straf- und Vollstreckungsverfahren bekannt ist,[1233] sollten die Mediation oder Arbitration einem Gerichtsverfahren vorgezogen werden.
5. Die schwierige Aufarbeitung der geschichtlichen Ereignisse, insbesondere die Überwachungserfahrungen durch die Securitate, könnte auch ein Grund sein, warum die rumänischen Bürger nicht öfter die Initiative ergreifen und

1233 Venice Commission, Study No. 316/2004 CDL (2006) 026 v. 15.2.2007, S. 142 ff..

Wege einleiten, um den Schutz ihrer Persönlichkeitsrechte zu gewährleisten oder durchsetzen zu lassen. Manche Bürger haben immer noch Angst, dass jede ihrer Bewegungen beobachtet und in ein (elektronisches) System eingetragen wird, um Profile zu erstellen und sie auf eine „schwarze Liste" zu setzen. In der kommunistischen Zeit war für viele der Verlust der Intimität die Regel und dieses Gefühl wirkt bei vielen bis heute immer noch nach. Im Internet werden Nutzerprofile erstellt, aber dies geschieht unabhängig vom Ort, durch den Einsatz von Cookies oder andere Tracking-Möglichkeiten zu wirtschaftlichen Zwecken, indem die Profile zur personalisierten Werbung für den Nutzer dienen, ohne dass dieser vorher vollständig informiert worden ist und dazu eingewilligt hat.

6. Für den Persönlichkeitsschutz als sehr lebendigem Bereich könnten klare Leitlinien die Möglichkeit bieten, dass Persönlichkeitsrechte aktuell bleiben und durch eine einzelfallbezogene Auslegung des Richterrechts dann detaillierter werden. Dennoch sollte der Gesetzgeber zugunsten der Rechtssicherheit nicht bei jedem Fortschritt der Persönlichkeitsrechte neue Vorschriften erlassen müssen.
7. Die Verbreitung und das alltägliche Nutzen leistungsstarker, einfach handhabbarer und preiswerter Endgeräte, aber auch die Attraktivität mancher Marken können dazu beitragen, dass Nutzer dazu verführt werden, auf die Kontrolle über ihre personenbezogenen Daten zu verzichten oder sogar die Gefahren bei der Nutzung informationstechnischer Systeme gänzlich zu übersehen. Leistungsfähige, fehlertolerante und billigere Rechnerkommunikationssysteme sollten datenschutz- und nutzerfreundlich, aber auch in Einklang mit den europäischen und nationalen legalen Anforderungen sein, so dass sie einen wirksamen Schutz der Persönlichkeitsrechte im Internet gewährleisten können.
8. Die DS-GVO enthält über 70 Öffnungsklauseln, die durch nationale Vorschriften ergänzt werden müssen. Dies könnte der Idee einer einfachen und einheitlichen europäischen Regelung widersprechen. Zugunsten der Rechtssicherheit und zur Gewährleistung eines effektiven Schutzes der Persönlichkeitsrechte jedoch, sollten in Rumänien neue Vorschriften erlassen oder angepasst werden, um die Öffnungsklauseln der DS-GVO zu ergänzen. Obwohl es im rumänischen Recht weder eine neue Vorschrift noch eine Gerichtsentscheidung zu der Öffnungsklausel des Art. 85 DS-GVO[1234] zur Verarbeitung und Freiheit der

1234 Art. 85 Abs. 2 DS-GVO: Für die Verarbeitung, die zu journalistischen Zwecken oder zu wissenschaftlichen, künstlerischen oder literarischen Zwecken erfolgt, sehen die Mitgliedstaaten Abweichungen oder Ausnahmen von Kapitel II (Grundsätze), Kapitel III (Rechte der betroffenen Person), Kapitel IV (Verantwortlicher und Auftragsverarbeiter), Kapitel V (Übermittlung personenbezogener Daten an Drittländer oder an internationale Organisationen), Kapitel VI (Unabhängige Aufsichtsbehörden), Kapitel VII (Zusammenarbeit und Kohärenz) und Kapitel IX

Meinungsäußerung und Informationsfreiheit gibt, kann man als Vorbild die Diskussionen und Begründungen im deutschen Recht nehmen. Denn zum Teil herrscht die Meinung vor, dass keine Vorschrift zur Fortgeltung des KUG notwendig sei, da das KUG sich als Teil der deutschen Anpassungsgesetzgebung in das System der DS-GVO einfügt.[1235] Anderen Auffassungen zufolge wäre hingegen eine nationale gesetzliche Regelung zur Anpassung des Art. 85 Abs. 2 DS-GVO wünschenswert, da diese dem Stellenwert der künstlerischen Betätigung in Deutschland angemessener wäre. In Rumänien sollte dann diskutiert werden, ob es so, wie es in Art. 85 Abs. 2 DS-GVO bestimmt wird, *erforderlich ist, dass das Recht auf Schutz der personenbezogenen Daten mit der Freiheit der Meinungsäußerung und der Informationsfreiheit in Einklang zu bringen ist.* Ein Diskussionsbedarf mit den Beteiligten aus den journalistischen, wissenschaftlichen, künstlerischen oder literarischen Bereichen gibt es ohne Zweifel, besonders weil es keine aktuelle Rechtsprechung dazu gibt.

9. Die DS-GVO sieht in Art. 8 Abs. 1 eine Altersgrenze vor, so dass die Verarbeitung personenbezogener Daten eines Minderjährigen erst ab dem 16. Lebensjahr ohne Zustimmung der Eltern rechtmäßig ist. Dies ist eine neue Regelung zur rechtmäßigen Einwilligung bei Minderjährigen in Bezug auf Dienste der Informationsgesellschaften, insbesondere bei sozialen Netzwerken. Damit wird der Schutz von Minderjährigen im virtuellen Raum gewährleistet, besonders weil diesen weniger bewusst als anderen ist, welche Rechte sie haben. Damit wird die Netzmündigkeit der Minderjährigen ab 16 Jahren festgelegt. Im Art. 8 UA1 DS-GVO wird den EU-Mitgliedstaaten überlassen, in den Anpassungsvorschriften eine niedrigere Altersgrenze bis zu dem vollendeten 13. Lebensjahr vorzusehen. Weder im rumänischen Gesetz Nr. 190/2018 zur Anpassung an die DS-GVO noch im BDSG wurde die Altersgrenze gesenkt. Die bestimmten Voraussetzungen für die Einwilligung eines Minderjährigen sind ein Novum sowohl für das deutsche als auch für das rumänische Recht. Deswegen sollten strenge Kontrollen bezüglich des Vorliegens der Einwilligung von Minderjährigen vorgenommen werden und die Altersgrenze dürfte noch nicht gesenkt werden.
10. Das Inkrafttreten der DS-GVO war für viele kleine und mittelständische Unternehmen, aber auch für Großkonzerne eine Umstellung, weswegen Änderungen der DS-GVO die Bewahrung der Rechtssicherheit verhindern könnten. Die EU-Mitgliedstaaten sollten daran arbeiten, in ihrem jeweiligen

---

(Vorschriften für besondere Verarbeitungssituationen) vor, wenn dies erforderlich ist, um das Recht auf Schutz der personenbezogenen Daten mit der Freiheit der Meinungsäußerung und der Informationsfreiheit in Einklang zu bringen.

1235 Siehe dazu eine Stellungnahme des Bundesministerium des Innern, für Bau und Heimat „FAQs zur Datenschutz-Grundverordnung" v. 5.4.2018, abrufbar unter: https://www.bmi.bund.de/SharedDocs/kurzmeldungen/DE/2018/04/faqs-datenschutz-grundverordnung.html

nationalen Recht die Regelungen der DS-GVO zu festigen und auf der europäischen Ebene sollte durch die Rechtsprechung des EuGH und Stellungnahmen der EDSA Rechtssicherheit gewährleistet werden.

11. Vielen rumänischen Nutzern fehlen Medienkompetenz, Rechtsbewusstsein und ein verantwortungsvoller Datenumgang, weswegen manche die langfristigen Konsequenzen der bereitwilligen Freigabe ihrer Daten in sozialen Netzwerken nicht ermessen können. Nutzer bleiben jedoch nicht passiv und beginnen dieses Verhalten zu ändern. Dadurch soll das Verbesserungspotenzial rumänischer Nutzer gesteigert werden, indem sie mehr daran arbeiten, um das hohe Bewusstseinsniveau und Engagement für die eigenen Rechte und Freiheiten in sozialen Netzwerken, wie es beispielsweise bei deutschen Bürgern zu beobachten ist, zu erreichen. Dennoch sollten über soziale Netzwerke nicht mehr so viele intime Informationen und Bilder geteilt werden, die gravierende Konsequenzen für das Berufs- und Privatleben haben können.
12. Die Errungenschaften der rumänischen Datenschutzbehörde in den vergangenen Jahren sind lobenswert, besonders angesichts des großen Personaldefizits und bescheidener Finanzierung im Vergleich zu den deutschen Datenschutzbehörden. Die derzeit 50 Mitarbeiter der ANSPDCP können im Gegensatz zu der überdurchschnittlichen Ausstattung der deutschen Behörden nicht als hinreichende Personalausstattung gelten, gem. Art. 52 Abs. 4 DS-GVO, besonders im Hinblick auf die Aufgabenerfüllung. Zur Vereinfachung der Arbeit der Mitarbeiter der rumänischen Datenschutzbehörde wurde auf deren Webseite ein Formular[1236] für Anfragen und Beschwerden zur Verfügung gestellt. Das Formular ist übersichtlich und bietet die Möglichkeit, Angaben hinsichtlich des Gegenstandes sowie des Bereichs, in dem die Rechte verletzt wurden, die Daten des Petenten, die Frage, ob bereits ein Rechtsmittel eingelegt wurde und ob man per E-Mail oder per Post eine Antwort zu der Beschwerde bekommen kann, zu machen. Hier besteht allerdings noch Verbesserungsbedarf im Hinblick auf ein professionell wirkendes Auftreten. Die rumänische Datenschutzbehörde könnte dem Beispiel der saarländischen Datenschutzbehörde, Unabhängiges Datenschutzzentrum Saarland, folgen und auch für Online-Services, Anfragen und Informationen an die Datenschutzbehörde, eine verschlüsselte Kommunikation anbieten. Besonders wegen der sensiblen Informationen, die bei einer Beschwerde übermittelt werden müssen, ist es erforderlich, diese sicher und verschlüsselt zu versenden. Dadurch hätte die ANSPDCP eine Vorbildfunktion für die rumänischen Unternehmen, NGOs oder Behörden.
13. Deutschland ist ein Vorreiter auf dem Gebiet des Datenschutzes. Deswegen könnte eine Veröffentlichung der Beiträge der deutschen Datenschutzbehörden, z.B. Stellungnahmen zu nationalen und europäischen Urteilen,

1236 Das elektronische Formular für Beschwerden aufgrund der Rechtslage zur DS-GVO, abrufbar unter: http://www.dataprotection.ro/?page=Plangeri_RGPD&lang=ro.

Gesetzesänderungen o.ä., auch auf Englisch sehr hilfreich sein. Dies könnte auch zu einer besseren Zusammenarbeit und einheitlichen Auslegung der Vorschriften der DS-GVO führen. Bislang veröffentlicht keine Datenschutzbehörde in der EU regelmäßig Beiträge in englischer Sprache.

14. In Rumänien brauchen Unternehmen eine gründliche Analyse dazu, welche personenbezogenen Daten verarbeitet werden und in welchen Bereichen dies zu dokumentieren ist. Überdies müssen sie sich vergewissern, dass ein konformes Datenschutzniveau dafür ebenso gewährleistet wird, wie eine kontinuierliche und geeignete Schulung der Mitarbeiter, die an den Verarbeitungsprozessen beteiligt sind. Dies ist besonders eine Aufgabe des Datenschutzbeauftragten gem. Art. 39 Abs. I b) DS-GVO. Ein weiterer Vorteil, einen (externen) Datenschutzbeauftragten zu haben, besteht darin, die eigenen Mitarbeiter weiterzubilden und ihr Bewusstsein für datenschutzrechtliche Konstellationen zu fördern. Auch ist es möglich, das Vertrauen der Kunden zu behalten und zu gewinnen, weil der Schutz der personenbezogenen Daten der Kunden eine große Rolle spielt, wenn ein Unternehmen oder eine Behörde einen Datenschutzbeauftragten hat, der sich vergewissert, dass die Daten der Betroffenen geschützt werden.
15. Bei einem Antrag auf Löschung der personenbezogenen Daten einer betroffenen, in der Europäischen Union ansässigen Person, deren Daten auf mehreren Domains verfügbar sind, sollten die Suchmaschinenbetreiber nicht nur Inhalte in Bezug auf die betroffene Person von „national registrierten" Domains entfernen, sondern für das Löschungsrecht weltweit, also mit einer Reichweite über die Europäischen Union hinaus, eine effektive Durchsetzung gewährleisten.
16. Das (Grund-)Recht auf Anonymität wird *per se* nicht mit diesen Begriffen im rumänischen Recht verwendet, aber im Bereich von Organspenden gibt es bereits eine stark entwickelte Praxiserfahrung. Deswegen könnte man auf dieser Grundlage den Bereich der Datenspende, besonders für Verstorbene, weiterentwickeln, so dass die Spende zugunsten Anderer zu therapeutischen Zwecken, aber auch zu Forschungszwecken verwendet werden könnte. Das Thema Datenspende („data donation") wird heutzutage ethisch, juristisch und technisch untersucht. In manchen Ländern, wie z.B. Deutschland, ist die Akzeptanz sehr groß. Ein Datenspendeausweis wird sogar als App, „Analyse Genomes", angeboten, die dazu beiträgt, die eigenen Gesundheits- und Fitnessdaten zu verstehen. Dafür muss der Betroffene seine Daten mit Dritten teilen: mit Familiengehörigen, Ärzten und Forschungsprojekten.
17. Die strafrechtlichen Konsequenzen wären nicht der richtige Ansatz, Cybermobbing zu bekämpfen, besonders wenn es um minderjährige Täter geht. Eine Inhaftierung für mehrere Jahre könnte unverhältnismäßig für eine durch einen Minderjährigen begangene Tat, wie Belästigung, Verleumdung, Anprangerung des Opfers oder unerlaubte Datennutzung im Internet, sein. Dennoch sind Minderjährige sowohl in Rumänien als auch in Deutschland mit 14

strafmündig. In Deutschland würden sie vor ein Jugendgericht gebracht, aber in Rumänien wäre dafür nach Art. 107 Cod Civil das Vormundschafts- und Familiengericht zuständig, wo der Fokus auf den Jungendlichen oder Minderjährigen liegt. Das Problem ist, dass die Vorgaben dieser Vorschrift leider nur in einer rumänischen Stadt umgesetzt wurden, weswegen es tatsächlich nur ein einziges, „Gerichtshof für Jugendliche und Familie" genanntes Vormundschaftsgericht gibt, nämlich in Kronstadt. Grundsätzlich werden die Rechtsstreitigkeiten mit Minderjährigen von den Familiengerichten verhandelt, gem. Art. 76 des Gesetzes 76/2012 und Art. 35 Abs. 2 des Gesetzes 304/2004 zur Justizorganisation. Deswegen ist es dringend notwendig, dass Vormundschaftsgerichte in allen großen Städten Rumäniens, d.h. Bukarest, Klausenburg, Temeswar, Jassy, Konstanza, Craiova, Galatz, Ploieşti, Herrmannstadt, gegründet und mehr Richter für solche Gerichte eingestellt werden, um in diesem Bereich schnelle Verfahren zu haben. In Deutschland gebe es laut einer Aussage des Bundesministers der Justiz keine Notwendigkeit, Regelungen zu Cybermobbing einzuführen, da die aktuelle Rechtslage ausreichend sei. In Rumänien sollte dies auch öffentlich und im Zusammenhang mit dem Thema der Vormundschaftsgerichte und der Aufstockung des Justizpersonals in diesem Bereich diskutiert werden. Die Umsetzung der Vorgaben von Art. 107 Cod Civil und die Einführung der spezialisierten Gerichte für Rechtsangelegenheiten, in denen Minderjährige involviert sind, wären nicht nur für die Fälle von (Cyber-)Mobbing hilfreich, sondern z.B. auch für Fälle, wo es um häusliche Gewalt, Adoption, Rechtsstreitigkeiten in Bezug auf Mutterschaft oder Vaterschaft oder den Schutz des Kindes in schwierigen Situationen geht. Dennoch sollten Verfahren und Urteile in solchen Fällen zügig erfolgen und veröffentlicht werden, damit sie eine Umsetzung des Grundsatzes des Kindeswohls wären, verankert in Art. 263 Cod Civil.

18. Es ist dringend notwendig, die wachsenden Wirkungen dieses Phänomens zu beseitigen und man braucht dafür eine Beteiligung auf mehreren Ebenen: juristisch, soziologisch und wirtschaftlich, aber auch auf nationalem, europäischem und internationalem Niveau. Die Aktivitäten der EU-Initiative „klicksafe", die Apps, Broschüren und Projekte für mehrere Zielgruppen bieten, sind bemerkenswert. Dieses Projekt setzt das europäische „Safer Internet Programme" um und dient der Aufklärung im Umgang mit dem Internet und neuen Medien. In Deutschland wird das Projekt von der Landeszentrale für Medien und Kommunikation Rheinland-Pfalz koordiniert und in Zusammenarbeit mit der Landesanstalt für Medien Nordrhein-Westfalen verwaltet. Die neue Erste-Hilfe-App bei Cybermobbing ist die moderne Lösung von Jugendlichen für Jugendliche, um sich zu wehren. Die App ist auf Deutsch und Englisch in den App Stores verfügbar. Unter Info wird das Phänomen kurz beschrieben und die Rechtsgrundlage für eine Klage dargestellt. Das Potenzial der zahlreichen talentierten rumänischen Jugendlichen im Bereich der Informatik könnte auch durch die Entwicklung einer App auf Rumänisch für die Hilfe Betroffener bei Cybermobbing unterstützt werden. Das Projekt

sigur.info trägt in Rumänien zur Erfüllung der Ziele des EU-Projekts „Safer Internet" bei.

19. Ein datenschutzfreundliches soziales Netzwerk erfüllt folgende Voraussetzungen: eine entgeltpflichtige Mitgliedschaft, keine personalisierte Werbung, Einhaltung der europäischen Datenschutzvorschriften und mit Serverstandort in einem EU-Mitgliedstaat oder in einem Staat, der dem EU-Datenschutzniveau entspricht.
20. Es ist erforderlich, das Bewusstsein für das Problem der Datennutzung für Werbezwecke zu schärfen und Nutzern deutlich zu machen, welche Ausmaße dies angenommen hat. Nutzer sollten regelmäßig durch umfassende Kampagnen oder als Teil des Bildungsprogramms informiert werden, in welchem Umfang und zu welchen Zwecken ihre Daten gesammelt, verarbeitet, gespeichert und verwendet werden und wie sie ihre Rechte schützen können. Vielleicht wären dadurch die Nutzer auch bereit, einen monatlichen Betrag zugunsten des Schutzes ihrer Daten zu zahlen.
21. Im Internet gibt es viel rechtsverletzendes Material, weswegen die Überprüfung der Inhalte vor dem Hochladen auf Internetplattformen erforderlich sein könnte. Auf Facebook kann der Nutzer rechtsverletzende Inhalte melden und sie werden innerhalb von 72 Stunden überprüft. Der Überprüfungszeitraum ist in diesem Fall unangemessen, da das rechtsverletzende Material innerhalb weniger Minuten mehrmals gespeichert oder weiterverbreitet werden und zahlreichen Nutzern zugänglich gemacht werden kann. Nach der Meldung sollte der Inhalt sofort gesperrt werden und danach sollte entschieden werden, ob der Inhalt tatsächlich rechtsverletzend war oder nicht. Eine externe, unabhängige Beratungskommission aus juristischen und technischen Sachverständigen könnte die Meldung beurteilen und eine Entscheidung dazu treffen. Ein solches Gremium könnte auch auf Länder-, Europa- und internationaler Ebene eingeführt werden.
22. Jeder rumänische Jurastudent sollte auch die Möglichkeit haben, Vorlesungen zum IT- und Datenschutzrecht oder ein Masterprogramm mit der Spezialisierung IT-Recht zu besuchen. Auch Berufstätigen sollte es ermöglicht werden, einen Master oder eine Weiterbildung in diesem Bereich zu absolvieren. Eine zeitgemäße Ausbildung ist notwendig, um als Jurist die aktuellen technischen und juristischen Herausforderungen zu bewältigen. Rumänien bildet sehr gute Informatiker aus, deswegen sollte auch ein Ausbildungsgang eingerichtet werden, um den Interessenten eine Spezialisierung im Datenschutz anzubieten. Nicht nur die Informatiker, sondern auch die Juristen könnten Experten im Datenschutzbereich werden. Vielleicht wäre es übertrieben zu behaupten, dass Rumänien das nächste Silicon Valley Europas werden könnte, aber die wachsende Zahl der internationalen IT-Unternehmen und der IT-Startups sind ein Zeichen dafür, dass es sich lohnen würde, in einen digital vernetzten Weltmarkt zu investieren. Deutschland ist ein Vorbild für die Organisation der juristischen Ausbildung und schon vor Jahren wurde das Studienangebot vieler Universitäten um die Fächer IT- und Datenschutzrecht erweitert. Es

wäre noch sinnvoller, sowohl in deutschen als auch in rumänischen rechtswissenschaftlichen Fakultäten Fächer wie „Data Protection Law“ auf Englisch für Bachelor- und Masterstudierende anzubieten, besonders seitdem die gesetzlichen Regelungen der DS-GVO in allen EU-Mitgliedstaaten einheitlich angewandt werden. Englisch könnte dadurch die gemeinsame Sprache für die Vertragspartner aus allen EU-Mitgliedstaaten sein und so könnten sich zukünftige Spezialisten schon mit der englischen Rechtsterminologie vertraut machen. Denn viele EU-Rechtsakte werden in englischer Sprache ausgearbeitet, ausgehandelt und abgestimmt. Wenn ein Rechtsanwender wegen der Übersetzung eines Rechtsaktes in die Muttersprache im Zweifel ist und eine falsche Auslegung eines Begriffes vermeiden möchte, kann er direkt im originalen Text die Bedeutung überprüfen.

23. Der Wissenschaftliche Dienst des Deutschen Bundestags könnte ein Vorbild für Rumänien sein, indem Empfehlungen von Juristen mit Erfahrung in Praxis und Wissenschaft zur Beratung des rumänischen Parlaments bei herausfordernden Fragen mit einbezogen werden. Wichtig wäre, dass die Wissenschaftler vertiefte Kenntnisse der Rechtsprechung des EuGH und EGMR haben, um eine beratende Funktion effektiv ausüben zu können. Da das rumänische juristische Ausbildungssystem nur im letzen Studienjahr eine Vorlesung zur Rechtsprechung des EGMR und nur ein Jahr lang Vorlesungen in Europarecht enthält, zeigt sich ein Defizit an solchen Kenntnissen zur Verstärkung des acquis communitaire und der Umsetzung der europäischen Urteile.
24. Ein Auskunftsanspruch wäre sinnvoller als eine Sperr- oder Entfernungsanforderung, wenn die Anonymität eines Rechtsverletzers aufgedeckt werden soll. Bei der Auslösung eines Konfliktes zwischen dem Persönlichkeitsschutz und der Meinungsfreiheit wäre das erste Ziel, eine Lösung für den Rechtsverletzer und den Geschädigten zu finden. Erst danach sollten die Verpflichtungen im Rahmen der Störerhaftung eingesetzt werden. Eine Person kann im Internet durch andere Kennzeichen als den Namen „singularisiert“ werden. Durch die Analyse des Verhaltens des Geräts und seines Nutzers und mithilfe sozio-ökonomischer, psychologischer, philosophischer oder anderer Aspekte lässt sich problemlos die Identität der betroffenen Person einordnen. Art. 1 II. 1° des französischen Gesetzes zur Hassrede gibt dem Betroffenen die Möglichkeit, seinen Beschwerdeantrag, warum der rechtswidrige Inhalt gelöscht oder gesperrt werden sollte, zu begründen und zu erklären. Diese Vorschrift könnte auch im deutschen Recht im NetzDG übernommen werden, so dass auch dem Betroffenen ein faires Verhalten gewährleistet werden kann, ohne den (rechtswidrigen) Inhalt direkt zu löschen oder zu sperren.
25. In Rumänien gibt es keine Bewertungsportale oder Bewertungsplattformen. Die Bewertungen der Verbraucher werden im Internet branchenübergreifend auf den Facebook-Seiten der Bewerteten, z.B. Fotografen, Anwälte, Lehrende, Restaurants, veröffentlicht. Es gibt in Rumänien keine Rechtsprechung in diesem Bereich. Überdies ist der Bereich der Bewertungsportale nicht so entwickelt wie in Deutschland, weswegen z.B. die Rechtsprechung – BGH Urt. v.

23.6.2009, VI ZR 196/08 - Spickmich; BGH, 23.9.2014 - VI ZR 358/13 - Ärztebewertung II (Jameda I); BGH, Urt. v. 20.2.2018 - VI ZR 30/17 - Ärztebewertung IV (Jameda III); BGH, Urt. v. 4.4.2017 - VI ZR 123/16 - Klinikbewertung — und die Regelungen zur Haftung Inspirationsquellen für eine zukünftige rumänische Rechtslage sein könnten.

26. Der Gegendarstellungsanspruch sollte als Rechtsinstitut vom Cod Civil erfasst werden. Kritisch wird an diesem Vorschlag gesehen, dass dies eine Einmischung des Staates in die Meinungs- und Pressefreiheit und eine Gefahr für die Selbständigkeit der Presse wäre. Dieser Gefahr kann in einem demokratischen Staat jedoch durch angemessene Kontrollmechanismen begegnet werden. Dafür kann auch die Regelung des Rechts auf Gegendarstellung im deutschen Recht als Vorbild genommen werden, die als angemessenes und ausgeglichenes Rechtsmittel für die Meinungsfreiheit und das öffentliche Interesse zu richtiger Information und für das Recht auf Selbstbestimmung über die öffentliche Darstellung der eigenen Person verstanden wird. Die Argumente der Entscheidung des BVerfG — Urt. v. 8.2.1983 - 1 BvL 20/81, BVerfGE 63, 131 — spiegeln die Bedeutung des Gegendarstellungsanspruchs für eine demokratische Gesellschaft wider und sie könnten als ein maßgebendes Beispiel für den rumänischen Gesetzgeber angenommen werden, einen Gesetzesentwurf dazu vorzulegen. Laut BVerfG ist es die Aufgabe des Gesetzgebers, den Rahmen eines effektiven Gegendarstellungsrechts zu sichern. Dies wäre auch in der rumänischen Rechtsordnung eine Befugnis des Parlaments als die einzige legislative Institution, gem. Art. 61 (1) der rumänischen Verfassung. Wird aber der Gegendarstellungsanspruch nach der aktuellen Rechtslage tatsächlich durchgesetzt werden können? Würden die Vorschriften die aktuellen Entwicklungen widerspiegeln? Diese und weitere Fragen könnten durch einen neuen Gesetzentwurf zur Einführung des Gegendarstellungsanspruchs beantwortet werden. Darüber hinaus sollte ein solches Projekt öffentlich mit den Vertretern der Presse, des Nationalen Audiovisuellen Rates und besonders auch mit Vertretern von Bürgerinitiativen zur Meinungs- und Pressefreiheit sowie mit anderen Interessenten diskutiert werden.

27. Nach dem Cod Civil wäre der höchste gesetzliche Bußgeldbetrag für Datenschutzverletztungen im Vergleich zu den Bußgeldbeträgen der deutschen oder französischen Datenschutzbehörden in Rumänien wesentlich niedriger. Dies sollte nicht der Fall sein, da der Schutz der Persönlichkeit nicht einen niedrigeren Wert abhängig vom Land haben sollte, insbesondere, wenn es sich um EU-Mitgliedstaaten handelt. Daher sollte der höchste gesetzliche Betrag als Entschädigung durchgesetzt werden, besonders wenn der Verletzer die Persönlichkeitsrechte vorsätzlich mit dem Ziel der Auflagensteigerung von Zeitschriften oder Zeitungen, der Gewinnerzielung und der Zwangskommerzialisierung der Betroffenen missachtet hat.

28. Nach dem Modell der Schlichtungsstellen für den Verbraucherschutz könnten Abteilungen der nationalen Datenschutzbehörden errichtet werden, die für eine Online-Schlichtung zuständig sein könnten. Diese könnten europaweit

gemeinsam mit den Kollegen anderer Datenschutzbehörden auch grenzüberschreitende Fälle schlichten. Im ErwG. 117 der DS-GVO wird darauf hingewiesen, dass die nationalen Aufsichtsbehörden bei der Wahrnehmung ihrer Befugnisse völlig unabhängig sein sollten. Im Mittelpunkt der Befugnisse steht, den Schutz natürlicher Personen bei der Verarbeitung personenbezogener Daten zu gewährleisten. Dieses Ziel soll einheitlich in jedem EU-Mitgliedstaat erreicht werden. Das wären starke Argumente für die Fähigkeit der Datenschutzbehörden, neutrale Stellungnahmen im Rahmen der Schlichtung abzugeben. Darüber hinaus könnten grenzüberschreitende Fälle auch im Rahmen der Treffen des EDSA diskutiert werden und dieser könnte auch Leitlinien dazu veröffentlichen. Die Abteilungen der nationalen Datenschutzbehörden würden unabhängig, unparteiisch und objektiv sein und hätten die fachliche Kompetenz, um Entscheidungen zu treffen. Ausführliche Informationen und ein Schlichtungsformular könnten online verfügbar sein, so dass die notwendigen Beweise, d.h. Dokumente, Bilder und Videoaufnahmen, hochgeladen und die Sachlage geschildert werden können. So würden für die Parteien keine Kosten wie bei einem Prozess entstehen und diese könnten sich Zeit nehmen, um ihre Argumente zu formulieren.

29. Ein einheitliches Mediationsverfahren könnte durch einen EU-Rechtsakt gewährleistet werden. Der europäische Gesetzgeber hat schon eine Verordnung zur Förderung von Fairness und Transparenz verabschiedet: die P2B-VO (Platform-2-Business). Im ErwG. 40 der P2B-VO werden die Vorteile einer Mediation geschildert, nämlich, dass diese Anbietern von Online-Vermittlungsdiensten und deren gewerblichen Nutzern die Möglichkeit bietet, Streitigkeiten zufriedenstellend beizulegen, ohne ein Gerichtsverfahren anstrengen zu müssen, das langwierig und kostspielig sein kann. Die P2B-VO enthält klare Vorgaben für die Benennung von zwei Mediatoren und für deren Qualifizierung: Die Mediatoren müssen neutral bleiben, sprich unparteiisch und unabhängig, ihre Dienste sollten für gewerbliche Nutzer bezahlbare Honorare haben, sie sollten die Sprache beherrschen, die das Vertragsverhältnis der Parteien regelt und sie sollten schnell erreichbar sein, d.h. dass sie sich am Ort der Niederlassung oder am Wohnsitz des gewerblichen Nutzers befinden oder sie mittels Kommunikationstechnik aus der Ferne leicht zu erreichen sind. Zudem sollten sie ihre Mediationsdienste unverzüglich erbringen können. Ein wichtiger Aspekt für eine gute Zusammenarbeit und eine effektive Mediation besteht aus einem ausreichenden Verständnis der allgemeinen Geschäftsbeziehungen zwischen Unternehmen.

Literaturverzeichnis

Abbate, Janet, Inventing the Internet, Massachusetts, second printing 1999 (zit.: *Abbate,* Inventing the Internet, S.)

Albrecht, Jan Philipp, Das neue EU-Datenschutzrecht – von der Richtlinie zur Verordnung, CR 2016, S. 88-98 (zit.: *Albrecht,* CR 2/2016, 88 (S.))

Albrecht, Jan Philipp/Jotzo, Florian, Das neue Datenschutzrecht der EU: Grundlagen, Gesetzgebungsverfahren, 1. Auflage 2017, Baden-Baden (zit.: *Albrecht/ Jotzo,* Das neue Datenschutzrecht der EU)

Alpar, Paul/Blaschke, Stephan, Web 2.0 – Eine empirische Bestandsaufnahme, 1. Auflage Wiesbaden 2008 (zit.: *Bearbeiter,* Beitrag in *Alpar/Blaschke,* Web 2.0, S.)

Andrews, Lori, I know who you are and I saw what you did: Social Networks and Death of Privacy, New York, 2012 (zit.: *Andrews,* I know who you are and I saw what you did, S.)

Andguladze, Mamuka, Kollision zwischen Medienfreiheiten und Allgemeinem Persönlichkeitsrecht: Funktion und Rolle des Informationsinteresse der Öffentlichkeit, Hamburg, 2011 (zit.: *Andguladze,* Kollision zwischen Medienfreiheiten und Allgemeinem Persönlichkeitsrecht, S.)

Auer-Reinsdorff, Astrid/Conrad, Isabell, Handbuch IT- und Datenschutzrecht, 2. Auflage 2016, München (zit.: *Bearbeiter,* in: Auer-Reinsdorff/Conrad, §, Rn.)

Bach, Ivo, Klage von Online-Firmen auf Schadenersatz im Schadensland, NJW 2017, 3433-3436 (zit.: NJW 2017, 3433 (Rn.) (m. Anm. *Bach*))

Baias, Flavius-Antoniu/Chelaru, Eugen/Constantinovici, Rodica/Macovei, Ioan (coordinatori), Noul Cod Civil. Comentariu pe articole, București, 2012 (zit.: *Bearbeiter,* in: Baias/ Chelaru/ Constantinovici/ Macovei, Noul Cod Civil, S., Rn.)

Ball, Rafael, Die pausenlose Gesellschaft: Fluch und Segen der digitalen Permanenz, Stuttgart, 2014 (zit.: *Ball,* Die pausenlose Gesellschaft, S.)

Bar, Christian von (prepared by with the advice from the Advisory Council and the Drafting Committee approved by the Co-ordinating Group): Principles of European Law, Non-Contractual Liability Arising out of Damage Caused to Another, Study Group on a European Civil Code, (PEL liab. dam.), Munich Vol. 7, 2009 (zit.: PEL/von Bar, Liab. Dam, Chapter, art., S.)

Barton, Dirk, Der Gegendarstellungsanspruch nach § 10 MDStV, MMR 1998, 294-296 (zit.: *Barton,* MMR 1998, 294 (S.))

Basarabescu, Georgeta/Savoiu, Alina, Perspectivele Şi Implicaţiile Revizuirii Legislaţiei Ue Referitoare La Protecţia Datelor Personale (Perspectives and Implication of EU Legislation Review Regarding Personal Data Protection) (2012). Annals Constantin Brancusi - Juridical Sciences Series, Vol. 1, No. 2, 2012 (zit.: *Basarabescu/Savoiu,* Perspectivele Şi Implicaţiile Revizuirii Legislaţiei UE

Referitoare La Protecţia Datelor Personale (Perspectives and Implication of EU Legislation Review Regarding Personal Data Protection) (2012), S.)

Baston-Vogt, Marion, Der sachliche Schutzbereich des zivilrechtlichen allgemeinen Persönlichkeitsrechts, Tübingen, 1997, Dissertation (zit.: *Baston-Vogt,* Der sachliche Schutzbereich des zivilrechtlichen allgemeinen Persönlichkeitsrechts, S.)

Beleiu, Gheorghe, Drept civil român. Introducere în dreptul civil. Subiectele dreptului civil, ed. a VII-a, Bukarest, 2007 (zit.: *Beleiu,* Drept civil român. Introducere în dreptul civil. Subiectele dreptului civil, S.)

Bercea, Lucian, Standardul „consumatorului mediu" şi consimţământul pentru prelucrarea datelor, Revista romana de drept privat 1/2018, Universul Juridic, S. 26-51 (zit.: *Bercea,* RRDP 1/2018, S.)

Bergmann, Jan/Dienelt, Klaus, Ausländerrecht: Aufenthaltgesetz, Freizügigkeitsgesetz/EU und ARB 1/80 (Auszug, Grundrechtecharta und Artikel 16a GG, Asylgesetz Kommentar, 12. Auflage 2018 (zit.: *Bearbeiter/Bergmann/Dienelt,* Ausländerrecht, EU-Grundrechte-Charta Art., Rn.)

Bernreuther, Friedrich, Zur Interessenabwägung bei anonymen Meinungsäußerungen im Internet, Zeitschrift für Medien- und Kommunikationsrecht (AfP) 2011, S. 218-224 (zit.: *Bernreuther,* AfP 2011, 218 (Rn.))

Berth, Heike, Rechtsschutz gegen verzögerte Gerichtsverfahren in Europa, Marburg, Dissertation, 2015 (zit.: *Berth,* Rechtsschutz gegen verzögerte Gerichtsverfahren in Europa, S.)

Bertoni, Eduardo, Determining Jurisdiction in Internet Defamation Cases: Insights on Latin America, in: Bertoni, Eduardo (ed.), Towards an Internet Free of censorship: Proposals for Latin America, Palermo, 2019, abrufbar unter: http://www.palermo.edu/cele/english/publication.html (zit.: *Bertoni,* Towards an Internet Free of Censorship)

Bigos, Oren, Jurisdiction over Cross-Border Wrongs on the Internet, ICLQ vol 54, July 2005, S. 585-620 (zit.: *Bigos,* ICLQ 2005, 585)

Binder, Reinhart/Vesting, Thomas, (Hrsg.) Beck'scher Kommentar zum Rundfunkrecht: Rundfunkstaatsvertrag, Jugendmedienschutz-Staatsvertrag, Rundfunkgebührenstaatsvertrag, Rundfunkbeitragsstaatsvertrag, Rundfunkfinanzierungsstaatsvertrag, 4. Aufl., München 2018 (zit.: *Bearbeiter,* in: Reinhart/Vesting, §, Rn)

Birk, Dominik/Reimer, Helmut/Wegener, Christoph, Soziale Netze – neue Impulse zum Datenschutz, DuD 2010, Volume 34, Issue 7, S. 492 (zit.: *Birk/Reimer/Wegener,* DuD 2010, S. 492)

Bîrsan, Corneliu, Convenţia europeană a drepturilor omului, Volumul II – Procedura în faţa Curţii. Executarea hotărârilor, 2006 (zit.: *Bîrsan,* Convenţia europeană a drepturilor omului, Volumul II – Procedura în faţa Curţii. Executarea hotărârilor, S.)

Boti, Iolanda, Influenţa Codului civil din Quebec asupra noului Cod civil din România, vom 21. Juni 2011, abrufbar unter: http://www.juridice.ro/152502/influenta-codului-civil-din-quebec-asupra-noului-cod-civil-din-romania.html. (zit.: *Boti,* Influenţa Codului civil din Quebec asupra noului Cod civil din România)

Böckenförde, Thomas, Auf dem Weg zur elektronischen Privatsphäre Zugleich Besprechung von BVerfG, Urteil v. 27. 2. 2008–„Online-Durchsuchung", JZ 19, S. 925-936 (zit.: *Böckenförde,* JZ 19, 925 (S.))

Bräutigam, Peter, Das Nutzungsverhältnis bei sozialen Netzwerken – Zivilrechtlicher Austausch von IT-Leistung gegen personenbezogene Daten, MMR 2012, 635-641 (zit.: *Bräutigam,* MMR 2012, 635 (639))

Bräutigam, Peter/Rücker, Daniel, E-Commerce: Rechtshandbuch, München, 2017 (zit.: *Bearbeiter,* in: Bräutigam/Rücker, E-Commerce, Teil, Rn.)

Britz, Gabriele, Vertraulichkeit und Integrität informationstechnischer Systeme, DÖV 2008, 411-415 juris (zit.: *Britz,* DÖV 2008, 411 (Rn.))

Brock, David, The Compact Electronic Product Code: A 64-bit Representation of the Electronic Product Code, Auto ID-Center, 1. November 2001, abrufbar unter: http://cocoa.ethz.ch/downloads/2014/06/None_MIT-AUTOID-WH-008.pdf, (zit.: *Brock,* The Compact Electronic Product Code, S.)

Buta, Gheorghe, Aspecte generale privind drepturile personalităţii, astfel cum sunt reglementate în noul Cod Civil, Pandectele române, Nr. 10/2013, S. 26-48 (zit.: *Buta,* PR Nr. 10/2013, S.)

Boehme-Neßler, Volker, Unscharfes Recht: Überlegungen zur Relativierung des Rechts in der digitalisierten Welt, Berlin, 2008 (zit.: *Boehme-Neßler,* Unscharfes Recht, S.)

Boroi, Gabriel, Anghelescu, Carla Alexandra, Curs de drept civil. Partea generală, Verlag Hamangiu, Bukarest, 2011 (zit.: *Boroi/Anghelescu,* Curs de drept civil. Partea generală, S.)

Bork, Reinhard, Allgemeiner Teil des Bürgerlichen Gesetzbuchs, 4. Auflage, Mohr Siebeck Tübingen, 2016 (zit.: *Bork,* Allgemeiner Teil des BGB, Rn.)

Breier, Zsuzsa/Muschg, Adolf (Hrsg.), Freiheit, ach Freiheit...Vereintes Europa – Geteiltes Gedächtnis, Göttingen, 2011 (zit.: *Breier/ Muschg,* Freiheit, S.)

Brüggemeier, Gert/Colombi Ciacchi, Aurelia/O'Callaghan, Patrick, Personality Rights in European Tort Law, Cambridge University Press, 2010, (zit: *Brüggemeier/Colombi Ciacchi/O'Callaghan,* Personality Rights in European Tort Law, S.)

Brunst, Philip W., Anonymität im Internet – rechtliche und tatsächliche Rahmenbedingungen, 2009, Berlin (zit. *Brunst,* Anonymität im Internet, 2009, S.)

Buchmann, Johannes, (Hrsg.) Internet Privacy: Eine multidisziplinäre Bestandsaufnahme/A multidisciplinary analysis, Berlin 2012 (zit.: *Bearbeiter,* Titel des Beitrages in: Buchmann (Hrsg.), Internet Privacy, S.)

Bunz, Mercedes, Vom Speicher zum Verteiler: die Geschichte des Internet, 2. Aufl. 2009, Berlin (zit.: *Bunz,* Vom Speicher zum Verteiler, S.)

Buta, Gheorghe, Aspecte generale privind drepturile personalităţii, astfel cum sunt reglementate în noul Cod Civil, Pandectele române, Nr. 10/2013, S. 26-48 (zit.: *Buta,* Aspecte generale privind drepturile personalităţii, PR, Nr. 10/2013, S.)

Calliess, Christian/Ruffert, Matthias (Hrsg.), EUV/AEUV: Das Verfassungsrecht der Europäischen Union mit Europäischer Grundrechtecharta, 4. Auflage, München 2011, (zit.: *Bearbeiter* in Calliess/Ruffert (Hrsg.), EUV/AEUV, Rn.)

Canaris, Claus-Wilhelm, Grundrechtswirkungen und Verhältnismäßigkeitsprinzip in der richterlichen Anwendung und Fortbildung des Privatrechts, JuS 1989, S. 161-172 (zit.: *Canaris,* JuS 1989, 161 (S.))

Cepeda Espinosa, Manuel José, Privacy, S. 966-981 in: *Rosenfeld, Michael/Sajó, András (Editors),* The Oxford Handbook of Comparative Constitutional Law, 2012 (zit.: *Cepeda Espinosa,* Privacy, S.)

Cercel, Sevastian/Olteanu, Gabriel, Consideraţii asupra drepturilor personalităţii, Revista de Ştiinţe Juridice, Nr. 4/2009, Craiova (zit.: *Cercel/Olteanu,* Consideraţii asupra drepturilor personalităţii, RSJ, Nr. 4/2009, S.)

Chelaru, Eugen, Drepturile personalităţii în reglementarea noului Cod civil, Dreptul Nr. 10/2011 (zit.: *Chelaru,* Drepturile personalităţii în reglementarea noului Cod civil, Dreptul Nr. 10/2011, S.)

Cristea, Bogdan, Respectul datorat fiinţei umane şi drepturilor ei inerente (Drepturi ale personalităţii), (Dissertation), Bucureşti 2015 (zit.: *Cristea,* Respectul datorat fiinţei umane şi drepturilor ei inerente, S.)

Dabin, Jean, Les Droit Subjectif, Paris, 2008 (zit.: *Dabin,* Les Droit Subjectif, S.)

Damm, Ole, Sind Deutsche Gerichte zur weltweiten Internetregulierung befugt? - Anmerkung zur BGH-Entscheidung „New York Times", GRUR 2010, 891-893 (zit.: *Damm,* GRUR 2010, 891 (Rn.))

Dammann, Ulrich, Erfolge und Defizite der EU-Datenschutzgrundverordnung - Erwarteter Fortschritt, Schwächen und überraschende Innovationen, ZD 2016, 307 - 314 (zit.: *Dammann,* ZD 2016, 307 (S.))

Dauses, A. Manfred (Hrsg.), Handbuch des EU-Wirtschaftsrechts, Band 1, Stand: September 2015 (38. Ergänzungslieferung), (zit.: *Bearbeiter,* in: Dauses (Hrsg.), Hdb. EU-WirtschaftsR, Teil, Rn.)

Däubler, Wolfgang/Wedde, Peter/Weichert, Thilo/Sommer, Imke, EU-Datenschutzgrundverordnung und BDSG-neu, Kompaktkommentar, Bund-Verlag 2018, Frankfurt am Main (zit.: *Bearbeiter,* in: Däubler/Wedde/Weichert/Sommer, Art. , Rn.)

Dănişor, Dan Claudiu, Constituţia comentată a României, Bucureşti, 2009 (zit.: *Dănişor,* Constituţia comentată a României, S.)

Dănişor, Dan Claudiu, Drept constituţional şi instituţii politice, Vol. I. Teoria generală, Bucureşti, 2007 (zit.: *Dănişor,* Drept constituţional şi instituţii politice, S.)

Delbrück, Jost, Die europäische Regelung des grenzüberschreitenden Rundfunks – Das Verhältnis von EGRichtlinie und Europaratskonvention, Zeitschrift für Urheber- und Medienrecht 1989, S. 373- 381 (zit.: *Delbrück,* ZUM 1989, 373 (S.))

Dogaru, Ion, Popa, Nicolae, Dănişor, Dan Claudiu, Cercel, Sevastian (coordinatori), Bazele dreptului civil vol. I. Teoria generală, Bucureşti 2008 (zit.: *Dogaru/Popa/Dănişor/Cercel,* Bazele dreptului civil vol. I. Teoria generală, S.)

Drösser, Christoph, Von wegen Vergessen, Die Zeit, 27.1.2011, abrufbar unter: http://www.zeit.de/2011/05/Digitaler-Radiergummi (zit.: *Drösser,* Von wegen Vergessen)

Duby, Georges (Hrsg.), *Fließbach, Holger,* Geschichte des privaten Lebens, 2. Band: Vom Feudalzeitalter zur Renaissance, Frankfurt am Main, 1990 (zit.: *Bearbeiter,* in: Duby (Hrsg.), Fließbach, Vom Feudalzeitalter zur Renaissance, S.)

Eifert, Martin, Informationelle Selbstbestimmung im Internet – Das BVerfG und die Online-Durchsuchungen, NVwZ 2008, 521-523 (zit.: *Eifert,* NVwZ 2008, 521 (Rn.))

Eifert, Martin, Rechenschaftspflichten für soziale Netzwerke und Suchmaschinen, NJW 2017, 1450-1454 (zit.: *Eifert,* NJW 2017, 1450 (Rn.))

Ehmann, Eugen (Hrsg.); *Bruggmann, Thomas,* Lexikon für das IT-Recht 2015/2016: die 150 wichtigste Praxisthemen, 6. Auflage, Rechtsstand: April 2015, Heidelberg; München; Landsberg; Frechen; Hamburg; Jehle, 2015 (zit. *Ehmann* (Hrsg.), *Bruggmann,* Lexikon für das IT-Recht 2015/2016, S.)

Engel, Christoph, Europäische Konvention über grenzüberschreitendes Fernsehen: Ein Schritt in die falsche Richtung, Zeitschrift für Rechtspolitik (ZRP), 21. Jahrg., H. 7 (Juli 1988), 240-247 (zit.: *Engel,* ZRP 1988, S.)

Ernst, Stefan, Recht kurios im Internet – Virtuell gestohlene Phönixschuhe, Cyber-Mobbing und noch viel mehr, NJW 2009, 1320-1322 (zit.: *Ernst,* NJW 2009, 1320 (Rn.))

Eßer, Martin/Kramer, Philipp/von Lewinski, Kai (Hrsgb.), Auerhammer, Datenschutz-Grundverordnung, Bundesdatenschutz und Nebengesetzte, 6. Auflage, Köln 2018 (zit.: *Bearbeiter,* in: Eßer/Kramer/von Lewinski, Art., Rn.)

Fechner, Frank, Medienrecht: Lehrbuch des gesamten Medienrechts unter besonderer Berücksichtigung von Presse, Rundfunk und Multimedia, 20. Aufl., 2019 (zit.: *Fechner,* Medienrecht, Kap. Rn.)

Fink, Udo/Keber, Tobias/Roguski, Przemyslaw, Die Zukunft der Medienregulierung im Europarat, ZUM 2011, 292-300 (zit.: *Fink/Keber/Roguski,* ZUM 2011, 292 ff.)

Fink, Udo/Cole, Mark D./Keber, Tobias O, Europäisches und internationales Medienrecht, Heidelberg; München; Landsberg; Berlin; 2008 (zit.: *Fink/Cole/Keber,* Europäisches und internationales Medienrecht, Rn.)

Fischer, Florian, Rheinischer Kommentar zur Europäischen Menschenrechtskonvention, Privat- und Familienleben, Art. 8 und 12, Berlin, 2010 (zit.: *Fischer,* Rheinischer Kommentar zur EMRK, Rn., S.)

Friesen, Norm/Feenberg, Andrew (Hrsg.), (Re)Inventing the Internet: Critical Case Studies, Rotterdam 2012 (zit.: *Friesen, Feenberg* (Hrsg.), (Re)Inventing the Internet, S.)

Freund, Bernhard/Schnabel, Christoph, Bedeutet IPv6 das Ende der Anonymität im Internet? Technische Grundlagen und rechtliche Beurteilung des neuen Internet-Protokolls, MMR 2011, 495 - 499 (zit.: *Freund/Schnabel,* MMR 2011, 495 (Rn.))

Frohwein, Jochen Abr./Peukert, Wolfgang, EMRK-Kommentar, 3. Auflage, Berlin 2009 (zit.: *Bearbeiter* in Frohwein/Peukert (Hrsg.), Art. Rn.)

Gersdorf, Hubertus/Paal, Boris O., Beck'scher Online-Kommentar Informations- und Medienrecht, 15. Edition, Stand 01.02.2017 (zit.: *Bearbeiter,* in Gersdorf/ Paal: Informations- und Medienrecht, § 823 Rn.)

Giuraniuc, Mihaela, Răspunderea furnizorilor de servicii ale societăţii informaţionale în România, Juridical Tribune, Volume 1, Issue 2, December 2011, S. 118-135 (zit.: *Giuraniuc,* Răspunderea furnizorilor de servicii ale societăţii informaţionale în România, S.)

Glaser, Andreas, Grundrechtlicher Schutz der Ehre im Internetzeitalter, Neue Zeitschrift für Verwaltungsrecht (NVwZ), 2012, 1432-1438 (zit.: *Glaser,* NVwZ 2012, 1432)

Gläser, Isabel, Anwendbares Recht auf Plattformverträge - Fragen des IPR bei sozialen Netzwerken am Beispiel von Facebook, MMR 2015, 699-704 (zit.: *Gläser,* MMR 2015, 699)

Goethe, Johann Wolfgang von, Werke in Zehn Bänden, West-östlicher Divan, Suleika Nameh, Buch Suleika, Köln 2003 (zit.: *Goethe,* West-östlicher Divan, Suleika Nameh, Buch Suleika, S.)

Götting, Horst-Peter/Schertz, Christian/Seitz, Walter (Hrsg.), Handbuch des Persönlichkeitsrechts, 2. Auflage, München 2019 (zit.: *Bearbeiter,* in: Götting/Schertz/ Seitz, Handbuch des Persönlichkeitsrechts, §, Rn.)

Gounalakis, Giorgios/Rhode, Lars, Persönlichkeitsschutz im Internet: Grundlagen und Online Spezifika, München 2002 (zit.: Gounalakis/Rhode, Persönlichkeitsschutz im Internet, S.)

Greengard, Samuel, The Internet of Things, 2015 Massachusetts Institute of Technology (zit.: *Greengard,* The Internet of Things, S.)

Hafner, Katie/Lyon, Matthew, Arpa Kadabra oder die Geschichte des Internet, 2. Korrigierte Auflage 2000, Heidelberg (zit.: *Hafner/Lyon,* Arpa Kadabra, S.)

Hahn, Werner/Vesting, Thomas, (Hrsg.) Beck'scher Kommentar zum Rundfunkrecht: Rundfunkstaatsvertrag, Jugendmedienschutz-Staatsvertrag, Rundfunkgebührenstaatsvertrag, Rundfunkbeitragsstaatsvertrag, Rundfunkfinanzierungsstaatsvertrag, 3. Aufl., München 2012 (zit.: *Bearbeiter,* in: Hahn/ Vesting, §, Rn.)

Härting, Niko, Internetrecht, 5. Auflage, Köln, 2014 (zit.: *Härting,* Internetrecht (2014), Rn.)

Härting, Niko, „Prangerwirkung" und „Zeitfaktor", CR 2009, 21-28 (zit.: *Härting,* CR 2009, 21 (Rn.))

Heckmann, Dirk, Persönlichkeitsschutz im Internet, NJW 2012, 2631-2635 (zit.: *Heckmann,* NJW 2012, 2631 (Rn.))

Heinzke, Philippe, Abwägung beim Recht auf Vergessenwerden, GRUR-Prax 2017, 355 (zit.: *Heinzke,* Abwägung beim Recht auf Vergessenwerden, GRUR-Prax 2017, 355)

Hesse, Konrad, Grundzüge des Verfassungsrechts der BR Deutschland. Neudruck der 20. Auflage, Heidelberg 1999 (zit.: *Hesse,* Grundzüge des Verfassungsrechts der BRD, S.)

Hetmank, Sven, Internetrecht: Grundlagen-Streitfragen-Aktuelle Entwicklungen, 1. Aufl. 2016, Wiesbaden 2016 (zit.: *Hetmank,* Internetrecht, S.)

Hill/Schliesky (Hrsg.), Die Vermessung des virtuellen Raums, Baden-Baden 2012, *(zit.: Bearbeiter,* in: *Hill/Schliesky* (Hrsg.), Die Vermessung des virtuellen Raums, S.)

Hoare, Aram, Following on from the Australian Dow Jones decision on jurisdiction in Internet defamation, do compelling reasons exist for legislating for a new approach to this issue?, C.L.Pract, January 2004, S. 4 Hoare, (zit.: C.L.Pract. 2004, 4-13)

Hoeren, Thomas, Anonymität im Web – Grundfragen und aktuelle Entwicklungen, Zeitschrift für Rechtspolitik (ZRP) 2010, 251-253 (zit.: *Hoeren,* ZRP 2010, 251 (Rn.))

Hoeren, Thomas, Internetrecht, 3., neu bearb. Auflage, 2018, Berlin/Boston (zit.: *Hoeren,* Internetrecht, S.)

Hoeren, Thomas/Sieber, Ulrich/Holznagel, Bernd, Handbuch Multimedia-Recht, Rechtsfragen des elektronischen Geschäftsverkehrs 49. Ergänzungslieferung 2019 (zit.: *Bearbeiter,* in: Hoeren/Sieber/Holznagel, Multimedia-Recht-HdB, Teil, Rn.)

Hoffmann-Riem, Wolfgang, Der grundrechtliche Schutz der Vertraulichkeit und Integrität eigengenutzter informationstechnischer Systeme, JZ 2008, 1009-1022 (zit.: *Hoffmann-Riem,* JZ, 2008, 1009 (S.))

Hornung, Gerrit (Hrsg.)/Müller-Terpitz, Ralf, Rechtshandbuch Social Media, Heidelberg Berlin, 2015 (zit. *Bearbeiter, in:* Hornung und Müller-Terpitz (Hrsg.), Rechtshandbuch Social Media, S., Rn.)

Hubmann, Heinrich, Das Persönlichkeitsrecht, 2. Auflage 1967, Köln (zit.: *Hubmann,* Das Persönlichkeitsrecht, S.)

Jandt, Silke/Kieselmann, Olga/Wacker, Arno, Recht auf Vergessen im Internet, DuD 4/2013, 235-241 (zit.: *Jandt/Kieselmann/Wacker,* DuD 4/2013, 235 (S.))

Jarass, Hans, Charta der Grundrechte der Europäischen Union unter Einbeziehung der vom EuGH entwickelten Grundrechte, der Grundrechtsregelungen der Verträge und der EMRK, 2. Auflage 2013 (zit.: *Jarass,* GrCh EU-GRCharta Art., Rn.)

Jarass, Hans/Pieroth, Bodo, Grundgesetz für die Bundesrepublik Deutschland: Kommentar, 16. Auflage, 2020 *(zit.: Jarass/Pieroth,* GG, Art. 2, Rn.)

Karpenstein, Ulrich/Meyer, Franz C., Konvention zum Schutz der Menschenrechte und Grundfreiheiten, Kommentar, 2. Auflage 2015, München (zit.: Bearbeiter, in: Karpenstein/Meyer, EMRK Kommentar, Art., Rn.)

Kloepfer, Michael/Greve, Holger, Staatsrecht kompakt: Staatsorganisationsrecht - Grundrechte - Bezüge zum Völker- und Europarecht, 2. Auflage, Baden-Baden 2016 (zit.: *Kloepfer/Greve,* Staatsrecht kompakt, Rn.)

Kluge – etymologisches Wörterbuch der deutschen Sprache, bearbeitet von *Elmar Seebold,* 24. Auflage, 2002 Walter de Gruyter, Berlin

Koch, Birgit, Rechtsschutz durch Gegendarstellung in Frankreich und Deutschland (Dissertation), Tübingen, 1995 (zit.: *Koch,* Rechtsschutz durch Gegendarstellung in Frankreich und Deutschland, S.)

Koch, Frank A., Schutz der Persönlichkeitsrechte im Internet: spezifische Gefährdungen, ITRB 2011, 158-162 (zit.: *Koch,* ITRB 2011, 128 (Rn.))

Koreng, Ansgar/Feldmann, Thorsten, Das „Recht auf Vergessen" - Überlegungen zum Konflikt zwischen Datenschutz und Meinungsfreiheit, ZD 2012, 311-315 (zit.: *Koreng/Feldmann,* ZD 2012, 311 (Rn.))

Köhler, Markus/Arndt, Hans - Wolfgang/Fetzer, Thomas, Recht des Internet, 7. Auflage, Heidelberg; München; Landsberg, Frechen, Hamburg, 2011 (zit.: *Köhler/Arndt/Fetzer,* Recht des Internet, S.)

Köhntopp, Marit/Köhntopp, Kristian, Datenspuren im Internet; Computer und Recht (CR) 4/2000; 248-257 (zit. *Köhntopp/Köhntopp,* CR 4/2000, 248 (248)).

Kühling, Jürgen, Die Europäisierung des Datenschutzrechts: Gefährdung deutscher Grundrechtsstandards?, 1. Aufl., Baden-Baden 2014 (zit.: *Kühling,* Europäisierung, S.)

Kühling, Jürgen/ Buchner, Benedikt, Datenschutz-Grundverordnung BDSG, Kommentar, 3. Auflage 2020, München (zit.: *Bearbeiter,* in: Kühling/Buchner, DSGVO, Art., Rn.)

Kühling, Jürgen/Seidel, Christian/Sivridis, Anastasios, Datenschutzrecht, Heidelberg, 3. Aufl. 2015 (zit.: *Kühling/Seidel/Sivridis,* Datenschutzrecht, Rn., S.)

Kühnl, Christina, Persönlichkeitsschutz 2.0: Profilbildung und -nutzung durch Soziale Netzwerke am Beispiel von Facebook im Rechtsvergleich zwischen Deutschland und den USA, Berlin, 2016 (Dissertation) (zit.: *Kühnl,* Persönlichkeitsschutz 2.0, S.)

Kutscha, Martin, Überwachungsmaßnahmen von Sicherheitsbehörden im Fokus der Grundrechte, LKV 2008, 481-486 (zit.: *Kutscha,* LKV 2008, 481 (Rn.))

Kutscher, Antonia, Der digitale Nachlass, 2015, Göttingen (Dissertation) (zit.: *Kutscher,* Der digitale Nachlass, S.)

Ladeur, Karl-Heinz, eBay-Bewertungssystem und staatlicher Rechtsschutz von Persönlichkeitsrechten, Kommunikation & Recht 2007, S. 85-91 (Heft 2) (zit.: *Ladeur,* K&R 2007, 85 (Rn.))

Laney, Doug, 3-D Data Management: Controlling Data Volume, Velocity and Variety, Febuar 2001, abrufbar unter: http://blogs.gartner.com/doug-laney/files/2012/01/ad949-3D-Data-Management-Controlling-Data-Volume-Velocity-and-Variety.pdf, (zit.: *Laney,* 3-D Data Management: Controlling Data Volume, Velocity and Variety)

Lehr, Matthias, Ansätze zur Harmonisierung des Persönlichkeitsrechts in Europa, 2009 (zit.: *Lehr,* Ansätze zur Harmonisierung des Persönlichkeitsrechts in Europa, S.)

Lin, Albert, The Unifying Role of Harm in Environmental Law, Wisconsin Law Review, 2006, 897-894 (zit.: *Lin,* Wisconsin Law Review 2006, 897 (S.))

Löffler, Martin (begr.)/ *Wenzel, Egbert/Sedelmeier, Klaus,* Presserecht, Kommentar zu den deutschen Landespressegesetzen mit systematischen Darstellungen zum pressebezogenen Standesrecht, Anzeigenrecht, Werbe- und Wettbewerbsrecht, Urheber- und Verlagsrecht, Arbeitsrecht, Titelschutz, Mediendatenschutz, Jugendmedienschutz und Steuerrecht, 6. Auflage 2015 (zit.: *Bearbeiter,* in: Löffler, Presserecht, §, Rn.)

Lustgarten, Laurence/Norrie, Kenneth/Stephenson, Hugh/Barendt, Eric, Libel and the Media: The Chilling Effect, Clarendon Press 1997 (zit.: *Lustgarten/Norrie/Stephenson/Barendt,* Libel and the Media: The Chilling Effect)

Masing, Johannes, Herausforderungen des Datenschutzes, NJW 2012, S. 2305-2311 (zit.: *Masing,* NJW 2012, 2305 (S.))

Maisch, Michael Marc, Informationelle Selbstbestimmung in Netzwerken: Rechtsrahmen, Gefährdungslagen und Schutzkonzepte am Beispiel von Cloud Computing und Facebook, 2015 Berlin (zit.: *Maisch,* Informationelle Selbstbestimmung in Netzwerken, S.)

Mantelero, Alessandro, The future of consumer data protection in the EU Re-Thinking the „notice and consent" paradigm in the new era of predictive analytics, Computer Law and Security Review, Vol. 30, 2014, S. 643-660 (zit.: *Mantelero,* The future of consumer data protection in the EU Re-Thinking the „notice and consent“ paradigm in the new era of predictive analytics, CLSR, Vol. 30, 2014, S.)

Martin, Klaus, Das allgemeine Persönlichkeitsrecht in seiner historischen Entwicklung, Hamburg, 2007 (zit.: *Martin,* Das allgemeine Persönlichkeitsrecht in seiner historischen Entwicklung, S.)

Márton, Edina, Violations of Personality Rights through the Internet: Jurisdictional Issues under European Law, 1. Auflage 2016, Baden-Baden (zit.: *Márton,* Violations of Personality Rights through the Internet, S.)

Mauer, Hartmut, Allgemeines Verwaltungsrecht, 18. überarb. u. erg. Auflage, München 2011 (zit.: *Mauer,* Allgemeines Verwaltungsrecht, 2011, §)

Maunz, Theodor (Hrsg.), Vom Bonner Grundgesetz zur gesamtdeutschen Verfassung: Festschrift zum 75. Geburtstag von Hans Nawiasky, München, 1956 (zit.: *Bearbeiter,* in: Maunz (Hrsg.), Titel des Beitrages, S.)

Mayer, Jürgen (Hrsg.), Charta der Grundrechte der Europäischen Union, 4. Auflage 2014 (zit.: *Bearbeiter,* in: Mayer (Hrsg.), EU ChGR, Art., Rn.)

Mayer-Schönberger, Viktor, Delete - Die Tugend des Vergessens in digitalen Zeiten, Berlin University Press 2010, englische Version Princeton University Press 2009 (zit.: *Mayer-Schönberger,* Delete, S. (deutsche Übersetzung))

Mayer-Schönberger, Viktor, Delete – The Virtue of Forgetting in the Digital Age, Princeton University Press, 2009, (zit.: *Mayer-Schönberger,* Delete, S.)

Michelis, Daniel/Schildhauer, Thomas (Hrsg.), Social Media Handbuch: Theorien, Methoden, Modelle und Praxis, Baden-Baden 2015 (zit.: *Bearbeiter,* in: Michelis/ Schildhauer, (Hrsg.), Social Media Handbuch, S.))

Munteanu, Cornelia, Drepturile personalităţii, Caractere şi limite, Revista română de drept privat, nr. 6/2011, S. 124-136 (zit.: *Munteanu,* Drepturile personalităţii, Caractere şi limite, RRDP nr. 6/2011, S.)

Münchener Kommentar zum Bürgerlichen Gesetzbuch: BGB, Band 10: Internationales Privatrecht I, Europäisches Kollisionsrecht, Einführungsgesetz zum Bürgerlichen Gesetzesbuch (Art. 1-24) 6. Auflage 2015 (zit.: *Bearbeiter,* in: MüKo. Bd. 10, 6. Aufl. 2015, Art. 1 Rom I-VO, Rn.)

Neculaescu, Sache, Observaţii critice în legătură cu reglementarea reparării prejudiciilor morale în noul Cod civil român, Dreptul nr. 5/2010 (zit.: *Neculaescu,* Observaţii critice în legătură cu reglementarea reparării prejudiciilor morale în noul Cod civil român, Dreptul Nr. 5/201, S.)

Nicolae, Marian, Codex Iuris Civilis, Tomul I, Noul Cod Civil, Ediţie critică, Bucureşti, 2012 (zit.: *Nicolae,* Codex Iuris Civilis, Tomul I, Noul Cod Civil, S.)

Nietsch, Thomas, Anonymität und die Durchsetzung urheberrechtlicher Ansprüche im Internet – Grundrechtliche Positionen im Spannungsfeld, Tübingen 2014 (zit. *Nietsch,* Anonymität und die Durchsetzung urheberrechtlicher Ansprüche im Internet, S.)

Norris, Erin F.: Why the Internet Isn't Special: Restoring Predictability to Personal Jurisdiction, Arizona Law Review, Vol. 53:1013, 2011, S. 1013 - 1039 (zit.: *Norris*, Arizona Law Review 2011, S.)

Ohly, Ansgar, Verändert das Internet unsere Vorstellung von Persönlichkeit und Persönlichkeitsrecht, Zeitschrift für Medien- und Kommunikationsrecht (AfP) 2011, 428-438 (zit.: *Ohly,* AfP 2011, 428 (Rn.))

Ohrmann, Christoph, Der Schutz der Persönlichkeit in Online-Medien, Frankfurt am Main; Berlin; Bern; Wien [u.a.], 2010 (zit.: *Ohrmann,* Der Schutz der Persönlichkeit in Online-Medien, S.)

Ory, Stephan, Impressum und Gegendarstellung bei Mediendiensten, Zeitschrift für Medien und Kommunikationsrecht (AfP) 5/1998, 465-475 (zit.: *Ory,* AfP, 465 (S.))

Ott, Stephan, Das Internet vergisst nicht – Rechtsschutz für Suchobjekte, MMR 2009, 158-163 (zit.: *Ott,* MMR 2009, 158 (S.)

Petri, Thomas, Wertewandel im Datenschutz und die Grundrechte, DuD 1/2010, 25-29 (zit.: *Petri,* DuD 1/2010, 25 (28 f.))

Pfitzmann, Andreas/Hansen, Marit, A terminology for talking about privacy by data minimization: Anonymity, Unlinkability, Undetectability, Unobservability, Pseudonymity, and Identity Management, Version v0.34 Aug. 10, 2010 – online, abrufbar unter: https://dud.inf.tu-dresden.de/literatur/Anon_Terminology_v0.34.pdf. (zit:. *Pfitzmann/Hansen,* Terminology)

Popa, Ionuț-Florin, Impactul Regulamentului privind protecția datelor cu caracter personal asupra răspunderii civile, Revista Romana de Drept Privat 1/2018, S. 153-184 (zit.: *Popa,* RRDP 1/2018, S.)

Potacs, Michael, Effet utile als Auslegungsgrundsatz, Europarecht (EuR) 2009, 465 - 488 (zit.: *Potacs,* EuR 2009, 465)

Prensky, Mark, Digital Natives and DigitalImmigrants, 2001, MCB University Press, Vol. 9 No. 5, S. 1-6 (zit.: *Prensky,* Digital Natives and Digital Immigrants), abrufbar unter: http://www.marcprensky.com/writing/Prensky%20-%20Digital%20Natives,%20Digital%20Immigrants%20-%20Part1.pdf

Rauschhofer, Hajo, Mediendienste im World Wide Web, Elektronische Publikationen im Lichte des Presserechts, JurPC Web-Dok. 241/2000, Abs. 1-58 (zit.: *Rauschhofer,* JurPC Web-Dok. 241/2000, Abs.)

Redeker, Helmut, IT-Recht, 6. Auflage 2017, München (zit.: *Redeker,* IT-Recht, Rn.)

Reinecke, Christiane, Grenzen der Freizügigkeit. Migrationskontrolle in Großbritannien und Deutschland, 1880-1930, München, 2010 (zit.: *Reinecke,* Grenzen der Freizügigkeit, Teil III, 2. Registrierte Mobilität, S.)

Rhoen, Michiel, Big Data and Consumer Participation in Privacy Contracts: Deciding who Decides on Privacy, Utrecht Journal of International and European Law, Vol. 31(80), 2015, S. 1-68 (zit.: *Rhoen,* Big Data and Consumer Participation in Privacy Contracts: Deciding who Decides on Privacy, UJIEL, Vol. 31(80), 2015, S.)

Ricker, Reinhart/Weberling, Johannes, Handbuch des Presserechts, 6. Auflage, München 2012 (zit.: *Ricker/Weberling,* Handbuch des Presserechts, Kap., Rn.)

Roßnagel, Alexander, Handbuch Datenschutzrecht: die neuen Grundlagen für Wirtschaft und Verwaltung, München 2003 (zit.: *Roßnagel,* HdB DatenschutzR, Kap., S.)

Roßnagel, Alexander (Hrsg.), Das neue Datenschutzrecht: Europäische Datenschutz-Grundverordnung und deutsche Datenschutzgesetze, 1. Auflage 2018, Baden-Baden (zit.: *Bearbeiter* in *Roßnagel* (Hrsg.), Das neue Datenschutzrecht, §, Rn.)

Roßnagel, Alexander/PhilipScholz, Datenschutz durch Anonymität und Pseudonymität - Rechtsfolgen der Verwendung anonymer und pseudonymer Daten, MMR 2000, 721-731 (zit.: *Roßnagel/Scholz,* MMR 2000, 721 (Rn.))

Rücker, Daniel, Notice and take down - Verfahren für die deutsche Providerhaftung? Überwachungspflichten, Computer und Recht (CR) 2005, 347-355 (zit.: *Rücker,* CR 2005, S.)

Ryan, Johnny, A History of the Internet and the Digital Future, London, 2010 (zit.: *Ryan,* A History of the Internet and the Digital Future, S.)

Schaar, Peter, Datenschutz im Internet: die Grundlagen, München 2002 (zit.: *Schaar,* Datenschutz im Internet, Rn.)

Schaar, Peter, Datenschutzrechtliche Einwilligung im Internet, MMR 2001, 644-648 (zit.: *Schaar,* MMR 2001, 644 (Rn.))

Schiffbauer, Björn, Steckbrief 2.0 – Fahndungen über das Internet als rechtliche Herausforderung, NJW 2014, 1052-1057 (zit.: *Schiffbauer,* NJW 2014, 1052 (Rn.))

Schlechtriem, Peter, Inhalt und systematischer Standort des allgemeinen Persönlichkeitsrechts, DRiZ 1975, 65-70 (zit.: *Schlechtriem,* DRiZ 1975, 65 (S.))

Schliesky, Utz/Hoffmann, Christian/Luch, Anika/Schulz, Sönke/Borchers, Kim Corinna, Schutzpflichten und Drittwirkung im Internet – Das Grundgesetz im digitalen Zeitalter, 1. Auflage 2014, Baden-Baden 2014 (zit. *Schliesky/Hoffmann/Luch/Schulz/Borchers,* Schutzpflichten und Drittwirkung im Internet, S.)

Schmale, Wolfgang/Tinnefeld, Marie-Theres, Privatheit im digitalen Zeitalter, 2014, Wien Köln Weimer (zit.: *Schmale/Tinnefeld,* Privatheit im digitalen Zeitalter, S.)

Schmidl, Michael, IT-Recht von A-Z, 2. Auflage, München 2014 (zit.: *Schmidl,* IT-Recht von A-Z, S.)

Schmidt, Jan, Das neue Netz: Merkmale, Praktiken und Folgen des Web 2.0, 2. Überarbeitete Auflage, Konstanz 2011 (zit.: *Schmidt,* Das neue Netz, S.)

Seitz, Walter, Der Gegendarstellungsanspruch: Presse, Film, Funk, Fernsehen und Internet, 5. Auflage, 2017 (zit.: *Seitz,* Gegendarstellungsanspruch, Kap., Rn.)

Simitis, Spiros (Hrsg.), Bundesdatenschutzgesetz, 8. Aufl. Baden-Baden 2014 (zit.: *Bearbeiter* in Simitis, BDSG, Rn.)

Simitis, Spiros/Hornung, Gerrit/Spiecker gen. Döhmann, Indra, Datenschutzrecht: DSGVO mit BDSG, 1. Auflage 2019 (zit.: *Bearbeiter,* in: Simitis/Hornung/ Spiecker gen. Döhmann, Teil, Rn.)

Schwartz, Paul, Das Übersetzen im Datenschutz: Unterschiede zwischen deutschen und am amerikanischen Konzepten der „Privatheit" RDV 1992, 8-12 (zit.: *Schwartz,* Das Übersetzen im Datenschutz, RDV 1992, 8 (Rn.))

Seidl, Johannes, Meinungsfreiheit in der Rechtsprechungspraxis des Interamerikanischen Gerichtshofs für Menschenrechte, Tübingen 2013, Dissertation (zit.: *Seidl,* Meinungsfreiheit in der Rechtsprechungspraxis des Interamerikanischen Gerichtshofs für Menschenrechte, S.)

Siry, Lawrence/Schmitz, Sandra, A Right to be Forgotten? – How Recent Developments in Germany May Affect the Internet Publishers in the US, EJLT, Vol. 3, No. 1, 2012, abrufbar unter: http://www.ejlt.org/index.php/ejlt/article/download/141/221?inline=1 (zit.: *Siry/Schmitz,* EJLT 2012, S.)

Soehring, Jörg/Hoene, Verena, Presserecht: Recherche, Darstellung, Haftung im Recht der Presse, des Rundfunks und der neuen Medien, 6. Aufl. 2019, Köln (zit.: *Bearbeiter,* in: Soehring/Hoene, Presserecht, § , Rn.)

Sören, Wollin, Störerhaftung im Immaterialgüter- und Persönlichkeitsrecht: Zustandshaftung analog § 1004 I BGB, 1. Auflage, Baden-Baden, 2018 (zit.: *Sören,* Störerhaftung im Immaterialgüter- und Persönlichkeitsrecht, S.)

Specht, Louisa, Reformbedarf des Kunsturheberrechts im digitalen Zeitalter, MMR 2017, 577-578 (zit.: *Specht,* MMR 2017, 577 (S.)).

Spiecker gen. Döhmann, Indra, Kommunikation als Herausforderung: Neue Wege für Datenschutz, Anwaltsblatt (AnwBl) 4/2011, S. 256-258 (zit.: *Spiecker gen. Döhmann,* AnwBl. 2011, S.)

Spies, Axel& Stutz, Oliver, Microsoft als Initialzünder für mehr Datenschutz in den USA? DuD 3/2006, 170-176 (zit.: *Spies/Stutz,* DuD 2006, 170 (171))

Spindler, Gerald, Persönlichkeitsschutz im Internet – Anforderungen und Grenzen einer Regulierung Gutachten F zum 69. Deutschen Juristentag, herausgegeben von der Ständigen Deputation des Deutschen Juristentages, Band I Gutachten, München 2012 (zit.: *Spindler,* Gutachten 69. DJT, 2012, S. F.)

Spindler, Gerald, Das Netzwerkdurchsetzungsgesetz, K&R 2017, 533-544 (zit.: Spindler, K&R 2017, 533 (Rn.))

Spindler, Gerald, Persönlichkeitsrecht und Datenschutz im Internet – Anforderungen und Grenzen einer Regulierung, NJW-Beil. 2012, 98-101 (zit.: *Spindler,* NJW-Beil. 2012, 98 (Rn.))

Spindler, Gerald/Schuster, Fabian, Recht der elektronischen Medien, 3. Auflage 2015, München (zit.: *Bearbeiter,* in: Spindler/Schuster/ Spindler/Nink, BDSG §4a Rn.)

Spindler, Gerald/Schmitz, Peter/Liesching, Marc, Telemediengesetz mit Netzwerkdurchsetzungsgesetz Kommentar, 2. Auflage 2018 (zit.: *Bearbeiter* in Spindler/Schmitz/Liesching, TMG mit NetzDG, §, Rn.)

Spies, Axel/Stutz, Oliver, Microsoft als Initialzünder für mehr Datenschutz in den USA? Der aktuelle Stand des US-Datenschutzes und die neuen Vorschläge von Microsoft Titel, DuD 30 (2006), S. 170 - 176 (zit.: *Spies/Stutz,* DuD 2006, 170 (S.))

Starck, Christian/Mangoldt, Hermann/Klein, Friedrich, Kommentar zum Grundgesetz Bd. 1: Präambel, Art. 1-19, 6. Auflage, München 2018 (zit.: *Bearbeiter,* in: Mangoldt/Klein/Starck (Hrsg.), GG, Bd. 1, Art., Rn.)

Stătescu, Constantin, Drept civil. Persoana fizică. Persoana juridică. Drepturi reale, Verlag Didactică şi Pedagogică, Bucureşti, 1970 (zit.: *Stătescu,* Drept civil. Persoana fizică. Persoana juridică. Drepturi reale, S.)

Stirn, Alexander, Digitale Rasterfahndung: Wie US-Behörden bei Facebook und Twitter schnüffeln, SZ Nr. 59, 10./11. März 2012, S.24, abrufbar unter: http://www.sueddeutsche.de/digital/digitale-rasterfahndung-wie-us-behoerden-bei-facebook-und-twitter-schnueffeln-1.1305146 (zit.: *Stirn,* Digitale Rasterfahndung in SZ Nr. 59 2012)

Streinz, Rudolf (Hrsg.), EUV/AEUV: Vertrag über die Europäische Union; Vertrag über die Arbeitsweise der Europäischen Union; Charta der Grundrechte der Europäischen Union, Band 57, 3. Auflage 2018, München (zit.: *Bearbeiter,* in: Streinz, AEUV, Art., Rn.)

Svantesson, Dan Jerker B, The Right to Reputation in the Internet Era, International Review of Law, Computers & Technology (IRLCT), Vol. 23, No. 3, November 2009, 170-177 (zit.: Svantesson, IRLCT 2009, 170)

Sydow, Gernot (Hrsg.), Europäische Datenschutzgrundverordnung, Handkommentar, 2. Auflage 2018 *(zit.: Bearbeiter,* in: Sydow (Hrsg.), EU DS-GVO, Art., Rn.)

Taddeo, Mariarosaria, Floridi, Luciano (Eds.), The Responsibilities of Online Service Providers, Springer, 2017 (zit.: *Bearbeiter,* Beitrag, S. in: Taddeo/Floridi (Eds.), The Responsibilities of Online Service Providers, Springer 2017)

Tinnefeld, Marie-Theres/Buchner, Benedikt/Petri, Thomas, Einführung in das Datenschutzrecht: Datenschutz und Informationsfreiheit in europäischer Sicht, 5. Auflage, München 2012 (zit.: *Tinnefeld/Buchner/Petri,* Einführung in das Datenschutzrecht, S.)

Toffler, Alvin, Die dritte Welle - Zukunftschance: Perspektiven für die Gesellschaft des 21. Jahrhunderts, 1. Auflage, München, 1987 (zit.: *Toffler,* Die dritte Welle, S.)

Uckelmann, Dieter/Harrison, Mark/Michahelles, Florian, Architecting the Internet of Things, Berlin Heidelberg, 2011 *(zit.: Bearbeiter,* Titel des Kapitels, in: Uckelmann/Harrison/Michahelles (Hrsg.), Architecting the Internet, S.)

Ungureanu, Ovidiu/Jugastru, Călina, Dreptul civil. Persoanele, Bucureşti 2007 (zit.: *Ungureanu/Jugastru,* Dreptul civil. Persoanele, S.)

Ungureanu, Carmen Tamara, Manual de drept civil. Partea generală. Persoanele, Bucureşti, 2011 (zit.: *Ungureanu,* Manual de drept civil. Partea generală. Persoanele, S.)

Ungureanu, Ovidiu/Munteanu, Cornelia, Drept civil. Persoanele în reglementarea noului Cod civil, ediţia a 2-a revăzută şi adăugită, Bucureşti, 2013 (zit.: *Ungureanu/Munteanu,* Drept civil, S.)

Ungureanu, Ovidiu/Munteanu, Cornelia, Observaţii privind persoana fizică şi personalitatea juridică, Pandectele Române nr. 4/2005, (zit.: *Ungureanu/Munteanu,* PR nr. 4/2005, S.)

Ungureanu, Ovidiu/Munteanu, Cornelia, Dreptul la propria imagine în Noul Cod Civil, (zit.: *Ungureanu/Munteanu,* Dreptul la propria imagine în Noul Cod Civil, Aufsatz abrufbar unter: http://legeaz.net/noutati-legislative/dreptul-la-proprie-imagine-in-noul-cod-civil)

Ungureanu, Ovidiu/Munteanu, Cornelia, Protecţia drepturilor nepatrimoniale cu privire specială aupra drepturilor personalităţii în concepţia codului civil, Revista română de drept privat, nr. 3/2016, S. 9-27 (zit.: *Ungureanu/Munteanu,* Protecţia drepturilor nepatrimoniale cu privire specială aupra drepturilor personalităţii în concepţia codului civil, RRDP 3/2016, S.)

Verheijden, Josina, Rechtsverletzungen auf Youtube und Facebook: Eine Analyse der urheberrechtlichen und persönlichkeitsrechtlichen Probleme und möglicher Lösungen, Hamburg 2015, (zit.: *Verheijden,* Rechtsverletzungen auf Youtube und Facebook, S.)

v*on Bar, Christian,* Non-contractual liability arising out of damage caused to another, (PEL liab. dam.), 2009, Bruylant, Bruxelles (zit.: v*on Bar,* Non-contractual liability arising out of damage caused to another, Chapter, art., S.)

Wagner, Edgar, Datenschutz als Bildungsaufgabe, DuD 8/2010, 557-561 (zit.: *Wagner,* DuD 8/2010, 557 ff.)

Wandtke, Artur-Axel, Ohst, Claudia (Hrsg.), Praxishandbuch Medienrecht, Band 4: Persönlichkeitsrecht und Medienstrafrecht, 3., neu bearbeitete Auflage (zit.: *Bearbeiter,* in: Wandtke/Ohst (Hrsg.), Praxishandbuch Medienrecht, Band 4, S., ,Rn.)

Warren/Brandeis, The Right to Privacy, Harvard Law Review, Vol. 4, No.5 (dec. 15, 1890), S. 193-220 abrufbar unter: http://www.jstor.org/stable/1321160?origin=JSTOR-pdf&seq=1#page_scan_tab_contents (zit.: *Warren/Brandeis,* The Right to Privacy, S.)

Wenzel, Karl Egbert, Das Recht der Wort- und Bildberichterstattung: Handbuch des Äußerungsrechts, 6. Aufl. 2018, Köln (zit.: *Bearbeiter,* in: Wenzel, Das Recht der Wort- und Bildberichterstattung, 6. Aufl., 2018, Kap., Rn.)

Weichert, Thilo, Anmerkungen zu Warren/Brandeis – Das Recht auf Privatheit, Datenschutz und Datensicherheit (DuD) Volume 36, 10/2012, 753-754 (zit.: *Weichert,* DuD 10/2012, 753 f.)

Weichert, Thilo, Big Data und Datenschutz - Chancen und Risiken einer neuen Form der Datenanalyse, Zeitschrift für Datenschutz (ZD) 2013, 251-259 (zit.: *Weichert,* ZD 2013, 251 (Rn.))

Whitman, James Q., The Two Western Cultures of Privacy: Dignity versus Liberty, Yale Law Journal, Nr. 113, 2004, 1-94, abrufbar unter: https://papers.ssrn.com/sol3/papers.cfm?abstract_id=476041 (zit.: *Whitman,* The Two Western Cultures of Privacy: Dignity versus Liberty, YLJ Nr.113/2004, S.)

Wieczorek, Mirko, I share Gossip - Kapituliert die Rechtsordnung vor dem virtuellen Pranger? Zeitschrift für Medien- und Kommunikationsrecht (AfP), Heft 1, 2012, 14-18 (zit.: *Wieczorek,* AfP 2012, 14 (Rn.))

Wien, Andreas, Internetrecht: Eine praxisorientierte Einführung, 3. Auflage 2012, Wiesbaden, (zit.: *Wien,* Internetrecht, S.)

Wintermeier, Martin,, Inanspruchnahme sozialer Netzwerke durch Minderjährige - Datenschutz aus dem Blickwinkel des Vertragsrechts, ZD 2012, 210-214 (zit.: *Wintermeier,* ZD 2012, 210 (S.))

Zanfir, Gabriela, „Persoana vizată“, titularul dreptului la protecţia datelor personale: anonimizarea şi psudonimizarea, Revista de Ştiinţe Juridice/Revue de Science Juridique, No. 1/2013, Universul Juridic, Bucureşti, S. 237-250 (zit.: *Zanfir,* „Persoana vizată“, titularul dreptului la protecţia datelor personale: anonimizarea şi pseudonimizarea, RSJ, No. 1/2013, S.)

Zanfir, Gabriela, Protecţia datelor personale. Drepturile persoanei vizate, Bucureşti 2015 (zit.: *Zanfir,* Protecţia datelor personale. Drepturile persoanei vizate, S.)

Zieger Christopher, Smirra, Nikolas, Fallstricke bei Big Data-Anwendungen - Rechtliche Gesichtspunkte bei der Analyse fremder Datenbestände, MMR 2013, 418-421 (zit.: *Zieger/Smirra,* MMR 2013, 418 (Rn.))

Zimmer, Heiko, Zugriff auf Internetzugangsdaten – Unter besonderer Berücksichtigung der Verhältnismäßigkeit einer verdachtsunabhängigen Vorratsdatenspeicherung, Saarbrücken 2012, Dissertation (zit.: *Zimmer,* Zugriff auf Internetzugangsdaten, S.)

www.ingramcontent.com/pod-product-compliance
Ingram Content Group UK Ltd.
Pitfield, Milton Keynes, MK11 3LW, UK
UKHW021838290926
8980IPUK00004B/533

9 783631 879764